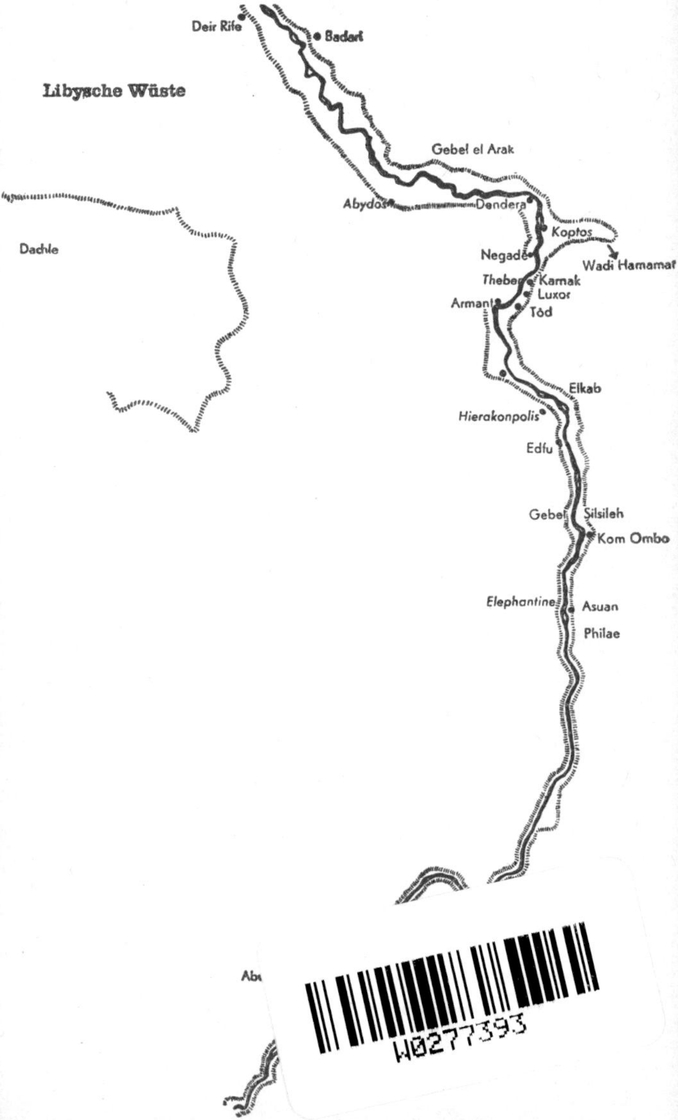

Deir Rife
Badari
Libysche Wüste
Gebel el Arak
Abydos
Dendera
Dachle
Koptos
Negade
Wadi Hamamat
Theben
Karnak
Luxor
Armant
Tôd
Elkab
Hierakonpolis
Edfu
Gebel
Silsileh
Kom Ombo
Elephantine
Asuan
Philae

W. Helck · E. Otto

Kleines Wörterbuch der Aegyptologie

1970

Helck · Otto

Kleines Wörterbuch der Aegyptologie

2., verbesserte Auflage

Otto Harrassowitz
Wiesbaden
1970

Ein Punkt unter einem Buchstaben bedeutet, daß das Wort auf dieser Silbe betont wird.

Gesamtherstellung: Memminger Zeitung, Memmingen
Printed in Germany
ISBN 3 447 00010 4

Vorwort

Der Versuch, die Ergebnisse einer Wissenschaft zu einem zufälligen Zeitpunkt in einem „Kleinen Wörterbuch“ zusammenzufassen, bedarf einer Erklärung. Auf der einen Seite kann auf das immer lebendige Interesse eines großen Publikums am Alten Ägypten hingewiesen werden; dieses Interesse sachlich zu befriedigen, Detailfragen in Kürze zu beantworten, in die Begriffswelt der Ägyptologie einzuführen, das ist das eine Anliegen des Buches. Andererseits wendet es sich auch an Vertreter benachbarter Wissenschaften, denen Einzelfakten zusammen mit der zugehörigen wissenschaftlichen Literatur leicht zugänglich gemacht werden sollen. Aus diesem Grunde waren Verlag und Verfasser sich von Anfang darüber einig, daß bei aller gebotenen Kürze Literaturnachweise nicht fehlen dürften. Freilich war es auch von Anfang an klar, daß der Stoff wie die Literatur nur in einer Auswahl gebracht werden könnten, einer Auswahl, der nur das persönliche Gefühl für das Wichtige in ihrer Wissenschaft bei den Verfassern zugrunde liegen könnte. Ebenso erschien eine Begrenzung des erfaßten Zeitraums auf das eigentliche Pharaonenreich, d.h. auf die Zeit bis an die Ptolemäerzeit heran, geboten zu sein. Sie sind sich deshalb darüber im klaren, daß hinsichtlich des gebotenen Stoffes erhebliche Einwände gegen das Buch gemacht werden können. Eine andere Schwierigkeit entstand aus dem gegenwärtigen Stand unseres Wissens in einzelnen Stoffgebieten, der keine kurze pragmatische Zusammenfassung erlaubte, während der Rahmen des Buches zugleich eine ausführlich referierende Darlegung des Wissensstandes verbot. In solchen Fällen versuchten wir einen Mittelweg zu wählen, indem wir einem zusammenfassenden Referat auch das entscheidende Quellenmaterial hinzufügten. Auch in diesen Fällen lassen sich selbstverständlich gegen vorgeschlagene Lösungen von anderen Gesichtspunkten ausgehend Einwände erheben. Eines aber wird man auf Grund dieser Tatbestände dem Buch nicht vorwerfen können: Daß es nämlich zu einer handbuchähnlichen Standardisierung der Ägyptologie beitrüge.

Das Buch ist eine Gemeinschaftsarbeit beider Verfasser, die sich in vielen Fällen bis in den einzelnen Artikel hinein erstreckt; diese sind deshalb nicht als Arbeiten des einen oder anderen gekennzeichnet. Hingegen sind die Musik und Musikinstrumente betreffenden Artikel einheitlich von Herrn Dr. Hans Hickmann-Kairo verfaßt und deshalb gekennzeichnet (H). Wir sind Herrn Dr. Hickmann zu aufrichtigem Dank verpflichtet, daß er uns seine einzigartige Kennerschaft dieses Spezialgebietes uneingeschränkt zur Verfügung gestellt hat. Die Zeichnungen, die keinen Bilderteil ersetzen können, sondern nur dazu dienen, umständlich Beschreibbares anschaulich zu machen, verdanken wir Herrn Peter Kaplony-Zürich; wir glauben, daß der Benutzer ihm für seine Mühe dankbar sein wird, wie es die Verfasser sind. Nicht zuletzt haben wir auch dem Verlag zu danken, dessen vielseitig tätige Mitarbeit den Verfassern eine ständige Hilfe gewesen ist.

Wolfgang Helck

Eberhard Otto

Überblick über die Geschichte Ägyptens

Die Entstehung des ä. Volkes verliert sich in den schriftlosen Zeiten der Vorgeschichte, aus der Ausgrabungen nur verschiedene unterschiedliche Kulturen haben erkennen lassen. Jedoch lassen diese keine Rückschlüsse auf historische Ereignisse zu; sie machen nur eine kulturelle Entwicklung deutlich. Im Paläolithikum war das Niltal wie die umgebenden, damals noch fruchtbaren Wüstengebiete bewohnt, jedoch zeigt erst das späte Neolithikum ausgeprägtere Kulturen im Niltal. Damals gab die fortschreitende Austrocknung Nordafrikas den Anstoß, daß sich die nomadisierenden Umwohner ins Niltal zurückzogen, wo sie mit der Kenntnis des Ackerbaus in Berührung gekommen sein mögen, der sich vielleicht von Anatolien bzw. dem persischen Hochland her ausgebreitet hatte. So wurden die Zuwanderer bald seßhafte Bauern und Viehzüchter (→Rind, →Schafe, →Ziegen, →Schweine, →Hund). Eine sehr alte Kultur fand sich am Westdeltarand bei →Merimde-Beni Salame mit ovalen Hütten und Siedlungsbestattung. Vielleicht gleichzeitig bestand in O.ä. die sog. →Tasa-Kultur, die ebenfalls Ackerbau kannte und deren hauptsächlichste keramische Leitform der „Tulpenbecher" ist. Die Toten waren auf Friedhöfen beigesetzt und blickten nach Westen. Vorgeschichte

Ebenfalls in das südliche O.ä. gehört die sog. →Badari-Kultur, in der bereits →Kupfer bekannt ist; ihre →Keramik ist durch rotpolierte Töpfe mit schwarz „geschmauchtem" Rand charakterisiert. Hier finden sich auch plastische Tier- und Menschenfigürchen. Gleichzeitig (ca. 4000 v. Chr.) mit diesen o. ä. Kulturen ist die von →Negade I (Amratien) anzusetzen, die zwar z. T. Themen der vorhergenannten Kulturen übernimmt und weiterentwickelt, daneben aber auch manches Neue zeigt (→Keramik), das darauf hinweist, daß wir es hier mit einem Volk zu tun haben, das vorwiegend Jäger war. Die Zeugen dieser Kultur erstrecken sich weit in die Wüsten, wo Felsbilder als Belege erhalten sind.

Auf Negade I folgt (ca. 3600 v. Chr.) in O.ä. Negade II (Gerzeen), das unmittelbar und ohne Bruch in die Kultur der ältesten geschichtlichen Zeit übergeht. Auffallend ist, daß sich Negade II anscheinend über das ganze Niltal erstreckte und keine lokalen Unterschiede erkennen läßt. Man hat diese Tatsache mit einem ausgedehnten Handel (vom Westdelta ausgehend) erklären wollen. Sicher scheint aber, daß Negade II häufig noch mit Negade I gleichzeitig ist, so daß man auch an einen sozialen Unterschied der Träger beider Kulturen gedacht hat.

Eine sichere Deutung der archäologischen Tatsachen im Hinblick auf die geschichtlichen Zustände der ausgehenden vorgeschichtlichen Zeit läßt sich nicht geben. Vielleicht dürfen wir uns die Entwicklung so vorstellen, daß im Laufe des Neolithikums immer wieder von verschiedenen Seiten her Volksstämme verschiedenster Herkunft (hauptsächlich hamitische, aber auch semitische) im Niltal seßhaft wurden. Die verhältnismäßig höhere Kultur dieser Bauern zog immer erneut die Nomaden der umgebenden Wüste an. Eine solche Welle, die vielleicht von den →Oasen westl. des Nils kommend in der Gegend von →Abydos das Niltal traf, unterwarf sich einen großen Teil des Niltals und begründete eine Flächenherrschaft, wie es als ein Charakteristikum nomadischer Überwanderung angesehen werden kann. Die einige Male bereits in den für Negade II charakteristischen Schiffen erkennbare Gestalt eines Königs (mit →Krone!) mag als Anzeichen dafür gewertet werden, daß bereits in Negade II eine einheitliche Herrschaft in Ä. bestand, deren Könige wir vielleicht dem Namen nach auf dem →Palermostein der 5. Dyn. haben, von denen wir aber andererseits auch direkte Zeugnisse von dem Augenblick an haben, als in Ä. geschrieben wurde. So kennen wir als Vorgänger des den späteren Ägyptern als ersten geschichtlichen König bekannten

→Menes (→Horus Aha) bereits 3 Könige, von denen die beiden letzten „Skorpion" und „wütender Wels" (→Narmer) hießen.

Geschichtl. Zeit Thinitenzeit

Naturgemäß wissen wir von den Königen der ältesten Zeit (→Thinitenzeit, 1.—2. Dyn.) wenig. Sie hatten gegen nachdrängende libysche Nomadenstämme zu kämpfen, unterwarfen sich die Randgebiete des Deltas und schoben auch im Süden die Grenze von →Hierakonpolis bis →Elephantine vor. In dieser Zeit wird die Grundlage für die Organisation des Landes und der notwendigen Beamtenschaft gelegt; von königlichen Gütern als Stützpunkten ausgehend, wird das Land in Verwaltungsabschnitte, die sog. →„Gaue" zerlegt; königliche Beamte lösen noch vorhandene Reste lokaler Selbstverwaltung ab.

Altes Reich

Mit dem Anfang der 3. Dyn. wird deutlich die alte patriarchalische Regierungsweise durch eine bürokratische ersetzt. Zugleich zeigen sich die Spuren einer grundlegenden geistigen Entwicklung. Bisher galt der König als der oberste Weltgott, der geheimnisvoll mit der Welt in Verbindung stand, so daß sein Wohlergehen das der Welt bedingte: auf dieser Vorstellung baute sich der Staat auf, indem jeder durch den Dienst für den König letztlich sein eigenes Wohlergehen sicherte. Jetzt suchte man nach einem überirdischen Gott und fand ihn in der Sonne (→Re). Als erste Anzeichen verdeutlichen die Personennamen dieser Zeit, daß man an die Stelle des Königs als Geber allen Lebens jetzt die Sonne setzt. Der Widerstand der alten Vorstellungswelt gegen diese neuen Ideen dürfte deshalb so hartnäckig gewesen sein, weil — wie bereits angedeutet — das ganze Staatsgefüge darauf aufgebaut war. Es könnte als bewußte Betonung der Weltgottstellung des Königs verstanden werden, wenn gerade seit Beginn der 3. Dyn., genau mit König →Djoser, das bisher nur durch seine nomadische Form, aber nicht durch seine Größe hervorragende königliche Hügelgrab zur monumentalen →Pyramide überhöht wird, aus der die Macht auch der toten Könige weiter in die Welt wirken sollte.

Die besondere Lage des Landes und die materielle Überlegenheit Ä. über seine Nachbarn brachte es mit sich, daß sich der ä. Staat erst im Neuen Reich mit der Umwelt kriegerisch auseinanderzusetzen hatte. Nachdem die Sicherungskämpfe der Thinitenzeit abgeschlossen und die natürlichen Grenzen des Landes erreicht waren, kam es im AR zu keinen Kriegen, die über gelegentliche Beutezüge hinausgingen. Daher ist auch die Geschichte Ä. bis ins 2. Jahrt. hinein nicht eine Darstellung von Kriegen und Auseinandersetzungen nach außen wie die abendländische Geschichte, sondern eine solche geistiger Entwicklungen. So ist die Zeit der großen Pyramidenerbauer, der 4. Dyn. (etwa von 2580—2466 v. Chr.), bestimmt durch die bereits angeführte Auseinandersetzung zwischen dem Glauben an den König als den Weltgott und den an die Sonne als überirdischen Herrn der Welt. Die Zeit des Königs →Cheops, des Erbauers der höchsten Pyramide von →Giza, ist der Wendepunkt: Nach ihm erscheint fast durchgehend der Name des Gottes Re im Königsnamen (→Chephren: *Rˁ-ḫˁ.f* „Re ist's, der erscheint"), nennen sich die Könige offiziell „Sohn des Re" und werden die Pyramiden als Zeichen der kgl. Weltmacht wieder kleiner. Diese geistigen Auseinandersetzungen scheinen auch die königliche Familie selbst gespalten zu haben, denn der Nachfolger des Cheops, →Radjedef, der seine Pyramide bei →Abu Roạsch begann, scheint von seinem ihm nachfolgenden Bruder Chephren bekämpft worden zu sein, und nach Chephren folgten anscheinend zwei weitere Söhne des Cheops (Hordedef und Rabauf), die aber damals als illegitim galten. Erst der Sohn des Chephren, →Mykerịnos, wird in den zeitgenössischen Denkmälern wieder aufgeführt. Dessen Sohn und Nachfolger Schepseskạf brach mit der Sitte, sich eine Pyramide zu bauen, und errichtete sich bei →Saqqạra ein Grabmal in der Form eines gewaltigen Sarges. Auch hierin dürfte sich eine geistige Entwicklung widerspiegeln, die die Pyramide bewußt als Zeichen eines überwundenen Glaubens ablehnte. Es ist daher kein Zufall, daß nach ihm eine neue Dynastie, die 5., zur Regierung kommt, die nicht mehr die Errichtung einer Pyramide als wichtigste Unternehmung betrachtet, sondern die eines Heiligtums des Sonnengottes Re, dessen charakteristische Form die eines offenen Opferhofs war, mit einem hohen gemauerten →Obelisken und einem →Altar davor, auf

dem früh geopfert wurde, wenn die ersten Strahlen der aufgehenden Sonne die Obeliskenspitze trafen und man annahm, der Sonnengott habe sich darauf niedergelassen (→Sonnenheiligtum).
Daß in dem Augenblick, als der Sonnenglaube auf der ganzen Linie gesiegt hatte und offiziell anerkannt worden war, die Entwicklung bereits weitergegangen war, läßt sich wieder aus den Personennamen ablesen: mit dem Ende der 4. Dyn. beginnt man abrupt häufig den Gott →Ptah als Schöpfer des Lebens zu benennen. Später (5. Dyn.) drückt sich eine neue Welt- und Staatsauffassung im Glauben an →Osiris aus. Die wohl aus dem Ostdelta stammende Vorstellung des mit der Natur sterbenden und wiederauferstehenden Gottkönigs wird mit dem toten König verbunden, und somit wird Osiris zum Herrscher der Toten, unter dessen Schutz man nun sicher weiterlebt. Bald führte dann das Streben des einzelnen zur vollen Individualität dazu, daß jeder Ägypter im Tod zu Osiris (in königlicher Verkleidung) wurde und wie dieser im ewigen Weiterleben wieder auferstand.
Diese geschilderte Betonung der Eigenpersönlichkeit im Leben wie im Tod hatte für den ä. Staat die Folge, daß er sich auflöste, da man immer schärfer jede Bindung bürokratischer oder traditioneller Art abzulehnen begann. Die 6. Dyn. (etwa 2322 v. Chr. bis 2153 v. Chr.) ist daher charakterisiert durch den Zerfall des Reiches. Besonders unter der 94jährigen Herrschaft Königs →Phiops' II. haben sich in den Provinzen des Landes die Gaufürsten weitgehend selbständig gemacht und zunächst um den Einfluß auf die kurzlebigen Nachfolger Phiops' II. und dann sogar um die Königskrone selbst gerungen. Dies geschah nach dem schnellen Tod der Königin Nitokris, der letzten Herrscherin der Dynastie, auf die eine Wirrenzeit folgte, in der kurzlebige Usurpatoren die Macht ergriffen. Damit ging eine tiefgreifende soziale und geistige Umwälzung zusammen, die das Staatsgefüge erschütterte; nur mühsam gelang es nach einiger Zeit memphitischen Herrschern, wenigstens den Anspruch der Einheit aufrechtzuerhalten. Am Ende dieser Epoche regierten wenige Jahre drei Könige, die familienmäßig eng mit →Koptos

verbunden waren. Als der letzte von ihnen, Neferirkare Horus Demedj-ib-tawi, starb, scheinen zwei Dynastien aus uns nicht mehr bekannten Gründen den Anspruch auf die Nachfolge erhoben zu haben: die eine stammte aus →Herakleopolis, die andere entstammte den Burgherren von Hermonthis (→Armant), die nun in →Theben sich eine neue Residenz errichteten (1. Zwischenzeit). Dadurch zerfiel das Reich, da Vorstöße des Gründers der herakleopolitanischen Herrschaft im Norden, Achthoes I., vor →Abydos scheiterten. Während die Herakleopolitenkönige, in →Memphis residierend, das kulturelle und geistige Erbe des Alten Reiches fortführten und versuchten, die ungeheure Erschütterung, die der Zusammenbruch des Staates als einer göttlichen Einrichtung und die sozialen Verschiebungen, die sich dem anschlossen, im Denken aller Ägypter hervorgerufen hatten, zum Anstoß neuen geistigen Lebens werden zu lassen, scheinen die thebanischen Herrscher in einem mehr kriegerischen Geist gehandelt zu haben. Das ist bei einem Herrscherhaus verständlich, das aus Gebieten stammte, die im AR immer gegenüber der Residenz als rückständig gegolten haben werden. Lassen uns doch Texte gerade aus dieser Gegend (Grab des Anchtifi von Moalla) erkennen, wie damals dort Raubrittertum und Fehden das Leben der ansässigen Burgherren und Gaufürsten beherrschten.

Herakleopolitenzeit

Mittleres Reich

Um 2040 v. Chr. gelang es einem König →Mentuhotep der 11. Dyn. von Theben (2133 v. Chr. bis 1991 v. Chr.), in mehreren Vorstößen die Macht der herakleopolitanischen Dyn. zu brechen und das Land wieder zu vereinen. 1991 v. Chr. stürzte nach längeren Auseinandersetzungen der →Vezir des letzten Königs der 11. Dyn. namens Amenemhet seinen Herrn und bestieg als Gründer der 12. Dyn. (1991 bis 1778 v. Chr.) den Thron. Die Residenz wurde nach →Lischt nördl. des Fayumausgangs verlegt. Diese Dyn. versuchte, den Staat wieder auf den Grundlagen des AR aufzubauen und die geistigen und sozialen Entwicklungen, die zwischen ihr und etwa Phiops II. lagen, zu negieren. So wurde z. B. der unterdessen stark entwickelte Privatbesitz an Grund und Boden, mit dem eine weitgehende individuelle Freiheit zusammenhing, bewußt wieder beseitigt und das Land in Staatsbesitz zurückgeführt. Straffe Organisation des Staates und häufige Aushebungen der Bevölkerung zu Bau- und Meliorisationsarbeiten führten die Bevölkerung weitgehend in den Zustand von Staatshörigen zurück, aus denen sich nur die angesiedelten Soldaten heraushoben, denen für ihre Tätigkeit Landbesitz zugewiesen wurde. Denn es scheint eine Erbschaft der 11. Dyn. gewesen zu sein, daß die Könige der 12. Dyn. nicht mehr wie die des AR allein mit der ausgehobenen Gaumiliz Feldzüge führten, sondern jetzt Berufssoldaten hatten (→Heer). Jetzt griffen sie auch über die Grenzen hinaus, so besonders im Süden gegen →Nubien und unterwarfen sich einen großen Teil des Gebietes jenseits von →Elephantine bis nach Semneh. In Palästina hingegen wurden keine großen Unternehmen durchgeführt; dagegen war der →Handel mit diesem Gebiet und den phönizischen Seestädten sehr rege, besonders auch der Sklavenhandel.

Im Inneren des Landes entwickelte sich eine straff organisierte Bürokratie; an besonderen kulturellen Taten ist besonders die Entwässerung des →Fayum zu nennen. Auf künstlerischem Gebiet finden sich neben Statuen im klassischen Stil solche, die besonders in den Königsköpfen versuchen, die Last und die Einsamkeit des Herrschers, ein damals auch literarisch betontes Motiv, herauszuarbeiten. Daneben finden sich Plastiken von fast barbarischer Wildheit des Ausdrucks, die auf das Suchen nach neuen Wegen gegenüber der als Druck empfundenen Tradition hinweisen.

Es ist auffallend, daß mit der 12. Dyn. ein deutliches Versiegen der Lebenskraft des Staates festzustellen ist, obwohl es jetzt als sicher gelten kann, daß die Einheit des Reiches wie das Funktionieren der Bürokratie weiterbestanden. Es mögen hier wirtschaftliche Gründe anzunehmen sein: so scheinen die Aushebungen zur Fronarbeit mit dem privaten Landbesitz auch die wirtschaftliche Grundlage des Staates geschwächt zu haben, die auch nicht durch Reorganisation der Staatsgüter und ihrer Zwangsarbeit erneuert werden konnte. Die Flucht vor der Arbeitsaushebung war damals verbreitet. So mag vielleicht durch diese Schwierigkeiten das Aufhören größerer Bauarbeiten im Land zu erklären sein. Auch wechselten in der nun folgenden 13. Dyn. die Könige sehr schnell, während hohe Beamte wie etwa der →Vezir Anchu unter mehreren Herrschern im Amt waren. Immerhin haben Herrscher wie die verschiedenen Sobk-hoteps und Neferhotep, der vielleicht ein Zeitgenosse des Hammurabi von Babylon war, noch von Semneh bis ans Mittelmeer geherrscht und selbst über Byblos eine Art Oberherrschaft ausgeübt.

Hyksoszeit

Etwa um 1650 v. Chr. geschah nun im Norden des Landes ein Ereignis, dessen Hintergründe und genauer Ablauf uns unbekannt sind: die →„Hyksos" („Herrscher der Fremdländer"), von den späteren Ägyptern als Asiaten bezeichnet, übernahmen die Herrschaft. Wir wissen nicht einmal, ob es sich um eine Eroberung (wie →Manetho als einzige Quelle berichtet) gehandelt hat, oder — wie etwa in der Spätzeit die Libyer — ob die Hyksos als asiatische Söldner die Macht an sich rissen. Auch die Volkszugehörigkeit der Hyksos ist noch unbekannt, doch scheinen die Königsnamen (Bnon, Chian, Apophis) auf eine Mischung verschiedener Völker hinzuweisen. Sicherer erscheint, daß sie soziologisch eine festumrissene Gruppe bildeten: Sie besaßen →Pferd und →Wagen und dürften wie die später in Syrien feststellbaren Stadtherren eine sozusagen „ritterliche" Haltung gezeigt haben. Ihre 108 Jahre lange Herrschaft über Ä., die sie von Auaris im Ostdelta über das in Unterkönigtümer geteilte Land, aber anscheinend auch noch nach Syrien hinein, ausübten, hat auf den Charakter des ä. Volkes einen nachhaltigen Einfluß ausgeübt, indem es jetzt begann, kriegerische Eigenschaften zu betonen und eine expansive imperialistische Politik zu treiben. Bereits den Aufstand der thebanischen Vasallen der Hyksos, der 17. Dyn., gegen den großen Hyksos Apophis (Aa-user-Re), stand unter dem neuen Schlagwort der „nationalen Ehre". Vielleicht begann der Krieg schon unter Sekenenre Ta-aa „dem Tapferen"; aber erst sein Sohn →Kamose und endlich dessen Bruder Ahmose vertrieben die Hyksos aus Ä. und stießen sogleich auch nach Syrien vor, sicher im Bestreben, die dortigen Stützpunkte der Hyksos zu beseitigen.

Neues Reich

Damit beginnt die 18. Dyn. (etwa 1550—1306 v. Chr.), in der noch einmal ein neuer Ansatz für das kulturelle Leben Ä. gefunden wurde. Zugleich trat damals Ä. auf Grund seiner inneren Veränderung durch die Hyksos in regen Austausch und Auseinandersetzungen mit der Außenwelt. Die Könige →Amenophis I. und →Thutmosis I. stießen bis zum Euphrat vor, wo sie mit dem Reich der Mitanni in Berührung kamen, im Süden eroberten sie das in der Hyksoszeit abgefallene Nubien zurück und schoben die Grenze weit nach Süden vor. Allerdings scheinen die Vorstöße nach Syrien zunächst nur als Gegenreaktionen gegen die Hyksos gedacht gewesen zu sein, und unter der Königin →Hatschepsut scheint sich Ä. wieder auf seine kulturellen Aufgaben besonnen und die Phase der kriegerischen Auseinandersetzungen als abgeschlossen betrachtet zu haben. Es ist aber sicher ein Hinweis auf tiefgreifende Gegensätze in der herrschenden Schicht, daß →Thutmosis III., kaum daß er nach dem Tod der Hatschepsut den Thron bestiegen hatte, nicht nur ihr Gedächtnis auszulöschen bestrebt war, sondern auch sofort seine großen Feldzüge begann, mit denen er die Unterwerfung Palästinas und Syriens bis in die Höhe von Karkemisch erstrebte und auch weitgehend erfolgreich beendete.

Diese Entscheidung Thutmosis' III. hatte starke Wirkungen auf die Folgezeit. Einmal kam Ä. viel enger als vorher mit der vorderasiatischen Geisteswelt in Berührung, zum anderen wuchs der Einfluß des bisher bedeutungslosen Militärs immer stärker gegenüber der bisher ausschlaggebenden Schicht der Beamten. Die erstgenannte Tatsache wirkte sich äußerst fruchtbar aus: Nicht nur im Äußeren veränderte sich das Bild des ä. Lebens, in dem die Kleidung reicher, die →Musik und →Literatur durch neue Möglichkeiten erweitert, die Weltkenntnis vergrößert wurde, sondern auch die geistige Haltung des Ä. erlebte eine Befreiung von dem zu Fesseln gewordenen Traditionalismus, wie er sich anscheinend in der 13. Dyn. stark entwickelt hatte. Es ist erklärlich, daß sich in der 18. Dyn. langsam zwei Gruppen bildeten, die man grob als konservative Gruppe der Priester und Beamten auf der einen Seite und die der Militärs und Militärbeamten auf der anderen einteilen könnte, wobei das Königshaus auf der Seite der letzteren stand. Verständlicherweise waren die Soldaten, da nicht als Beamte im Tempel ausgebildet, neuen Ideen aufgeschlossener und konnten sich eher von den hemmenden Vorstellungen der Vergangenheit freimachen. Unter dem Nachfolger Thutmosis' III., →Amenophis II., der sich gern als Kriegshelden darstellte, waren die Anstrengungen des Militärs noch auf die Auseinandersetzungen mit dem syrischen Großreich Mitanni am oberen Euphrat gerichtet. Als aber unter →Thutmosis IV. zwischen diesem und Ä. Frieden geschlossen wurde, begann die innere Auseinandersetzung zwischen den fortschrittlichen und den konservativen Gruppen schnell an Bedeutung zuzunehmen. Es begannen die Versuche, sich von der in Dogmen erstarrten und zur Theologie gewordenen Religion der Vergangenheit zu lösen: Ein Vorgang wie die Heirat →Amenophis' III. mit einem „unebenbürtigen" Harimsmädchen Teje war ein direkter Angriff gegen die bestehende Religion, da er nur seine Schwester zur „großen königlichen Gemahlin" erheben durfte, weil diese als „→Gottesgemahlin des →Amun" den Thronfolger als Sohn des Gottes Amun empfangen mußte. Zahlreiche andere Einzelheiten kommen hinzu: Gerade in der Zeit dieses Königs, der sehr zu Unrecht oft als „genußsüchtiger Pascha" bezeichnet wird, versuchte der Herrscher selbst, unterstützt von einigen geistig hervorragenden Männern wie dem später als Gott verehrten →Amenophis, Sohn des Hapu, langsam und organisch eine freiere und „natürlichere" Auffassung der Welt entstehen zu lassen. Das stieß naturgemäß auf den heftigen Widerstand besonders der Theologen des großen Amuntempels von Theben als des Reichsheiligtums, die die Wahrheit ihrer kunstvoll aufgebauten Dogmen und ihrer magisch-rituellen Handlungen in vollster Überzeugung und heiligem Eifer verteidigten. Diese Auseinandersetzungen sind durch direkte Zeugnisse belegt sowie aus den Biographien der hohen Beamten und Tempelpriester abzulesen. So begann bereits Amenophis III. mit einer systematischen Ersetzung der thebanischen Familien in der Verwaltung von Stadt und Tempel in der Hauptstadt Theben durch memphitische, oder zieht sich überhaupt noch stärker als die Vorgänger von Theben nach Memphis zurück.

Diese spannungsreiche Entwicklung kam nun dadurch zu einem Höhepunkt, daß der Nachfolger Amen-

ọphis' III., →Amenọphis IV. in seinem 5. Regierungsjahr die schweren Auseinandersetzungen dadurch zu beenden hoffte, daß er mit Gewalt einen scharfen Schnitt machte, den Glauben an Amun und die Götter verfemte, Theben verließ, die bisherige tragende Beamten- und Priesterschicht ausschaltete und in einer neugegründeten Hauptstadt bei →Tell el Amạrna mit einer traditionsmäßig unbelasteten neuen Beamtenschicht den neuen Glauben an die sichtbare Sonnenscheibe →Ạton proklamierte. Dabei handelt es sich nicht allein um den Wechsel des obersten Gottes, sondern — wie sich aus Sprache, Kunst und Auftreten des Königs ergibt — um eine neue „Weltanschauung", die an die Stelle traditionsgebunden-magischer Vorstellungen eine „natürliche" und freie stellen wollte. Daß auch diese sofort wieder zu einem „Stil" erstarrte und nicht naturalistisch in unserem Sinne genannt werden kann, ist ä. Eigenart, die dem Ägypter wohl selbst kaum bewußt gewesen sein wird.
Diese Handlung Amenọphis IV., der sich nun nach Verfemung des Ạmun nach seinem neuen Gott Ẹchnaton nannte, eine Entwicklung durch Gewalt durchzusetzen, stellt den Wendepunkt der ä. Kulturentwicklung dar. Die magische Bindung an die alten Götter und das numinose Schuldgefühl ihnen gegenüber blieb so stark, daß es nach dem Tod Ẹchnatons die Rückkehr zu den alten Göttern erzwang. Zwar scheint man zunächst unter →Tutenchạmun und Ẹje den Versuch gemacht zu haben, auch die neuen Vorstellungen daneben beizubehalten. Jetzt dürfte es sich aber gerächt haben, daß Ẹchnaton mit neuen Leuten das neue Ä. hatte aufbauen wollen. Sie stammten meist aus dem Heer, ohne geistigen Hintergrund, und dürften häufig nur aus Opportunismus den neuen Lehren des Königs angehangen haben. So fehlte eine breite, geistig geschulte und verantwortungsbewußte Beamtenschicht, die die neue Entwicklung hätte weiterführen können. So war die logische Folge die Übernahme der Macht im Staat durch eine Militärdiktatur, was dadurch gefördert wurde, daß gerade in diesem Zeitpunkt von Norden her die Hethiter unter ihrem König Šupiluliụma die ä. Herrschaft in Syrien zerschlugen. Ausgelöst wurde dieser Angriff durch die Ermordung eines hethitischen Prinzen, den

sich die Witwe Tutenchạmuns erbeten hatte, um die Dyn. an der Herrschaft zu halten. Es mag angenommen werden, daß dieser Versuch durch das Heer vereitelt wurde, das damals unter dem Regenten →Haremhẹb stand. Dieser mußte den Angriff der Hethiter abwehren, was etwas nördlich Damaskus gelang, allerdings dadurch unterstützt, daß eine Pest durch ä. Gefangene in Anatolien eingeschleppt wurde, die lange Zeit wütete und die Kraft der Hethiter lähmte. Kaum aber war diese Gefahr gebannt, stürzte Haremhẹb den letzten König der 18. Dyn., Ẹje, der als Gatte der Amme der Nofretẹte den Rang eines →„Gottesvaters", (d.h. königlichen Verwandten bürgerlicher Herkunft) erhalten und den Thron bestiegen hatte.

Haremhẹb war es nun, der rigoros alle Vorstellungen der jüngsten Vergangenheit bekämpfte, die dem Ạton geweihten Tempel und die Staatsbauten von Amạrna zerstörte und, auf das Heer gestützt, wieder zur strengen dogmatischen Amunlehre zurückkehrte.

Zugleich vollzogen sich in dieser Epoche tiefgreifende Umwälzungen im vorderasiatischen Raum: die alten Völker der Bronzezeit werden durch neue Staaten abgelöst, deren militärische Macht auf dem →Eisen beruhte. So zwang bereits der wachsende Druck auf die Nordflanke des Hethiterreichs und die zunehmende Macht des Assyrerreichs die Hethiter dazu, nachdem sie noch das Mitạnnireich vernichtet hatten, den Kampf mit Ä. abzubrechen und unter →Rạmses II. einen Friedensvertrag zu schließen. Das hinderte jedoch nicht, daß sie kurz darnach von Stämmen aus dem Balkan überrollt wurden. Diese Stämme stießen einmal zu Lande durch Anatolien in Richtung auf Syrien vor, andererseits überfluteten sie zu Schiff das östliche Mittelmeer und unternahmen, unterstützt von libyschen Stämmen, Angriffe auf das Westdelta, die →Mernẹphtah, der Nachfolger Rạmses' II., abwehrte. Die zweite Welle ergoß sich, alle Siedlungen Syriens und Palästinas zerstörend, an der Küste entlang nach Süden, wo sie erst Rạmses III. in See- und Landschlachten vernichten konnte (→Seevölker). Damit waren zwar die unmittelbaren Gefahren für das Reich beseitigt, jedoch wurde dadurch, daß sowohl die Libyer wie die Seevölker als Söldner in Ä. und Südpalästina angesiedelt wurden, der

Grund für eine entscheidende neue Entwicklung gelegt. Zugleich scheinen die Kriege auch die wirtschaftliche Kraft Ä. stark erschöpft zu haben. Daneben war es für diese Zeit der Ramessidenkönige bezeichnend, daß sie — aus der Rückkehr zu den alten religiösen Vorstellungen und Dogmen begreiflich — die Tempel in reichstem Maße ausstatteten.
So kam es, daß in O.ä. während der 20. Dyn. die Hohenpriesterfamilien weitgehend die Macht gegenüber den rasch wechselnden, in →Tạnis im Ostdelta residierenden Königen besaßen. Sie verwalteten das Gebiet im Namen ihres Gottes →Amun als →Gottesstaat. Ein Versuch des Vizekönigs von Nubien Panehesi, am Ende dieser Epoche durch militärische Aktion die Macht der Priester zu brechen, scheiterte nach wenigen Jahren gänzlich und führte zum Ende der Dyn. und zur offiziellen Gründung des Gottesstaates der Thebais. Die Dyn. in Tạnis (die 21., etwa 1085—950) respektierte die Selbständigkeit der Hohenpriester, war aber immer bestrebt, dieses Amt durch einen Prinzen zu besetzen.
Während dieser Zeit nahm die Macht der Kommandanten libyscher Söldnerabteilungen, die geschlossen im Land angesiedelt waren, immer mehr zu. Wie bereits am Ende der 20. Dyn. die in Südpalästina zunächst als Grenzwacht angesiedelten Philister und Zeker sich selbständig machten, so gründeten jetzt auch in Ä. selbst diese Häuptlinge eigene Fürstentümer, übernahmen Hohepriesterstellen in den naheliegenden Städten und erhoben Anspruch auf größere Macht. So gelang es 950 v. Chr. einem libyschen Häuptling Schẹschonq aus Herakleọpolis, die Königswürde anzunehmen und im ganzen Land anerkannt zu werden. Bald aber erklärten sich auch andere libysche Fürsten zu Königen und um 730 v. Chr. finden wir in Ä. eine große Anzahl von libyschen „Königen" und unabhängigen Fürsten, allerdings nur in Mittel- und Nordä., während die Thebais bis →Hermụpolis (ausschließlich) als geschlossener Block als Gottesstaat bestand, der allerdings jetzt nicht mehr wie in der 21. Dyn. in der Hand des Hohenpriesters war, sondern in der Hand der →Gottesgemahlin des Amun, zu der eine Prinzessin des regierenden Hauses eingesetzt wurde.
In der Zwischenzeit war das nubische Kolonialreich

den Ägyptern entglitten und hatte unter eigenen Königen eine nubisch-ä. Mischkultur aufgebaut mit Zentrum bei Napata, wo der Tempel des Hauptgottes des Landes, Amun, stand. Hier war die Idee des Gottesstaates mit engster Auslegung der Dogmen und frommer Intoleranz besonders ausgeprägt durchgeführt. Einem dieser „äthiopischen" Könige, Kaschta, gelang es, die Thebais in die Hand zu bekommen, wobei er die regierende Gottesgemahlin, Schepenupet, zwang, seine Tochter zu adoptieren (Amenerdis). Etwa gleichzeitig begann im Westdelta der libysche Fürst Tefnachte von →Sais, die König- und Fürstentümer des Deltas und Mittelä. zu einigen. Sein Vorrücken nach Süden wurde von dem Nachfolger des Kaschta, →Pianchi, als Bedrohung empfunden, der 730 v. Chr. in einem Feldzug Tefnachte in die unzugänglichen Gebiete des Deltas zurückwarf. Bis 663 v. Chr. befand sich Ä. in der Hand der Äthiopen, die aber nun mit der vorderasiatischen Weltmacht der Assyrer in Konflikt kamen. Hatten doch auch die äthiopischen Herrscher den Anspruch auf Palästina nicht aufgegeben und versuchten, soweit es ihnen möglich war, den Vormarsch der Assyrer im syrisch-palästinensischen Raum aufzuhalten. Diese diplomatischen, aber auch militärischen Kämpfe Ä. und Assyriens sind uns ja für die Stadt Jerusalem besonders gut belegt. Die Beseitigung dieser Bedrohung wird durch Assarhaddon unternommen, der 671 v. Chr. U.ä. eroberte. Gegenstöße der Äthiopen (unter Taltamanu) hatten nur vorübergehenden Erfolg und führten im Gegenteil zur Eroberung auch O.ä. durch die Assyrer. Damit waren für die kommende Zeit die Äthiopen aus Ä. ausgeschaltet; sie beherrschten jedoch ihr Stammland bis in römische Zeit hinein weiter, wobei der ä. Firnis ihrer Kultur immer dünner wurde.

Saitenzeit In Ä. gelang es bald einem von den Assyrern eingesetzten Stadtfürsten, →Psametich von Sais (Sohn des Necho), die assyrische Oberherrschaft abzuschütteln, als die Assyrer im Norden durch Gyges von Lydien in Kämpfe verwickelt waren, der anscheinend auch durch Übersendung jonischer und karischer Söldner Psametichs Stellung gegenüber den Assyrern, aber auch gegenüber den anderen libyschen Stadtfürsten stärkte. Auch er gliederte sich die The-

bais dadurch an, daß er seine Tochter Nitọkris von der noch dem äthiopischen Königshaus entstammenden Gottesgemahlin Schepenụpet II. adoptieren ließ. Damit begann die letzte Epoche der ä. Geschichte, in der das Land eine wirtschaftliche und kulturelle Blüte erlebte, die 26. Dyn. (663—525 v. Chr.).
Es ist für die Saitenzeit (→Sais) bezeichnend, daß hier der Versuch gemacht wurde, durch Zurückgehen auf Zustände und Auffassungen der Vergangenheit einen neuen Ansatzpunkt und eine Festigung der ä. Kultur zu finden. Man kopierte mit Vorliebe in der Kunst wie auch in der Verwaltung und der Sprache das AR, ohne natürlich dabei die Entwicklung der dazwischenliegenden Jahrtausende völlig ausschalten zu können. Außenpolitisch wurde diese Zeit charakterisiert durch das Bestreben, die zerfallende Macht der Assyrer gegen die Meder und Babylonier (Nebukadnezar) zu stützen. Doch hatte damit der König Nẹcho ebensowenig endgültigen Erfolg wie seine Nachfolger bei dem Bestreben, die Babylonier und dann die Perser, die nach der Eroberung Babylons (539 v. Chr.) die drohende Macht im Norden darstellten, durch Zusammenfassung der Randstaaten in ihrer Ausdehnung aufzuhalten. Dabei kamen die Könige auch in engere Verbindungen mit den griechischen Tyrannen und Stadtstaaten, da gerade die Ausbreitung des Perserreiches sie zwang, mit ihren umfassenden Bündnissen immer weiter nach Westen hin auszuweichen. Auch hier beendeten die Perser durch einen direkten Vorstoß unter Kambỵses die Auseinandersetzung, der 525 Ä. eroberte. Innenpolitisch war die Zeit der saitischen Könige durch den Gegensatz zwischen der libyschen Soldatenschicht, der ja auch die Dyn. entstammte, und den griechischen Söldnern überschattet, der sich erst dadurch löste, daß der von den Libyern zum König gegen →Ạpries ausgerufene →Ạmasis den griechischen Einfluß durch Beschränkung der griechischen Garnisonen und besonders des griechischen Handels eindämmte und damit die Grundlage der gegenseitigen Eifersucht verkleinerte.
In der Folgezeit wurde die persische Herrschaft durch Aufstände und ä. Dyn. unterbrochen, wobei es jedoch deutlich ist, daß es sich bei diesen Ereignissen um Auswirkungen der größeren Auseinander-

setzung zwischen Persern und Griechen handelte: So führte die Schlacht von Marathon auch zu einem Aufstand in Ä., und um 460 v. Chr. stehen Athener und aufständische Ägypter unter Inaros und Amyrthaios in letztlich unglücklich ausgehenden Kämpfen gegen die Perser in Ä. Die Kämpfe des Kyros gegen seinen Bruder Artaxerxes II. endlich gaben 410 v. Chr. einem Amyrthaios die Gelegenheit, ganz Ä. wieder zu einen. Er gilt als Vertreter der 28. Dyn. (404—398 v. Chr.), dem Könige aus der Stadt Mendes folgten (29. Dyn. 398—378 v. Chr.), sowie die 30. Dyn. (378—341 v. Chr.), in der noch einmal die Bautätigkeit in Ä. auflebte. Artaxerxes III. brachte Ä. wieder unter persische Herrschaft, die 332 v. Chr. kampflos durch die der Makedonen abgelöst wurde — ein Zeitpunkt, der gewöhnlich als das Ende des selbständigen ä. Reiches angesehen wird, obwohl die ä. Kultur noch bis in das 3. nachchr. Jhdt. weiterbestand, um erst mit der Christianisierung zu Ende zu gehen. Trotzdem ist es nicht zufällig, daß bereits die Zeit seit dem Ende der 20. Dyn. gewöhnlich kurz abgetan wird. Ist es doch deutlich, daß seit diesem Zeitpunkt von einem wirklichen Leben der Kultur nicht mehr die Rede sein kann. Nicht nur waren es nun Fremde, Libyer oder Äthiopen, die auch die „nationalen" Herrscher stellten, auch in der geistigen Entwicklung entstand nichts grundlegend Neues und Lebensfähiges. Die alten Schichten der geistig regen Beamten und Priester waren teils verschwunden, teils hatten sie sich — wie gerade die Priester — im Gegensatz zu den herrschenden ausländischen Soldaten eng zu einer exklusiven Kaste zusammengeschlossen, die ihre Überlieferung eifersüchtig wahrte und in einem immer enger werdenden Rahmen durchdachte. Was übrig blieb, waren uralte Volksvorstellungen, die nun an die Stelle der erstorbenen theologischen Systeme und Auslegungen traten, bis der Zustand erreicht wurde, über den dann die Römer den Kopf schüttelten, wenn sie die Kämpfe fanatisierter Gaubewohner ansehen mußten, die sich daraus entspannen, daß der eine Gau das heilige Tier des anderen aß. Diese Einstellung hat auch in christlicher Zeit gerade in Ä. zu Fanatismus und Unduldsamkeit geführt.

Abaton. Osirisheiligtum auf der Insel Bige (südl. Asuan) mit einer Grabstätte des Gottes (→Osiris). Der Name ist griech. „das Unbetretbare", die ä. Bezeichnung lautet „die reine Stätte"[1].

[1] Junker, Götterdekret über d. Abaton.

Abu Roasch. Ortschaft 8 km nördl. →Giza am Rand der Wüste. Dort befinden sich Reste mehrerer →Pyramiden: 1. am Fuß des Wüstenplateaus Reste einer gewaltigen Ziegelpyramide; der 1843 von →Lepsius gefundene Sarg trug keine Aufschriften. 2. 2 km westlich davon auf einem Vorsprung des Plateaus die Reste zweier Steinpyramiden, von denen die östliche dem Radjedef, Nachfolger des →Cheops, gehörte. Fragmente seiner Statuen und Gräber seiner Beamten wurden dort gefunden. Der Besitzer der 2. Pyramide, von der allein die Ausschachtung für die Grabkammer durchgeführt worden ist, ist bisher unbekannt.

Abu Simbel. Felsentempel →Ramses' II. in Nubien, 280 km südl. Asuan, auf dem Westufer. Der eine Tempel bekannt durch die 4 aus dem Fels gehauenen Kolosse des Königs (20 m hoch) vor der Fassade. Die inneren Räume sind mit Reliefs aus den Kriegszügen des Königs geschmückt. Der nördlich davon liegende Felstempel der →Hathor hat sechs 10 m hohe Kolosse an der Fassade. Die Wände im Innern zeigen Opferdarstellungen. Beide Tempel wurden beim Bau des neuen Staudammes von Assuan verlegt.

Lit.: Chr. Desroches-Noblecourt und Ch. Kuentz, Le petit Temple d'Abou Simbel.

Abusịr. Ort 11 km südl. Kairo am westl. Wüstenrand, nach dem eine Gruppe von →Pyramiden von Königen der 5. Dyn. benannt ist. Ausgegraben wurden die Pyramidenanlagen der folgenden Könige: Sahurẹ, Neferirkarẹ, Neuserrẹ, Neferefrẹ.
Die größte von ihnen war die des Ṇeferirkarẹ mit 70 m Höhe und 110 m Seitenlänge (j. 50 m und 99 m); die des Sahurẹ war 50 m hoch und hatte 78 m Seitenlänge (j. 36 m und 66 m). Die Pyramide des Neferefrẹ ist nie vollendet worden. Bemerkenswert ist, daß Neuserrẹ den Aufweg des Neferirkarẹ auf seine Anlage abbog. Im Neferirkare-Tempel fanden sich Reste der Tempelakten.

Lit.: Borchardt, Grabdenkmal des Königs Sahure I/II, Leipzig 1910/13; . . . des Königs Ne-user-re Leipzig 1907; . . . des Königs Nefer-ir-ke-re, Leipzig 1909; Posener-Kriѐger und de Cenival, The Abu Sir Papyri, London 1968.

Abỵdos. Ort in Mittelä., in der Höhe des heutigen Baliạnah (561 km stromauf von Kairo) am Westrand des Niltals gelegen, altä. ꜣ*bḏw*, geschichtlich und religiös bedeutsame Stadt. Hier liegen die Reste der →Königsgräber der meisten Könige der 1. und 2. Dyn. sowie einiger „vorgeschichtlicher" Könige; die älteren Könige der 2. Dyn. waren anscheinend in →Saqqạra begraben, wo später Ọnnos seine →Pyramide errichtete. Sie wurden vom „Ersten der Westlichen", einer Hundegottheit, bewacht, die in einem besonderen Tempel verehrt wurde. Während die Gräber 3 km vom Wüstenrand entfernt unterhalb des Abfalls des Wüstenplateaus liegen (wegen der zahlreichen Scherben auf den Schutthügeln Umm el-Gaꜣạb „Mutter der Töpfe" genannt), befinden sich die „Totentempel", in denen der Tote in seiner →Statue weiterlebte, näher am Fruchtland. Während die Bauten der 1. Dyn. nur aus Flechtwerk bestanden zu haben scheinen und daher nur an umgebenden Gräberreihen der bei der Beisetzung mitgegebenen Hofangehörigen zu erkennen sind, haben die Könige der 2. Dyn. ihre Anlagen aus Ziegel erbaut, von denen zwei noch aufrecht stehen; die eine Shụnet ez-Zebịb („Rosinenscheune") genannt, während in der anderen das koptische Kloster des Amba Mousa eingebaut ist.

Obwohl seit →Djoser die Könige bei →Memphis beigesetzt wurden, scheint man weiterhin in A. ein Scheinbegräbnis durchgeführt zu haben, wobei etwa am Ende der 5. Dyn. der Gott →Osiris als Erscheinungsform des toten Königs in den Vordergrund trat. So wurde A. zum Hauptplatz der Osirisverehrung und die ursprünglich für die Könige vorgenommenen Riten eines Scheinbegräbnisses wurden nun zum „Mysterium" des Osiris, der hier begraben wurde, um dann in seiner Statue wieder aufzuerstehen. Seit der 11. Dyn. ist es der Wunsch aller Ägypter, entweder in A. begraben zu werden oder wenigstens in einer →Stele bei den Osirismysterien mit dabei zu sein, um in die Gottesbarke aufgenommen zu werden, in der Osiris zu seinem Grabe getragen wurde, und um dadurch wie er aufzuerstehen.

Durch die angedeutete Entwicklung wurde aus der kgl. Grabkapelle, die →Phiops I. neu errichtet hatte, ein Tempel des Osiris, dessen Reste noch vorhanden sind. Gleichzeitig verband sich Osiris mit der Nekropolengottheit →Chontamenti.

Während des geteilten Reiches der →Herakleopolitenzeit gehörte A. zu den Thebanern, wurde aber heftig umkämpft, wobei unter dem Vater des Merikare die alten Königsgräber zerstört wurden — eine Tat, die sich nach dem Glauben der Zeitgenossen an dem König rächte.

Die Kenntnis der alten Gräber scheint zunächst verlorengegangen gewesen zu sein, da man im MR und auch noch zu Beginn der 18. Dyn. einen natürlichen Hügel in der Nähe von Umm el-Gaꜥab als Grab des Osiris verehrte. Erst unter →Amenophis III. wird das Grab des Königs *Dr* als Osirisgrab angesehen, was wohl auf eine „archäologische" Untersuchung z.Z. dieses Königs zurückgeht. →Apries errichtete dann in diesem Grab einen Sarkophag des Osiris.

Seit der 13. Dyn. wird es auch für die Könige Sitte, sich in A. ein →Kenotaph anzulegen. Während die Anlage des Gründers der 18. Dyn. Ahmose zerstört ist, sind die großartigen Anlagen der Könige →Sethos I. und →Ramses II. gut erhalten. Hinter dem Tempel Sethos' I. befindet sich ein Scheingrab des Königs in der Form des Osirisgrabes, d.h. einer

unterirdischen Insel, die von einem Wassergraben umgeben ist.
Verwaltungsmäßig gehörte A. zum 8. o.ä. →Gau, dessen Hauptstadt Thịnis war.
Noch in griechisch-römischer Zeit war die religiöse Bedeutung von A. groß, nahm aber ab, so daß Strabon XVII 813 den Ort als „heruntergekommen" bezeichnen konnte.

Lit.: Mariette, Abydos; Amélineau, Nouvelles Fouilles d'Abydos, Paris 1899/1905; Petrie, Abydos I—III, London 1902/04; Randall-MacIver, El Amrah and Abydos, London 1902; Petrie, Royal Tombs I—II, London 1900/01; Peet, Cemeteries of Abydos I—III, London 1914/18; Frankfort, Cenotaph of Seti I at Abydos, London 1933; Caulfield, Temple of the Kings at Abydos, London 1902; Murray, The Osireion, London 1904; Petrie, Tombs of the Courtiers, London 1925; Garstang, El Arabah, London 1900; Calverly-Broome, Temple of King Sethos I at Abydos, London-Chikago 1933/38.

Ach →**Seele.**

Achmim. Stadt im 8. o. ä. Gau, alt *Ḫntj-Mn* oder *Ipw,* bei Hdt II 91, Plut. de Is. 14 Chemmis, bei Diod. 1,18 Chemmo, mit dem Hauptgott Min, dem dort das alte Fest des „Kletterns für Min" gefeiert wurde; wegen der Gleichsetzung des Min mit Pan nannten die Griechen die Stadt Panopolis. Archäologische Reste sind nicht erhalten.

Achtheit. Ein Göttersystem, das in der Stadt →Hermụpolis entstanden sein soll. Es setzt sich aus vier Götterpaaren (Aufspaltung von ursprünglich vier mann-weiblichen Gottheiten?) zusammen, die die Urmächte verkörpern: Nun und Naụnet, das Urgewässer; Huh und Haụhet, die Endlosigkeit; Kuk und Kaụket, die Finsternis; das vierte Paar wird verschieden angegeben, z. B. →Ạmun und Amaụnet, die Unsichtbarkeit, oder Tẹnem und Tenẹmet, die Weglosigkeit. Andeutungen über diese Göttergesellschaft finden sich schon in den →Pyramidentexten (§ 446), dann in den →Sargtexten. Die in ihr personifizierten Kräfte stehen als Symbole der noch ungeordneten, chaotischen Welt vor der eigentlichen →Weltschöpfung und werden deshalb als →Frösche (die Männer) und →Schlangen (die Frauen) dargestellt, typisch urzeitliche Erscheinungsformen des Göttlichen. Erst nach und aus ihnen entsteht der

→„Urhügel“, der erste Gott usw. Amun und seine Gefährtin Amaunet spielen seit dem MR in →Theben eine hervorragende Rolle. →Gott, →Religion.

Ächtungstexte. Aus der Zeit der späten 12. Dyn. sind in →Theben und →Saqqạra Tonscherben, bzw. Tonfiguren Gefangener gefunden worden, die mit sog. Ä. beschrieben sind (Vorläufer bereits am Ende des AR in →Gịza)[1]. Diese Formeln verfluchen Ausländer, Ägypter und „schlechte Dinge“ (darunter schlechte Pläne, Gedanken, Träume, Schlaf). Ihr historischer Wert besteht in der ausführlichen Nennung nubischer und asiatischer (syrisch-palästinensischer) Herrscher und Orte, die für die Geschichte dieser Länder um so wichtiger sind, als in dieser Zeit andere ä. Quellen darüber fast gänzlich schweigen. Ähnliche Texte aus Mergissa in Nubien sind noch unveröffentlicht.

Lit.: Sethe, APAW 1926,5; G. Posener, Princes et Pays d'Asie et de Nubie, Brüssel 1940.

[1] Junker, Gîza VIII, S. 32 ff.

Adoption. Einen als A. zu bezeichnenden Rechtsakt hat es wohl gegeben, wenn auch konkrete Beispiele erst seit dem späteren NR vorliegen. Ein Pap. der 20. Dyn. zeigt bereits einen komplizierten Fall: Ein Mann adoptiert seine Ehefrau als Tochter, um ihr das gesamte Erbe zu sichern; später adoptiert die Frau drei Kinder einer Sklavin (deren Vater vielleicht ihr Mann war) und einen eigenen jüngeren Bruder. Der Zweck dieser A. ist offensichtlich Sicherung des Erbes[1]. Die Dyn. der thebanischen →Gottesgemahlinnen setzt sich durch A. fort. →Rechtsnormen.

Lit.: Malinine, GLECS VI 1951/54, S. 13 ff.

[1] JEA 26, 23 ff.

Affe. Besonders zwei Arten: Pavian und Meerkatze. Paviane sind frühgeschichtlich an mehreren Orten O.ä. verehrt worden und die Gestalt des „großen Weißen“ ist als Gott gerade noch erkennbar. Er gilt dann (schon Pyr. 1725) als Tier des Gottes →Thot und verschwindet als selbständiges Numen (→Tierkult). Eine Mehrzahl von Pavianen wird gern dargestellt die aufgehende Sonne anbetend. Im NR werden Pavian und Meerkatze aus dem Süden (auch aus

→Punt) eingeführt, da A. in historischer Zeit in Ä. ausgestorben waren[1]. Beide Tiere werden oft als possierliche Haustiere dargestellt. Affenfiguren sind besonders in →Hierakonpolis und →Abydos gefunden worden. Berühmt die prachtvolle Figur eines hockenden Pavians (52 cm, Aragonit, Herkunft unbekannt, früher Berlin, Staatl. Mus.) mit dem Namen des Königs →Narmer. Affengräber u. a. bei →Theben, Tụna (bei →Hermụpolis), →Saqqạra.

---

[1] Bibl. Or. XI, S. 165/6.

Ägypten. Der Name Ä. entspricht dem griech. Αἴγυπτος, das seinerseits wahrscheinlich auf den ä. Stadtnamen *ḥ.t-kɔ-Ptḥ* (gesprochen etwa Hikuptah), eine Bezeichnung der Stadt →Mẹmphis, zurückgeht. Die Ägypter selbst nannten ihr Land *km.t*, „das Schwarze" im Gegensatz zur „roten" Wüste, oder auch „Land *mrj*", dessen Bedeutung unbekannt ist.

Das Land umfaßte im Altertum zunächst das Niltal u. zw. nach Süden bis zum 1. Katarakt (Asuạn), wobei die Gegend unmittelbar nördlich davon (zwischen Asuạn und dem →Gẹbel Sịlsile) offenbar schon uraltes Kolonialgebiet war; der hier gelegene 1. o.ä. →Gau führte den Namen „Nubierland". Das südlich des 1. Kataraktes sich erstreckende Niltal war immer Kolonialland, auch wenn die politisch-militärische Grenze in der 12. Dyn. bis zum 2. Katarakt (Wadi Halfa) vorgeschoben wurde. Die östlich und westlich des Niltals gelegenen Gebirgs- und Wüstengebiete betrachteten die Ägypter als zum Lande gehörig, soweit sie aus ihnen Nutzen zogen (→Wadi Hammamạt, →Oasen), wobei allerdings alles außerhalb des Fruchtlandes gelegene Land als unheimlich und fremd angesehen wurde. Die mit dem Nil verbundene Oasenlandschaft →Fayụm ist sicher schon im AR von Ägyptern besiedelt gewesen, ihre wirtschaftliche Erschließung ist das Werk der 12. Dyn. (→Amenemhẹt, → Moerissee). Die westliche Grenze des Deltas scheint bis weit in historische Zeit fließend gewesen zu sein; es besteht Grund zu der Annahme, daß die westlichsten Distrikte von libyschen Stämmen besiedelt waren, die in das Reich mit einbezogen wurden (→Libyen). Politisch wichtiger war die östliche Grenze gegen die Beduinen des →Sinai,

zugleich das Aus- und Einfallstor nach Palästina-Syrien (→Asien, Beziehungen zu). Wenn Ä. auch solchergestalt von Natur weitgehend isoliert und geschützt lag, hat es seit der Vorgeschichte nicht an dauernden und vielfältigen Beziehungen zu den Nachbarn gefehlt (→Nubien, →Libyen).
Geographisch zerfällt Ä. in das langgestreckte Niltal (O.ä.) und das breite Delta (U.ä.), eine Zweiteilung, die auch in der →Verwaltung anerkannt wurde, wobei freilich die Grenze zeitweise bis weit nach Süden vorgeschoben werden konnte. Beide Landeshälften waren in Verwaltungsdistrikte (sog. →Gaue) eingeteilt, deren später kanonische Zahl 42 betrug.
Das Land ist wahrhaft ein „Geschenk des →Nils". Die jährlich wiederkehrende Überschwemmung (Beginn auf der Höhe von Kairo etwa Mitte Juli) befruchtete die ebene Talsohle; ihr Wasser wurde schon zu Beginn der geschichtlichen Zeit in zahllosen Kanälen aufgefangen und mit Hilfe von Schöpfvorrichtungen (→Schaduf) versuchte man, auch höher gelegenes Land zu bewässern. Offenbar brachte das Land genügend Nahrungsmittel (→Landwirtschaft, →Getreide) hervor, um die Bevölkerung, deren Größe in pharaonischer Zeit allerdings unbekannt ist, zu ernähren, wenngleich aus den Oasen und Nubien von sog. Feldzügen oft Vieh (Rinder, Ziegen) heimgebracht wurde. Hingegen zwang der Mangel an Bauholz, verschiedenen Halbedelsteinen, →Silber, Drogen zu früh ausgebildeten →Handelsbeziehungen. Das Klima dürfte nach Ausweis der Fauna und Flora etwa das gleiche gewesen sein wie heute; Ä. lebte vom Nil; →Regen war selten und spielte als Bringer der Fruchtbarkeit keine Rolle. Dagegen scheinen die östlichen und westlichen Randgebiete, wenigstens im 3. Jahrtausend noch etwas feuchter gewesen zu sein als heute und (im Westen) etwa steppenartigen Charakter gehabt zu haben.
Der Lage und Natur des Landes entsprechend, scheint die Bevölkerung schon seit vorgeschichtlicher Zeit sich aus den ins Niltal einströmenden Stämmen und Völkern verschiedener Herkunft zusammenzusetzen; Schädelmessungen aus vor- und frühgeschichtlichen Friedhöfen haben kein einheitliches Bild ergeben.

Man wird am besten von einem „ägyptischen“ Typ sprechen, der sich allerdings in seiner Variationsbreite erstaunlich zäh bis zur Gegenwart durchgesetzt hat. Bestandteile fremder Völker sind zu allen Zeiten, sei es als landsuchende Nomaden, sei es als Gefangene und Söldner, sei es als Eroberer ins Niltal gekommen (→Ausländer in Ägypten).

Ägyptologie. Obwohl Ä. im klassischen und nachklassischen Altertum wirtschaftlich und als wissenschaftlicher Gegenstand (Herodot, Strabo, Diodor, Plutarch u. a. m.) und in der frühchristlichen Kirchengeschichte eine immer aktuelle Rolle spielte, ging die Kenntnis seiner Geschichte, Kultur und Sprache nach der Eroberung des Landes durch die Araber (640/41 n. Chr.) für das Abendland weitgehend verloren. Auch die Kreuzzüge haben hier keinen grundlegenden Wandel geschaffen. Phantastische Entzifferungsversuche der Hieroglyphen wie der des Jesuiten Athanasius Kircher (1601—1680), modische Vorliebe für ä. Motive im 18. Jhdt. führten zu keinem Verständnis der vergessenen Kultur (vgl. etwa die schwankenden Urteile Goethes, behandelt ÄZ 72, 1 ff.; aber auch das geringe Verständnis, das noch Jacob Burckhardt dem Alten Orient entgegenbringt). Erst die napoleonische Expedition nach Ä. (1798) zog das Land wieder in das politische Kräftefeld und das wissenschaftliche Interesse Europas. Freilich mußten zwei unabhängige Ereignisse zusammentreffen, um das Tor zur Vergangenheit zu öffnen: Der Fund des Steines von →Rosette und das historische Interesse und die systematische Arbeitskraft →Champollions. Mit der Entzifferung der Hieroglyphen (1822, →Schrift) war der Grundstein zur Wissenschaft vom Alten Ä. gelegt. Die Expeditionen Champollions (1828), des Pisaner Orientalisten Rosellini (1828) und von →Lepsius (1842/45), die nach der Mitte des Jahrhunderts einsetzende Ausgrabungstätigkeit der Franzosen (→Mariette), Engländer (→Petrie, →Carter), Deutschen (→Borchardt), Amerikaner (→Breasted), die Sichtung und Erforschung des Materials an den Forschungsstätten aller Länder (→Brugsch, →Erman, →Ebers, →Ibscher, →Maspero, →Schweinfurth, →Sethe, →Steindorff) ließ im Verlauf des vorigen Jahrhunderts die junge Wissenschaft unter Rückschlä-

gen, Irrwegen und Anfeindungen als eigene wissenschaftliche Disziplin entstehen. Wie sehr sie auch heute noch bezüglich ihres Materials wie ihrer Methoden im Flusse begriffen ist, lehrt die Häufigkeit wesentlicher Neufunde und die lebendige Erörterung grundsätzlicher wissenschaftlicher Fragen. Gegenstand der „Ägyptologie" ist die gesamte Überlieferung des Alten Ägypten, ob es sich um seine materiellen Überreste (Architektur, bildende Kunst, Handwerke usw.), seine Geschichte, Religion und allgemeine Kultur handelt.
Nicht so eindeutig ist der Begriff „Altes Ägypten" in seiner zeitlichen Erstreckung zu deuten. Man wird ihn als den Zeitraum definieren dürfen, in dem im Niltal dem Pharaonenreich unmittelbar vorausgehende, spezifische Kulturen nachweisbar sind bis zu der Zeit, in der Staat, Politik und Kultur nicht mehr in der Tradition des Pharaonenreiches stehen; in diesem Sinne umfaßt die Ägyptologie die Zeitspanne vom Neolithikum (also nicht Paläolithikum und Mesolithikum) bis auf →Alexander den Großen. Das von →Ptolemäus gegründete Ptolemäerreich gehört in allen seinen Formen zum Hellenismus des östlichen Mittelmeeres; nach der Schlacht von Actium (31 v. Chr.) wird das Land Provinz des römischen Kaiserreiches. Die Wissenschaft vom christlichen Ä. gehört mehr zur Kirchengeschichte als zur Altertumskunde und wird mit einer gewissen Notwendigkeit als eigene Disziplin, die Koptologie, betrachtet werden müssen.

Ahmose. Vertrieb die →Hyksos aus Ägypten und wird deshalb von Manetho als erster König der 18. Dynastie gerechnet, obwohl Bruder seines Vorgängers →Kamose und mit diesem Sohn des Seqenenre. Er regierte von 1552—1527 v. Chr. Er begann auch die Wiederunterwerfung des unabhängig gewordenen nubischen Gebiets. Seine Mutter hieß Jah-hotep, die Gattin und Schwester Ahmesnofretere wurde als Mutter des →Amenophis I. als Heilige in Theben-West verehrt.

Alexander d. Große. A., König von Makedonien (356—323 v. Chr.) eroberte 332 nach dem Sieg von Issus und der Unterwerfung Palästinas die damals persische Provinz Ä. Der persische Statthalter Makazes übergab das Land in →Memphis ohne Kampf. A. gründete bei dem ä. Dorf Rakọtis die nach ihm benannte Stadt Alexandreia, die er, seiner auch sonst geübten Verschmelzungspolitik folgend, zur makedonischen Metropole bestimmte, in der Kultur und Kulte beider Welten sich vereinigen sollten. Die Ägypter betrachteten diese Eroberung als Befreiung vom persischen Joch. Von Alexandrien aus zog A. nach der libysch-ä. Oase Sịwa und ließ sich von den Priestern des dortigen Orakelgottes Jupiter Ammon als Sohn des Gottes bestätigen. Nach seiner Rückkehr nach Alexandrien verließ A. im Frühjahr 331 Ä. für immer.

Altar. Da A. im Kult nur als Träger der darzubringenden →Opfer dienten, haben sie im allgemeinen weder eine bedeutende Kunstform entwickelt, noch sind sie als heilige Gegenstände besonders zu nennen. Meist begnügte man sich mit beweglichen Opfertischen, die vor dem zu Speisenden aufgestellt wurden und auf die die Opfer aufgebaut waren. Monumentale Steinaltäre fanden gemäß der Anlage der →Tempel nur in Höfen Platz (z. B. in →Sonnenheiligtümern, wo das Kultobjekt nicht das Götterbild im Schrein, sondern die Sonne selbst ist; danach auch in Tell el Amạrna; ferner in thebanischen Tempeln: →Rames-

Abb. 1

seum, →Deir el Bahri). Kleine A. in Privathäusern mit Flachbild des Königs als Altarbild sind in →Tell el Amarna bekannt. Die Zugänglichkeit des A. durch Stufen ist seit dem NR. nachweisbar. Wie alt die Sitte ist, A. vor Gräbern aufzustellen, ist nicht bekannt. Ein berühmtes Beispiel der Spätzeit: A. mit Hörneraufsätzen (Abb. 1) an den Ecken (sicher nicht ä. Form) bei →Petosiris. Sonderformen: Für Brandopfer (→Opfer) benutzt man kleinere Brandopferaltäre, Opferständer, die auf Steinaltäre aufgestellt werden können, getragene Opferpfannen aus Ton, aber auch aus →Metall (Gold, Silber)[1]. Steinerne Opfertafeln[2] haben sich aus der geflochtenen Opfermatte, auf die die Opfer gestellt wurden, entwickelt. Es sind rechteckige Stein- (bisw. auch Ton-)Tafeln, oft das ä. Schriftzeichen „Opfermatte" nachahmend. Sie können mit dem Sockel, auf dem sie liegen, zu

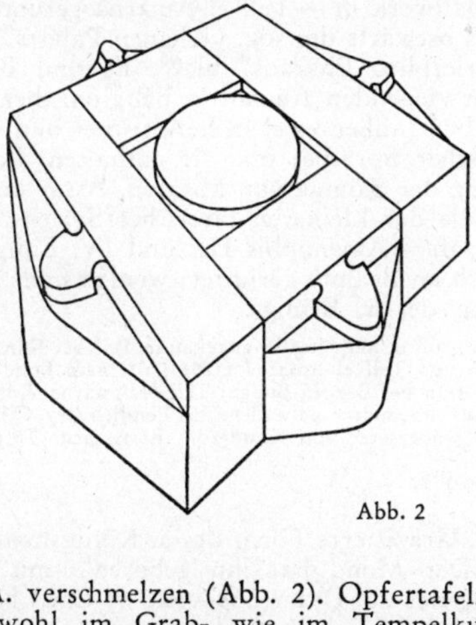

Abb. 2

einem A. verschmelzen (Abb. 2). Opfertafeln kommen sowohl im Grab- wie im Tempelkult vor. Grundsätzlich haben sie zwei Funktionen, einmal als Träger der Opfer, dann aber auch als Verewigung der Opfer selbst, die in Bild und Text auf ihnen festgehalten sein können.

[1] Schott, AMAW 1952, 11, S. 20 f. — [2] Ahm. Kamal, Tabl. d' Offrandes, Cat. gén.

Alternierendes Musizieren. Die alt- und neuä. Formen der Gesangs- und teilweise auch der Instrumentalmusik beruhen auf dem Prinzip eines regelmäßigen Wechsels zwischen dem Solisten und den Gruppenmusikern. Nach den bildlichen Quellen zu urteilen, aber auch auf Grund literarischer Zeugnisse, scheint diese Praxis bereits im AR bekannt gewesen zu sein. Das Refrainsingen wurde im allgemeinen durch eine Musikergruppe besorgt, die gelegentlich durch einen Einzelsänger ersetzt werden konnte, so daß es z. Z. immer noch schwerfällt, zwischen antiphonalem und responsorialem Wechselgesang zu trennen. Alternierendes Musizieren ließ sich in der antiken Volks- und Kunstmusik feststellen. Es existiert noch im heutigen Ä. (H)

Amarnatafeln. Bezeichnung für eine große Anzahl von Keilschrifttafeln, die 1886 von Eingeborenen in einem Bauwerk in →Tell el-Amạrna gefunden wurden, das ostwärts des sog. „Kleinen Palasts" lag und „das Briefbüro Pharaos" hieß[1]. Es sind Briefe, in der überwiegenden Anzahl in babylonischer Sprache geschrieben (außer zwei in hethitischer und einem in churritischer Sprache) und sie enthalten die Korrespondenz der Könige von Mitạnni, Assur und Babylon, sowie der kleineren Herrscher Syriens und Palästinas an →Amenọphis III. und IV. Einige Briefe sind auch an Beamte gerichtet; wenige sind Antwortschreiben des ä. Königs.

Lit.: Der größte, nach Berlin angekaufte Teil bei Winckler-Abel, Tontafeln von Tell el Amarna (1896); die nach London gekommenen Tafeln bei Bezold-Budge, Tell el-Amarna Tablets in the British Museum; später gefundene bei Pendleburry, City of Akhetaten III.; übersetzt von Knudtzon, El Amarna-Tafeln (1907).

[1] JEA 21, 139.

Ạmasis. Gräzisierte Form des ä. Königsnamens Iahmose „Der Mond hat ihn geboren", mit der der 5. König der 26. Dyn. (568—526 v. Chr.) bezeichnet wird. Nichtköniglicher Abstammung besiegte und tötete er seinen Vorgänger →Ạpries[1]. Während seiner langen Regierung hat er in Ä. den Widerstreit zwischen griechischen und libyschen Söldnern beseitigt, den Griechen hat er die Stadt →Naukratis als Kolonie gegeben und die griech. Garnison von Daphnae nach →Memphis verlegt. Er verbündete sich mit

Krösus von Lydien gegen die Perser, unterwarf Zypern und unterhielt freundschaftlichen Verkehr mit Polykrates von Samos, Athen, Sparta, Lindos, allen perserfeindlichen Mächten.

Lit: de Meulenaere, Herodotos S. 85 ff.

[1] Her. II 161 ff.; Stele von Elephantine, Daressy, Rec. Trav. 22, 1 ff.

Amaunet →**Amun.**

Amenemhet. Der Königsname A. mit der Bedeutung „→Amun ist an der Spitze" wird von 4 Königen der 12. Dyn. und mehreren der 13. Dyn. getragen.
A. I. *Śḥtp-ỉb-Rˁ* 1991—1962 v. Chr. Vielleicht identisch mit einem gleichnamigen →Vezir unter →Mentuhotep Nebtawirẹ, hat er auf unbekannte Weise den Thron usurpiert. Er wie sein Nachfolger →Sesọstris I. haben in erster Linie durch innere Organisation das Land nach vorhergehenden Wirren geordnet (Neuordnung der →Gaue) und die Grenzen (besonders im Nordosten) gesichert. Nach Süden ist A. weit über den 1. Katarakt vorgestoßen (Korọsko). Er fiel offenbar einer Palastrevolution zum Opfer (Lehre des A. →Weisheitsliteratur; →Sinuhe). Seine Ziegelpyramide liegt bei →Lischt.
A. II. *Nwb-kʾw-Rˁ* 1929—1892 v. Chr. Von seinen weitreichenden, wohl friedlichen Beziehungen zu Phönikien, dem asiatischen Hinterland und der Ägäis legen Grundsteinbeigaben im Tempel von →Tôd Zeugnis ab. Ziegelpyramide bei →Dahschur.
A. III. *Nj-mʾˁt-Rˁ* 1844—1797 bzw. 1839—1791 v. Chr. (griech. Lamarrēs u. ä. geht auf seinen Geburtsnamen Nimaa(t)-Re zurück). Er förderte vor allem die schon von seinen Vorgängern begonnene Kolonisation des →Fayụm (Entwässerung; Hauptstadt Schedet = Medịnet el Fayụm), wo sein Totentempel bei →Hawara als →„Labyrinth" noch bis in die römische Zeit bekannt war[1]. Dort besaß A. eine Pyramide, eine zweite, wohl früher aufgegebene bei →Dahschur.
A. IV. *Mʾˁ-ḫrw-Rˁ* 1798—1790 bzw. 1791—1781 v. Chr.

[1] Schilderung des Sees und des Labyrinths bei Her. II 148.

Amenophis. Ä. *'Imn-ḥtp* „Amun ist zufrieden", Name verschiedener Könige der 18. Dyn., außerdem häufiger Personenname.

A. I.: Vorname *Ḏsr-kꜣ-Rꜥ*. Sohn des Ahmose, des 1. Königs der 18. Dyn., und dessen Gattin und Schwester Ahmose Nofretere, regierte 20 Jahre und 7 Monate (nach →Manetho), höchstes erhaltenes Datum 21. Jahr[1]. Anzusetzen etwa 1527—1507 v. Chr. Königin war seine Schwester Iah-hotep (Tochter Erbprinzessin Iahmes, Gattin →Thutmosis' I.), Nebenfrau Seni-seneb, Mutter seines Nachfolgers Thutmosis' I. Er scheint den Bereich Ä. bis an den Euphrat ausgedehnt zu haben, obwohl darüber keine Inschrift erhalten ist. Dagegen wird ein Feldzug gegen Nubien erwähnt[2]. Er ist der erste, der Grab und Totentempel für das Königsbegräbnis trennt: Sein Felsengrab liegt versteckt in einem Tal hinter Dra-abu-l'Naga in Theben-West[3], sein kleiner Totentempel in der Ebene davor (*Mn-ìś.t*). Er wurde zusammen mit seiner Mutter von den Nekropolenarbeitern von Theben-West als Ortsheiliger verehrt. Auszüge und Feste dieses Heiligen werden mehrmals erwähnt, wobei das Hauptfest im 7. →Monat lag, der danach „der des A." (kopt. Phamenoth) genannt wurde[4].

[1] Borchardt, Zeitmessung Taf. 18. — [2] Urk. IV 37. — [3] JEA 3, 147 ff. — [4] BIFAO 27, 183.

A. II.: Vorname *ꜥꜣ-ḫprw-Rꜥ*. Sohn →Thutmosis' III., regierte vielleicht 25 Jahre und 10 Monate, höchstes bekanntes Datum 26. Jahr[1], Königin *Tj-ꜥꜣ*. Anzusetzen etwa 1438—1412 v. Chr. Er unternahm mehrere Züge nach Syrien, wo unter ihm die Auseinandersetzung mit dem Mitannireich einen Höhepunkt erreicht zu haben scheint. Wir hören von einem Zug im 3. Jahr[2], sowie im 7. und 9. Jahr[3].
A. II. war besonders auf seine sportlichen Leistungen stolz, von denen er häufig spricht (→Sport). Er baute in →Karnak einen Alabasterschrein[4] sowie einen kleinen Tempel auf dem Weg zum Muttempel. Sein Totentempel in Theben-West ist zerstört. Reste seiner Bautätigkeit finden sich in Amada in Nubien, →Koptos[5], Medamud[6], →Elephantine,

Ọmbos[7], →Armant[8] sowie in verschiedenen nubischen Orten, ferner in →Elkạb[9].

[1] Petrie, 6 Temples pl. 5. — [2] Urk. IV 1287 ff. — [3] Urk. IV 1299 ff.; ZDPV 69, 98ff. — [4] ASAE 24, 55. — [5] Urk. IV 1317. — [6] Urk. IV 1322. — [7] 1356. — [8] 1365. — [9] JEA 8, 24.

A. III.: Vorname *Nb-mꜣꜥ.t-Rꜥ*. Sohn →Thutmọsis' IV.; regierte als dessen Nachfolger am Ende der 18. Dyn. für 38 Jahre, etwa von 1403—1364 v. Chr. Seine Gattin und rechtmäßige Königin war die Tochter eines Provinzpriesters Tẹje, die er unter Bruch der bisherigen Tradition vom Harimsmädchen zur Königin erhob. Unter ihm begann der Bruch mit der hemmenden Tradition. Außenpolitisch bestand enge Verbindung mit Mitạnni und den kassitischen Herrschern von Babylonien; er nahm in seinen Harim die Tochter Giluhẹpa des Mitạnni-Königs Sutạrna auf, der ihm auch das wundertätige Bild der Göttin →Ištar von Assur zusandte. Von seinem Totentempel auf dem Westufer von Theben sind nur die sog. →Memnonskolosse erhalten geblieben, sowie die Reste mehrerer anderer Kolosse, die NW davon am Boden liegen. Südlich davon erbaute er sich einen →Palast[1] und einen großen Lustsee (j. Bịrket Hạbu genannt). Auf dem Ostufer errichtete er den Hauptteil des →Luxortempels und erweiterte den Amuntempel von →Karnak. Bautätigkeit ist nachgewiesen in Lepidotọnpolis, Athrịbis, →Abỵdos, → Elkạb, →Elephantịne, →Sọleb in Nubien u. a.

[1] *Ṯḥn-'Itn*, vgl. JNES 10.

A. IV.: Vorname *Nfr-ḫprw-Rꜥ-wꜥ-n-Rꜥ*, Sohn Amenọphis' III. und der Tẹje, König am Ende der 18. Dyn., regierte wahrscheinlich 17 Jahre, etwa von 1364—1347 v. Chr. Er versuchte, die unter seinem Vater eingeleitete Entwicklung zur Befreiung der ä. Kultur von den Ketten der Tradition durch Gewaltmaßnahmen zu erzwingen, die ihn in starken Gegensatz zu der Amunpriesterschaft brachten. Er verließ deshalb in seinem 6. Jahr →Theben und gründete in Mittelä. seine neue Hauptstadt *ꜣḫ.t 'Itn* (Tell el-Amạrna), verfolgte das Andenken an die thebanischen Götter →Amun und →Mut, sowie die Vorstellung der „Götter“ und ersetzte sie durch den Glauben an die sichtbare Sonnenscheibe →Aton. Ebenso wurde im Augenblick seines Umzuges nach Amarna sein Name in *ꜣḫ-n-ʾItn* (Echnaton) umgeändert. Als Echnaton starb, kam seine Herrschaft zunächst in die Hände des Kindes Semench-ka-Re, das Echnaton kurz vor seinem Ende zum Mitregenten angenommen hatte, ohne daß wir den Grund dafür oder die Abkunft des neuen Königs kennen. Diesem folgte nach wohl 3 Jahren →Tutenchamun. Die Versuche der Anhänger Echnatons, durch Abbau der totalitären Züge eine kontinuierliche Entwicklung einzuleiten (erkennbar an der Wiedereinrichtung des Amun-Kultes), führten zu keinem Erfolg, da das inzwischen bestimmend gewordene Heer die Schwäche der Dyn. zur Übernahme der Macht benutzte (→Haremheb). Seine Gattin war →Nofretete.

Amenophis, der *„weise"*. Bezeichnung für A., Sohn des Hapu und der Itu aus Athribis, Rekrutenschreiber unter →Amenophis III. Er war für die Aufstellung der sog. →Memnonskolosse in →Theben-West verantwortlich, ebenso für die Aufstellung anderer Kolosse des Königs im Tempel von →Karnak. Als besondere Ehrung durfte er sich einen Totentempel neben dem seines Königs anlegen, was sonst ein königliches Privileg war[1]. Beim ersten →Jubiläumsfest seines Königs spielte er die Rolle des *rpꜥ.t.* Ferner wurde er zum Vermögensverwalter der Prinzessin Sat-Amon eingesetzt. Er scheint im 34. Jahr Amenophis' III. gestorben zu sein[2]. Sein Kult in seinem Totentempel bestand lange Zeit weiter; dabei wurde Amenophis zu einem Gott, der auch in anderen Tempeln verehrt wurde (etwa in →Deir el Medineh). Der Name seines Vaters Hapu wurde als „Apis" erklärt und so A. zum Sohn dieses heiligen →Stieres gemacht.

Lit.: Helck, Militärführer S. 2—13.

[1] Robichon-Varille, Temple du scribe royal Amenhotep. — [2] JNES 10, 100.

Amtsabzeichen. Eine wirkliche Diensttracht finden wir nur beim →Vezir, der allein ein bis unter die Achseln reichendes Hemd trägt (seit MR) und häufig auch das Bild der Göttin →Maat um den Hals. Der →Vorlesepriester ist bereits seit ältester Zeit durch ein Band quer über die Brust gekennzeichnet, der →Sem-Priester durch ein Pantherfell. Der „Oberhandwerker" Chabausokar der ausgehenden 3. Dyn., Vorgänger der memphitischen →Hohenpriester, trägt einen auffallend barbarischen Halsschmuck, der zwei Schakale erkennen läßt[1]. Ebenfalls einen Priesterschmuck mag das Halsband eines Königs des MR einer Statue aus Mitfaraṣ[2] darstellen. Sicher ist auch der Hathorkopf, den im AR hohe Hofbeamte tragen, eine Art A.

Im NR sind die →Priester kahl geschoren und tragen keine Perücke. Soldaten tragen bereits im AR eine besondere →Kleidung. Offiziere halten im NR ein Prunkbeil in der Hand, während die Inhaber des Titels eines „Wedelträgers zur Rechten des Königs" einen kleinen Straußenwedel halten.

[1] Murray, Saqqara Mastabas pl. 1; ÄZ 33, 22. — [2] Hamann, Ä. Kunst, Abb. 182.

Amulett. A. sind, wie auch die ä. Bezeichnungen sagen, Schutzgegenstände, die teils durch ihr Material, teils durch ihre Form Schutz über ihren Träger (den Lebenden wie den Toten) ausüben. Auch die Körperbemalung (→Tattauierung) wäre hier heranzuziehen; ebenso hat der →Schmuck weitgehend ursprünglich Schutzcharakter, besonders bei Neugeborenen oder wenn er von Tieren getragen wird (Rinder, Affen). Bei manchen A. können wir den Grund ihrer Schutz-Mächtigkeit und deren beabsichtigte Wirkung erschließen, bei vielen wissen wir es nicht. Kleine Götterfigürchen und heilige Zeichen (→Djedpfeiler Abb. 6, →Ka-Zeichen Abb. 14, Papyrusstengel als Symbol des Gedeihens), →Kronen sprechen für sich selbst. Bei Tierfigürchen kann man nicht immer Aufschlüsse über ihre Bedeutung bei den entsprechenden →Tierkulten finden. (Z. B. →Frosch, →Fliege, →Schwein; Stierköpfe und Falkenamulette schon vorgeschichtlich.) Auch Körperteile kommen als A. vor. Sehr häufig sind →Augen (Abb. 4), Hände (offene oder geballte Hände; auch geballte Hand mit ausgestrecktem Zeigefinger = Abwehrzauber), →Finger, Herz, in älterer Zeit Bein, spät bei Mumien Phallus. Vielerlei Gegenstände können dem Toten als A. mitgegeben werden, zur Verwendung im Jenseits: Eine →Kopfstütze (Abb. 19), die die Erhaltung des Kopfes gewährleisten soll; eine Treppe als Bild des →Urhügels; daneben natürlich die gleichen glückbringenden Symbole, wie der Lebende sie trägt. Eine besondere Klasse bilden die Knotenamulette[1]. Außer durch die allgemeine Analogie des „Bindens", „Lösens", „Schließens" (z. B. in Liebeszaubern) kommen als spezielle Knotenamulette das sog. →Isisblut (Abb. 13) vor und das Lebenszeichen (sog. Henkelkreuz, gegenständliche Bedeutung unsicher), das das Leben im weitesten Sinn schützen soll.

Lit.: Sammlung von A. Reisner, Amulets (Cat. gén.). — Ein Pap. der römischen Kaiserzeit, die Wirkungen von Pflanzen und Mineralien enthaltend: Spiegelberg, Dem. Pap. Berlin S. 29, Taf. 98. — Eine Untersuchung darüber, was etwa ä. ist an den im Hellenismus verbreiteten Anschauungen über die Wirkungsweise bestimmter Mineralien — etwa im Buch der Kyraniden — ist noch nicht durchgeführt.

---

[1] Arch. f. Rel. 8, Beih. 23.

Amun. Ein Gott A. mit seiner Gefährtin Amaunet ist als Glied der →Achtheit von →Hermupolis bekannt. In seinem Wesen als Schöpfer- und Fruchtbarkeitsgott hat A. engste Verwandtschaft (auch bezüglich seiner Gestalt: Ithyphallisch mit erhobener Geißel) mit dem Gott →Min. Schließlich wird sein Name auch mit dem libysch-berberischen Wort *aman* „Wasser" zusammengebracht, welcher Anklang dem Ägypter (jedenfalls der Spätzeit) bekannt gewesen sein dürfte. In →Theben scheint er erst seit der 11. Dyn. aufzutauchen[1] und besitzt als Herr der neugegründeten Residenz um →Karnak einen Tempel, der im NR der größte und reichste Ä. werden sollte. Wie auch sein ursprüngliches Wesen gewesen sein mag, sein eigentlicher Charakter wird in Theben geprägt: Die Befreiung des Landes von den →Hyksos von Theben aus hebt ihn in die Rolle des Reichsgottes und Herrn des Imperiums. Im Karnaktempel, dem sog. Reichstempel, herrscht er an der Spitze einer →Neunheit über den zeitweise enormen →Tempelbesitz. Die sog. Reformation →Amenophis IV. richtet sich ebenso gegen die religiöse, wie die wirtschaftlich-politische Seite des Gottes. Aus seiner Rolle als Reichsgott ergibt sich auch seine Stellung als Herr über die →Oasen; fraglich ist es allerdings noch, ob A. ursprünglich tatsächlich identisch ist mit dem in Siwa verehrten Orakelgott ähnlichen Namens. Seine Wirkungsweite geht aus der Vielheit seiner Erscheinungsformen und der inneren Spannweite seines Wesens hervor. Neben dem Königsgott steht der Amenapet (d. i. Amun von →Luxor) genannte Fruchtbarkeitsgott; in Theben-West besucht A. zu Festen die königlichen Totentempel, deren Herr er ist; in →Medinet Habu opfert er alle 10 Tage seinem dort begrabenen Vorfahren, einer Urschlange. Als →Orakelgott genießt er Ansehen weit über seine Stadt hinaus. Mancherlei Statuen des Gottes werden in Inschriften genannt. An tierischen Erscheinungsformen ist die als →Widder (als Gott der Fruchtbarkeit), als Nilgans, als Urschlange zu nennen. In diesen Formen ist er auch niederen Volksschichten erreichbar. Auf der anderen Seite drückt die spekulative Theologie in seiner Gestalt eines ihrer spirituellsten Systeme aus: Sie knüpft an den Urgott, den Unsichtbaren, an und deutet seinen Namen A. als „den Bleibenden", nämlich den Lebenshauch, der in allen Dingen bleibt. Er wird ein pantheistischer Geist, die →Seele (Ba) aller Erscheinungen. Seine unlösbare Verbindung mit der Idee des Reiches und mit dem Geschick der Stadt Theben führt in der Spätzeit zu seiner Verdrängung aus dem Zentrum der Vorstellungen. Als seit der 22./23. Dyn. der Schwerpunkt des Staates endgültig nach Unterä. verlagert war, beherrscht A. zwar den größeren Teil der südlichen Landeshälfte als den →Gottesstaat und führt seine Rolle als Reichsgott bei den Äthiopen in Napata weiter; in Ä. selbst aber tritt er hinter anderen Gottheiten, vor allem →Osiris, zurück.

Lit.: Sethe, Amun und die 8 Urgötter, 1928.

[1] Daumas, BIFAO 65, 1967, S. 201 ff., versucht, A. als echten Lokalgott in Theben nachzuweisen.

Amyrtaios. 1. Fürst im Westdelta nach der Niederlage des Inaros (454 v. Chr.) (Hdt III 15). 2. Erster König der 29. Dynastie, der 404—399 v. Chr. herrschte. Er stammte aus dem Westdelta und hatte den Aufstand gegen Artaxerxes II. geführt, wurde aber durch Nepherites I. (*Nꜣjw.f-rwd*) aus Mendes beseitigt.

Anedjti →Osiris.

Annalen. In der ältesten Zeit pflegte man die Jahre nach wichtigen Ereignissen zu datieren; aus verwaltungstechnischen Gründen stellte man bald die Jahresbezeichnungen in Datenlisten zusammen. Auch als man, wie aus dem Ende der 3. Dyn. belegt, nur noch nach den Steuerzählungen datierte, behielt man die Übung bei, die früher als Jahresbezeichnungen benutzten wichtigen Ereignisse aufzuschreiben. Damit entstanden A. Aus der 5. Dyn. liegen im sog. →Palermostein Reste eines Auszugs aus den A. vor, in denen sogar noch Namen vorgeschichtlicher Herrscher aufgezeichnet waren, die sicher mündlich überliefert worden waren. Ebenso sind bei jedem Jahr die Nilhöhen mit angegeben. Von der Existenz der A. erfahren wir erst wieder seit der 18. Dyn., in der es Sitte wurde, in den A. nachzuschlagen, um festzustellen, ob irgendein Ereignis bereits früher einmal eingetreten sei. So läßt z. B. Tahạrka bei einer Hochflut in den A. (*gnwt*) nachschlagen[1]; auf der Tombosstele →Thutmọsis' I.[2] werden Länder erwähnt, die nicht in den A. zu finden seien; auch →Rạmses' III. Siege werden als größer denn alle in den „geheimen Götterannalen" aufgefundenen bezeichnet[3]. Aus diesen A. dürften die erhaltenen →Königslisten Auszüge sein.

---

[1] MacAdam, Kawa pl. 9/10 Z. 8. — [2] Urk. IV 86,4. — [3] LD III 194 Z. 27.

Antilope. Verschiedene Antilopenarten waren als Jagdtiere bekannt (Kuh-, Mendes-, Säbelantilope), wurden aber auch mit Netz oder Lasso gefangen, um als Opfertiere vorgeführt und geschlachtet zu werden. Eine Erinnerung an religiöse Verehrung haftet nur an der Säbelantilope (Oryx leukoryx), die als Gauzeichen des 16. o. ä. →Gaues dient. Doch erleidet sie das Schicksal fast aller Wüstentiere: Sie gilt als Götterfeind, als ein dem Gotte →Seth zugehöriges Tier; in später Zeit steht über der A. als Gauzeichen der siegreiche →Horusfalke.

Lit.: Hilzheimer bei Borchardt, Grabdenkmal des Sa'ḥure' II, S. 167 ff.

Anubis. Der Gott A. hat Hundegestalt (u. zw. meist die eines liegenden →Hundes), bzw. Menschengestalt mit Hundekopf (Abb. 3). Seine hervorragendste Rolle ist die eines Friedhofs- und Totengottes, obwohl an einzelnen Kultorten noch deutlich zu erkennen ist, daß dies nicht die einzige Funktion ist, die er ausübt. Auf den Friedhofsgott weisen zahlreiche Beinamen: „Der auf seinem Berge", „Herr des heiligen Landes", „Herr des weißen Landes"[1], „Herr von Rosetau" (Nekropole von →Memphis), „Bestatter"[2], „Herr der Höhlenöffnung" (→Asiuṭ). Als Friedhofsgott erscheint er seit dem AR mit dem ebenfalls hundegestaltigen →Chontamenti von →Abydos zusammen. Weiterhin dringt A. auch in den Totenkult ein, besonders als Herr und Meister der Balsamierungshalle („Der an der Spitze der Gotteshalle"), wo er an der Balsamierung des Toten mitwirkt[3]. Seit wann Totenpriester mit einer Maske des A.[4] amtieren, ist nicht sicher; nach Vignetten des TB[5] wohl seit der 18. Dyn. So geht er auch in den Kreis der Götter um →Osiris ein als dessen Sohn[6] bezeichnet. Andererseits zählt er auch zu den großen Göttern des Jenseits[7] und wirkt im →Totengericht zusammen mit →Thot. In griechischer Zeit gilt er als eine Form des *Hermes Psychopompos*[8]. Aber A. begegnet auch außerhalb der funerären Rolle. Seine Artverwandschaft mit dem Gott →Upuaut überträgt auch ihm die Rolle eines den König geleitenden und schützenden Gottes und eines Kämpfers[9], der in römischer Zeit gepanzert erscheint[10]. Ferner wird er mit dem Schöpfergott →Chnum zusammen bei der Darstellung der Geburt der →Hatschepsut in →Deir el Bahri[11] abgebildet, eine Kugel vor sich rollend,

Abb. 3

wobei er der Königin Herrschaft und Lebensdauer verheißt. Schließlich ist A. der Name des älteren Bruders im Märchen von den zwei Brüdern (→Pap. d'Orb.).

[1] Bei Gebelen, ÄZ 71, 150. — [2] CT II 125. — [3] CT I 195/6, 217 ff. Abb. nach Vignette des TB, Bonnet, Bilderatlas Abb. 109. — [4] Ein Exemplar in Hildesheim, Abb. Bonnet, a.a.O. 144. — [5] Naville I Taf. 2. — [6] Im Ehebruch mit Nephthys gezeugt, vgl. Plutarch, de Is. 14. — [7] Pyr. 157. — [8] Morenz, Wiss. Ztsch. der Karl-Marx-Un. Lpzg 1953/54,1. S. 79 ff. — [9] Daher ein Horus-Anubis, Edfou I 342, VI 212 cf. Karnak-Nord IV S. 97. — [10] v. Bissing, Kultbilder S. 17 ff. Abb. 14a, 16a. — [11] Naville, Deir el Bahari II, 55.

Anukis. Göttin in der Gegend des 1. Nilkataraktes, die zusammen mit →Chnum und →Sạtis als Herrin des Nilwassers galt und in →Elephantịne und auf der Insel Sehẹl besonders verehrt wurde. Dargestellt wird A. immer in Menschengestalt; dabei trägt sie auf dem Kopf einen Federschmuck. Als ihr heiliges Tier gilt die Gazelle. Sie wird außer in der Kataraktengegend auch in Unternubien (bei →Abu Sịmbel) und im südlichen Oberä. (Komịr bei Ẹsne; dort Gazellenfriedhof) verehrt.

Apis →Stiere, heilige

Apọphis. *('pp).* Mit dem Namen A. bezeichnen die Ägypter ein dämonisches, schlangengestaltiges Wesen, das als Gegner des Sonnengottes gilt. Der kriegerische Helfer des Sonnengottes in der Barke ist →Seth[1]. Da ja auch der Tote den Gott im Sonnenschiff begleiten will (→Jenseitsvorstellungen) und da die Bedrohung durch A. naturgemäß am stärksten im Westen liegt, beschäftigt sich auch die Totenliteratur mit der Abwehr des A.[2] und A. wird ebenso zum natürlichen Feind des →Osiris. Magische Texte beschäftigen sich vielfach mit der Abwehr des A.[3] Apophis nennt Manetho den Hyksoskönig Ipp, den Gegner der Thebaner Seqenenre und →Kamose, der mehr als 40 Jahre regierte (ab etwa 1590 v. Chr.).

[1] BIFAO 28, 33; Spiegel, Horus und Seth, S. 33. — [2] Z. B. TB 39. — [3] Lacau, TR 35; spät als Tempelritual, Pap. Bremner-Rhind, Text: Faulkner, Bibl. Ä. III; Übers. Roeder, Urkunden S. 98, Faulkner, JEA 23, 167 ff.

Apries. (*Ḥ*c*-ib-R*c). König der 26. Dynastie, Sohn des Psammetich II., regierte von 589—570 v. Chr. Kämpfte gegen Sidon und Tyros, konnte den Fall Jerusalems nicht verhindern (586 v. Chr.). Nach einer Niederlage gegen Kyrene stürzte ihn Amasis; A.'s Versuche, von Zypern aus und dann mit babylonischer Hilfe den Thron wiederzugewinnen, schlugen fehl; er ertrank dabei 567 v. Chr. im Nil.

Architektur. Die ä. A. trägt in ihrem Formenreichtum das Erbe einer früheren Stufe des Bauens in sich; gerade die charakteristischen Formen lassen sich unschwer auf Elemente des Rohr- und Mattenbaus und des Lehmziegelbaus zurückführen. Deutlich ist die Umsetzung früherer Formen in den Monumentalbau und ihre Weiterentwicklung zu Stilelementen etwa bei Rundstab und Hohlkehle. Die verschiedenen Formen der Säule lassen ihre Naturvorbilder deutlich erkennen. Das eindrucksvollste Beispiel der großen Steina. bieten die Bauten des Königs →Djoser in →Saqqara: Die in ihnen enthaltenen Tempel und Kapellen geben in allen Einzelheiten entsprechende Bauten in Rohr- und Mattenkonstruktion wieder. Wahrscheinlich haben wir bei ihnen tatsächlich den ersten monumentalen Steinbau vor uns. Einzelne Bauglieder aus Stein begegnen seit der →Thinitenzeit (Türumrahmung aus Kalkstein in Saqqara, 1. Dyn.; Decke der Grabkammer des Chasechemui in →Abydos; Türpfosten des Chasechem in →Hierakonpolis; Kalksteinplatten im Unterbau der Gräber von →Heluan). Es wäre falsch, angesichts der Djoserbauten von einem Versagen gegenüber dem Material zu sprechen; wenn die Monumentalität des Steinbaus erst in der 4. Dyn. (also etwa 2 Generationen später) erreicht scheint, so ist die Wandlung zweifellos nicht auf technischem Gebiet zu sehen, auch nicht in einer längeren Erfahrung mit den Ausdrucksmöglichkeiten des Steins, sondern in einem Wandel des Ausdruckswillens: Pyramide und Pyramidentempel der 4. Dyn. drücken eine andere Auffassung vom Wesen des Königtums aus und dienen einem anderen kultischen Vollzug als die Djoserbauten. Man darf vielleicht hier von einem obersten Gesetz der ä. A. sprechen: Ungeachtet aller natürlichen Gebundenheit an eine Tradition bringen Bauwerke (Grab und Tempel) die Erfordernisse eines bestimmten Kultes zum Ausdruck; sie sind gleichsam Hüllen für eine Idee und eine Handlung. So haben wir gerade beim Tempel in früher Zeit mit einer Vielheit von Formen zu rechnen, die von der Verschiedenheit der in ihnen wohnenden Götter und ihrer Kulte bedingt ist. Genannt sei das urtümliche Sonderheiligtum des →Min, ferner die Sonderform der →Sonnenheiligtümer; einen urzeitlichen Gebäudetyp halten auch die sog. →Reichsheiligtümer fest. Wenig wissen wir in älterer Zeit über das Haus. Offenbar diente langhin vergängliches Material zum Hausbau. Die wenigen vorgeschichtlichen Reste machen es immerhin sicher, daß man in dieser Zeit auch Rund- und Ovalhütten kannte (in historischer Zeit noch das runde Heiligtum des →Min und runde Speicher), aber ebenso rechteckige Häuser (Modell aus el Ạmrah). Man wird sagen dürfen, daß von der 3. Dyn. an volle technische Beherrschung des Materials bestand und die Grundformen der A. festlagen. Außer den kultischen Erfordernissen stellten (selten) landschaftliche Gegebenheiten (z. B. →Deir el Bạhri, Felsentempel in Nubien) und Wandlungen des Stils bestimmende Faktoren dar. Letztere drückten sich z. B. deutlich in den Säulenproportionen, der Vorliebe für bestimmte Säulentypen usw. aus. Auch ein Säulenwald wie der der hypostylen Halle in →Karnak dürfte mehr stilistisches Ausdrucksmittel als kultisches Erfordernis sein. Beide Faktoren wirkten bei der laufenden Vergrößerung der Tempel mit. Das Vorlegen von Höfen, Hallen, Prozessionswegen, Pylonen vor den Tempel in der Achse entsprach ebenso kultischen Bedürfnissen (Aufnahme der Prozession, Raum für Nebentempel, Statuen, Altäre) wie es den Willen zur Monumentalität in dem jeweiligen zeitgebundenen Stil ausdrückte. Insofern blieb jeder ä. Tempel solange etwas Lebendiges, wie er kultisch in Gebrauch blieb: Er wuchs mit der Länge seiner Existenz. Aber er war (im Gegensatz zum griech. Tempel) kein Organismus, der unüberschreitbare Maße und nicht veränderliche Proportionen in sich trägt. →Altar, Bad, Benben, Brücken, Festungen, Gewölbe, Grab, Grundsteinbeigaben, Gründungszeremonien, Haus, Hohlkehle, Königsgräber, Mörtel, Obelisk, Osirispfeiler, Palast, Pylon, Pyramide, Reichsheiligtum, Rundstab, Säule, Scheintür, Schlitten, Serdab, Sonnenheiligtum, Steinbearbeitung, Steinbruch, Tempel, Ziegel.

Armant. Stadt auf dem Ostufer des Nils (747 km südl. Kairo), alt Hermọnthis; Hauptstadt des 4. o. ä. →Gaues (→Theben). Reste mehrerer Tempel des Gottes →Month sind gefunden worden. Der hier lebende heilige →Stier (Bụchis) hat seit der 29. Dyn. eine Nekropole (Bucheum).

Lit.: Mond-Myers, Temples of Armant, London 1937. — Ders., The Bucheum, London 1934.

Asien, Beziehungen zu. Bereits in vorgeschichtlicher Zeit müssen Handelsbeziehungen mit Syrien bestanden haben (→Handel). Kriegerische Verwicklungen haben sich in der Zeit des AR kaum über das Gebiet des →Sinai hinaus erstreckt, wo es sich auch nur um Sicherung der Türkis- und Kupferminenexpeditionen handelte. Nur unter →Phịops I. wird ein Vorstoß nach Südpalästina erwähnt[1].

Problematischer ist die Frage der Beziehungen zwischen Sumer und Ä. zu Beginn der geschichtlichen Zeit. Man hat besonders aus der Ähnlichkeit einzelner Motive (z. B. antithetische Gruppe, Fabeltiere), der Nischenarchitektur oder dem Vorhandensein der Zylindersiegel einen sumerischen Einfluß auf Ä. erschlossen, der sogar für die Erfindung der ä. Schrift verantwortlich gemacht wurde. Dabei glaubte man eine zeitliche Parallelität zwischen der Dschemdet Nasr-Stufe der sumerischen Kultur und der ausgehenden Vorgeschichte in Ä. feststellen zu können, gleichzeitig eine Priorität Sumers[2]. Jedoch ist man sich dabei noch nicht über den Weg dieses angeblichen Einflusses einig: augenblicklich neigt man mehr dem um Arabien ins Rote Meer und durch das Wạdi Hammamạt ins Niltal zu gegenüber der direkten Verbindung über den Sinai.

Auch im MR erstreckte sich der ä. Einfluß kaum über Byblos hinaus. Zwar spricht die Geschichte des →Sinuhe von kgl. Boten, die er als Flüchtling in Syrien beherbergte, als er ostwärts Byblos als Emigrant lebte; aber der ä. König übte dort keine Macht aus. Nur die Könige von Byblos wurden offiziell als „Bürgermeister“ *(ḥꜣtj-ꜥ)* bezeichnet, was eine gewisse

Unterstellung unter Ä. ausdrückt. Militärische Vorstöße sind außer einem gegen *Skmm*, vielleicht das Gebiet der Stadt Sichem, unter →Sesostris III.[3] nicht bekannt. Nach den Stadtnamen der →Ächtungstexte des ausgehenden MR scheinen sie auch nur Palästina und die Küste bis Byblos zu umfassen und damit den Einflußbereich Ä. zu umgrenzen. Mit dem Einbruch der →Hyksos, die die Ägypter selbst als „Asiaten" bezeichneten, riß die Verbindung mit Byblos ab. Aus dem Kampf der thebanischen Könige der 17. Dyn. gegen sie entwickelte sich in der 18. Dyn. die Unterwerfung Palästinas und Syriens. Zunächst scheint es sich um Kämpfe gegen die aus Ä. vertriebenen Hyksos zu handeln (Eroberung von Sharuhen in SW-Palästina[4]), jedoch stößt →Thutmosis I. bereits bis nach Syrien vor, wo er mit dem Reich Mitanni in feindliche Berührung kam[5], und sogar den Euphrat erreichte[6]. Allerdings scheint auch Ahmose bereits bis in syrisches Gebiet vorgestoßen zu sein[7]. Die durchgreifende Unterwerfung der Gebiete bis hinauf nach Karkemisch wurde dann erst durch →Thutmosis III. durchgeführt, der in zahlreichen Feldzügen das Gebiet befriedete. Dabei war der Hauptgegner das Reich von Mitanni, auf das sich die rebellierenden Stadtfürsten Syriens stützten. Daher unternahm Thutmosis III. in seinem 33. Jahr einen Zug über den Euphrat, um Mitanni im eigenen Land anzugreifen. Jedoch hatte er keinen durchgreifenden Erfolg und wir finden ihn auch späterhin immer noch in Nordsyrien kämpfend, wobei Mitanni-Truppen ihm entgegentraten[8]. Diese Züge hatten jedoch zur Folge, daß Ä. mit den kleinasiatischen Reichen Babylonien (damals unter kassitischer Herrschaft), Hethitien, Assyrien (damals noch Mitanni unterworfen) in Handelsbeziehungen kam. Auch Thutmosis' III. Nachfolger, →Amenophis II., unternahm mehrere Feldzüge gegen aufrührerische Städte Syriens[9], jedoch läßt sich deutlich erkennen, daß er die Gebiete nördlich der Orontesmündung nicht halten konnte; auch sein Gegenspieler war noch Mitanni. Die Auseinandersetzungsperiode wurde abgeschlossen durch einen Vertrag zwischen →Thutmosis IV. und Mitanni, nach damaliger Sitte durch eine Heirat bekräftigt (eine Mitanniprinzessin kam nach Ä.). In dieser Zeit begann sich in Ä. die enge

Berührung mit den syrischen Städten auszuwirken, einmal in der Übernahme zahlreicher Kulturgegenstände mit ihren Namen (so bes. Musikinstrumente), aber auch auf geistigem Gebiet, wo das Auftreten zahlreicher syrischer Gottheiten erkennbar ist.
Die Annäherung Mitanis an Ä. war durch das Erstarken des Hethiterreichs hervorgerufen worden, das nun seinerseits begann, die syrischen Vasallen der Ägypter auf seine Seite zu ziehen, wobei besonders ein Aziru von Amurru eine undurchsichtige Rolle spielte. Außerdem bedrohten damals bereits nomadische Stämme aus der arabischen Wüste die einzelnen Städte Palästinas. Die inneren Schwierigkeiten, denen sich →Amenophis IV. gegenüber sah, verhinderten ein tatkräftiges Eingreifen in Syrien, in dem durch hethitische Machenschaften, Gegensätze der einzelnen Fürstenhäuser und Vorstöße der Nomaden die ä. Herrschaft immer schwächer wurde. Darüber unterrichten uns die offiziellen Schreiben der →Amarnatafeln, die gleichzeitig die Handelsbeziehungen zu Babylonien erkennen lassen. Damals fiel das Mitannireich dem hethitischen Angriff zum Opfer, wodurch Assur wieder frei wurde. Der sich verstärkende Druck der Hethiter unter ihrem König Šupiluliuma brachte Amurru und die ganzen Gebiete nördlich von Damaskus unter hethitische Herrschaft. An dieser Linie entwickelten sich Kämpfe, über die wir aus den Pestgebeten des Mursilis[10] sowie durch die Nennung eines „Hethiterfelds“ bei →Memphis d.h. einer Kriegsgefangenensiedlung, unterrichtet sind. Trotzdem wandte sich damals die Witwe des →Tutenchamun an den hethitischen König Šupiluliuma, ihr einen Sohn zu schicken, damit sie ihn heirate und damit zum König von Ä. mache; doch wurde er (von →Haremheb?) ermordet.
Die Ramessiden versuchten in der Folgezeit vergeblich, das besonders handelspolitisch wichtige syrische Gebiet nördlich des Libanon zurückzugewinnen. Dabei hatte →Sethos I. zunächst Palästina gegen nomadische Angriffe zu sichern. Aber weder er noch →Ramses II. konnten den im Orontestal liegenden Riegel →Kadesch durchbrechen. Der sich ankündigende Druck neuer Völker an der NW-Grenze sowie die wachsende Macht der Assyrer zwangen die Hethiter, mit Ä. den bekannten Vertrag zu schließen,

wobei sich wenigstens an der Küste der ä. Einfluß bis Ras Shamra (Ugarit) erstreckt hat, während im Inneren des Landes das Orontestal hethitisch war. Das ganze Gleichgewicht in Vorderasien wurde durch den Einbruch der →Seevölker umgestoßen, die das hethitische Reich zerstörten und Syrien verwüsteten. Erst die 22. Dyn. beginnt wieder in Syrien einzugreifen: Schẹschonk I. unternimmt einen Zug gegen Palästina[11], und ä. Truppen kämpften bereits auf Seiten der syrischen Aramäer gegen die Assyrer (Salmanassar III., Schlacht von Karkar 853). In der folgenden Zeit der libyschen Stadtherrscher blieb die Verbindung mit Syrien-Palästina gering.

[1] Urk. I 104. — [2] Vgl. bes. Scharff, Frühkulturen Ä. und Mesopotamiens, AO 41; Frankfort AJSL 58, 354 ff. — [3] Garstang, El Arabah pl. 4/5. — [4] Urk. IV 4, 14. — [5] Urk. IV 9. — [6] Urk. IV 696,5. — [7] Urk. IV 25; 35. — [8] Urk. IV 730,16. — [9] ZDPV 69, 98 ff.; JNES 14, 22. — [10] Kleinasiatische Forschungen I, 161 ff. — [11] I. Kg. 14.

Asiut, bzw. Siụt, a.ä. *Sȝw.t,* die „Wache", griechisch Lykọnpolis, Stadt 407 km stromauf von Kairo in Mittelä., alte Hauptstadt des 13. o.ä. →Gaues, auf dem westlichen Nilufer gelegen, war Ausgangspunkt des Karawanenhandels mit den libyschen →Oasen. Dem Namen und seiner Lage an einer engen Stelle des Niltales (Gẹbel abu Fọda) nach scheint die Stadt aus einer alten Festung, die das Niltal sperrte, entstanden zu sein. A. spielte in der →Herakleopolitenzeit eine wichtige Rolle, als den Herren von A. die Verteidigung des Gebiets der Herakleopoliten gegenüber den abgefallenen Thebanern zufiel. Die Gräber dieser Herren (Namen: Achthọes und Tefj-ib) und der beamteten Nachfolger des MR (Djẹfa-Hạpi) liegen wenig westlich der Stadt[1]. Später tritt die Stadt nicht mehr hervor; Asserhaddon nennt einen „König" d.h. Bürgermeister dieser Stadt, die dabei Šijautu umschrieben wird. Als Ortsgott wurde →Upuạut verehrt. Später fand →Osiris über den ebenfalls hundegestaltigen →Chontamẹnti in A. Eingang. Seit der 18. Dyn. setzte man die heiligen Wölfe in einem Grab bei; über 600 bis in die Spätzeit reichende Stelen wurden dabei gefunden[2].

In A. wurde der große Neuplatoniker Plotin (205 bis 270 n. Chr.) geboren.

[1] Lit. Griffith, Inscriptions of Siụt and Der Rifeh, London 1889. — [2] Lacau, Compt. rend. 1922, 379.

Astarte. Die Ägypter scheinen während der 18. Dyn. durch die enge Berührung mit den palästinensischen und syrischen Städten die A. kennengelernt zu haben. Die älteste Nennung liegt bisher aus der Zeit →Amenophis' II. vor auf einem Relief im Steinbruch von →Tura bei Kairo[1]; sie heißt dort „Astarte von *Prw-nfr*", der Hauptdomäne des Königs ostwärts von →Memphis. Sie dürfte zunächst als Kriegsgöttin, die den König schützt, Eingang ins ä. Pantheon gefunden haben, wobei sie zusammen mit Reschef besonders als Herrin der →Pferde des Streitwagens gilt. So heißt →Thutmosis IV. auf seinem Streitwagen „Stark zu Pferd wie A."[2].
Schon frühzeitig hatte A. einen Tempel in Memphis, anscheinend zusammen mit →Baal; es dürfte sich um den Tempel der „fremden Aphrodite" handeln, den Herodot II 112 erwähnt.

Lit.: R. Stadelmann, Syrisch-palästinensische Gottheiten in Ägypten, Leiden 1967. S. 96 ff.

[1] ASAE 11, 258. — [2] Carter-Newberry, Thutmes IV. pl. 10.

Astronomie. Weder die mathematischen Grundlagen noch die Methode der Beobachtung hat das Entstehen einer hochentwickelten A. in Ä. begünstigt. Gewisse einfache Vorstellungen und Beobachtungen genügten dem praktischen Bedürfnis (→Kalender, →Stunde) und erst in der Spätzeit unter dem Einfluß der hellenistischen A. entwickelte sich die ä. A.[1] Die Gestirnbeobachtung wurde durch zwei „Stundendiener" (= griech. Horoskopos) mit Hilfe des Gnomons (*mrḫ.t*) durchgeführt: Es bestand aus einem Lot an einem rechtwinklig aufgebogenen Lineal und einem Visierstab mit einem Schlitzvisier. Seine Benützung erfolgte in der Weise, daß beide Beobachter sich auf dem Tempeldach gegenübersaßen. In der Linie Visier-Lot-Polarstern konnte der nördliche Partner in die Meridianlinie eingewinkt werden. Er seinerseits konnte mit seinem Gnomon die Kulmination (Überschreiten der Meridianlinie) jedes Gestirns beobachten[2].
Die Einteilung des Himmelsäquators in 36 Dekaden, deren jede von einem →Dekanstern beherrscht wird, ist seit der →Herakleopolitenzeit nachweisbar, darf aber für das AR mit Sicherheit vorausgesetzt werden. Vorausberechnungen sind nachweisbar für die

→Sothis[3]. Die Beobachtung der Mondphasen lebt noch im historischen →Kalender fort. →Horoskop, Mathematik.

Lit.: Sethe, Zeitrechnung; Sloleley, JEA 17, 166 ff.; Schott, Handbuch.

[1] JNES 4, 1 ff. — [2] Borchardt, ÄZ 37, 10 ff.; Zeitmessung S. 26 ff. — [3] ÄZ 37, 99 ff.

Aton. Das Wort A. ist zunächst (seit MR) eine Sachbezeichnung für die Sonnenscheibe. Erst in der 18. Dyn. taucht es als Bezeichnung des Sonnengottes auf, auf einem →Skarabäus →Thutmosis' IV[1] und häufiger unter Amenophis III.[2] Trotzdem ist der Gott A. die eigentliche Schöpfung →Amenophis' IV., die Lebensmitte seiner Lehre. Stufenweise errang der König die monotheistische Stellung seines Gottes (→Tell el Amarna). Das Bild des Gottes wurde entmythologisiert; es blieb der Strahlenaton, die Sonnenscheibe mit ihren in segnenden Händen endigenden Strahlen. Nach mehrfachen Änderungen erhält der Gott den programmatischen Namen: „Es lebt →Re, der Herrscher der beiden Horizonte, der frohlockt im Horizont, in seinem Namen als Vater des Re, der (wieder) gekommen ist als A.", der in die →Kartusche eingeschlossen wurde und damit zugleich die Stellung als Götterkönig ausdrückte. In diesem Namen ist das Dogma der Wiedergeburt des ursprünglichen heliopolitanischen Sonnengottes →Re als A. niedergelegt, die die Übernahme heliopolitanischer Kulteinrichtungen in Amarna erklärt. Der König wurde der Sohn und einzige Verkünder dieses einzigen Gottes, um dessen Einzigkeit willen andere Götter ausgemerzt, ihre Kulte (besonders der des →Amun) verfolgt wurden. Allerdings hatten einige Gottesmächte, wie die →Maat und die kgl. Kronengöttinnen auch in Amarna religiöse Geltung. Trotzdem ist die Lehre des A. in ihrer religiösen Tendenz als extrem monotheistisch anzusehen. →Gott.

Lit.: Schäfer, Amarna in Religion und Kunst, Leipzig 1931; G. Fecht, ÄZ 85, 83 ff.; 94, 25 ff.

[1] JEA 17, 23 ff. — [2] ÄZ 59, 109.

Atum. Urgott in →Heliopolis, dessen Name mit dem Wort „vollenden" zusammenhängt. Er galt als Schöpfergott und hatte deshalb urzeitliche Erscheinungsformen als Käfer (→Chepre), →Urhügel, →Schlange u. a. Die mit seinem Namen verbundene →Weltschöpfung gehört zu den eindrucksvollsten der ä. Religion. Er wurde gemeinhin menschengestaltig dargestellt (→Gott) und führte gern die Beinamen „Allherr", „der Heliopolitaner", „der von selbst Entstandene". In Heliopolis war er der Herr der dortigen →Neunheit und der →Stier Mnevis wurde genannt „der die Wahrheit zu Atum aufsteigen läßt". Früh, aber nicht ursprünglich, ist die Angleichung an den Sonnengott →Re erfolgt durch den Doppelnamen Re-Atum[1], wobei A. aufgrund seines Charakters als uralter Gott gern die Rolle der im Westen untergehenden Sonne annahm. Doch waren beide Götter noch im 8. Jhdt. v. Chr. kultisch getrennt: →Pianchi besucht in Heliopolis nacheinander den Tempel des A. und den des Re[2].

[1] Pyr. 1694. — [2] Urk. III 38/40.

Auaris →Tanis

Auge. Das A. als wichtigstes aufnehmendes und zauberisch wirkendes Körperorgan spielte in der →Medizin, Magie und Mythologie eine vielfältige Rolle. Im med. →Pap. Ebers (55, 20 ff.) handelt ein ganzer Abschnitt von A.-Krankheiten, unter denen man grauen Star, Trachom u. a. erkannt hat[1]. Über die Anatomie des A. herrschte keine Klarheit; so sollen die Tränen aus den Pupillen kommen und man dachte sich eine innere Verbindung zwischen A. und Ohr[2]. In der Chirurgie wurde der Zustand des Auges bei der Diagnose von Kopfverletzungen beobachtet[3]. Die magische Wirkungskraft des A. konnte sich im Guten wie im Bösen äußern. Der „böse Blick" gehörte offenbar zu alten Volksvorstellungen. Zwei „böse Augen" versiegelten den Türverschluß[4].

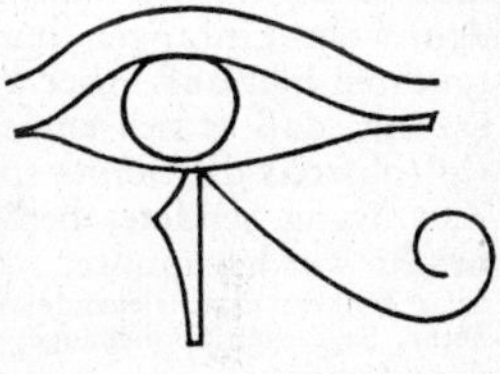

Abb. 4

Besonders zauberkräftig war natürlich das A. des Himmelsgottes →Horus, eigentlich das linke Mondauge, das →Seth verletzt und →Thot wiederhergestellt hat und das deshalb den Namen „Heilauge" (Udjat) führt (Abb. 4). Es gehörte deshalb als →Amulett zu den beliebtesten Schutz- und Machtzeichen[5]. In der Opfersymbolik trat das Horusauge als verbreitetste mythische Präzedenz auf: Das Darreichen jeder Opfergabe wiederholte das Zurückgeben des geraubten Auges an den Gott und gab Anlaß zur Ausbildung sekundärer mythischer Varianten. Reich und verschlungen waren die →Mythen, die sich um die Augen des Himmelsgottes rankten. Zugrunde lag die Vorstellung, daß die beiden großen Himmelskörper, Sonne und Mond, die beiden A. des Gottes darstellten, wobei das Sonnenauge das rechte, das Mondauge das linke A. des Gottes war. Das natürliche Schicksal des Mondauges war es, daß es sich verringerte, verschwand und wieder gefüllt wurde. In der Mythe konnte das Schicksal als Kampf zwischen Horus und Seth um das A. erscheinen, wobei Thot als Helfer des Horus auftrat, worauf sein Beiname der „Füller" beruhte. Es konnte aber auch so dargestellt werden, daß das Auge sich von selbst im Zorn entfernte und wieder zurückgebracht werden mußte. Zahlreiche Varianten vom Suchen und Finden, vom Einfangen im Netz, vom Zählen des A. tauchten hier auf. Aber auch vom Sonnenauge wurde erzählt, daß es sich entfernt habe als zürnende Göttin (obwohl die Sonne sonst maskulinum ist), daß es Zerstörung sendete, besänftigt und wieder heimgebracht werden mußte.

Lit.: Junker: Onurislegende; ders. Auszug der Hathor-Tefnut; Sethe, Sage vom Sonnenauge; Kees, ÄZ 60, 61 ff.

---

[1] Ebbell, The Pap. Ebers, Kopenhagen 1937. — [2] Grapow, Anatomische Kenntnisse S. 21 f. — [3] Breasted, Pap. Edwin Smith S. 285 u. ö. — [4] Pyr. 1266. — [5] Schon AR, Brunton, Qau and Badari, II, pl. 98.

Ausländer in Ä. Seit den ältesten Zeiten kamen A. entweder als →Sklaven oder als Soldaten nach Ä. „Friedliche Nubier" bildeten bereits im AR eine Polizeitruppe[1] und erscheinen auch als Diener in Privathaushalten. Asiaten wurden, sicher als Sklaven, auf Schiffen des Königs Sahurę herangebracht[2]. Besonders selten waren echte →Zwerge aus dem Süden.

Im späten MR finden sich ungemein häufig asiatische Sklaven[3], aber auch solche aus Punt[4].

Bereits in der Zeit nach dem MR und besonders zu Beginn des NR spielen nubische Söldner eine große Rolle; besonders die thebanischen Herrscher scheinen sich gegenüber den →Hyksos auf sie gestützt zu haben. Diesen Nubiern werden sog. „Pan"-Gräber in Ä. zugeschrieben[5]. König Kamose erwähnte sie ausdrücklich in seinem Bericht der Hyksoskämpfe. In dieser Zeit kamen die Ägypter auch mit Negern in Berührung, die wir dann neben Asiaten als Söldner des ä. Königs antreffen[6]. Damals begann man auch, die Gefangenen der großen Feldzüge in Syrien in Ä. anzusiedeln, wie man dann auch in der Ramessidenzeit die gefangenen Libyer und Seevölker ansiedelte und entweder als Tempelsklaven zur Feldarbeit oder als Soldaten verwendete. Die geschlossene Ansiedlung der Philister durch →Ramses III. an der palästinensischen Küste führte unter den schwachen Nachfolgern zur Selbständigkeit dieses Gebiets von ä. Herrschaft. In ähnlicher Weise übernahmen die im nördlichen Landesteil angesiedelten libyschen Söldner langsam die Gewalt in den Städten und gründeten eigene Herrschaften, bis sie seit der 22. Dyn. auch die ä. Könige stellen. Allerdings hatten sie sich weitgehend ägyptisiert und scheinen nicht mehr als Fremde empfunden worden zu sein.
Das gleiche gilt für die Nubier, die unter der Äthiopenherrschaft in Ä. hohe Posten einnahmen.
Bereits in der 18. Dyn., in immer steigendem Maße aber in der Ramessidenzeit, finden wir auch Fremde am kgl. Hof. So zog schon →Thutmosis III. syrische Prinzen am Hof auf, um sie dann als Nachfolger ihrer Väter einzusetzen. Daneben können wir ausländische Hofangestellte und Künstler an ihren Namen erkennen, die entweder die alte ausländische Form tragen, oder mit dem Wort *„Herrscher" (ḥḳꜣ)* (18. Dyn.) bzw. mit dem Namen des Königs (Ramessidenzeit) zusammengesetzt sind. Sie erlangten immer mehr Einfluß und übernahmen in der 20. Dyn. bereits Ämter der Staatsverwaltung.
Die →Josephsgeschichte der Genesis schildert in Einzelheiten genau die Aufstiegsmöglichkeiten eines syrischen Sklaven in dieser Zeit.
Daneben hatte bereits im NR der →Handel A. nach Ä. gezogen. Ganz abgesehen von den „Delegationen" fremder Staaten, die wir in den thebanischen Gräbern

sehen, ist auch die Anwesenheit ausländischer, besonders phönizischer Händler belegt[7]; nach der Geschichte des →Wen-Amun wurde der syrisch.-ä. Handel in der 21. Dyn. von phönizischen Handelshäusern unterhalten. Als Händler kamen auch die Griechen nach Ä. (→Naukratis).

---

[1] Urk. I 211,3. — [2] Borchardt, Sahure Taf. 3. — [3] Kairo 20 227, 20549; Pap. Kahun 12, 10; 13, 9 ff.; Hayes, Brooklyn Pap. S. 87 ff. — [4] BIFAO 30, 111. — [5] Säve-Söderbergh, Ä. und Nubien S. 135 ff. — [6] Davies, Amarna III, 31. Schäfer, Amarna Taf. 53. — [7] Steindorff, Blütezeit Abb. 63.

Auszeichnungen. Belohnungen wurden bereits im AR gern in der Übergabe von Goldschmuck durchgeführt: So erhielten Weberinnen damals diese Auszeichnung[1]. Seit dem MR[2] und besonders im NR wurde die Belohnung mit Goldschmuck häufig erwähnt und dargestellt. Es finden sich darunter →Waffen (Dolche, Beile), Halsketten, Armringe, Spangen, Szepter, aber auch goldene Löwen und Fliegen zum Anstecken, die in der Art unserer Orden anzusehen sind[2a]. Die Verleihung von Siegeln[3] war eine ähnliche Auszeichnung.

Eine besondere Auszeichnung trägt ein Bürgermeister von →Theben Sennefer unter →Amenophis II., der vom König zwei Herzen zum Umhängen verliehen erhielt[4].

Die Zusendung von Salbgefäßen als Auszeichnung ist aus dem Ende der 20. Dyn. belegt[5], die Überreichung von Waschgefäßen in der Inschrift des Hohenpriesters Amenophis unter →Ramses IX[6]. Er erhielt neben Feldern (die sonst gern Soldaten verliehen wurden) auch Speisezuwendungen. Schon Enene zu Beginn der 18. Dyn. erwähnt das Zusenden von Speisen von der kgl. Tafel als besondere Ehre[7].

---

[1] Junker, Gîza V 45 ff. — [2] LD II 138a, 5. — [2a] Sie gehen auf nubische Schmuckstücke zurück, vgl. R. Drenkhahn, Darstellungen von Negern (Diss. Hamburg 1967). — [3] Im AR bei Senedjem-ib, Urk. I 59, 17; im MR BM 138, HT II 12. — [4] Grab Theben-West 96 A. — [5] LD III 230. — [6] Lefèbvre, Inscriptions ... Grands Prêtres S. 67. — [7] Urk. IV 59,6 ff.

Ba →Seele.

Baal. Die älteste Erwähnung des B. ist bisher die Nennung eines Priesters der →Astarte und des B. *Srjbjbjn* unter Amenophis IV.[1] aus →Memphis, wo auch später ein Tempel des B. belegt ist[2]. In der Ramessidenzeit wurde er mit →Seth gleichgesetzt, so daß ihn nicht nur ein ä. Beamter in Ugarit als Seth Safon anrief[3], sondern andererseits Seth von →Tanis in der Gestalt des B. dargestellt wurde[4]. Er trägt eine konische Mütze mit langem Band und Stierhörnern und einen Schurz mit Troddeln.

Lit.: R. Stadelmann, Syrisch-palästinensische Gottheiten in Ägypten, Leiden 1967. S. 27 ff.

---

1 LDT I 16. — 2 Berlin 8169. — 3 Syria 10 pl. 6; ASAE 40, 447 ff. — 4 400-Jahrstele Kêmi IV 191 ff.

Bad. Man badete, indem man sich mit Wasser übergießen ließ; dabei konnte dadurch, daß man das Wasser durch ein geflochtenes Sieb oder einen Korb goß, der Effekt einer „Brause" hervorgerufen werden. Anlagen für dieses Übergießen finden sich bereits in Gräbern der 2. Dyn. in →Saqqara, die das Innere von Häusern nachahmen[1]. Wir treffen sie dann in den Häusern von Tell el Amarna wieder, meist neben dem Schlafzimmer gelegen. Neben dem Bad, jedoch meist durch eine Wand getrennt, lag bereits in den genannten Gräbern die Toilette: ein durchlochter Steinsitz, unter dem wir wohl einen Eimer stehend anzunehmen haben. → Haus.

---

1 Vandier, Manuel I Abb. 427 S. 662.

Badari. Kleiner Ort in Mittelä. gegenüber Abutig, auf dem Ostufer, der der auf die älteste →Tasa-Kultur folgenden neolithischen Kulturschicht ihren Namen gegeben hat. Sie ist nur aus O.ä. belegt und durch rotpolierte Gefäße, oft mit schwarzgeschmauchtem Rand, charakterisiert (→Keramik). In dieser Zeit tritt →Kupfer zum erstenmal auf (Perlen). Elfenbeingegenstände oder Gefäßränder wurden häufig mit Tierfiguren verziert. Die in Schlafstellung beigesetzten Toten liegen auf der linken Seite und blicken nach Westen.

Lit.: Brunton — Caton-Thompson, The Badarian Civilisation and predynastic remains near Badari, London 1928.

Bahrije →**Oasen.**

Bart. Der noch zum Ausgang der Vorgeschichte getragene Vollbart verschwand mit der geschichtl. Zeit; nur der König band sich einen langen schmalen Kinnbart bei zeremoniellen Anlässen um, dessen Ende gerade abgeschnitten war. Götter tragen einen am unteren Ende nach vorn eingerollten Bart; Sopd als asiatischer Gott trägt aber einmal noch einen Vollbart[1]. Privatleute können seit dem AR, Könige auch im NR einen schmalen Bart auf der Oberlippe tragen[2].

[1] Borchardt, Sahure II, pl. 5. — [2] Z. B. Prinz Rahotep (Lange-Hirmer, Ägypten[4]. pl. 21); Brunner-Traut, Bildostraka p. 51.

Bastet. Der Name der Göttin B. scheint zusammenzuhängen mit einem Wort für „Salbe" und manche ihrer Eigenschaften und Erscheinungsformen lassen sich verstehen, wenn man sie aus der Verwendung der Droge erklärt. So, wenn sie schon im AR im Königskult erscheint: →Chẹphren ist „geliebt von B."[1]. Auf enge Verbindung mit dem König weisen auch die Worte Pyr. 892: „Ich habe den König nicht geschmäht, ich bin der B. nicht (zu) nahegetreten." Sie wurde schon früh mit der memphitischen Löwengöttin →Sạchmet gleichgesetzt und in Memphis verehrt. In Löwengestalt hatte sie Verbindung zu anderen löwengestaltigen Göttinnen und ihren Mythen, zu →Tẹfnut, →Hạthor von →Dendẹra, als deren „fröhliche" Erscheinungsform sie galt[2]. Wie alt ihre später so häufige Form als →Katze ist, bleibt ungewiß, da Name und Darstellung des Tieres im AR offenbar noch fehlen; sicher ist die Katzenform erst seit der 18. Dyn. belegt. Doch stellen die zahlreichen spätzeitlichen Bronzen sie in dieser Form (oder menschengestaltig mit Katzenkopf) dar und den antiken Autoren gilt die Katze schlechterdings als das heilige Tier der in →Bubastis verehrten Göttin; die Katzenfriedhöfe der Spätzeit gelten natürlich auch der Göttin[3].

[1] Hölscher, Chephren S. 17; vgl. Borchardt, Sahure II Bl. 35/36, Text S. 113. — [2] Junker, Auszug der Hathor-Tefnut S. 32. — [3] Ältester Katzensarg der 18. Dyn., ÄZ 44, 97.

Bauerngeschichte. Die Erzählung spielt unter König Achtọes II. der →Herakleopolitenzeit und wird nicht viel später entstanden sein; Hauptquellen sind 3 Papyri früher in Berlin und 1 in London aus dem MR. Es werden die Reden geschildert, die ein Bewohner des Wạdi Natrụn vor dem Besitzverwalter des Königs hält, um ihn zu einem Gerichtsspruch gegen einen seiner Untergebenen zu bringen, der ihm durch List seine Esel mit ihren Lasten abgenommen hat. Der Nachdruck liegt auf den „schönen" Reden, die noch Anklänge an die sozialen Auseinandersetzungen der vergangenen Epoche zeigen. → Literatur.

Lit.: JEA 9,5 ff.; Erman, Literatur 157 ff.; Pritchard ANET 407 ff.

Baumkulte. B. gehörten weitgehend dem Volksglauben an und traten hinter den „Göttern" zurück, als deren Embleme sie bisweilen erscheinen (→Gott). Doch bewahrte sie die registrierende Tätigkeit der Spätzeitpriester vor dem Vergessenwerden[1]. Ihre schirmende, Kühle und Schatten spendende Mächtigkeit, ihr Aufragen über den Horizont lassen sie in verschiedenen Vorstellungskreisen wirksam erscheinen. Verbreitet war die Rolle eines heiligen Baumes am Grabe, eines Baumes, der den Toten schirmte und, wie es Bilder des NR darstellen, als Person der →Seele Speise und Trank spendete[2]. Auch die Osirisgräber pflegten unter einem Baum oder in einem Hain gelegen zu sein[3]. Ein Baum am östlichen Himmel kann auch „gespalten" werden[4] und aus ihm ging Re, die Sonne, auf, wie aus einem Portal. Dieser Baum, dessen Name Isched lautet, spielte seit der 18. Dyn.[5] die Rolle eines „Lebensbaumes" in dem Sinne, daß auf seine Blätter der Name und die Jahre des Königs durch die Göttin →Seschat geschrieben wurden. In ihrer unterschiedlichen Geltung verbanden sich heilige Bäume gern mit Göttinnen, deren Funktion sie ihnen verwandt erscheinen läßt. Vor allem waren es →Nut und →Hạthor, die als mütterliche und himmlische Göttinnen Name und Gestalt zur Mythologisierung von ursprünglich wohl selbständigen und anonymen Baumgottheiten hergaben.

---

[1] Listen heiliger Bäume geographisch geordnet z. B. JNES 6, 81 ff. — [2] Z. B. Steindorff-Wolf, Gräberwelt Taf. 13,6. — [3] Bonnet, Bilderatlas Abb. 151; vgl. Plutarch, de Is. 20. — [4] TB 17 = CT IV 282/3. — [5] Urk. IV 276.

Becken. Rituelles B.spiel taucht in Ä. zum erstenmal unter der 18. Dyn. auf. Die dargestellten Instrumente sind offenbar aus Muschelschalen hergestellt. Metallbecken (→Bronze) in Teller- und Tassenform sind Spätzeitformen. →Isis und →Nephthys bedienen sich dieser Instrumente zur Begleitung der Beerdigungszeremonien. Die kultischen B., fast immer paarweise gespielt, haben sich bis in die koptische Kirchenmusik gehalten. Nach literarischen Quellen des hellenistischen Ä. dienten sie auch zu Libationen. Spätere Instrumente sind mit einem Handgriff versehen (Stielbecken). Kleinformen der B. sind die sog. Sagât, auch häufig „Metallkastagnetten" genannt, Instrumente, deren sich heute noch die ä. Tänzerinnen bedienen. Sie werden paarweise gespielt. (H)

Lit.: H. Hickmann, Cymbales et crotales dans l'Egypte ancienne, Kairo 1950; Miscellanea Egyptologica (The Galpin Society Journal IV, 1951); BIE 36, 1955.

Begleitung (musikalische). Sologesang und Rezitation wurden zumeist mit Harfenspiel begleitet. Dazu traten gelegentlich →Laute, →Leier, →Flöte, →Klarinette und allerlei rhythmische Instrumente, wenn es sich um größere Ensembles handelte. Man muß sich die Ausführung so denken, daß eines oder mehrere dieser Instrumente eine Art Einführung oder Ouvertüre spielten (→Heterophonie), sich dann auf einen lang ausgehaltenen, orgelpunktähnlichen Ton fixierten, während der Solist die einzelnen Strophen des Liedes vortrug. Zwischen den Strophen spielten dann wieder die Instrumentalmusiker kurze Interludien, am Schlusse des Stückes ein Nachspiel. Das ganze wurde durch →Handklatschen und →Fußstampfen begleitet. Es ist anzunehmen, daß Flöte und Klarinette heterophonisch der Gesangslinie folgten (mit Ausnahme der solistischen Teile), oder aber lang ausgehaltene, bordunierende Töne spielten, während die Saiteninstrumente (→Harfe, Leier und Laute) die gleichen Töne rhythmisch wiederholten. →Dôr. (H)

Begräbnis. Seit früh-vorgeschichtlicher Zeit begegnen verschiedene Formen des B. und ein Zusammenfließen verschiedener B.-Sitten zeigen auch die Darstellungen und Texte der historischen Zeit. Die →Grabbeigaben, die Form des →Grabes selbst und die →Jenseitsvorstellungen lassen mannigfache, einander typologisch fremde Formen erkennen. Während in O.ä. von Anfang an Friedhofsbestattung herrschte, läßt sich in den älteren Kulturen des südlichen Delta (aus dem inneren Delta sind vorgeschichtliche Siedlungen nicht bekannt) Siedlungsbestattung nachweisen, so in →Merịmde-Beni Salạme und →el-Ọmari. Spuren der hinter diesen verschiedenen B.-Sitten liegenden Anschauungen lassen sich noch in späteren B.-Darstellungen nachweisen. Das Ziel, den Körper des Toten unzerstört zu erhalten, wurde früh durch die →Mumifizierung erreicht. Die Erfüllung der zum B. nötigen praktischen Vorbereitungen und religiösen Riten führte dazu, daß zwischen Tod und B. ein erheblicher Zeitraum verstreichen konnte. So wurde die Königin Meresanch III. (4. Dyn.) 272 Tage nach ihrem Tod bestattet[1]; die Mumifizierung allein konnte 70 Tage dauern und das Ritual der →Mundöffnung beanspruchte bei der Königin Arsịnoë II. 4 Tage[2]. Mancherlei Zeremonien traten hinzu, deren Bedeutung uns nicht immer deutlich ist, zumal gegen Ende des AR viele von ihnen im Sinne des Osirisglaubens umgedeutet und verändert wurden. Zu den alten Bestandteilen gehörten gewiß die Rezitationen des „Vorlesepriesters", die mit dem Terminus „verklären", d. i. wörtlich „zu einem Ach machen" (→Seele) umschrieben wurden. Ferner gehörte zu den vorosirianischen Bestandteilen das sog. →butische Begräbnis, das in Privatgräbern seit der 5. Dyn. belegt ist. Zu diesem möchte man als Gegenstück ein abydenisches B. (Abydos) erkennen, dem ebenfalls Teile des B.-Rituals und der Kulteinrichtungen entstammen. Ihm mögen die Elemente der o.ä. Friedhofbestattung entnommen sein, die monumentale Grabform, die sich beim →Königsgrab zur →Pyramide steigert, und die Stele als Mal und Vertreter des Toten. Ob eine in Texten und Darstellungen genannte Wasserfahrt nur aus dem butischen B. stammt oder ob ein ursprünglich selbständiger Zug hier vorliegt, bleibe dahingestellt. Schon im AR wird das „Befahren des Sees" genannt[3], es kehrt in späten Ritualen wieder[4] und wird noch von Diodor I 91 erwähnt. Daß ursprünglich bei B. →Menschenopfer vollzogen wurden, ist nicht unwahrscheinlich. Eine seit dem MR bei B.-Darstellungen bisweilen auftauchende Figur ist der sog. →Tekenu.

Lit.: J. Settgast, Untersuchungen zu altägyptischen Bestattungsdarstellungen, Glückstadt 1963.

[1] Wohl ein nicht üblicher langer Zeitraum, Urk. I 156/7. — [2] Urk. II 40. — [3] Capart, Rue de tombeaux, Taf. XI; Erman-Ranke, Ä. S. 472. — [4] Z. B. auch im Bestattungsritual der Apisstiere, ÄZ 56, 1 ff.

Behedti. Kultname des →Horus von →Edfu: „Der von Behedet".

Beleuchtung. Bereits aus dem AR kennen wir Lampen aus Stein oder Ton, die in Form einer Schale gehalten sind; sie enthielten →Öl, auf dem ein Docht schwamm. Man stellte sie gern auf hohe schmale Untersätze[1] aus Stein oder Holz, die manchmal als Blumen gebildet waren. Aus dem MR kennen wir solche Lampen mit Einsatz für den Docht[2]; im Tutenchạmungrab fanden sich Lampen, deren Dochthalter selbständig gearbeitet war[3]. Von dort stammt auch die bekannte Lampe, die aus zwei ineinandergepaßten Alabasterschalen besteht, wobei die innere an ihrer Außenseite so bemalt ist, daß beim Brennen des Lichts das Bild durchscheint[4].

Daneben zeigen besonders Grabbilder des NR kerzenartige gedrehte Fackeln. Hierbei dürfte es sich um die *ḫbś* genannten Fackeln handeln, die morgens und abends für die →Nekropolenarbeiter ausgegeben wurden. Da jeder Arbeiter nur eine solche Fackel erhält, dürften sie eine längere Brenndauer gehabt haben. Daneben gab es Fackeln, bei denen eine Fettmasse um einen Stab herumgetan ist, auch pyramidenartig auf einem kleinen Brett an der Spitze des Stabes befestigt. Sie wurden im Totenkult verwendet, wo für den Toten Lampen angezündet wurden, die die bösen Geister vertreiben sollten. In griechischer Zeit spielten diese Lampenfeste eine große Rolle und werden auch von Herodot erwähnt.

Als Öl für die Lampen wird Pap. Sallier IV Fischfett erwähnt; in den Arbeiterostraka werden die Fackeln mit *śgnn-Öl* getränkt[5].

Lit.: Davies, JEA 10,9 ff.

[1] Beni Hassan I 35. — [2] Brunton, Lahun I 13b. — [3] Carter, Tutenchamun I pl. 60. — [4] A. a. O. II 45/6. — [5] Caminos LEM 82.

Benben →Heliopolis.

Bentresch-Stele. Die Stele Louvre C 284 ist eine späte Fälschung der Priester des Chonstempels von →Karnak, mit der sie die Macht ihres Gottes stärken wollten. Sie behandelt die Bitte des Fürsten von Beschten (Baktrien?) an →Ramses II., zur Heilung der Schwester seiner aus Beschten stammenden Gattin, die Bentresch heißt, einen „Weisen" zu senden. Dieser fand sie von einem Dämon besessen, worauf das Bild des Gottes →Chons, „der die Pläne in →Theben ausführt", nach Beschten geschickt wurde. Vor ihm flieht der Dämon.

Lit.: Pritchard ANET 29 ff.

Bes. Der Name B. bezeichnet als Sammelname eine Gruppe zwerghafter, mißgestalteter Dämonen (→Zwerge), für die auch andere Bezeichnungen bekannt sind, ohne daß es bisher gelungen wäre, die Gruppen nach Namen, charakteristischer Gestalt und Funktion säuberlich zu trennen[1]. Äußerlich waren sie (mit vielen Abweichungen im einzelnen) dadurch gekennzeichnet, daß sie meist einen gedrungenen Körper, krumme Beine und ein breites, grimassenhaftes Gesicht (oft mit heraushängender Zunge) hatten. In älterer Zeit[2] trugen sie gern Löwenohren und Mähnenansatz, bisweilen auch ein Löwenfell, oft einen Tierschwanz, dann auch eine Federkrone; sie konnten nackt, auch ithyphallisch, oder bekleidet sein. Als Attribute begegnen Messer, aber auch Musikinstrumente[3]. Ihre Funktion war ebenso vielfältig wie ihre Erscheinungsform, in der sie sich fallweise ausdrückte. Sie scheinen ihr koboldhaftes Wesen auch bei Musik und Tanz[4] und beim Trunk[5] erwiesen zu haben. Als abwehrende schützende Dämonen verbanden sie sich anderen Göttern gleicher Wirksamkeit, so besonders in der Spätzeit mit Horus, sofern er Schutz gegen Schlangen, Skorpione und andere Tiere verlieh (Horusstelen).

[1] Ballod, Prolegomena zur Geschichte der zwerghaften Götter in Ä. Diss. München 1912. — [2] Z. B. Borchardt, Sahure II, Bl. 22. — [3] Zahlreiche Abb. bei Grenfell, PSBA 24. — [4] Petrie, Hycsos

and Israelite Cities pl. 37. — [5] Grenfell, PSBA 23, Taf. XV, S. 139.

Beschneidung. Die B. scheint in Ä. sehr alt zu sein; Darstellungen des AR zeigen ihre Durchführung bei halbwüchsigen Jungen[1], wobei sie in altertümlicher Weise mit einem Steinmesser ausgeführt wurde. Sie spielte jedoch in den religiösen Vorstellungen zunächst keine Rolle. Erst in der Spätzeit, besonders unter den Äthiopen, wurde sie ein Zeichen ritueller Reinheit. Daher empfängt →Pianchi nicht die unbeschnittenen libyschen Deltafürsten. Damals dürfte auch die Sitte aufgekommen sein, daß Priester aus Reinheitsgründen beschnitten sein mußten[2]. Immerhin unterschied man bereits in der Ramessidenzeit bei den Feinden zwischen beschnittenen (Akaiwascha, →Seevölker) und unbeschnittenen (→Libyern); den Gefallenen unbeschnittener Völker schnitt man neben der Hand auch den Phallus ab.

[1] Capart, Rue de Tombeaux pl. 35/6. — [2] Vgl. auch Herodot II 36.

Besucherinschriften. Seit dem Beginn der 18. Dyn. erwuchs ein säkularisiertes Interesse an den Resten der Vergangenheit, die man jetzt als „Touristen" oder in „Schulexkursionen" besuchte. Dabei verewigten sich die Besucher an den Wänden der Denkmäler mit kurzen Inschriften, die eine feststehende Formel besaßen: Man preist zunächst das Denkmal und seine Schönheit und wünschte ihm Wohlergehen, schloß dann aber einen Wunsch für die einstigen Erbauer an. Mit der Zeit →Ramses' II. hörten die B. wieder auf.

Lit.: ZDMG 102, 39 ff.

Bienenzucht. Honig ist wahrscheinlich bereits in der Frühgeschichte benutzt worden, wobei es sich allerdings sicherlich zunächst um Sammelhonig gehandelt haben wird, der auch späterhin noch erscheint. B. ist eindeutig dargestellt auf einem Relief aus dem Reheiligtum des Neuserrẹ (5. Dyn.)[1], im NR im Grabe des Rechmirẹ[2], im Grab des *Imn-ḥtp* (Nr. 73)[3] und endlich im Grab des Pabẹs aus der Spätzeit[4]. Als „Stöcke" dienen vertikal liegende Tongefäße, aus denen die Waben nach Ausräucherung der Bienen entnommen werden. Einfuhr von Honig aus Syrien ist belegt[5]. An Honigsorten sind „klarer" (*stf*) und „roter" (*dšr.t*) genannt[6].

Lit.: J. Leclant, L'abeille et le miel dans l'Egypte pharaonique, in: Traité de biologie de l'abeille, sous la direction de R. Chauvir, Paris 1968.

[1] Wreszinski, Atlas I 378. — [2] Davies, Tomb of Rekhmire II pl. 49. — [3] Säve-Söderbergh, Private Tombs I. pl. 9B. — [4] Armbruster, Biene im Orient I S. 29 Abb. 8. — [5] Urk. IV 670; 688. — [6] JNES 10,94; vgl. JEA 35,72.

Bier. B. war das gewöhnlichste Getränk nach dem Wasser. Es ist schon in vorgeschichtlicher Zeit gebraut worden[1]. Zur Herstellung wurde Emmer oder Gerste (→Getreide) zerstoßen, angefeuchtet und in Stücken leicht angebacken. Diese wurden dann in großen Bottichen zertreten und gären gelassen. War der Brei gegoren, wurde er auf einem Sieb über einem Gefäß durchgeknetet, wobei das fertige Bier abtropfte. Ein Zusatz von Hopfen war nicht bekannt. Bierherstellung ist in allen Epochen häufig dargestellt[2], auch sind Brauereimodelle erhalten[3]. Da auch das durchgeseihte Bier noch Unreinheiten enthielt, wurde es beim Ausschenken erneut durch ein feines Säckchen[4] oder Sieb[5] gegossen, oder mit Hilfe eines Saugrohres getrunken[6].

Lit.: Lutz, Viticulture and Brewing.

[1] Petrie, Prehistoric Egypt S. 43. — [2] Vgl. Klebs Reliefs AR 91 ff.; MR 120; NR 171. — [3] BMM 1920 S. 26 Abb. 12. — [4] Davies, Rekh-mi-Re pl. 64. — [5] Davies, Amarna II pl. 32. — [6] ÄZ 36, 126.

Binsengefilde. Im B. hoffte der Ägypter, nach dem Tod mit den „Seelen des Ostens" (den Göttern der Gegend des Sonnenaufgangs) Gerste von 4 Ellen und Emmer von 7 Ellen Höhe zu ernten[1]. Es handelt sich um eine alte Vorstellung eines bäuerlichen Jenseits, die auch in historischer Zeit noch neben anderen →Jenseitsvorstellungen erhalten blieb[2].

[1] TB 109/10. — [2] Vgl. Darstellung im Grab des Haremheb JEA 7 pl. 5.

Biographien. B. begannen in der 3./4. Dyn. mit Aussagen über die Person des Grabinhabers (Titel) und sein Vermögen (→Totenstiftung). Diesem ihrem Ursprung entsprechend gehören sie grundsätzlich zur Grabausstattung, bilden eine Ergänzung zu den Darstellungen des Toten und seines Lebens und dienen zur Verewigung des Menschen, seines Charakters und seiner Taten. So war der Ort ihrer Aufzeichnung vorzüglich das→Grab (Grabwand oder→Stele), und zwar an einer Stelle, an der sie von Grabbesuchern gelesen werden konnten. Erst später (selten MR, häufig seit NR) fanden sich B. auch auf Statuen, und zwar auf →Tempelstatuen. In jedem Falle sollten sie gelesen werden: Der in ihnen erzählte Lebenslauf sollte den Nachlebenden als „Lehre" dienen. Der doppelte Zweck, Verewigung von Tatbeständen und Lehre für Nachlebende zu sein, bestimmte den Inhalt der B. Zunächst enthalten sie natürlich Angaben über den Lebenslauf des Betreffenden, seine Ämter, gegebenenfalls Angabe des Königs, unter dem er gelebt hat, in der Spätzeit auch Angabe des Alters, Geburts- und Todesdatum. Einzelheiten wurden bisweilen mit wichtigem historischem Detail geschildert, so etwa Organisation von Feldzügen und Expeditionen, in der 18. Dyn. vor allem Teilnahme an den Kriegen, Leitung von Bauarbeiten usw. Verhältnismäßig spärlich sind Angaben über das private Leben. In diesen Teilen liegt die Verbindung zur →Weisheitsliteratur und sie dienen neben dieser als Quelle für die →Ethik. Gewisse Leitsätze umschreiben die Lebensordnung des sozial verantwortlichen Mannes: „Ich tat, was die Menschen loben und die Götter lieben", „Ich gab Brot dem Hungrigen, Kleider dem Nackten", „Ich setzte den Fährlosen über". Es gehörte zu den Pflichten des Mannes, gerecht zu entscheiden, nicht parteiisch zu sein, keinen zu verleumden, Arbeiter reichlich zu entlohnen, die Pietätspflichten in der Familie zu erfüllen usw. Hier bildeten sich mehr oder weniger feste Phraseologien, die eine literarische Tradition erkennen lassen, aber zugleich die Wandlungen in den Anschauungen während des langen Zeitraums, aus dem wir B. haben, nicht verbergen.

Lit.: Handbuch Abschn. 33. Janssen, de traditioneele Egyptische autobiografie voor het Nieuwe Rijk, Leiden 1946; Otto, Biographische Inschriften der ä. Spätzeit, Leiden 1954.

Bissing, Friedrich Wilhelm Frh. von. * 22. 4. 1873 in Potsdam, † 12. 1. 1956 in Oberaudorf (Obb.). Seine Tätigkeit betraf vor allem die ä. Archäologie und ihre Stellung innerhalb der gesamten Altertumskunde, die er in zahllosen Veröffentlichungen untersuchte; zuletzt (unvollendet): *Ä. Kunstgeschichte von den ältesten Zeiten bis auf die Eroberung durch die Araber, 1934 ff.* Von seinen Ausgrabungen ist besonders die des →Sonnenheiligtums des Neuserrẹ zu nennen. Er war Professor für Ägyptologie in München (1906) und Utrecht (1922).

Blasinstrumente. →Cornu, Flöte, Gefäßflöte, Horn, Klarinette, Knochenflöte, Muschelpfeife, Oboe, Panflöte, Querflöte, Zummârah. (H)

Blei (*dḥtj*). Seit vorgeschichtlicher Zeit wird B. verwendet als Senkblei, für Ringe, als Zusatz zur →Bronze (um Schmelzpunkt zu senken) usw. Bleisulfid (Bleiglanz) wurde als Augenschminke benutzt; eine Blei-Antimonverbindung zur Herstellung gelben Glases.
Das meiste verwendete B. wurde in Ä. selbst gefunden, erst in der 18. Dyn. findet sich Import[1] aus Syrien[2], speziell aus *Ḏꜣhj, Rṯnw, ꜣIsj*[3]. Es galt als Symbol der Wertlosigkeit[4]. →Metalle.

[1] In Barren, Relief Müller, Egypt. Researches I pl. 1, nicht MR! — [2] Urk. IV 1101. — [3] Urk. IV 706, 708, 718. — [4] Amenemope 18, 13.

Bogenharfe. Die B. ist das älteste Saiteninstrument des pharaonischen Ä. Das Instrument besitzt einen verhältnismäßig kleinen Resonanzkörper, der gelegentlich, wenn auch nicht immer, mit Tierhaut überzogen war, sowie einen sanft gebogenen Hals (Saitenhalter), der gleichzeitig das Mittelstück des Resonators ist. Rückständige Haltepflöcke dienen zum Befestigen der Saiten und verhindern ihr Abgleiten längs des schrägen Halses. Die für das AR typische Flachbogenharfe hat in drei Größen bestanden: eine tragbare Kleinform, ein mittelgroßes Modell und eine Großharfe, deren Klang tief und voll gewesen sein muß.
Im MR spalten sich von dieser rein ä. Harfenform einerseits die kellenförmigen Tiefbogenharfen ab

(die Instrumente der blinden Sänger des NR), die ebenfalls in mehreren Größen hergestellt wurden, andererseits die großen und kleinen bootförmigen Harfen. Erstere sind in der ägyptologischen Literatur häufig ungenau als Stuhl-, Kessel-, Stütz- oder Schwebeharfen bezeichnet worden, letztere als Stand- bzw. Schulterharfen.
Späte Ableger der Bogenharfenform sind die Instrumente, deren Profil ein Kreissegment darstellt. Große und mittelgroße Modelle tauchen in der 19. Dyn. auf. Die kleinen, halbmondförmigen, auf einen Schemel gestützten Instrumente stammen ebenfalls aus der Spätzeit. (H)

Lit.: H. Hickmann, BIE XXXV, Kairo 1953; A new type of Egyptian harp (Acta musicologica III—IV, Basel 1954); Artikel „Harfe“ in: „Die Musik in Geschichte und Gegenwart“; ASAE 48, 639; 49, 431; 50, 523.

Bokchoris. König von Sais, Sohn des Tefnachte, Gegner des Äthiopen Schabiku, der ihn nach Manetho gefangennahm und lebendig verbrennen ließ. Er regierte von 719—714; später galt er als ein besonders gerechter König.

Borchardt, Ludwig. * 5. 10. 1863 in Berlin, † 12. 8. 1938 in Paris. Seit 1895 besuchte er wiederholt Ä. und hat zahlreiche Grabungen (Pyramidentempel des →Chẹphren und des →Sahurẹ, →Tell el Amạrna) ausgeführt. Zusammen mit →Maspero inaugurierte er den auch heute noch nicht abgeschlossenen *Catalogue Général du Musée du Caire.* Er begründete das heutige *„Schweizerische Institut für ä. Bauforschung und Altertumskunde in Kairo“.*

Brandopfer →Opfer.

Breasted, James Henry. * 27. 8. 1865 in Rockford, Ill., † 2. 12. 1935 in Chicago. Er studierte in Berlin bei →Erman Ägyptologie und war Mitarbeiter der Kommission für das *„Wörterbuch der ä. Sprache“* bei der Berliner Akademie. Seine Forschungsreisen erstreckten sich auf ganz Ä. und Nubien, wo er an zahlreichen Grabungen teilnahm. Seit 1919 wirkte er als Direktor des Oriental Institute der Universität Chicago. Seine Arbeiten umfassen besonders die Geschichte und Religion des alten Ä.

Lit.: Charles Breasted, Vom Tal der Könige zu den Toren Babylons, Stuttgart 1950.

Brettspiele. Es gab verschiedene Arten von B., die z. T. bis in vorgeschichtliche Zeit zurückzuverfolgen sind, wo sie wahrscheinlich noch in ursprünglicher Weise Orakel gewesen sein werden. Eins der Bretter hatte die Form einer geringelten Schlange *(mḥnt)*, auf deren Glieder Hunde, Löwen und Kugeln als Steine bewegt wurden. Es konnte anscheinend von 6 Personen zugleich gespielt werden[1], jedoch bleibt Art und Sinn des Spiels unbekannt. Es verschwindet mit dem AR. Im NR ist das schon aus dem AR belegte B. häufig, das aus einem rechteckigen Brett besteht, auf dem in ältester Zeit 3mal 4 Quadrate abgeteilt sind, späterhin 3mal 10 u. a. Gespielt wurde hier mit kegelförmigen Steinen[2]. Dieses Spiel scheint von Ä. nach Assur gewandert zu sein[3]. Man hielt das B. für ein Mittel, in der Unterwelt sich gegen Dämonen durchsetzen zu können[4]. Im Leben war es eine beliebte Unterhaltung. Im demotischen Sẹtne-Roman ist ein B. das Mittel einer Auseinandersetzung zwischen einem Menschen und einem Totengeist. Plutarch überlieferte (de Iside 12) eine ä. Sage, daß →Thot der „Selene" (dem Mond) 5 Tage im Brettspiel abgenommen habe, an denen Rhea (→Nut) die Götter der 5 →Epagomenentage gebären konnte. Unbekannt bleibt die Art, in der ein weiteres B. gespielt wurde, bei dem zwei Sätze von je 5 Stäbchen mit Hunde- bzw. Schakalköpfen in Löcher gesteckt werden mußten[5].

[1] Ranke, SHAW phil.-hist. 1920,4. — [2] ASAE 5, 98; Piehl, Inscr. pl. 121. — [3] Albright, Mizraim I 133. — [4] Pap. Kairo, Rec. Trav. 16, 129; Pap. Turin, Sayffarth, Beiträge z. Kenntnis der Literatur Taf. 3; auf Grabwand, LDT III 294; vgl. ÄZ 66, 16. — [5] Carnarvon, 5 years explorations pl. 50; Petrie, Kahun pl. 16.

Bronze. B. besteht aus →Kupfer mit einer absichtlichen Beimischung von Zinn, die in Ä. zwischen 2 und 16 % schwankt. Durch diese Beimischung sinkt der Schmelzpunkt des Kupfers, wird die Gußfähigkeit sehr verbessert und — bei niedrigen Prozentsätzen — auch die Festigkeit erhöht. Die Herstellung von B. ist anscheinend zuerst im mesopotamischen Raum gelungen; Zinn findet sich im persischen und syrischen Gebirgsland, und war den Ä. in ihrem Land nicht bekannt. Deshalb scheint man erst vom MR an in Ä. in größerem Maß Bronzegegenstände hergestellt zu haben. In der Spätzeit wurde eine große Menge kleiner Bronzefigürchen hergestellt, die teils Voll-, teils Hohlguß sind. Für ersteren benutzte man ein Wachsmodell, das man mit Ton umgab; durch Ausschmelzen des Wachsmodells entstand eine Form, in die man dann das flüssige Metall goß. Nach Abkühlen der Masse zerschlug man die Form und konnte den Rohguß mit einem Meißel bearbeiten. Beim Hohlguß wurde ein Kern aus Quarzsand mit Bienenwachs überzogen, in das die gewünschte Form modelliert wurde. Der weitere Prozeß war wie beim Vollguß. Um den Kern nach dem Ausschmelzen des Wachses in seiner Position zu halten, gebrauchte man in spätester Zeit Eisenstifte. →Metall.

Lit.: Darstellungen von Bronzeguß: Davies, Rekhmire pl. 52; Menkheperrasonb pl. 11; Puyemre I pl. 26. Texterwähnung der Herstellung aus Kupfer und Zinn *(ḏḥ)* LRL 51,8; 56,7.

Brot. B. war das Hauptnahrungsmittel. Man unterschied zahlreiche Arten (in der Opferliste werden im AR 16 Arten genannt), die sich teils nach ihren Bestandteilen, teils nach ihren Formen unterschieden. Neben dem ungesäuerten Fladenbrot (griech. *κυλλήστις*) gab es auch süße B.-Arten, mit →Honig gebacken oder mit den Früchten des Christusdorn. Früh schon[1] scheint man B.-Getreide importiert zu haben: Eine Sorte trägt den semitischen Namen für „Weizen". Das Soldatenbrot des NR wurde ebenfalls mit einem Fremdwort bezeichnet.
Nach dem →Mahlen des Kornes wurde der Teig in einer Schale geknetet, auch in einer größeren Wanne mit den Füßen getreten[2]. Das Backen geschah auf verschiedene Weise. Eine einfache Feuerstelle wurde durch drei senkrecht stehende und eine darüberliegende Steinplatte, auf der die B. lagen, hergestellt. Gemauerte Öfen mit Feuerloch gab es seit dem NR[3]. Der Ofen war oben offen und die B. wurden wahrscheinlich an Zapfen, die an der Innenwand befestigt waren, aufgehängt. Anders verfuhr die Feinbrotbäckerei, die vor allem auch die

verschieden geformten, oft schmalen und spitzen Opferbrote herstellte. Tontöpfe (= Formen) wurden mit der offenen Seite ins Feuer gestellt und erhitzt; in den erhitzten Topf wurde der Teig gefüllt und ein zweiter ebenfalls erhitzter Topf darüber gestülpt. →Nahrung.

Lit.: Modell einer Bäckerei: Winlock, Models of daily life, 1955, Taf. 22/23. — Darstellungen: Klebs, AR, S. 92 ff.; MR S. 119 ff.; NR S. 174 ff. Speisetisch mit Broten aus dem Grab des Cha: Kees, Ä., Taf.-Abb. 26.

[1] Pyr. 551. — [2] Bäckerei im Grab →Ramses III, nach alter Zeichnung, Erman-Ranke, Ägypten S. 224; so auch Her. II 36. — [3] Zeitschr. f. Bauwesen 66, 10.—11. Heft, S. 530.

Brücken. Im allgemeinen spielte sich der Verkehr trotz den zahlreichen Kanälen ohne B. ab. Das anfängliche Fehlen des →Wagens und das zeitweise Trockenliegen der Wasserläufe ließen sie entbehrlich erscheinen. Zum Überqueren des Nils wurden stets Boote benutzt. Trotzdem kannte der Ägypter die Möglichkeit, Wasserläufe oder Straßen durch B. zu überspannen. In Giza sind aus der 4. Dyn. 5 B. erhalten, 2 im Aufweg der Cheopspyramide, 2 andere vor dem Taltempel des Chẹphren über einen Kanal führend, die 5. südlich des Sphinxtempels. Der Aufweg der Pyramide →Amenemhẹts III. in →Dahschụr weist ebenfalls eine B. auf[1]. In →Tell el Amạrna war der →Palast und →Tempel mit einer die Hauptstraße überspannenden B. verbunden[2]. Alle diese B. hatten offenbar keine Bögen. Die Spannweite der Durchgänge überschritt kaum 5 m (mittlerer Durchgang in Amạrna). Sonst kennen wir aus dem NR nur noch wenige Darstellungen von B. aus dem nordöstlichen Grenzgebiet[3], von der Festung →Kadẹsch[4] und die Rekonstruktion einer B. über den Festungsgraben von Anịba[5], also immer im Zusammenhang mit Festungsanlagen.

Lit.: ASAE 48, S. 159 ff.

[1] de Morgan, Dahchour 1894—95, S. 99/100. — [2] Pendlebury, City of Akhenaten III, S. 56, Taf. 39, 1. — [3] Maspero, L'Archéologie, 1887, S. 35. — [4] Wreszinski, Atlas II 105; 173. — [5] Steindorff, Aniba II, Bl. 19.

Brugsch, Heinrich (Pascha). * 18. 2. 1827 in Berlin, † 9. 9. 1895. Schon 1855 veröffentlichte er eine demotische Grammatik, nachdem er noch als Schüler diese schwierige →Schrift systematisch erforscht hatte. 1864 war er deutscher Konsul in Kairo, 1868 Professor in Göttingen. Seine Arbeiten umfassen nahezu alle Gebiete der Ägyptologie; ein 7bändiges hieroglyphisches Wörterbuch erschien 1867—82. 1864 begründete er die noch heute bestehende *„Zeitschrift für ä. Sprache und Altertumskunde“*, die älteste ägyptologische Fachzeitschrift.

Lit.: Autobiographie: Mein Leben und mein Wandern, 1893.

Brunnen. B. gehörten zu den einzelnen Feldern und Gärten, um die künstliche Bewässerung zu sichern. Sie wurden daher wie die Bäume am Feldrande zusammen mit den Feldern verkauft[1] und besteuert[2]. Von besonderer Wichtigkeit waren die Anlagen in den →Oasen und in den Wüsten[3]. Die Wüstenb. wurden besonders an den wichtigen Straßen zu den →Steinbrüchen und Minen, als auch auf der Heeresstraße nach Südpalästina[4] angelegt. Die Notwendigkeit der B., aber auch die Schwierigkeiten beim Aussuchen des richtigen Platzes schildert eine Stele →Ramses' II. bei Kuban[5]; hier wird ein 120 m tiefer B. erwähnt, der allerdings kein Wasser gab. Anlage eines B. im Wadi Abbạd (b. Redesịjeh) erwähnt eine Stele →Sẹthos' I.[6] Auch auf der Turiner →Landkarte eines Minengebietes ist ein „B. Sẹthos' I.“ eingezeichnet.

[1] ÄZ 35, 14 ff. — [2] Urk. I 212,5. — [3] JEA 19 pl. 5. — [4] JEA 6, 99 ff. — [5] Rev. égypt. N. S. I 16. — [6] LD III 140 b.

Bubạstis. J. Tell Bạsta, Ort im südlichen Teil des Ostdeltas, Hauptstadt des 18. →Gaues. Der Name bedeutet „Tempel der →Bạstet“ (*Pr-Bꜣst.t*). Bauteile aus der Zeit der 4. Dyn. und die Kapelle für Phiops (II. ?) machen sicher, daß damals bereits Tempelbauten in B. standen, andere stammen aus dem MR, der Hyksoszeit und dem NR, besonders der Ramessidenzeit. Die Tempelanlagen sind jedoch jetzt zerstört. Wenn wir →Manetho glauben dürfen, war B. bereits in der 2. Dyn. in den Annalen erwähnt, spielte aber erst in der Spätzeit dadurch eine Rolle, daß hier libysche Söldnerführer die 22. Dyn. gründeten (um 950 v. Chr.). Schilderungen des großen Festes der Bạstet gibt Herodot

(II 59/60), der auch die Anlage des Tempels „wie auf einer Insel" schildert (II 138), wobei er Bạstet als Artemis bezeichnet.

Lit.: Naville, Bubastis, London 1891; ders., Festival Hall of King Osorkon II., London 1892.

Buchis →Stiere, heilige.

Busịris. J. Abu Sịr, Ortschaft in der Mitte des Deltas, am linken Ufer des Nilarms von Damiette; der Name ist entstanden aus *Pr*-Osiris „Tempel des Osiris", während die Stadt selbst alt *Ḏdw* hieß, und Hauptstadt des 9. u. ä. →Gaues war. Sie hat in der Geschichte keine Rolle gespielt, jedoch in der Religionsgeschichte, da sie als Heimat des Gottes →Osiris galt. Nach Herodot II 59, 61 hatte auch →Isis hier ein großes Heiligtum, an dem jährlich ein Fest der Trauer um Osiris, den sie hier begraben haben sollte, gefeiert wurde.
Reste aus ä. Zeit sind nicht erhalten.

Butisches Begräbnis. Am Ende der 5. Dyn. beginnen in den Gräbern der Beamten Darstellungen eines →Begräbnisses zu erscheinen, die deutlich erkennen lassen, daß es sich um ein Ritual und nicht um die Darstellung der tatsächlichen Begräbnisvorgänge handelt. Dieses Ritual enthält zahlreiche Anspielungen auf die Städte →Buto, →Sais, „Stadt der Stiere" und „Stadt der Seen", die im Westdelta zu lokalisieren sind. Im Ritual selbst zeigen sich sehr alte Handlungen, wie das Begraben der →Tekenu, Begrüßung durch Nekropolendämonen (? *mww*), aber auch spätere Zeremonien, wie das Überfahren des Sarges zur Nekropole. Dieses Ritual wird bis in das NR in den Gräbern dargestellt, meist unter starker Vermischung der Szenen und ohne erklärende Beischriften, so daß uns eine Deutung der Szenen noch nicht möglich ist.

Lit.: Junker, MDIK 9,1 ff.

Bụto J. Tell el-Faraꜥine, westl. des kanopischen Nilarms im Westdelta im 6. u. ä. →Gau. Der Ort spielte nur in den religiösen Vorstellungen eine Rolle. Auf Urkunden der ältesten Zeit wird er *Ḏbꜥw.t* genannt und besitzt als hauptsächlichste Lokalgottheit einen

Reiher („Der von *Ḏbꜥw.t*"). Später nannte man B. *P*, „den Thron", anscheinend als Abkürzung für eine kgl. Anlage „Thron des harpunierenden Horus", die neben B. angelegt worden ist[1]. Unter dem Namen *P* spielt es eine große Rolle in den religiösen Texten seit den →Pyramidentexten, meist im Gegensatz zu der o. ä. Stadt →Hierakonpolis. Beide galten als mythische Hauptstädte. Mit B. und Hierakonpolis waren die „Seelen" verbunden, die in B. falkenköpfig, in Hierakonpolis wolfsköpfig dargestellt wurden. In ihnen haben wir die lokalen Gottheiten der beiden Städte zu sehen.
Mit *P* erscheint häufig in den religiösen Texten ein Ort *Dp* zusammen genannt, der auch in profanen Inschriften[2] belegt ist und später mit *P* zusammengewachsen zu sein scheint, wie auch die älteste Siedlung *Ḏbꜥw.t* in „Buto" aufgegangen ist.
Der Name B. selbst ist von *„Pr-Wꜣḏj.t"* abzuleiten: „Tempel der grünen (→Schlange)". Sie wurde als Amme des →Horuskindes angesehen, die in den Sümpfen von Chemmis (b. Buto) ihn vor den Nachstellungen des →Seth schützte. Die Ähnlichkeit der Sage ließ die Griechen in ihr Leto sehen.

---

[1] Täfelchen Berlin 18026, Scharff, Altertümer II S. 171 Abb. 92. — [2] Urk. I 1,17.

Byblos →Asien →Handel.

⁎ ⁎

Carter, Howard. * 1873 in Swaffham, Norfolk, † 2. 3. 1939 in London. Seit 1891 grub er in Ä. (→Tell el Amạrna, später →Theben) aus. Seit 1899 war er *Inspector of Monuments of Upper Egypt.* In dieser Eigenschaft beaufsichtigte er seit 1902 die Grabungen im Königsgräbertal in Theben-West, deren Krönung die Auffindung des Grabes des →Tutenchạmun (1922) war.

Champollion, Jean François. * 23. 12. 1790 in Figeac (Lot), † 1832 in Paris. Mit 16 Jahren trug er in der Akademie in Grenoble eine Abhandlung vor, in der er das Koptische als →Sprache des alten Ä. nachwies. 1809 wurde er zum Geschichtsprofessor in Grenoble ernannt. Durch Studium aller erreichbaren hieroglyphischen Texte (besonders auch des Steines von →Rosette) gelang ihm die geniale Erkenntnis des hieroglyphischen Schriftsystems, die er in dem 1822 veröffentlichten *„Lettre à Ms. Dacier* (Sekretär der Académie des Inscriptions) *relative à l' alphabet des Hiéroglyphes phonétiques"* niederlegte. Reisen durch die italienischen Museen und vor allem eine Reise nach Ä. (1828/29) zusammen mit dem Pisaner Gelehrten Ippolito Rosellini (1800—1843) dienten dazu, sein wissenschaftliches Material zu vergrößern. Der größte Teil seiner Arbeiten (Grammatik, Denkmälersammlung) ist nach seinem Tode erschienen. So sehr spätere Forschungen Ch. Erkenntnisse korrigieren und vervollständigen konnten, hat er als erster das hieroglyphische Schriftsystem erkannt und damit die moderne →Ägyptologie begründet.

Lit.: Hermine Hartleben, Champollion, sein Leben und sein Werk, 1906.

Charge →Oasen.

Cheironomie. Die griechische Ch. und mit ihr die mittelalterliche und neuzeitliche Kunst des Ausdeutens einer melodischen Linie, eines Intervalles oder eines Rhythmus durch die alleinige Anwendung von konventionellen Handzeichen seitens des Vorsängers oder des Dirigenten, geht nach antiken Quellen auf die altä. musikalische Zeichengebung zurück. Sie erscheint besonders häufig in den Musikszenen des AR, wird dagegen seltener in denen des NR dargestellt. Sie scheint aber in der praktischen Musikpflege aller Zeiten weiterbestanden zu haben; so erwähnt eine Quelle des MR die „Sänger zur Hand", im Gegensatz zu den wirklichen Sängern, und sowohl die Spätzeit als auch die moderne Musikpraxis kennt weiterhin den Gebrauch der Ch.

Die pharaonischen Musiker des AR haben bereits ein oder mehrere Systeme cheironomischer Zeichengebung entwickelt. Verschiedene Signale dienten als Zählzeichen, andere zur Bezeichnung von Tönen, Tonschritten oder Melodieabschnitten.

Es ist gelungen, einzelne dieser Zeichen zu identifizieren. Legt man den Daumen gegen den Zeigefinger, so bedeutet diese Geste den Grundton der gewählten Tonart. Dabei werden Arm und Schulter ausgestreckt horizontal gehalten. Wird bei gleicher Armstellung die Hand flach und senkrecht vorgezeigt, so bedeutet dieses Zeichen einen zweiten Ton mit dominantischem Charakter an (etwa „g" im Verhältnis zum „Grundton c"). Die dazwischenliegenden Tonstufen werden durch verschiedenartige Winkelung des Vorderarmes im Verhältnis zur Schulter angegeben. (H)

Lit.: H. Hickmann, BIE 34; vgl. Artikel „Handzeichen" in: Die Musik in Geschichte und Gegenwart.

Chẹops (*Ḫwfw*). König der 4. Dyn. (2553—2530 v. Chr.). Erbauer der größten →Pyramide bei →Giza. Hauptgattin Meritjọtes, deren Sohn Kawab vor seinem Vater starb. Ihm folgte sein Sohn von einer unbekannten Königin →Ra-djedef. Reste seiner →Annalen sind auf Kairiner Bruchstücken des →Palermosteins erhalten.
Seine weiteren Söhne Baefre und Djedef-Hor (letzterer später als Weiser verehrt) scheinen nach →Chẹphren als Gegenkönige aufgetreten zu sein.

Chẹphren. König der 4. Dyn. (2521—2495 v. Chr.). Erbauer der zweitgrößten →Pyramide bei →Giza. Gattinnen: Chamerernebti I., Meriesanch III., Hedjhekenu, Persenti. Nachfolger des →Radjedef. Ihm folgten wahrscheinlich in kurzen Regierungen seine Halbbrüder Baefre und Djedef-Hor, die als Gegenkönige nicht offiziell geführt wurden, auf sie dann sein Sohn Menkaure (→Mykerịnos).

Chẹpre. „Der (von selbst) Entstehende", Bezeichnung des →Skarabäus als Urgott in Käfergestalt. Der Gott gehörte jener Urgottvorstellung an, in tierischer Form (z. B. →Frosch, →Schlange), in der der frühgeschichtliche Mensch den Gedanken der Urzeugung ausdrückte (→Gott). Einen eigenen Kult hat Ch. wohl nie gehabt, gehört aber zu den in →Heliopolis überlieferten Urzeitvorstellungen. Früh schon verband er sich hier mit →Atum[1] und durch diesen kam er in den Sonnenglauben; er galt besonders als Form der Morgensonne.

[1] Pyr. 1652.

Chnum. Der Name Ch., vielleicht verwandt mit dem arabischen Wort *ġanam* „Schaf“, bezeichnet eine Reihe alter Widdergötter, deren wichtigste und ursprüngliche Kultorte →Elephantịne, →Ẹsne, Hyp̣selis und Antịnoë sind. Anfänglich in reiner Tiergestalt dargestellt, findet sich unter Sahure auch die Menschengestalt mit Tierkopf. Das Wesen des Ch. war das eines Schöpfer- und Fruchtbarkeitsgottes, abgeleitet zweifellos von der natürlichen Zeugungskraft des Tieres. Er galt weiterhin als Bildner der Götter und Menschen[1]; die bildhafte Vorstellung, daß er die menschliche Gestalt auf der →Töpferscheibe formt, findet sich dargestellt zuerst in der 18. Dyn.[2], doch läßt sich der Ausdruck, daß er den Menschen „baue“, schon Pyr. 524 nachweisen.

Lit.: Badawi, Der Gott Chnum, Diss. Glückstadt 1937.

[1] →Pap. Westcar, Erman, Literatur S. 73; Admon. 24, 36. — [2] Naville, Deir el Bahari II Taf. 48.

Chons. Der Gott Ch. scheint von Hause aus ein Mondgott gewesen zu sein, wie sein Name „der Durchwanderer“ noch andeutet[1]; zumindest haben die Ä. schon früh ihn so aufgefaßt[2]. Dargestellt wird der Gott in der Regel rein menschengestaltig, mit geschlossenen Beinen, in jener archaischen Gestaltung, die darauf schließen läßt, daß sein Bild sehr früh menschlich geschaffen wurde und daß er keine andere (tierische oder dingliche) Erscheinungsform besaß (Abb. 5). Sein Wesen ist weitgehend durch seine Kultnachbarschaft zu →Amun in →Karnak geformt. Hier besaß er südlich vom Amuntempel ein Heiligtum, das durch einen darauf bezogenen Titel für das MR nachweisbar ist[3], in seiner heutigen Gestalt aber in die 20./21. Dyn. zurückgeht. Ebenfalls im MR besaß er einen

Abb. 5

Kult bei Gebelẹn[4]. Der in Karnak verehrte Ch. führte den vollen Namen „Chons-in-Theben-Neferhotep“ (d. i. etwa „der Gnadenreiche“). Außerdem besaß er als „Chons-der-Ratgeber“ ein Heiligtum östlich vom Amuntempel. In Theben erhielt er durch Einfügung in die thebanische →Triade (Amun—Mut—Ch.) den Charakter des Gottessohnes und das ermöglichte seine Verbindung zu zwei anderen Göttern: →Schu und →Horus. Wie viele Götter nahm Ch. im späteren NR den Charakter eines Nothelfers und Heilgottes an[5], besonders in seiner Form als „Ch.-der-Ratgeber“.

[1] Pyr. 402. — [2] CT III 90. — [3] Rec. trav. 23, 61. — [4] Kairo 20481. — [5] Erman, SPAW 1911, S. 1104.

Chontamẹnti. Der Name Ch. bedeutet „Erster der Westlichen“, d. i. der Toten, und bezeichnet den meist liegend dargestellten Friedhofsgott in Hundegestalt von →Abydos. Sein dortiger Tempel geht in die 1. Dyn. zurück[1] und ist von da bis in die Spätzeit mehrfach umgebaut und erweitert worden. Das Wesen des Ch. neigte zur Verbindung mit →Anubis und anderen hundeähnlichen Gottheiten. Doch ist er besonders von →Osiris angezogen und schließlich aufgesogen worden, nachdem dessen Kult sich über ältere abydenische Kulte legte.

[1] Petrie, Abydos II Taf. 50.

Chor (Chorsingen). Gruppensingen ist seit dem AR nachweisbar. Es ist besonders häufig im NR dargestellt worden. Amạrna-Reliefs zeigen Ch. blinder Sänger, von einem ebenfalls blinden Harfner, wahrscheinlich dem Vorsänger, sekundiert. Letzterer trug offenbar die einzelnen Strophen des Liedes variiert, teils rezitativisch, teils melismatisch verziert vor, während der Ch. den Refrain stereotyp wiederholte, den Gesang gleichzeitig mit rhythmischem Händeklatschen begleitend. (H)

Lit.: H. Hickmann, Musique et vie musicale sous les Pharaons (in Vorbereitung).

Chronologie. Soweit die Abfolge der Könige nicht aus zeitgenössischen Angaben abzulesen ist, helfen uns dabei →Königslisten sowie Listen des →Mane-

tho. Da die Listen jedoch nicht alle Könige aufführen bzw. stark beschädigt sind (so besonders der →Turiner Königspapyrus), sind besonders in Zeiten der Wirren noch nicht alle bekannten Königsnamen einzuordnen. Durch die Beschädigung des genannten Papyrus sind auch zahlreiche Angaben über die Länge der Regierungszeiten verlorengegangen. Nur in wenigen Fällen sind uns durch Denkmäler die genauen Regierungsjahre einzelner Herrscher bekannt. Erschwerend kommt hinzu, daß während bestimmter Epochen Könige und ganze Dynastien nebeneinander regierten, wie die 9./10. Dyn. neben der 11., die 13., 16./17. neben der 14./15., die 22.—25. Dyn. Es ist daher nur an einigen Punkten möglich, sichere absolute Daten zu finden. Als Hilfsmittel sind dabei die sog. Sothisdaten benutzt worden. Es handelt sich dabei um Angaben über den Aufgang der →Sothis, die als Stern des Überschwemmungsbeginns galt (→Kalender). So ist aus den Kahunpapyri eine Angabe über einen Sothisaufgang am 16./VIII./7. Jahres →Sesọstris' III. erhalten, durch den die 12. und 11. Dyn. mit Hilfe des Turiner Papyrus festzulegen ist (11. Dyn. 2052—1991; 12. Dyn. 1991—1778). Ein anderes Datum findet sich auf der Rückseite des →Pap. Ebers, in einem Kalender, der zur Umrechnung der im Pap. bei Rezepten angegebenen Monatsangaben bestimmt war: am 9./XI. des 9. Jahres →Amenọphis' I. war Frühaufgang der Sothis. Dieses Jahr ist auf 1536 v. Chr. berechnet worden. Jedoch ist dieser Rechnung der Breitengrad von →Heliọpolis zugrunde gelegt, während es wahrscheinlicher ist, daß man damals in →Theben berechnete; dann müssen wir diese Zahl um etwa 20 Jahre herabsetzen. Zwei weitere Sothisdaten aus der Regierungszeit →Thutmọsis' III. nennen kein Regierungsjahr.
Für das AR besitzen wir kein Sothisdatum, so daß eine sichere Berechnung noch unmöglich ist. Hinzu kommt, daß eine im Turiner Königspapyrus überlieferte Angabe, daß das AR „von →Menes bis Ibj" 955 Jahre gedauert habe, anzweifelbar ist.
Auch Synchronismen helfen nicht viel weiter. Das Auftreten sumerischer Motive in Ä. (→Asien), die der sog. Djemdet Nasr-Kultur anzugehören scheinen, gibt eine gewisse zeitliche Verbindung; jedoch ist die Djemdet Nasr-Zeit noch weniger genau zu datieren

als die ä. Reichsgründung. In der 13. Dyn. findet sich ein weiterer Synchronismus, der König Neferhọtep als Zeitgenosse des Königs *'Intn* von Byblos nennt, der seinerseits im Archiv der letzten Könige von Mạri genannt wird, einer kurz danach von Hammurạbi von Babylon eroberten Stadt[1]; doch auch die Datierung von Hammurabi ist noch unsicher (1728 bis 1686?). Endlich geben die →Amạrnatafeln und hethitische Annalen Synchronismen zwischen Ä. und Vorderasien, die jedoch nirgends eine genaue Berechnung erlauben (Assurubạllit Zeitgenosse → Amenọphis' III./IV.; Burnabụrias Zeitgenosse →Amenọphis' IV.; Tutenchamun starb, als Šupiluliụma Kạrkemis belagerte; →Rạmses II. kämpft mit Hattụsilis III.).

Aus den angegebenen Gründen ist eine genaue Ch. der ä. Geschichte schwer möglich, besonders da von mancher Seite auch die Verwendbarkeit der Sothisdaten zu chronologischen Feststellungen geleugnet wird.

Lit.: Borchardt, Mittel zur zeitlichen Festlegung, Kairo 1935; Neugebauer in: Acta Orientalia 17, 169 ff.; Stock, Erste Zwischenzeit, Rom 1949; Hornung, Untersuchungen zur Chronologie, Wiesbaden 1964.

[1] BASOR 99,9 ff.; 127, 28.

Cornu. Der lateinische Ausdruck für das römische Heerhorn (griech. *kéras*) ist vielleicht mit *chnoúe*, der griechischen Bezeichnung für die spätä. Trompete in Verbindung zu setzen (→Trompete). Die cornua sind im griechisch-römischen Ä. bekannt gewesen und erscheinen häufig als tönerne Votivgaben. Verzierte und vergoldete Blastierhörner sind zum ersten Male literarisch zur Zeit der 18. Dyn. nachweisbar und werden als Geschenke des Königs Tuschrạtta an →Amenọphis IV. erwähnt. Auch das koptische Ä. kennt das Hornspiel. (H)

Lit.: H. Hickmann, BIE 26, 606.

Dachle →Oasen.

Dahschụr. Ort südlich →Saqqạra, nach dem 5 →Pyramiden benannt werden, von denen 2 aus Stein gebaut sind und dem König →Snọfru zugewiesen werden können, während die übrigen in das MR gehören. Neueste Ausgrabungen haben den kleinen Totentempel vor der Ostseite der Knickpyramide, Stelen mit dem Namen des Snọfru vor der kleinen, im Süden liegenden Nebenpyramide, und endlich den Taltempel mit zahlreichen Reliefs freigelegt[1].
Am Rande des Wüstenplateaus liegen zwei Ziegelpyramiden und eine Steinpyramide, die z. T. stark zerfallen sind. Die nördlichste, noch etwa 30 m hoch mit einer Seitenlänge von 105 m, ist →Sesọstris III. zuzuschreiben. In ihr wurde in besonderen Gräbern der Prinzessinnen Reste ihres kostbaren →Schmuckes gefunden. Die mittlere Pyramide, die sog. „Weiße Pyramide", besteht aus Stein und gehörte →Amenemhẹt II. Auch in ihr fand sich in den Prinzessinnengräbern Schmuck.
Die südlichste der drei Pyramiden, wieder aus Ziegeln, gehörte →Amenemhet III. (sog. „Schwarze Pyramide").

[1] ASAE 51, 509 ff.; 52, 563 ff.

Darabụkkah. Die D. ist eine einfellige Gefäßtontrommel. Der Schallkörper ähnelt einem riesigen Pilz und ist am oberen, breiten Ende mit einer Tierhaut bespannt. Wertvolle Instrumente sind mit Fischhaut bedeckt.
Handtrommeln aus Ton hat es schon im pharaonischen Ä. gegeben. Spätzeitstatuetten des Gottes →Bes stellen die D. als langgestrecktes, flaschen- oder becherförmiges Instrument dar. (H)

Lit.: H. Hickmann, BIE 33.

Dattel. Die Früchte der Dattelpalme sind immer in Ä. als Nahrungsmittel gebraucht worden; daher finden sich Dattelpalmen häufig in Baumgärten angepflanzt[1]. Die Früchte wurden entweder von Jungen[2] oder mit Hilfe von Affen[3] geerntet. Sie wurden frisch oder getrocknet verwendet. Die aus „staatlichen" Baumgärten und aus Steuerabgaben eingehenden D.

wurden von der Getreideverwaltung verwaltet[4]. D. spielen auch in der Medizin eine Rolle, sowie auch ein aus eingeweichten Datteln hergestellter Wein. →Nahrung, →Palme.

Lit.: I. Wallert, Die Palmen im alten Ägypten, Berlin 1962.

[1] Wreszinski, Atlas I 60a. — [2] Petrie, Kahun pl. 18, 35. — [3] Berlin 14149. — [4] Brugsch, Thes. 1079 ff.

Deir el Baḥri („Nordkloster"). Name eines nach Osten offenen Felskessels in Westtheben genau gegenüber von →Karnak, in dem sich der Totentempel →Mentuhọteps III. (*Nb-ḥp.t-Rˁ*), ein Tempel Thutmosis III. und der Königin →Hatschẹpsut befinden. Ersterer besteht aus einer →Pyramide auf einer Terrasse, von zwei durch eine Mauer voneinander getrennten Umgängen umgeben, die von sechseckigen →Säulen gebildet werden. Die Pyramide enthält keine Grabkammer. Im Westen schließt an den (inneren) Umgang eine Tempelanlage an, bestehend aus einem Säulenhof und einer Säulenhalle, die sich in die Bergwand hineinerstreckt und mit einer Kapelle abgeschlossen ist. Vom Hof aus geht ein geheimer Gang ins Königsgrab. Am Ostrand des Pyramidenumgangs fanden sich die Gräber des kgl. Harims.

Demgegenüber baut sich der Tempel der Hatschẹpsut in drei Terrassen auf, wobei die Terrassenstufen zu Kolonnaden ausgebaut sind, die Darstellungen aus der Regierung der Königin zeigen, so neben religiösen Szenen die Expedition nach →Punt und den Antransport der →Obelisken für Karnak. Die 3. Terrasse bildet einen Säulenhof am Fuß des Felsenabsturzes, mit einer Felskapelle. Angebaut sind mehrere Kapellen. Als Baumeister ist der Vermögensverwalter der Königin und des →Amun →Senenmut anzusehen, der sich sowohl an versteckten Stellen im Tempel darstellen ließ, als auch ein geheimes Grab unter ihm für sich anlegte, das jedoch unvollendet blieb.

Lit.: Naville, Temple of Deir el Bahari, I—IV, London 1895 bis 1906; ders. XIth Dynasty Temple of Deir el Bahari, I—III, London 1913—1914; Winlock, Excavations at Deir el Bahari, New York 1942.

Deir el Medịneh („Kloster der Stadt"), gut erhaltener ptolemäischer Tempel auf dem Westufer von →Theben, SW des Gräberbergs Sheich abd-el Gụrnah, der in christlicher Zeit als Kloster benutzt wurde (daher jetziger Name). Gegründet von Ptolemaios Philopator, geweiht der →Hạthor und →Maat. Hier lag im NR die Siedlung für die kgl. →Nekropolenarbeiter. Wichtig sind besonders Funde zahlreicher →Ostraka mit verwaltungstechnisch bedeutsamen Abrechnungen usw., aber auch Skizzen und Zeichnungsvorlagen. Daneben liegen die Gräber dieser Leute mit Darstellungen von gottesdienstlichen Riten.

Lit.: Černy, Ostraca de Deir el Medineh, Kairo 1935 ff.; Vandier-d'Abbadie, Ostraca figurés, Kairo 1946; Černý, Répertoire onomastique de Deir el Médineh.

Deir Rifeh. Name der Gräber der Herren des 11. o.ä. →Gaues, 412 km stromauf von Kairo in Mittelä., aus der 11. und 12. Dyn., die in christlicher Zeit zu einem Kloster (kopt. Dēr) ausgebaut worden waren.

Lit.: Griffith, Inscriptions of Siut and Der Rifeh, London 1889.

Dekane. Zur Berechnung der 12 Nachtstunden benutzte man Sterne. Aus der 11. Dyn. liegen auf Särgen Listen vor, die von Stunde zu Stunde den Stern angeben, der jeweils aufgeht. Da die Sterne alle 10 Tage um eine Stunde früher aufgehen, verschieben sich die Angaben alle 10 Tage, wodurch die Bezeichnung „Dekane" gekommen ist. Diese Listen sind schematisch angelegt worden, benutzten außerdem ein Jahr von nur 360 Tagen und können dadurch nur kurze Zeit gültig gewesen sein. In den Gräbern →Sethos' I. und →Ramses' IV. finden sich weitere Dekanlisten, bei denen allerdings die Kulmination des Sternes die einzelnen Stunden bestimmt; daneben wurde Aufgang und Untergang registriert. Diese Listen scheinen aus dem MR zu stammen, haben aber ebenfalls nicht lange Gültigkeit gehabt, es sei denn, man habe Umrechnungslisten besessen, die die Verschiebung des astronomischen Jahres gegenüber dem in den Listen benutzten Jahr von 360 Tagen vorzunehmen erlaubten. →Astronomie. →Stunde.

Lit.: Schott, Festdaten S. 902 ff.

Dekrete. Kgl. D. (*wḏ.t njśwt*) dienen neben „Gesetzen“ (→Recht) dazu, die Rechtsordnung des Staates aufrecht zu erhalten. Im Gegensatz zu diesen, betreffen D. besondere Institutionen oder Einzelfälle, zumeist den Rechtsstatus eines Tempels, aber (wie das sog. Restitutionsedikt des →Haremhẹb) auch eine Neuordnung in einer bestimmten historischen Situation. Das älteste D. ist von →Schepseskạf für den Pyramidentempel des →Mykerịnos erlassen[1], andere von Neferirkerẹ[2] und Tẹti[3] für →Abydos, von →Phiops I. für die Pyramidenstädte des →Snọfru[4] u. a. m.[5]. Die D. wurden in der kgl. Kanzlei erlassen, abschriftlich den zuständigen Dienststellen zugestellt und monumental im betreffenden Tempel auf einer →Stele aufgezeichnet. Grundsätzlich wird in ihnen die Befreiung von spezifizierten Abgaben und Arbeitsleistungen festgelegt (daher auch Immunitätsd. genannt).

Aus späterer Zeit haben wir mehrfach D., die sich mit Schenkungen und Überlassungen an Tempel beschäftigen. In der 19. Dyn. werden die Einkünfte aus den Goldminen von Barramịje in Nubien dem Abydostempel zugesprochen[6]. Außerdem beschäftigen sich natürlich auch zahlreiche Papyri wie der →Pap. Harris mit Besitzstand und Stiftungen der Tempel, werden aber nicht als D. bezeichnet. Ein Stiftungsd. in Stil und Sprache des AR stammt noch von →Apries für den Ptahtempel von →Memphis[7]. Etwas anderes sind die Priesterd. aus der Ptolemäerzeit (ältestes: D. von Kanọpos, Jahr 9 Ptol. III Euergetes I.; jüngstes: Jahr 23 Ptolemäus V.). Zu dieser Zeit fanden jährlich Priestersynoden statt, auf denen die versammelten Priester Beschlüsse zu Ehren des Königs faßten, der seinerseits der Priesterschaft Vergünstigungen zuteil werden ließ. Die Gunstbeweise des Königs und die Ehrungen seitens der Priester (Stiftung von Kulten usw.) wurden in dreisprachigen D. (Griechisch-Hieroglyphisch-Demotisch) aufgezeichnet und veröffentlicht. Von diesen D. sind einige mehrsprachig, andere nur in der einen oder anderen Version erhalten. Zu ihnen gehört der berühmte Stein von →Rosette (Jahr 9, Ptolemäus V. Epiphanes)[8].

Lit.: H. Goedicke, Königliche Dokumente aus dem Alten Reich, Wiesbaden 1967.

[1] Urk. I 160. — [2] Ib. 170. — [3] Ib. 207. — [4] Ib. 209. — [5] Weill,

Décrets royaux; Sethe, GGA 1912, 723 ff. — [6] Sander-Hansen, Inschr. d. 19. Dyn. S. 13 ff. 37 ff. JEA 38, 24, JNES VI 219 ff.; Bruchstück eines Schutzdekretes der Ramsessidenzeit: MDIK 8, S. 161 ff. — [7] ASAE 27, 211 ff. — [8] Texte meist in Urk. II. Zusammenstellung: Söderbergh, Einige ägypt. Denkmäler in Schweden, Uppsala 1945 S. 39 ff.

Demotisch →Schrift.

Dendẹra (Dandạra). Griech. Tentyris, entstanden aus kopt. Nitentore, d. i. ä. *'Iwn.t n nṯr.t* „*'Iwn.t* der Göttin", nämlich der hier verehrten →Hạthor, Stadt 665 km stromauf von Kairo, auf dem Westufer. Hauptstadt des 6. o.ä. →Gaues. Der Hạthortempel ist der Überlieferung nach von →Phiops I. zuerst errichtet worden, jedoch fand sich bereits ein →Sistrum des Königs Tẹti[1]. →Amenemhẹt I. und →Thutmọsis III. errichteten Neubauten (letzterer angeblich nach einem Plan aus der Zeit des →Cheops, so wie →Phiops I. angeblich einen Plan aus der mythischen Zeit der Horusdiener benutzt habe). Der erhaltene Tempel stammt aus der Zeit der letzten Ptolemäer. In der 11. Dynastie galt die Hạthor von Dendẹra als besondere Schutzgöttin der Dynastie; daher errichtete sich →Mentuhọtep III. in Dendẹra eine eigene Kapelle[2].

Als Hauptfest gilt in Dendẹra der Besuch des →Horus von →Edfu.

Lit.: Petrie, Dendereh, London 1900; H. Fischer, Dendera in the third millenium.

[1] JEA 6 pl. 8. — [2] ASAE 17, 226; Labib Habachi, MDIK 19, 19—28.

Denkmal memphitischer Theologie (= Schabạkastein). Eine im British Museum befindliche Inschrift, die König Schabạka (716—701 v. Chr.) nach einem im Tempel des →Ptah von →Memphis gefundenen, von Würmern zerfressenen Papyrus in Stein einmeißeln ließ. Das Alter des ursprünglichen Textes wird verschieden angenommen (Thinitenzeit: Sethe; AR: Erman, Junker). Der Text besteht aus zwei Teilen, die Junker als „Götterlehre" und als „Politische Lehre von Memphis" bezeichnet. Erstere enthält eine theologische Lehre der →Weltschöpfung durch →Ptah: In ihm haben 8 Urgötter Gestalt gewonnen; durch Herz und Zunge als schöpferische Organe bewirkt Ptah die Schöpfung des Kosmos, der Rechtsordnung und des Kults. Im 2. Teil wird der Herrschaftsanspruch der Stadt →Memphis begründet: Hier hat der Streit des →Horus und →Seth um das Erbe des →Osiris (= Ägypten) sein Ende gefunden. Horus wurde hier durch →Geb als rechtmäßiger König eingesetzt und die memphitische Königsburg wurde erbaut.

Lit.: H. Junker, APAW 1939, 23; 1941, 6.

Dienerfiguren. Unter D. im weitesten Sinne faßt man rundplastische Figuren (einzeln oder in Gruppen) zusammen, die dem Toten mit ins Grab gegeben wurden (→Grabbeigaben) und nicht ihn oder seine Familienangehörigen darstellen, sondern seinen Bedürfnissen in einem nach den Bedingungen des Diesseits gedachten jenseitigen Leben (→Jenseitsvorstellungen) dienen sollten. In diesem weiten Sinne reicht die Sitte von der Vorgeschichte mit Unterbrechungen ins MR und lebt in einzelnen Typen bis in die Ptolemäerzeit fort. Als Material kennen wir Elfenbein, Ton, Holz und Stein (→Plastik). Während in der Frühzeit in der Regel nur Einzelfiguren vorkommen, treten in der späten 6. Dyn. vor allem Gruppen auf, die gemeinsam eine handwerkliche Tätigkeit ausüben, also Modellplastiken von Bäckereien, Schlachtereien, Bootsbesatzungen usw..

Lit.: J. H. Breasted, Egyptian Servant Statues, The Bollingen Series, XIII, 1948.

Abb. 6

Djed-Pfeiler. Ursprünglich ein Pfahl, um den stufenweise Getreideähren kreisförmig gebunden sind, erhielt er später eine stilisierte Form (Abb. 6). Es handelt sich primär um ein Machtzeichen, in dem man die wirkende Mächtigkeit des Getreides bei Beginn der Ernte bewahren wollte. Das Ritual des „Aufrichtens des Dj." wie des Schmückens mit bunten Bändern wurde weiterhin geübt, erhielt aber neue Bedeutungen. So erhielt das Ritual einmal einen Platz beim →Jubiläumsfest[1].

[1] Helck, Orientalia 1954, 383.

Djọser. König der 3. Dyn. (etwa 2635—2615 v. Chr.), Regierungsdauer nach →Turiner Papyrus

18 Jahre. Er erbaute den ersten Steinbau großen Stils, seine Stufenpyramide bei →Saqqạra mit Palastmodell (→Pyramide). Sein Baumeister war der später als Heiliger und Gott verehrte →Imhọtep.

Dodekaschoinos. 12 Meilen langer Landstrich zwischen →Assuan und Hierasykaminos, der dem Chnumtempel von →Elephantine, in griech. Zeit dem Isistempel von →Philae gehörte. →Hungersnot-Stele.

Dor. Dieser technische Ausdruck des modern-vorderorientalischen Musiklebens bezeichnet eine Komposition, die nach abendländischen Begriffen etwa der Form einer Variations-Suite bzw. des Rondos entspricht. Der ältere D. besteht aus einer kurzen Instrumentaleinleitung, Sologesang und Refrainsingen. Letzteres wird von den Orchestermusikern ausgeführt, die auch gleichzeitig die Begleitung übernehmen, soweit es sich nicht um Blasinstrumentenspieler handelt. Jeder einzelne dieser Musiker kann auch im Verlaufe des Stückes ein kurzes Vokalsolo ausführen, eine Praxis, die, den bildlichen Darstellungen nach zu urteilen, bereits mindestens im Musikleben der 18. Dyn. bekannt gewesen sein muß. →Begleitung, →Rondo. (H)

Lit.: H. Hickmann, BIE 36; Musique et vie musicale sous les Pharaons (in Vorbereitung).

Dualismus. Es ist eine an vielen Einzelpunkten nachweisbare ä. Vorstellung, daß die existierende Welt durch die Aufspaltung ursprünglicher Einheiten in dualistische Begriffe existent geworden sei. Mythisch drückt sich die Vorstellung darin aus, daß der „Einherr", der wie alle Urgötter mann-weiblich ist, das erste Götterpaar aus sich schafft, in denen die natürlichen Geschlechter geteilt sind (→Weltschöpfung). Begriffsbildungen wie „Das, was ist, und das, was nicht ist" = „All" bestätigen die Auffassung der Welt als eines aus zwei komplementären Teilen bestehenden Ganzen. Entsprechend wird der Begriff der „Urzeit" umschrieben als „Ehe noch zwei Dinge (= Zweiheit der Dinge) in diesem Land entstanden waren"[1]. Bestätigt findet sich die Anschauung im geographischen Weltbild: Himmel (weiblich) und Erde (männlich) bilden die Welt; Ä. besteht aus „den beiden Ufern" oder „den beiden Ländern" (d.h. O.- und U.ä.). Die letztere Dualität gibt dem Ägypter das Schema seines Reichsdogmas: Königstitel, Insignien, Königsgötter werden auf die „beiden Länder" verteilt, was der modernen Wissenschaft die Erklärung der Dinge nach ihrem Ursprung hin erschwert. Die auf Grund solcher Paarbildungen erwachsene Anschauung, Ä. sei tatsächlich durch die Vereinigung zweier Teilreiche entstanden, vereinfacht die historische Wirklichkeit. Der Begriff des D. wirkt in der Theologie ungemein schöpferisch: Er führt zu zahlreichen Paarbildungen nicht zusammengehöriger Götter wie auch zur Götterspaltung in Paare.

Lit.: Otto, An. Or. 17, 10 ff.; Frankfort, Kingship and the gods, S. 17 ff.

[1] CT II, 396.

Dynastie. Die Einteilung der ä. Könige in Gruppen stammt von den Ägyptern selbst. Im Turiner Königspapyrus werden schon gewisse Abschnitte gemacht und die Summenzahlen der Regierungsjahre gezogen (z. B. von →Menes bis Onnos, von Menes bis Iba; die Könige der 12. Dyn. werden unter der Bezeichnung „Könige der Residenz *'Iṯ-tꜣwj*" zusammengefaßt). Unsere Einteilung in „D." geht unmittelbar auf →Manetho zurück, der die Könige von Menes bis Nektanebos II. in 30 Dynastien = Herrschergruppen einteilt. Wenn wir heute auch wissen, daß diese Einteilung nicht immer den wirklichen genealogischen Verhältnissen entspricht und an der Existenz einiger manethonischer D. gezweifelt werden kann, hat man den Begriff und die manethonische Zählung aus praktischen Gründen beibehalten.

Ebers, Georg Moritz. * 1. 3. 1837 in Berlin, † 7. 8. 1898 in Tutzing. Nach dem Studium der Rechtswissenschaft und orientalischen Archäologie wurde er Professor für Ägyptologie in Leipzig (bis 1889).

Sein Buch *„Ä. in Wort und Bild"* erfreute sich großer Beliebtheit, ebenso wie seine z.T. in Ä. spielenden Romane. Sein Name ist mit dem→Pap. Ebers verknüpft, den er 1874 veröffentlichte.

Lit.: Autobiogr.: Die Geschichte meines Lebens, 1893.

Echnaton →Amenophis IV.

Edfu. ägypt. *Ḏbꜣ*, griech. Apollōnọspolis megalē, Hauptort des 2. o.ä. →Gaus, auf dem Westufer. Hauptgott war →Horus, der hier ‚thronte', weshalb in religiösem Zusammenhang E. auch als sein „Thron" (*Bḥd.t*) bezeichnet wurde. Sein Tempel, der in ptolemäischer Zeit zum letzten Male neu erbaut wurde, ist vortrefflich erhalten (137 m lang, Pylone zus. 79 m breit und 35 m hoch). In den Westbergen liegen Gräber der Stadtherren aus der 26. Dyn.

Lit.: Zu dem Problem der Herkunft des Horus von Edfu: Gardiner JEA 30, 23 ff.; Helck, Vorstellung von der Grenze.

Ehe. Der Ägypter heiratete anscheinend früh[1], manchmal auch mehrere Frauen[2]. Ehekontrakte sind erst aus der Spätzeit erhalten, jedoch läßt ein Pap. der Ramessidenzeit erkennen[3], daß bei der Ehe der Mann einen Teil seines Besitzes (hier $^2/_3$) seiner →Frau überschrieb, der bei ihrem Tod ihren Kindern zufällt. Auch sonst läßt sich aus Urkunden zeigen, daß die Frau über ihren mitgebrachten Besitz wie über den vom Mann erhaltenen ungehindert verfügen kann. Bereits im AR unterscheidet man zwischen vom Vater sowie von der Mutter ererbten[4] Gut[5]. Den eigenen Mann konnte die Frau anscheinend nur voll beerben, wenn er sie als „Kind" adoptierte[6]. Geschwisterehe läßt sich selten nachweisen[7]. Über die rechtlichen Vorgänge bei einer Scheidung wissen wir aus älterer Zeit nichts. In der Spätzeit wurde, außer bei Untreue, für die geschiedene Frau eine Abfindung ausgesetzt[8]. Auskratzungen von Figur und Namen von Frauen in Gräbern lassen aber erkennen, daß die betreffenden verstoßen worden waren. Neben den Ehefrauen konnte der Mann auch Nebenfrauen haben, die meist Sklavinnen gewesen sind. So kaufen Mann und Frau gemeinsam eine Nebenfrau, weil die Frau keine Kinder bekommen hat; die Kinder werden dann nach dem Tode des Mannes als frei erklärt[9].

[1] Vgl. Ani III 1; Chester Beatty V verso II 6. — [2] Tomb Robb. pl. 34: Pap. BM 10052, 17,7. — [3] JEA 13 pl. 13. — [4] Urk. I 2, 9. — [5] Testament einer Frau JEA 31, 29. — [6] JEA 26, 28 ff. — [7] JEA 40, 23 ff. — [8] Möller, Zwei Eheverträge. — [9] JEA 26, 23 ff.

Eid. Man unterscheidet einen (älteren) Königseid[1] und einen Gotteseid, von denen ersterer vorwiegend in Rechtsverfahren angewendet wurde, ohne daß sich allerdings eine scharfe Trennung zwischen beiden durchführen ließe. Im Prozeß wurde durch den E. eine Behauptung erhärtet wie durch Zeugenaussagen; ferner wurde die Erfüllung von Urteilen, Übereinkommen und Urkunden beschworen. In vielen Fällen nannte der E. zugleich die Strafen, die den Schwörenden bei Eidbruch treffen sollten: Körperliche Züchtigung, Todesstrafe, Zwangsarbeit besonders beim assertorischen E., Schläge, Schadenersatz beim promissorischen E. → Recht.

Lit.: JNES 7, S. 129 ff.

[1] Urk. I 158.

Eisen. Schmuckperlen aus vorgeschichtlichen Gräbern bestehen aus Meteoreisen[1]; ebenso hat man die magischen Scheinwerkzeuge für das →Mundöffnungsritual gern aus Meteoreisen hergestellt. Aus Erz gewonnenes E. findet sich nicht vor der 18. Dyn.[2], in der aus literarischen Quellen seine Herkunft aus Syrien feststeht[3]. Auch der eiserne Dolch des →Tutenchạmun dürfte aus dem Norden stammen, wo das Zentrum der Eisenherstellung in Inneranatolien gelegen zu haben scheint (Chalyber); hier wurde es aus Sumpferz der Flüsse gewonnen[4]. Am Ende des 2. Jahrt. v. Chr. hatten anscheinend die Hethiter ein Eisenmonopol[5]. Schmelzen von Eisenerz ist in Ä. erst aus dem 6. Jhdt. v. Chr. belegt[6].

Der Name des E. war *bj}-n-p.t* „Himmelserz", was auf Meteoreisen als ältestes bekanntes Eisen hinweist; es wird bereits in den →Pyramidentexten genannt.

[1] Wainwright, Labyrinth pl. 5/6. — [2] Zu angeblichen älteren Funden vgl. Lucas, Materials[3] S. 270 ff. — [3] Urk. IV 733, 6;

Thutm. III.; mehrmals in Amarnabriefen genannt. — [4] Aristoteles, Peri thaumasion akousmaton 48. — [5] Brief Hattušils III. an →Ramses II. (?). — [6] Petrie, Naukratis I S. 39.

El Omari. Die nördlich von →Heluan gelegene neolithische Siedlung wurde von dem ä. Archäologen el Omari entdeckt, nach dem sie bei seinem vorzeitigen Tode genannt wurde. Die Eigenart der Siedlung besteht u. a. darin, daß neben Friedhofsbestattung auch die in Ä. seltene Siedlungsbestattung nachgewiesen wurde (→Begräbnis).

Lit.: Debono, ASAE 48, 561 ff.

Elephant. Während der afrikanische E. vorgeschichtlich noch in der Umgebung des unteren Niltals vorgekommen ist[1], ist er in historischer Zeit dem Ägypter offenbar unbekannt geworden und wird auch nicht als Jagdtier abgebildet. Elfenbein wird aus dem Süden importiert. Im MR wird einmal ein einhornähnliches Fabeltier als „E." bezeichnet[2]. Im NR treffen die Ägypter am oberen Euphrat auf E.[3], wo →Thutmosis III. eine Herde von 120 Stück gejagt haben soll[4]. Unter den religiös relevanten Tieren oder im bildlichen Sprachgebrauch spielt der E. keine Rolle.

[1] Darstellung auf Gefäßen und Plastik, z. B. Scharff, Grundzüge Taf. 6; auf den frühgeschichtlichen Minfiguren aus Koptos, Petrie, Koptos. — [2] Beni Hasan II, Taf. 4. — [3] Urk. IV 103/4. — [4] Urk. IV 893, 1233, 1245.

Elephantine. Ä. *ꜣbw,* südlichste Stadt des eigentlichen Ä., auf einer Insel gelegen, alte Festung gegen den nubischen Süden. Der Name bedeutet „Elephantenstadt", entweder weil es in frühgeschichtlicher Zeit dort noch →Elephanten gab, oder weil hier der Stapelplatz des nubischen →Handels war, dessen Hauptartikel Elfenbein war. Stadtgott war der widderköpfige →Chnum, „Herr des Kataraktes". Als Beigötter wurden →Anukis und →Satis (diese Herrin der Nilinsel Sehel) verehrt. In E. amtierten im AR die Karawanenführer, die den Außenhandel mit Nubien unter sich hatten. Im NR gehörte es zum Verwaltungsbereich des Vizekönigs von →Nubien, wurde aber seit der Saitenzeit wieder Grenzfestung gegen das nubische Reich. Aus der Gegend von E. wurde der für Bauten und Statuen beliebte Granit

geholt; die →Steinbrüche sind auf dem östlichen Nilufer erhalten.
An archäologischen Resten finden sich auf der Südspitze der Insel selbst die Ruinen der koptisch-arabischen Stadt, der Haupttempel des Chnum und die Reste mehrerer kleinerer Tempel, die z.T. erst zu Beginn des vorigen Jhdt. abgerissen worden sind, ein Kai mit Nilmesser, sowie eine Kapelle, die Beamte des MR ihren Amtsvorgängern errichtet haben. Die Gräber der Beamten liegen auf dem Westufer des Nils. Die zahlreichen Felsen im Nil, wie auch die am Ostufer und auf der Insel Sehẹl tragen Inschriften derjenigen Beamten, die hier durchgezogen sind oder Steinbruchsarbeiten geleitet haben.

Elkạb. Ä. *Nḫb*, griech. Eileithyạspolis, auf dem Ostufer gegenüber von Hierakonpolis, Hauptstadt des 3. o.ä. →Gaus. Hauptgottheit war die Geiergöttin →Nẹchbet. Die Mauer der Stadt ist noch erhalten (530 m im Quadrat), von den Tempeln der Göttin und des (als ihr Gatte verehrten) →Thot sind nur noch Reste erhalten, die bis in die 11. Dyn. zurückgehen. Wichtig sind verschiedene Gräber in den Felsen des Ostgebirges aus dem Beginn der 18. Dyn.

Epagomenen. Wörtl. die „hinzukommenden" Tage, Bezeichnung von 5 Tagen, die im ä. →Kalender außerhalb der 30tägigen Monate stehen. Ä. werden sie als die „auf dem Jahre" (*ḥrjw rnp.t*) bezeichnet und seit dem AR[1] am Ende des Jahres hinzugefügt. Sie wurden als „Geburtstage" des →Osiris, →Horus, →Seth, →Isis und →Nephthys bezeichnet; die von Plutarch (de Iside 12) überlieferte Sage ist in der ä. Überlieferung bisher noch nicht aufgefunden worden. Sie erzählt, daß Kronos (→Geb) die Rhea (→Nut) verflucht habe, sie könne an keinem Tage gebären; da habe →Thot der Selene (dem Mond) im Spiel die 5 Tage abgewonnen, so daß jetzt die Geburt der 5 Kinder der Nut möglich wurde. In ptolemäischer Zeit versuchte man durch Einführung eines sechsten Epagomenentages alle 4 Jahre, der Ptolemaios Euergetes (III.) und seiner Gattin Berenike geweiht war, den Kalender zu regulieren; jedoch hat sich das nicht durchgesetzt.

[1] Älteste Nennung im Sonnenheiligtum des Neuserre (v. Bissing-Kees, Sonnenheiligtum 3 p. 51 Nr. 432); zu Urk. I 27 vgl. Winter, WZKM 56, 262 ff.

Erman, Johann Peter Adolf. * 31. 10. 1854 in Berlin, † 26. 6. 1937 in Berlin. Nach dem Studium in Leipzig (→Ebers) und Berlin bekleidete er zugleich die Ämter des Direktors der ä. Sammlungen und eines Professors für Ägyptologie an der Universität Berlin. Er hat nicht nur die moderne ä. Sprachforschung sicher begründet, sondern als ausgezeichneter Stilist durch allgemeinere, aber immer wissenschaftlich vorbildliche Werke der Ägyptologie in Deutschland eine größere Resonanz verschafft[1]. Er ist der Begründer der *„Kommission des ä. Wörterbuches“* an der Berliner Akademie (1897).

Lit.: Autobiogr.: Mein Werden und mein Wirken, 1929.

[1] Besonders: Ä. und ä. Leben im Altertum, 2 Bände, 1885.

Erotik. Es ist auffallend, wie sehr die Ä. in der klassischen Zeit das Thema der E. sowohl in der Kunst wie in der Literatur unterdrückten. Erst im NR sprach man davon, wie etwa in den Liebesliedern, die jedoch in ihrem Kern aus Syrien stammten[1], wie damals aus Syrien überhaupt zahlreiche Mittel der Kleidung, der Musik und sicher auch der Kosmetik nach Ä. kamen, die der E. dienten. Auch begann man erst seit dem Ende der 18. Dyn. Tänzerinnen oder Musikantinnen nackt oder mit durchsichtigen Gewändern darzustellen, wogegen sich anscheinend in der Ramessidenzeit eine prüdere Auffassung durchsetzte[2], die diesen Bildern wieder Kleider anzog. Aus dieser Zeit liegt auch ein obszöner Papyrus (in Turin, unveröffentl.) vor.

Schilderungen in älteren Texten, die wir als erotisch bezeichnen würden (der König raubt in den Pyramidentexten den Männern die Frauen in Krokodilsgestalt, Götter vergewaltigen ihre Mütter, tänzerische Darstellung einer „heiligen Hochzeit“), sind nicht in dieser Weise aufzufassen, sondern bleiben in der religiösen Sphäre. Die Geschichten, die in der Spätzeit und bei Herodot erzählt werden (Tochter des Cheops), stammen aus einer Schicht, die in klassischer Zeit nicht in die Literatur Eingang fand;

z. T. sind sie sogar durch griechischen Einfluß entstanden.

[1] Schott, Liebeslieder. — [2] Schott ÄZ 75, 100.

Ersatzköpfe. In den Gräbern der 4. Dyn. in →Giza (vereinzelt noch später bis zur 5. Dyn.) finden sich sog. E., auch Reserve- oder Porträtköpfe genannt. In der Regel sind sie hinter der Verschlußplatte in die Mauer eingelassen, die die Sargkammer vom Grabschacht trennt (→Grab). Sie blicken nach Norden, entsprechen also wohl der im Nordgang der →Pyramiden lebendigen Vorstellung vom Ein- und Ausgang in dieser Himmelsrichtung. Zumeist sind sie aus Kalkstein gearbeitet, geben nur Hals und Kopf (ohne Haare) wieder und haben eine waagerechte Standfläche. Ihre Bedeutung dürfte eine doppelte sein: Einmal wollten sie der ins Grab zurückkehrenden →Seele (dem Ba) das Wiedererkennen des zugehörigen Leichnams erleichtern; es wurde deshalb in ihnen eine besondere Porträtähnlichkeit erstrebt. Zudem ersetzten sie die Statue im →Serdab und Bilder des Toten in der →Scheintür als Empfänger von Opfer und Gebet; beide Elemente fanden sich daher in der Regel nicht bei Giza-Mastaben.

Lit.: Junker, Gîza I, S. 57 ff.; Smith, History, S. 25 ff.

Ẹsne. Ä. *'Iwnj.t*, griech. Latọnpolis, Stadt in Oberä. auf westl. Nilufer, enthält einen aus ptolemäischer Zeit stammenden Tempel für die Stadtgötter →Chnum und die Göttin *Nb.t-w*. Daneben wurde →Neith verehrt, der der Latus-Fisch heilig war, der in griechischer Zeit der Stadt ihren Namen gegeben hat („Nilbarsch"). E. löste in späterer Zeit →Elkạb als Hauptstadt des 3. o.ä. →Gaues ab.

Lit.: S. Sauneron, le Temple d'Esna, t. I, II, V, Kairo 1959—1963.

Ethik. Über die ethischen Anschauungen unterrichten uns vor allem die →Biographien und die Werke der →Weisheitsliteratur. Ihr gemeinsames Kennzeichen dabei ist es, daß sie keine ethischen Gesetze allgemeiner Gültigkeit aus einer bestimmten Auffassung der Welt heraus oder auf Grund einer religiösen Satzung entwickeln, sondern konkrete Fälle in kurzer Form als Richtschnur hinstellen, die allerdings auf ganz bestimmte Welt-Anschauungen hinweisen. Auch finden sich sowohl in Biographien wie in Lehren fallweise Begründungen für die erteilten Regeln. Die Sphäre, in der die E. wirksam und für uns faßbar wird, ist die menschliche Gesellschaft im weitesten Sinne, das Zusammenleben in einer vielgliedrigen Gemeinschaft. So erscheinen zunächst manche Gebote wie „Anstandsregeln", die wesentlich der Aufrechterhaltung des bestehenden Gefüges und dem reibungslosen Zusammenleben der einzelnen wie der sozialen Klassen dienen. Eine allgemeine Formulierung für die Erfüllung ethischer Forderungen lautet: „Ich tat, was die Menschen lieben und was die Götter loben". Oder man versichert: „Ich sagte (nur) Gutes und wiederholte (= sagte weiter), was geliebt wird"[1]; „Ich schied zwei (streitende) Brüder, so daß sie zufrieden waren" (nicht: so daß Gerechtigkeit wurde u. ä.)[2]. Dergleichen Formulierungen lassen erkennen, wo das Ziel des ethischen Handelns liegt. Von hier wird auch verständlich, daß der Begriff der →Maat (Gerechtigkeit, Ordnung) in seiner Bezogenheit auf die gegebene Ordnung der Dinge eine relative Bedeutung bekommen muß. Ihr Gegenbegriff in älterer Zeit scheint nicht sowohl eigentlich „Unrecht" zu sein, als „Unordnung", während späterhin an dessen Stelle eindeutig die „Lüge" tritt. Aber man darf nicht übersehen, daß diese bestehende Ordnung der Gesellschaft und des Staates an sich etwas Gott-Gegebenes ist, so daß ihre Aufrechterhaltung (und nicht ihre Veränderung oder Verbesserung) Erfüllung der E. bedeutet[3].

Eine so beschaffene E. hat den Vorzug, daß sie lehrbar ist. Ihre Leitsätze überzeugen, weil sie aus Erfahrung gewonnen sind. Doch liegt offenbar hier ein Ansatzpunkt zum Eindringen religiöser Vorstellungen und weiterhin zu einer tiefergreifenden Verbindung zwischen E. und Religion. Schon am Anfang der ethischen Literatur steht die Erfahrungstatsache der fallweisen Unbelehrbarkeit. Ihr entgegnet bereits die älteste Lehre mit dem schwer zu deutenden Satz: „Ein von Gott Geliebter ist der, der hört; nicht aber kann der hören, den Gott haßt. Das Herz (aber) ist es, das seinen Herrn zu einem Hörenden oder einem Nichthörenden macht; Leben, Heil und Gesundheit eines Mannes ist sein Herz[4]." In dieser Satzfolge liegt die ganze Problematik der ä. E. beschlossen: Das Herz als erkennendes und entscheidendes Organ ist zugleich die Wirkungsstelle des „Gottes im Menschen", der die Züge eines Dämons annehmen kann. Dadurch aber bekommt die E. ein unmittelbares Verhältnis zur Religion; zunächst kann das mehr äußerlich geschehen, indem der einzelne, dem Menschen einwohnende Gott einer der Götter der Theologie sein kann. Tiefergreifend ist das Verhältnis zwischen Religion und E. aber dann, wenn die Erfahrung lehrt, daß das Einhalten der erprobten ethischen Regeln nicht zu der geforderten Harmonie mit sich und der Umgebung führt und diese Erfahrung das ethische Empfinden beunruhigt. Sie kann kollektiv gemacht werden bezüglich des Staatsethos (Maat); das war im Untergang des AR der Fall. Da wird die Verantwortlichkeit zunächst bei Gott als dem Schöpfer der Welt gesucht[5]; doch gleichzeitig taucht auch die Erkenntnis vom schuldhaften Verhalten des Menschen auf, und in diesem Zusammenhang hören wir auch das erstemal von einer ethischen Wertung seiner Taten vor dem Totengericht. Erst in sehr viel späterer Zeit scheint die Anerkennung einer eigenen Schuld in breiteren Kreisen aussprechbar zu werden[6], und erst die Lehre des Amenemope (→Weisheitsliteratur) formuliert: „Es gibt keinen Vollkommenen bei Gott"[7]. Das sind Anzeichen dafür, daß die E. sich aus dem Bezirk des Tatsächlichen löst; sie entzieht sich der Erkennbarkeit und möglichen Verwirklichung durch den Menschen allein. Das Wort ‚Gott' bekommt den neuen Sinn einer absolut ethischen Person: Gott richtet über die Taten[8].

[1] Urk. I 122; 133. — [2] Urk. I 255. — [3] reiches Mat. bei Anthes, Lebensregeln und Lebensweisheit, Der alte Orient 32. — [4] Prisse 16, 6/7. — [5] Otto, Vorwurf an Gott. — [6] Erman, SPAW 1911, S. 1086 ff. — [7] Amenemope 19, 22. — [8] Piehl, ÄZ 31, 88; Lefèbvre, Pétosiris, Inschr. 55, 1 ff.

Eunuch. Während Verstümmelung als Strafe[1] ebenso wie Selbstverstümmelung[2] bekannt gewesen zu sein scheint, ist das Vorhandensein von E. nur selten belegt. Sicher dürfte die Darstellung des MR aus dem Grab des Chnumḥotep in Beni Ḥassan[3] sein, wo die Aufseher über die Weberinnen auffallend fett und in der Hautfarbe der Frauen dargestellt sind. Auffallenderweise waren die Harimsbeamten am Königshof nicht E. In religiösen Texten wird manchmal →Seth als „Eunuch" bezeichnet oder ihm die Kastration angedroht.

Lit.: Jonckheere, Revue d'Histoire des Sciences VII 139 ff. (1954).

---

[1] Diodor I 78. — [2] Pap. d'Orbiney. — [3] Newberry, Beni Hassan I pl. 29.

Expedition. Rohmaterial wie Holz, Metall, Steine, Weihrauch u. a. wurde durch staatliche Handels- und Steinbruchsunternehmen nach Ä. gebracht. Unter Leitung eines hohen Beamten, im AR etwa eines „Gottessieglers", im NR eines „Schatzmeisters", zogen Miliz- oder Heereseinheiten, Facharbeiter wie Steinmetzen oder Baumfäller, Prospektoren und Verwaltungsbeamte aus. Versorgung wurde besonders bei den Wüstenunternehmen mit großen Eselkarawanen mitgeführt. Die Zahl der dabei eingesetzten Personen konnte in die Hunderttausende gehen[1], wobei sicher große organisatorische und technische Schwierigkeiten zu überwinden waren.

Lit.: Sinai: Gardiner-Peet-Černý, Inscriptions of Sinai[2], London 1952. — Wadi Hammamat: Couyat-Montet, Inscriptions du Ouadi Hammamat, 1912; Goyons, Nouvelle Inscription du O. H., Paris 1957. — Wadi el-Hudi: Fakhri, Inscriptions of Wadi el-Hudi. — Libanon: Helck: Beziehungen 395 ff.

---

[1] Christophe, BIFAO 48, 1 ff.

Fähre. Da es keine →Brücken gab, spielte sich der Verkehr von einer Seite des Nils zur anderen mittels F. ab, die häufig aus zusammenengebundenen Papyrusstengeln bestanden[1]. Sie gehörten meist wohlhabenden Anwohnern, und es galt immer als sittliche Pflicht, den „Schiffslosen" überzusetzen und dabei vom Armen keinen Fährlohn zu nehmen. Die Schwierigkeiten, die man dabei mit dem Fährmann hatte, der sich aus verschiedenen Gründen weigerte, haben ihren Niederschlag in der religiösen Literatur gefunden. Da man auch auf dem Wege ins Jenseits glaubte, über Flußarme setzen zu müssen, finden sich Sprüche, mit denen man den Fährmann trotz seiner Weigerung zwingen kann, den Toten überzufahren. Man bezeichnete sich entweder als Besitzer großer Zauberkräfte oder wies daraufhin, daß man die angeblich unbrauchbar gewordene Fähre wieder reparieren könne (TB 99).

[1] Capart, Rue de Tombeaux pl. 11.

Familie. Es ist auffällig, daß sich die Verwandtschaftsbezeichnungen der ä. Sprache auf die engste Familie beschränken: Vater, Mutter, Sohn, Tochter, Bruder, Schwester, Kinder. Die Nomenclatur schrumpft noch mehr zusammen, wenn man bedenkt, daß „Tochter" das Femininum des Wortes für „Sohn" (also „Sohnin"), „Schwester" das Femininum zu „Bruder" ist. Außerä. Verwandtschaft hat höchstens das Wort für „Mutter" (semitisch und hamitisch, falls nicht überhaupt unabhängige Bildungen eines Wortes mit m + dumpfer Vokal vorliegen). Etymologisch erklärbar ist die Bezeichnung für „Bruder", die mit dem Zahlwort „zwei" (von diesem abgeleitet) zusammenhängt. Bezeichnungen für weitere Verwandtschaft fehlen und müssen fallweise umschrieben werden[1]. Daraus darf wohl geschlossen werden, daß auch im ältesten Gesellschaftsaufbau die Sippe keine eigengesetzliche Gemeinschaft darstellte, wohl aber die engere Familie, deren normbildende Kraft sich sowohl im Rechtsleben wie im Kult beobachten läßt. Grundlage bildet die →Ehe, meist die Einehe, selten Geschwisterehe. Die Stellung der Frau war rechtlich der des Mannes weitgehend gleich. →Adoption ist scheinbar ohne weiteres möglich gewesen. Eine andere Form der Aufnahme in den Rechtsverband der Familie kennen wir aus dem AR (seltener MR). Unter Leuten, die im F.-Dienst und F.-Vermögen der →Totenstiftung auftauchen, finden sich solche mit der Bezeichnung „Bruder der Totenstiftung". Offenbar handelt es sich um Freunde, die in der rechtlichen Stellung eines „Bruders" mit den anderen Söhnen des Verstorbenen sich in die Verwaltung und Nutznießung der Totenstiftung teilen. — Daß das Schema der engeren F. zugleich Keimzelle der Staatsverwaltung war, zeigt die Tatsache, daß anfänglich die höchsten zentralen Staatsämter von kgl. Prinzen bekleidet wurden (→Staat, →Verwaltung). Das Schema des Vater-Sohn-Verhältnisses ist auch in das Königsdogma (König ist Sohn des Gottes, dieser sein Vater) übertragen worden und weiterhin in den Kult. Die Bezeichnung „sein geliebter Sohn" ist ein Priestertitel, der einmal seinen Träger als Stellvertreter des Königs legitimiert, sodann dessen legitime Stellung zu Gott einschließt.

[1] Vgl. Clère, GLECS VI, 35.

Farben →Malerei.

Farbensymbolik. Als heilig verehrte Tiere trugen seit ältester Zeit eine Farbe, die für ihre Gattung selten ist: so der Mnẹvis-Stier in Heliọpolis, der „Große Schwarze" (Stier in Athrịbis), die weiße *ḥsꜣ.t*-Kuh in Atfih, der „große Weiße" Pavian oder das „die Weiße" genannte Nilpferd: durch die seltene Farbe erhöhte sich ihre Mächtigkeit. Schwarz war aber auch die Farbe der Unterwelt, weshalb →Osiris häufig der „Schwarze" genannt wird, ebenso die Heilige der thebanischen Nekropole, die Königin Ạhmes-Nofretẹre, und ab und zu selbst →Isis. Grün ist die Farbe des Gedeihens und spielt als solche in der religiösen Symbolik eine große Rolle. Durch Deutung der als Schutzgöttinnen des Königs erklärten grünen →Schlange von →Bụto und weißen Geiers von Elkạb als Erscheinungsformen der beiden →Kronen werden letztere auch als grün (u.ä.) und weiß (o.ä.) bezeichnet, obwohl die „u.ä." Krone eigentlich aus rotem Tuch bestand, und die o.ä. aus grünem Schilf!

Weiße Gebäude, die später, nachdem durch die eben genannte Entwicklung weiß zur Farbe O.ä. geworden war, als o.ä. Attribute angesehen wurden, verdanken ihre Farbe der Weißung durch Gips, wie sie in ältester Zeit durchgeführt wurde und noch in Ritualen beibehalten wurde. Darunter gehört die „weiße Kapelle" und die „weiße Mauer", der Name der Festung von →Memphis; im letzteren Fall ist also die politische Deutung sekundär. Weiß ist allgemein die Farbe der Freude: Kleider, das Wesen eines Menschen sind „weiß".

Rot ist die Farbe des Besonderen und Gefährlichen: Am Morgen und Abend ist die Sonne „in ihrer Röte“, wenn sie gegen dämonische Mächte kämpft und das Blut den Himmel überschwemmt. Zugleich ist es die Farbe der siegreichen Glut der Sonne, so daß dadurch Rot zur Sieges- und Lebensfarbe wird, aber auch zum Zeichen der Wut (Horusauge-Sachmet). „Rotmachen“ heißt „töten“, das „Rotfarbige“ ist parallel mit „Widersätzlichkeit“ gebraucht. So wird Rot zur Farbe des →Seth als Verkörperung des Bösen; das Opfer roter Rinder gilt als Vernichtung des Seth. Plutarch meldet das Verbrennen hellfarbiger (= „roter“) Ausländer in →Elkab.
Blau spielt in der Symbolik keine Rolle, allerdings dürfte die blaue Bemalung des Leibes des →Amun im NR auf sein kosmisches Wesen hinweisen. Götter tragen blaue Perücken, ferner sind →Amulette oft blau, weil sie aus dem kostbaren Lapislazuli bestehen sollen.

Lit.: Kees, Farbensymbolik (Nachr. Gött. Akad. Wiss. phil.-hist. Kl. 1943).

Fayence. Ä. F. besteht aus einem Kern aus Kieselsand (meist weiß, selten blau oder grün), der im Schmelzverfahren mit einer Glasur überzogen wird; die Farbe, häufig blau und grün, entsteht durch einen Kupferzusatz zur Glasur. Der Kern wird (zumindest seit der 18. Dyn.) in Tonformen geformt; aber Gefäße wurden zweifellos wie Keramik (→Töpferei) geformt, Figuren in früherer Zeit auch mit der Hand und Werkzeug modelliert. F. begegnet seit vorgeschichtlicher Zeit[1]. In der Frühzeit wurden aus F. vor allem kleine →Amulett(?)figuren und Perlen hergestellt (als Ersatz für den seltenen Lapislazuli und Türkis), sodann Figuren verschiedener Art, Gefäße, →Skarabäen, →Uschebti, Kacheln, →Ziegel.

Lit.: Lucas, Materials[3], S. 178 ff.; Henry Wallis, Egyptian ceramic art, London 1900.

[1] Petrie, Prehistoric Egypt, S. 42, 1. Neg. Kultur; schon in →Badari glasierter Steatit, Brunton, Bad. Civ. S. 27.

Fayụm. Name der 75 km SW Kairo liegenden Oase, die jedoch durch einen Kanal (Bahr Jụssuf) mit dem Niltal in Verbindung steht. Ihr westlicher Teil ist jetzt von dem sehr flachen Karụnsee eingenommen, dessen Wasserspiegel 44 m unter dem Meeresspiegel

liegt. Der Name kommt vom koptischen *P-jom* „das Meer" und weist darauf hin, daß im Altertum der See viel größer war; auch die Ä. bezeichneten das F. als *tꜣ-š* „Seeland", den Bahr Jụssuf als *Mr-wr* „Großen Kanal", wovon Herodots Bezeichnung des Karụnsees als →Moirissee stammt. Das F. scheint im AR noch ein Dschungeldickicht gewesen zu sein, an dessen Rand →Libyer wohnten. Immerhin gab es bereits einen bedeutenden Ort *Šd.t,* in griechischer Zeit Krokodeilon polis, später Arsinoiton polis (ptol. auch Ptolemais Euergetis) genannt, jetzt Medịnet el. F., der bereits im AR belegt ist. Dann haben die Könige des MR, besonders →Amenemhẹt III., sich sehr um die Entwässerung und Kultivierung des F. bemüht. →Sesọstris II. errichtete seine Pyramide bei →Lahun und →Amenemhẹt III. eine seiner beiden Pyramiden bei →Hawara.
Am Eingang des F., in der Nähe von Lahun (ä. *rꜣ-ḥn.t* „Kanaleinfahrt"), lag im NR ein kgl. Harim, da das F. auch damals noch als beliebtes kgl. Jagdgebiet galt. Von hier stammt der bekannte Kopf der Königin Teje (in Berlin-Charlottenburg).

Feste. Zahlreiche Listen von F., die schon in den Totengebeten der 4. Dyn. beginnen und sich bis in die Tempel der Spätzeit fortsetzen, nennen Namen und Daten von F., die teils im ganzen Lande, teils an einem oder mehreren Orten gefeiert wurden[1]. Oft werden F. im Zusammenhang mit dem Kult Verstorbener genannt (die Toten sollen an ihnen Opfer haben), ohne daß aber die genannten F. als Totenfeste erkennbar wären. Andere F. weisen durch ihren Namen auf eine mythologische Herkunft, auf eine bestimmte Begehung im Kult eines einzelnen Gottes oder auf ein jahreszeitliches Ereignis hin. Über das ganze Land hin sind offenbar seit alter Zeit bestimmte Punkte des Kalenderjahres gefeiert worden: Der Jahresbeginn, Monatsbeginn, Halbmonatsbeginn, die fünf →Epagomenen. Diese Tage lagen natürlich im bürgerlichen →Kalender von 365 Tagen fest. Andere F. waren mit landwirtschaftlichen Zuständen verknüpft: Das F. „Schwellen des Speltes", zwei F. „Großer" und „Kleiner Brand" (= Zeit des Heizens?), Fest der →Renenụtet, die im älteren Kalender den vier Monaten der Pẹret-Jahreszeit ihre

Namen gegeben haben[2]. Gefeiert wurde auch der Aufgang der →Sothis. Ausführlicher werden Schilderungen von F. erst seit dem NR, wo bisweilen zu den bloßen Nennungen Darstellungen in Tempeln und Gräbern treten, Berichte über Feststiftungen, Rituale und Ritualanweisungen auf Papyri und in Tempeln. Das Ọpetfest, das F. des Amun, an dem er von Karnak nach Luxor, dem „südlichen Harim", zieht, ist durch Darstellungen und textliche Erwähnungen einigermaßen bekannt; ursprünglich dauerte es 11 Tage, wird aber in der 20. Dyn. bis auf 27 Tage verlängert[3]. Der gleiche Gott fährt alle 10 Tage von Karnak nach Luxor, von dort über den Nil nach →Medịnet Hạbu, um den dort begrabenen Urgöttern, seinen Vorfahren, zu opfern[4]. Ein anderes großes thebanisches F. war das „Talfest", eine Fahrt des Amun nach →Deir el Bạhri, belegt seit der 11. Dyn.[5], das in der 18. Dyn. zum großen allgemeinen Totenfest der thebanischen Nekropole wurde, an dem die Gräber besucht und den Toten geopfert wurde[6]. Eine mythologisch vielseitig ausgesponnene Festfolge schlingt sich um die →Hạthor von →Dendẹra und →Horus von →Edfu. Man kennt in Dendẹra einen „Tag der Trunkenheit"[7], wohl ein altes Fest der Liebesgöttin, wozu vielleicht auch die in Luxor erhaltenen „Lieder der Trinkstätte" gehören, die ebenfalls die Liebesgöttin nennen[8]. Eine Gruppe für sich bilden in der Spätzeit die Osirisf., für die man gern den Ausdruck Osiris-Mysterien gebraucht. Allerdings ist der Ausdruck Mysterien in strengem Sinne nicht ohne weiteres anwendbar. Ein relativ hohes Alter haben die F. in →Abydos[9]. Die Riten, von denen wir dabei hören (Auszug des →Upuạut, Begräbniszeremonien, Einbringen einer Statue in den Tempel, aus anderen Quellen ein „Haker" genanntes Fest, eine „Nacht des Schlafens") und die Götternamen (→Upuạut, →Chontamẹnti, Osiris-Chontamẹnti) lassen noch erkennen, daß zu dieser Zeit in Abydos die Gestalt des Osiris sich nur erst äußerlich älterer Kulte (besonders des Chontamẹnti und des Begräbniskultes der thinitischen Könige) bedient. Erst während des NR scheint Osiris und seine Natursymbolik hier die älteren Bestände zu überwuchern. Und in der Spätzeit hat sich der Kult des Gottes über fast alle Orte des Landes verbreitet, lokale Vorstellungen und Riten in sich aufsaugend und umdeutend. Lange Listen nennen die Orte und die in ihnen verehrte Form des Gottes[10] und die Verteilung der Osirisreliquien über das Land[11]. Anweisungen über die Art, wie man im Monat Choiak die Riten im ganzen Lande begehen soll, sind in Dendẹra[12] erhalten. Als besonders königliche F. wären vor allem das der →Krönung und das →Jubiläumsfest zu nennen, insofern als der König hier Mittelpunkt und Anlaß des F. war.

[1] Junker, Gîza II S. 59 ff.; Schott, Festdaten, S. 114 ff.; Brugsch, Drei Festkalender von Apollinopolis Magna, Leipzig 1877. — [2] Parker, Calendars S. 43 ff. — [3] Darstellung der Prozession im Luxortempel: Wolf, Das schöne Fest von Opet, 1931; vgl. Schott, a. a. O. S. 84 ff. — [4] Sethe, Amun S. 57 f. — [5] Naville, 11th Dyn. Temple Taf. 13 B, 14 C. — [6] BIFAO 24, S. 1 ff. Schott, Das schöne Fest des Wüstentales, AMAW 1952. — [7] Mariette, Denderah I 16 b. — [8] ÄZ 64, 1 ff. — [9] Für das MR: Kees, Totenglauben S. 373 ff. Abb. 4, Louvre C 15; Schäfer, Mysterien des Osiris. — [10] Z. B. Mariette, Dendera II 39 b. — [11] Z. B. Dümichen, Geogr. Inschr. III, 1. — [12] Mariette, Dendera IV 35 ff.; Loret, Rec. trav. 3—5; Brugsch, ÄZ 19, 77 ff.

Feuerbohrer. Zum Feueranzünden benutzte man den F., d. h. man drehte, wohl mit Hilfe einer Bogensehne, ein hartes Stück Holz in einem weichen Holzbrettchen[1].

[1] Erwähnt im „Schiffbrüchigen" 54; vgl. Hieroglyphe Gardiner, Grammar, U 28; gefundene Exemplare Petrie, Kahun pl. 9,6; Carter, Tutenchamun II pl. 37.

Finger. F. finden sich bisweilen als →Amulette bei der Mumie, u. zw. entweder ein einzelner ausgestreckter F. oder ein Doppelf.[1] Ihre Bedeutung ist unbekannt. Im Kult begegnet ein F. im Ritual der →Mundöffnung, bei dem der Priester mit seinem kleinen F. den Mund des Toten (bzw. der Statue) berührt. Goldene Fingerkapseln (und Zehenkapseln) sind z. B. an der Mumie →Tutenchạmuns[2] und im Grabe des Hornacht (22. Dyn.) in Tạnis gefunden[3]. Ein Fingerzählreim ist in den Sargtexten erhalten[4]. Der ausgestreckte Daumen und Zeigefinger bildete eine Geste der Abwehr, aber auch des Anlockens[5].

[1] Petrie, Amulets S. 61, Spätzeit; Einzelfinger: Steindorff, Aniba II S. 90. — [2] H. Carter, Tutenchamun II S. 196, Taf. 35. — [3] Montet, Necropole royale de Tanis I, Taf. 60. — [4] Sethe, ÄZ 54, 16 ff. — [5] MDIK 9, 146 ff.

Fische. Nilfische gehörten zur alltäglichen →Nahrung, besonders auch der ärmeren Bevölkerung. →Fischfang, auch als →Sport, ist in den Gräbern gern dargestellt. Auch in der religiösen Sphäre begegnen F.: Der Name des Königs →Narmer bedeutet wohl „Böser Wels"; in →Esne wurde der Latusfisch (Nilbarsch) verehrt, im thinitischen Gau der Lepidotos (Nilkarpfen), ferner allgemein der Oxyrhinchos (Mormyrus); die Göttin von Mendes hieß „Erste der Fische" (Hatmehit) und trug den ihr heiligen F. (zoologisch nicht sicher bestimmt) auf dem Kopf. Andererseits wurden F. als unrein verabscheut, wobei sich nicht sicher sagen läßt, wo und wann diese Haltung einsetzte; die meisten Zeugnisse stammen aus der Spätzeit (→Speiseverbote). Aber schon die →Pyr.-Texte vermeiden das Schriftzeichen des F. Die Osirissage erklärt den Abscheu damit, daß F. den Phallus des toten Gottes verschlungen haben sollen, obwohl andererseits →Osiris selbst als Abdu-F. dargestellt wird.

Lit.: Claude Gaillard, Recherches sur les poissons représentées dans quelques tombeaux égyptiens, Mém. Miss. 51, 1923.

Fischfang. In vorgeschichtlicher Zeit scheint man Fische gespeert zu haben; diese Art des Fischfangs ist dann in geschichtlicher Zeit nur noch als →Sport erhalten geblieben wie das Vögelfangen mit dem Wurfholz. In geschichtlicher Zeit wurde mit großen Schleppnetzen vom Ufer oder von Papyrusnachen aus gefischt. Daneben stellte man Reusen und kleine Netze aus, auch wurde geangelt. Die Senker der Netze bestanden aus →Blei[1]. Die Fische wurden entweder frisch oder aufgeschnitten und getrocknet angeliefert und waren immer ein beliebtes Nahrungsmittel.

Gepökelte Fische wurden nach Syrien ausgeführt; „Fischfabriken" sah Herodot an der Deltaküste (II 15, 113). Als besonders fischreich galt der Fayụmsee.

[1] Vgl. Klebs, AR S. 74/6.

Fliege. Obwohl die Fliege sicherlich ebenso unangenehm gewesen ist wie jetzt, spielte sie weder in religiösen Vorstellungen noch in der Kunst eine Rolle. Allein →Auszeichnungen an Soldaten hatten die Form von F., um ihre hartnäckige Angriffslust zu

symbolisieren. Ferner bildeten sie Schmuckformen an Halsketten des MR[1].
Fliegendreck erscheint zusammen mit bestimmten Pflanzenkörnern als Mittel gegen Kindergeschrei[2].

Lit.: E. Lehmann, Orion 23/24, 1954, S. 977 ff.

---

[1] Steindorff, Kunst 293; Vernier, Bijouterie pl. 14; als Orden NR Urk. IV 39, 1; vgl. ÄZ 48, 143. — [2] Pap. Ebers 93, 3.

Flöte. Form und Spielart der ä. Langflöte haben sich seit der Vor- und Frühgeschichte (Schminktafel des Ashmolean Museums, Oxford) bis zur Spätzeit nicht geändert und erinnern an den modern-vorderorientalischen Nây. Wie heute fast immer aus Rohr, gab es aber auch später Instrumente aus Holz und Metall. Sie waren im A und MR großmensurig und verhältnismäßig lang, mit nur wenigen Grifflöchern versehen, und wurden schräg angeblasen. Schon für die Frühzeit sind auch von vorn angeblasene Lang- (oder Längs-)f. nachweisbar. Sie sind meistens kurz, gedrungen und weitmensurig und ähneln der modernen, volkstümlichen ʿUffâṭah. Die ältesten, gut erhaltenen F. der Weltmusikgeschichte stammen aus dem MR.
Der Flötist scheint im AR eine bevorzugte Stellung im sozialen und musikalischen Leben bekleidet zu haben (→Musiker). Erst seit der 18. Dyn. wird die Fl. zum Volksinstrument. →Panflöte, →Querflöte. (H)

Lit.: H. Hickmann, Fabrikationsmarken an altä. Blasinstrumenten (Die Musikforschung III, 3/4); Chronique d'Egypte 26, 51; Journal of the International Folk Music Council III, London 1951; Journal of the Royal Asiatic Society, London 1952; Artikel „Flöte" (Musik in Geschichte und Gegenwart).

Flügelsonne. Bezeichnung der Darstellung einer Sonnenscheibe mit zwei ausgebreiteten Flügeln, in späterer Zeit auch mit je 1 →Uräus an den beiden Seiten der Scheibe (Abb. 7). Oft ist die Bezeichnung „der von *Bḥd.t*" (→Edfu) beigeschrieben. Die älteste Darstellung auf einem Kamm der Zeit des Königs „Schlange"[1] zeigt nur die Falkenflügel ohne Sonnenscheibe, dafür aber auf ihnen in einem Schiff fahrend den Horusfalken. Es handelt sich um eine Himmelsvorstellung: ein Falkenflügelpaar erstreckt sich über die „Welt", d. h. Ägypten. In ältester Zeit ist der

König mit diesem Falken identisch, der an der Grenze das Reich schirmt. Die Hinzufügung der Sonnenscheibe dürfte auf den Sieg des Re-Glaubens zurückzuführen sein, die aus dem sich über den König spannenden und mit ihm identischen „buntgefiederten" Himmelsfalken das Bild des seinen Sohn schützenden Sonnengott werden ließ[2]. Als Schutzzeichen erscheint die F. späterhin besonders über den Tempeltüren.

Abb. 7

Als Götterzeichen finden wir sie im 1. Jhdt. v. Chr. in Syrien und später dann bei den Persern als Bild des Ahuramazda.

[1] Petrie, Tombs of the Courtiers pl. 12. — [2] Borchardt, Sahure. Taf. 9.

Folter. Aus den →Grabräuberpapyri ist erkennbar, daß sowohl Angeklagte wie auch Zeugen gefoltert werden, um die Wahrheit aus ihnen herauszuholen. Gewöhnlich werden sie verprügelt mit Stock oder Rute und Hände und Füße in nicht sicher erkennbarer Weise bearbeitet (Peet, Tombrobberies p. 21 denkt an „ausrenken").

Frau. Die rechtliche Stellung der F. scheint von früh an in keiner Beziehung der des Mannes unterlegen zu sein. Sie konnte über eigenes Vermögen verfügen; in den testamentarischen Verfügungen tritt die F. allein oder gleichberechtigt neben männlichen Erben auf[1], wie sie auch die Funktion eines Totenpriesters ausüben kann[2]. Auch in der →Ehe sind die Rechte der F. offensichtlich gesetzlich gesichert. Daß Vermögen oder Amt auch von mütterlicher Seite vererbt werden kann, läßt sich öfters feststellen. Besonders deutlich tritt die hervorgehobene Stellung der F. bei regierenden Häusern hervor, sei es bei Gaufürsten[3], sei es im Königshaus[4]. Einzelne Züge in der Stellung der F. erinnern an mutterrechtliche Einrichtungen, wie sie bei hamitischen Nachbarvölkern bestanden[5], ohne daß man aber für das historische Ä. diese als vorherrschend bezeichnen könnte. Immerhin darf man vielleicht von einer mutterrechtlichen Komponente in der komplexen ä. Kultur sprechen. Auffällig ist z. B. folgende Zählung: Von 490 daraufhin geprüften Eheangaben auf Denkmälern des MR werden nur in 4 Fällen Vater- und Mutternamen der Ehepartner angegeben, dagegen in 97 Fällen nur die Mutternamen[6]. In der Spätzeit möchte man allerdings (vielleicht unter dem Einfluß der eingedrungenen Libyer und Äthiopen) ein Hervortreten der mutterrechtlichen Elemente annehmen, etwa bei der Rolle der →Gottesgemahlinnen in Theben, in Fällen, wo hohe Beamtentitel von F. getragen werden, wenn auch ehrenhalber[7] und dann bei den Äthiopen selbst: Stele der Königswahl: Esperet wird zum König gewählt; als Vorfahren werden Vater und Mutter, dann für 6 Generationen nur mütterliche Vorfahren aufgeführt[8]. →Recht, Testament.

Lit.: Kees, Ä., S. 80 ff.; R. Tanner, Unters. zur Rechtsstellung der Frau im pharaonischen Ägypten, Klio 46, Berlin 1956; St. Wenig, Die Frau im alten Ägypten, Leipzig 1967.

---

[1] Urk. I 163, 24; Pap. Kahun XII, 6 ff. — [2] Urk. I 24, 35. — [3] Z. B. in →Beni Hasan, Erman-Ranke, Ä. S. 102 ff. — [4] Bedeutung der Königinnen in AR, Junker, MDIK 3, 139. — [5] Vgl. Ed. Meyer, GdA I, 2, § 167. — [6] JEA 40, S. 27. — [7] Z. B. Königssohn von Kusch, Königssohn von Ramses; Kees, Priestertum S. 166, 201. — [8] Urk. III 95.

Frosch. →Amulette von F. sind seit vorgeschichtlicher Zeit belegt[1]; ihre ursprüngliche Bedeutung ist freilich nicht sicher. Vielleicht läßt sie sich erschließen aus der Bedeutung einer F.-Göttin, die als Geburtshelferin galt, und aus der Tatsache, daß die männlichen Urgötter von →Hermupolis froschköpfig dargestellt werden können. Also wird die mit dem Tier verbundene Vorstellung um die Erscheinung der Urentstehung des Lebens und dann der Entstehung des einzelnen Lebens (Geburt) kreisen. Hiervon abgeleitet wird die symbolische Verwendung des F.-Bildes für den Begriff der „Wiedergeburt" bis zum christlichen Auferstehungssymbol auf Lampen christlicher Zeit mit der Aufschrift „ich bin die Auferstehung" sein.

Lit. Spiegelberg-Jacoby, Sphinx 7, 215 ff.

[1] Petrie, Amulets S. 12.

Fußstampfen. Das F. diente zusammen mit dem →Handklatschen zur Begleitung kultischer und profaner Musik. Aufnahmen ä. Volksmusik beweisen, daß es sich um kunstvoll rhythmisch geregeltes Musizieren handelte, nicht aber um eine rein physische Reaktion körperlichen Miterlebens der Musik. (H)

Lit.: Hickmann, BIE 1956.

* *

Gabelbecken. Die G. *(crotala, krótala)* der ä. Spätzeit sind Idiophone, die zur Erzeugung rhythmischen Lärmes bei der Tanzbegleitung verwendet wurden. Sie bestehen aus einem Handgriff und zwei gabelförmigen Armen. Diese sind entweder beide elastisch (aus Metall), oder teils aus Holz, teils aus Metall. Am oberen Ende dieser „Gabel" befinden sich kleine Becken, die klirrend zusammenschlagen, wenn man das Instrument mit knapper, rhythmisch-federnder Bewegung zum Erklingen bringt. (H)

Lit.: H. Hickmann, Cymbales et crotales dans l'Egypte ancienne, Kairo 1950.

Gaue. Die schematischen Gaulisten der griechisch-römischen Zeit führen für das ä. Reichsgebiet eine Unterteilung in 22 o.ä. und 20 u.ä. G. auf; doch handelt es sich hier um eine archaisierende Aufstellung. Die G. entstanden aus den Einflußgebieten kgl. Güter während der ersten Dyn. anstelle älterer, uns nicht mehr greifbarer Unterhäuptlingstümer. Die an der Südgrenze und dem NW-Rande des Deltas liegenden, wie die sich um die alten Hauptstädte Thinis und →Memphis gruppierenden G. entstanden später, da ihre G.zeichen (s. S. 109 u. 113) nicht mehr auf →Standarten stehen. Auch in geschichtlicher Zeit lassen Teilungen von G. und Neueinrichtungen erkennen, daß die Entwicklung nicht abgeschlossen ist. Seit dem MR haben wir überhaupt nicht mehr mit „Gauen" zu rechnen, sondern zahlreiche der alten G. werden in kleinere Stadtbezirke unterteilt, die nun die Ver waltungseinheiten bilden. Sie sind z. T. die Grundlagen der griechischen nomoi der Ptolemäerzeit. Bemerkungen zu den einzelnen Gauen:

1. o. ä. genannt *Tꜣ stj* „Nubierland", weil das Gebiet erst verhältnismäßig spät in das Reich einbezogen wurde (ältester Name in der Festung →Elephantịne der des Königs Huni vom Ende der 3. Dyn.); vorher scheint die Grenze zunächst bei →Hierakonpolis, dann bei →Edfu gelegen zu haben. Daher wird der G. auch nie mit einer Standarte geschrieben. Bereits in der 1. Zwischenzeit[1] ist der einheitliche G. in die beiden Stadtbezirke →Elephantịne und Ọmbos zerfallen, wie sie auch in der Liste der Verwaltungsbezirke aus der 13. Dyn. (Grab des Rechmire in Theben) getrennt erscheinen. Seit der 18. Dyn. gehörte das Gebiet zur Verwaltung des Vizekönigs von →Nubien. In ptol. Zeit scheint die Stadtverwaltung von Elephantịne aufgelöst worden und Ọmbos der Sitz des Strategen gewesen zu sein.

2. o.ä. *wṯs-Ḥr* „Horusthron", ebenfalls auf Grund der Schreibung des Gaunamens als spätere Schöpfung zu betrachten, Hauptstadt →Edfu. Das Stadtgebiet scheint seit dem MR das gleiche Gebiet umfaßt zu haben.

3. o. ä. *nḫn* „Festung" genannt nach der Stadt *Nḫn* (→Hierakonpolis), die zunächst die Metropole bildete. In der 13. Dyn. waren die beiden Städte Hierakonpolis und →Elkạb Verwaltungseinheiten, sie gehörten im NR ebenfalls zum nubischen Verwaltungsbereich. In ptol. Zeit trat die Stadt →Ẹsne, die vorher eine Unterverwaltung des Stadtgebiets von Elkạb war[2], als Verwaltungszentrum an die Stelle von Elkạb.

4. o. ä. „Szeptergau", ursprüngliche Metropole →Armạnt, in der 13. Dyn. scheinen Pathỵris und →Theben die Stadtbezirke zu sein, in die der alte G. zerfiel, wobei Armạnt dem Bürgermeister von Pathỵris unterstand. Die gleiche Einteilung findet sich in ptol. Zeit, erst in der Kaiserzeit wurde Armạnt die Hauptstadt an Stelle von Pathỵris.

5. o. ä. „Gau der beiden Herren", Hauptort →Koptos. Auch in ptol. Zeit ein Nomos Koptites. Bei Anchtịfi von Moạlla ebenfalls als G. genannt. Vielleicht jedoch war er zur Zeit der Abfassung der

Liste des Rechmire (13. Dyn.) untergeteilt in die Stadtbezirke Kus und Koptos.
6. o.ä. „Krokodilsgau", Hauptstadt →Dendera.
7. o.ä. Gau: „Gau der weiblichen ‚Seele'", Hauptstadt *Ḥw.t-śḫm* („Haus des Szepters") (j. Hu, griech. Diospolis mikra). Das spätere Stadtgebiet stimmte immer mit dem G. des AR überein, abgesehen davon, daß nach der Liste des Rechmire autonome Ortschaften (kgl. Gründungen) in ihm lagen.
8. o.ä. *tꜣ-wr* „das älteste Land" genannt, weil hier anscheinend die nomadischen Stämme, die die Einheit des Niltales herstellten, zuerst Fuß faßten. Nach dem Gauzeichen ohne Standarte erst sekundär als G. organisiert. Hauptstadt Thinis; auch das spätere Stadtverwaltungsgebiet erstreckte sich auf den gleichen Bezirk. →Abydos war nur ein Unterteil des Thinites, so schon in der 11. Dyn.[3] und in der 13. Dyn. Zur Umdeutung des Gauzeichens (später als Kopfreliquiar des →Osiris gedeutet) und zur Schreibung vgl. Edel, Festschr. Grapow 73/4.
9. o. ä. Hauptstadt Achmim, griech. Panopolis.
10. o.ä. *Wꜣḏj.t* „Schlangengau", Hauptstadt *Ṯbw* (j. Kaw el-Kebir, vgl. Gardiner, Onomastica II 51*), erst in griechischer Zeit übernahm die Stadt Aphroditopolis (b. Kom Ishkaw) die Rolle des Verwaltungsmittelpunkts.
11. o.ä. „Sethgau", später Stadtgebiet von *Šꜣś-ḥtp* (griech. Hypselis, j. Schutb).
12. o.ä. „Bergvipergau". Dieser G. ist im AR bis in die 8. Dyn. belegt[4], scheint jedoch in der Folgezeit aus der Verwaltung verschwunden zu sein, denn in der Liste des Rechmire erscheint zwischen *Šꜣś-ḥtp* und →Asiut anscheinend keine andere Stadt. Ptol. Listen nennen *Pr-ʿntj* (Hierakon, j. El-Atawlah) als Metropole (Onom. II 68*).
13. o.ä. „vorderer Sykomorengau", Hauptstadt *Sꜣw.t* (j. →Asiut, griech. Lykonpolis). Er muß in thinitischer Zeit mit dem 14. o.ä. eine Einheit gebildet haben, wie sich aus der Gleichheit der Gauzeichen ergibt. Jedoch ist die Trennung bereits unter →Snofru belegt. Das Stadtgebiet von Asiut im M und NR umfaßte das gleiche Gebiet wie der G. des AR.
14. o.ä. „hinterer Sykomorengau", Hauptstadt Kusae. Dieser G. ist anscheinend in ptol. Zeit, vielleicht aber auch schon viel früher, im Stadtgebiet von

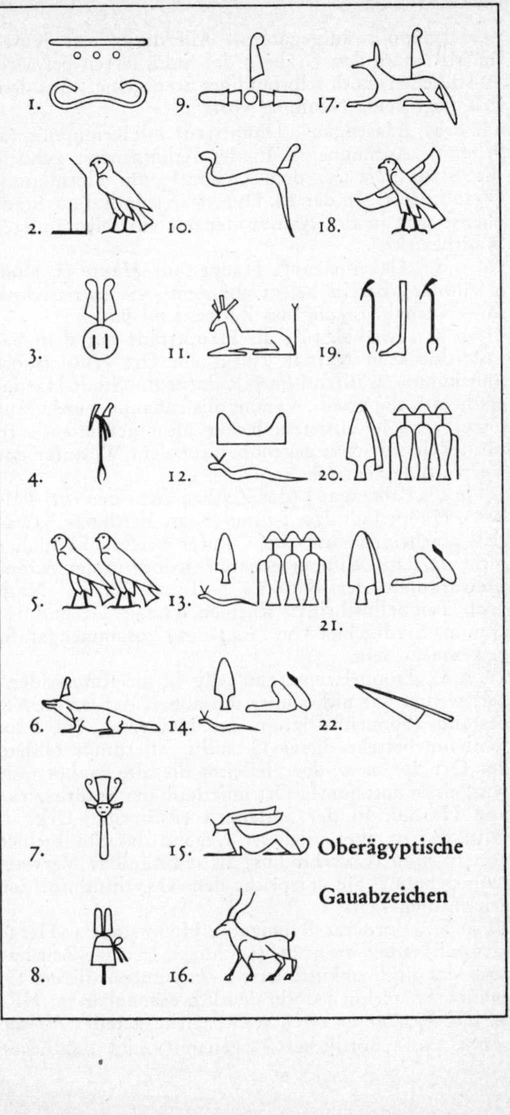

Oberägyptische Gauabzeichen

→Hermupolis aufgegangen. Allerdings war Kusae im MR (nach den Gräbern der Stadtherren bei Meir zu schließen) noch selbständiges Stadtgebiet. Aus dem NR liegt keine Nennung vor.

15. o. ä. „Hasengau“, Hauptstadt →Hermupolis (ä. *Ḫmn*, j. Aschmunein). In der Äthiopenzeit gehörte die Stadt *Nfr-wśj* dem „König“ von Hermupolis (Pianchistele). In der 18. Dyn. war jedoch diese Stadt ebenso wie in der Ramessidenzeit ein selbständiger Stadtbezirk[5].

16. o. ä. „Gazellengau“, Hauptstadt *Ḥbnw* (j. Kom el Aḥmar), bereits belegt auf dem →Sesostris-Kiosk in →Karnak. Lesung des Zeichens *mꜣ-ḥd*.

17. o. ä. „Schakalgau“, als Hauptstadt auf dem Sesostriskiosk in Karnak belegt ein Ort *Ḥnw* (sonst unbekannt), während im NR dafür die Stadt Hardai erscheint[6], die griech. Kynonpolis genannt wurde (auf Ostufer zu lokalisieren, bisher nicht gefunden)[7]. In ptol. Zeit war *Sꜣkꜣ* gegenüber auf dem Westufer das Verwaltungszentrum.

18. o. ä. „Falkengau“ (das Zeichen zeigt den *ꜥntj*-Falken), Hauptstadt *Ḥw.t-nswt* (Kom el-Aḥmar Sawaris), anscheinend auf das Ostufer beschränkt, daher nicht im Pap. Wilbour genannt, jedoch in der Adoptionsurkunde der Nitokris (→Psametich I.). Nach ptol. Tempelinschriften scheinen damals 17. und 18. Gau als Stadtgebiet von *Ḥw.t-nswt* zusammengefaßt gewesen zu sein.

19. o. ä. „Doppelszeptergau“. Bis in die Ramessidenzeit wissen wir nichts über ihn außer, daß er im AR bestand (Sonnenheiligtum des Neuserre). Im Pap. Wilbour besteht dieser G. nicht, allerdings bildete der Ort *Śpr-mrw*, der vielleicht die alte Hauptstadt war, einen autonomen Ort innerhalb des Stadtbezirks von Hardai. In der Saitenzeit (Adoptions-Urk. d. Nitokris) ist aber in dieser Gegend das Stadtgebiet von *Pr-mḏd* (Oxyrhinchos) als selbständige Verwaltung genannt. Sie entspricht dem Oxyrhinchites der griechischen Zeit.

20. o. ä. „Vorderer Baumgau“, Hauptstadt →Herakleopolis *(ḥw.t-nn-nswt)* (j. Ehnas). In alter Zeit hat auch das noch unkultivierte →Fayum zu diesem G. gehört. Späterhin jedoch, deutlich erkennbar im NR, ist das Fayum in zwei Stadtbezirke geteilt: *Mr-wr* (wohl auch „nördliches *Š*“ genannt) und „südliches

Š" unter eigenen Bürgermeistern. Lesung des Gauzeichens *nꜥr.t.* — Das Fayụm bereits in 4. Dyn. autonom[8].

21. o.ä. „Hinterer Baumgau", Hauptstadt *Šnꜥ-ẖn* beim j. Kafr Ạmmar südl. Lischt, bestand im NR anscheinend nicht mehr.

22. o.ä. Hauptstadt *Pr-nb.t-tp-ỉḥw*, griech. Aphroditọpolis, j. Atfịh. Das Gauzeichen ohne Standarte läßt erkennen, das der G. erst verhältnismäßig spät in der →Thinitenzeit organisiert worden ist. Da auch der 1. u.ä. →Memphis und der 13. u.ä. →Heliopolis keine Standarte zeigen, erkennt man, daß das Gebiet um die Residenz Memphis zunächst nicht gaumäßig eingeteilt war. Das ist vielleicht darauf zurückzuführen, daß dort keine kgl. Güter als Zentralen der Ablieferungen eingerichtet wurden (s.o.), da direkt an den Residenzpalast angeliefert wurde. Lesung des Gauzeichens *mtnw.*

1. u.ä.: →Memphis, hat als Gauzeichen den Namen der ältesten Anlage, der „weißen Mauer" (Festung).

Die geographischen Besonderheiten des Deltas und die Lückenhaftigkeit der Überlieferung macht eine eindeutige Darlegung der Entwicklung der G. und Stadtbezirke in U.ä. unmöglich. Daher soll zunächst der Zustand des AR angegeben werden, der in den späteren Gaulisten z.T. ergänzt wird.

2. u.ä. Als Gauzeichen ein Fleischstück, Hauptstadt *Ḫm* (Letopolis, j. Usim), am linken Nilarm, griechisch Papremites.

3. u.ä. Hauptstadt *'Iꜣmw.t* (j. Kom el Hisn) „Westgau".

4. u.ä. „Vorderer Neithgau", griechisch in Saites, Naukratites und Chemmites geteilt.

5. u.ä. „Hinterer Neithgau". Beide sind im AR noch ungetrennt; Hauptstadt sicher zunächst für beide Teile Sạis. Der abgetrennte 4. „südliche" Gau hieß später Prosopịtes und lag zwischen den beiden Haupt-Nilarmen.

6. u.ä. „Bergstiergau", Hauptstadt *Ḫꜣśww* (Griech. Xois, j. Sacha), griechisch wohl Pthenetō.

7. u.ä. „Harpunengau, westliche Deltahälfte". Das Gebiet im NW des Deltas. In der Kaiserzeit lagen dort ein G. Metelites und Menelaites. Dieses Gebiet wird als „Harpunenland" bereits auf der Schminktafel des Königs →Narmer erwähnt.

8. u. ä. „Harpunengau, östliche Deltahälfte". Dieser G. ist eine deutliche Neuschöpfung, da das Ostdelta erst sehr spät kolonisiert und organisiert wurde. Erst seit der 5. Dyn. (Ptah-hotep-Grab) findet sich die Unterscheidung der beiden „Harpunengaue" durch Beifügung des Zusatzes „westliche" bzw. „östliche Deltahälfte". Der 8. u.ä. umfaßte das Gebiet des Wadi Tumilạt. Welche Stadt im AR die Metropole war, bleibt unbekannt; in ramessidischer Zeit wohl Pithom, unter d. Assyrern *Nꜣj-ḥw.t* (Nathu, Tell el-Jehudije).

9. u.ä.: Das Gauzeichen zeigt das Ortsnumen Anedjti, wohl den zum Gott gewordenen vorgeschichtlichen Häuptling. Hauptstadt *Pr*-Osiris (Busiris, j. Abusir) am mittleren Nilarm. Griech. Busirites.

10. u. ä. „Gau des schwarzen Stieres", des Numens der Metropole Athrịbis (j. Benha).

11. u. ä. „Der Geschlachtete", alte Metropole unbekannt, in griechischer Zeit geteilt in den Leontopolịtes (Tell Mokdạm) und den Pharbaitịtes (Horbeịt). Leontọpolis (Nathu) als Zentrum auch unter den Assyrern.

12. u. ä. „Gau des göttlichen Kälbchens" Hauptstadt *Ṯb-nṯr* (griech. Sebẹnnytos, j. Samanụd).

13. u. ä. „das unversehrte Szepter", Hauptstadt →Heliọpolis. Im AR[9] mit Zusatz „Ost", also vielleicht zunächst eine Unterteilung des großen Ostgaus der ältesten Zeit, der erst in geschichtlicher Zeit aufgespalten wurde.

14. u. ä. „Ostgau", der urspünglich die ganze Ostseite des Deltas ausmachte. Von ihm wurden zunächst vielleicht schon sehr früh (bei →Snọfru schon erwähnt!) der heliopolitanische Gau abgespalten, dann in 5. Dyn. der 8. u. ä. Der Rest wurde jedoch untergeteilt in einen eigentlichen Ostteil (*iꜣb.tj*) und einen nördlichen Teil, der zunächst *iꜣb.tj pḥ*, später *ḫntj-iꜣb.tj* hieß (zur Diskussion vgl. Fischer, JNES 18, 135 ff.; Jacquet-Gordon, Noms des Domaines 110)[10]. Auch der später selbständige G. von Bubạstis (18. u. ä.) gehörte damals zum Ostgau.

15. u. ä. „Ibisgau", Hauptstadt Hermụpolis (j. Baklịje). In der Kaiserzeit Toparchie des Mendesischen Gaues, wie bereits unter Pianchi.

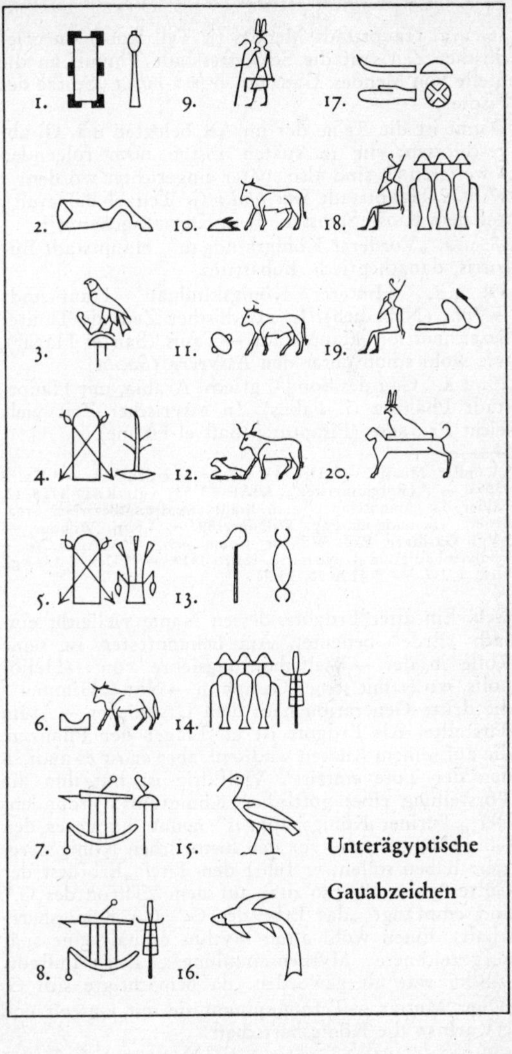

Unterägyptische Gauabzeichen

16. u. ä. Hauptstadt Mendes (j. Tell Robc). In griechischer Zeit trat die Schwesterstadt Thmuis an die Stelle von Mendes. Gauzeichen *ḥ.t-mḥj.t* „Spitze der Fische".

Damit ist die Reihe der im AR belegten u.ä. G. abgeschlossen; die in späten Listen noch folgenden 4 weiteren G. sind also später eingerichtet worden:

17. u. ä. Hauptstadt *Smc-bḥd.t* (j. Tell el-Balamun), auf dem Kiosk Sesostris' I. in Karnak genannt[11].

18. u. ä. „Vorderer Königskindgau", Hauptstadt Bubastis, danach griech. Bubastites.

19. u. ä. „Hinterer Königskindgau" Hauptstadt →*'Im.t* (Nebesheh). In griechischer Zeit als Tanites bezeichnet mit Hauptstadt →Tanis (San el Hagar), wie wohl schon unter den Assyrern *(Sacnu)*.

20. u. ä. „Gau des Sopd", griech. Arabia, mit Hauptstadt Phakusa (j. Fakus). In assyrischer Zeit vielleicht *Pr-Špdw* (Pisaptu; j. Saft el-Henne).

---

[1] Vandier, Moalla. — [2] Urk. IV 115. — [3] Leiden V 3. — [4] Kairo 43053. — [5] „Bürgermeister", ASAE 18, 53; vgl. RAD 11, 8, 12, Felder des Amuntempels nach Stadtverwaltungsbezirken organisiert wie auch im Pap. Wilbour, 59. — [6] Pap. Wilbour. — [7] Vgl. Gardiner, Pap. Wilbour, Comm. 49 — [8] ASAE 3, 76. — [9] Sonnenheiligtum d. Neuserre, Kairo 1419. — [10] Urk. I 17; vgl. Urk. I 247. — [11] JEA 30, 23 ff.

Geb. Ein alter Erdgott, dessen Name vielleicht einfach „Erde" bedeutet. Am bekanntesten ist seine Rolle in der →Weltschöpfungslehre von →Heliopolis, wo er mit seiner Gemahlin →Nut („Himmel") die dritte Generation nach dem Urschöpfer →Atum darstellte. Als Erdgott ist er Träger der Pflanzen, die auf seinem Rücken wachsen[1], aber er ist es auch, in den der Tote eintritt[2]. Vielfältig ist mit ihm die Vorstellung eines göttlichen Königtums verbunden: Der „Turiner Königspapyrus" nennt ihn unter den Götterkönigen, die vor den historischen Königen regiert haben sollen; er führt den Titel „Erbfürst der Götter"; der Pharao sitzt auf dem „Thron des G." und empfängt „das Erbe des G." (= Königsherrschaft). Einen wohl alten Mythus enthält eine spät aufgezeichnete Mythensammlung[3]: Der Luftgott →Schu war alt geworden; da bemächtigte sich G. seiner Mutter →Tefnut, nimmt sie mit Gewalt und erwarb so die Königsherrschaft.

[1] Urk. IV 146. — [2] Pyr. 308 u. ö. — [3] Naos von Saft el Henne, Kees, Rel.Gesch.Text 30.

Gebel el Ạraq. Name des Abbruchs des Wüstenplateaus westl. von Hu an der Stelle, wo der Nil in Mittelä. wieder nach Norden fließt. Hier wurde ein Messergriff aus Nilpferdzahn aus dem Ende der vorgeschichtlichen Zeit gefunden, der auf der einen Seite Darstellungen eines Kampfes zu Lande und zu Wasser, auf der anderen Jagddarstellungen und das Leben der Tiere zeigt. Dieses Denkmal spielt in der Frage über die mesopotamischen Einflüsse in Ä. zu Beginn der geschichtlichen Zeit eine große Rolle, da einmal Schiffe erscheinen, die an mesopotamische Typen erinnern, das andere Mal (auf der Rs.), das Bild eines Mannes dargestellt ist, der 2 Löwen „bändigt". Die Tracht des Mannes erinnert stark an die Kleidung in Sumer während der sog. Uruk IV-Epoche. Jetzt im Louvre. (→Asien)

Lit.: Monuments Piot 22 pl. 1; ÄZ 71, 94 ff. Vandier, Manuel d'archéologie 533—5.

Gebel Sịlsileh. Ä. *Ḫnj* „Ruderort", Sandsteingebirgszug, der südlich von →Edfu den Nil einengt; die Notwendigkeit, den dadurch reißender fließenden Strom bei der Südfahrt durch Rudern zu überwinden, hat der Gegend den Namen gegeben. Der arabische Name „Berg der Kette" geht auf eine Sage zurück, nach der man hier den Fluß durch eine Kette abgesperrt haben soll. Hauptgott war der Krokodilsgott →Suchos. Hier feierte man Nilfeste mit Opfern am 15. 1. und 15. 11. Im Zusammenhang damit legten die Könige Felsstelen oder Grotten an, wie auch hohe Beamte sich hier in dieser Weise verewigten, wenn sie Steinbruchsarbeiten leiteten.

Lit.: Caminos, Gebel Silsile.

Geburtslegende. Im Tempel der Königin →Hatschẹpsut in →Deir el Bahri wie im Tempel des →Amun in →Luxor, den →Amenọphis III. errichtet hat, finden sich Darstellungen und Inschriften, die die wunderbare Zeugung und G. des Herrschers in weitgehend übereinstimmendem Text schildern. Amun nähert sich in Gestalt des regierenden Königs der Königin und erzeugt mit ihr den zukünftigen Nachfolger; bei der Geburt assistieren die Götter. Der Mythos hat gewisse Ähnlichkeiten mit der Erzählung von der Geburt der Könige der 5. Dyn. im →Pap. Westcar.

Lit.: Urk. IV 216/234; Gayet, Temple de Louxor pl. 62 (72)-75 (74); Brunner, Geburt des Gottkönigs, Wiesbaden 1964.

Geburtstag. Im NR scheint man G. gefeiert zu haben, wie →Ostraka aus der thebanischen Nekropole zeigen[1]. Häufiger und älter sind G. von Göttern als Festdaten (am bekanntesten die der Götter des Osiriskreises an den 5 →Epagomenen).

[1] Schott, Festdaten S. 96 Anm. 1.

Gefäßflöte. G. sind in Ä. schon während der Vorgeschichte bekannt. Die Instrumente des NR sind zumeist in Tierform. Das Vorhandensein von mehr oder weniger kunstvoll ausgearbeiteten, mit einem oder mehreren Grifflöchern versehenen G. (letztere die Vorfahren der Okarina), häufig in Form eines Kruges oder eines Tieres, ist in ununterbrochener Folge durch alle Etappen des pharaonischen Musiklebens sowie des ä. Mittelalters und der Neuzeit belegbar. (H)

Lit.: H. Hickmann, Die Musikforschung VIII, 3, Kassel 1955; Deux vases siffleurs de l'Egypte ancienne (Miscellanea musicologica VIII, Kairo 1950).

Gerätefries. Darstellungen von Gegenständen, die dem Toten mitgegeben werden sollen, auf den Särgen seit der 1. Zwischenzeit. Dabei handelt es sich häufig um Dinge, die zum →Königsornat gehörten und dem Toten „königliche" Macht im Jenseits verleihen sollten. →Grabbeigaben.

Lit.: Jéquier, Les frises d'objets des sarcophages, MIFAO 47.

Gesang. Der G. wurde von Solisten oder Gruppen ausgeführt (→Stimme und Stimmfarbe). Es wurde rezitativisch oder melodisch-melismatisch gesungen. Der Refrain wurde rhythmisch straffer vorgetragen, da er von mehreren Sängern ausgeführt wurde. Dagegen wurden die solistischen Partien frei variiert.

Den überlieferten literarischen und bildlichen Quellen nach zu urteilen, ist diese Aufteilung ebenso gut im Kunstgesang wie auch in der volkstümlichen Musik nachzuweisen.
Der Sänger ist in den Darstellungen des AR daran erkenntlich, daß er eine Hand an das Ohr legt. Vom NR an stellt man ihn sich gern blind vor. Er begleitet sich von nun ab mit der →Harfe, während Sänger und Harfner vorher getrennt sind.
Die Göttin des G. und des Instrumentenspieles ist die kuhköpfige Ḥathor. Der Gott der Harfner war Horus-Haroëris, und Chenti-(n)-irti der himmlische Schutzpatron der blinden Sänger zur Harfe.
Man kennt bereits eine ganze Reihe von pharaonischen Hofsängern und -sängerinnen aus dem AR. In Sängerschulen ausgebildet, hatten sie zunächst den Titel königlicher Hofmusiker, übernahmen dann späterhin die Leitung von Sängergruppen und wurden endlich zu Intendanten der Hofvokalmusik ernannt. Man unterschied zwischen Hof- und Tempelsängern. →Musiker. (H)

Lit.: H. Hickmann, Musique et vie musicale sous les Pharaons (in Vorbereitung); Le métier de musicien au temps des Pharaons (2. Ausgabe), in: Cahiers d'Histoire Egyptienne VI, 5/6, Kairo 1954.

Geschichtsauffassung. Der Ä. hatte ein ganz anderes Verhältnis zu den geschichtlichen Geschehnissen als die abendländischen Völker. Die Geschichte baute sich nicht aus den Einzelereignissen auf, deren Bedeutung nachträglich erkannt werden muß, sondern für den Ä. waren geschichtliche Vorgänge ein Ritual, dem sich jeder König unterziehen mußte. Von der „Vereinigung der beiden Länder" bis zum „Schlagen der Libyer", Errichten eines Tempels, Festen, Handelsexpeditionen bis zum Tod, der „Vereinigung mit seinem Vater" war ein historisches Ereignis unserer Vorstellungswelt nichts anderes als eine Teilhandlung eines großen Königsrituals, das im Laufe der Zeit durch Hinzutreten neuer Szenen vergrößert werden konnte. Diese Szenen erscheinen in den Tempeln des AR und dürfen nur als Hinweis darauf genommen werden, was damals als „Ritualszene" angesehen wurde, nicht aber als historisches Ereignis in unserem Sinn. So konnte →Phiops II. das „Schlagen der Libyer" mit allen Einzelheiten von Sahurẹ

kopieren, denn er wollte kein wirkliches Geschehnis darstellen, sondern den „richtigen" Ablauf des Rituals, den die Darstellung bereits garantierte.
Diese Betrachtungsart äußerer Vorgänge durchzieht die ganze ä. Geschichte. Bereits in der Frühzeit beruhte die Staatsorganisation auf der Vorstellung des →Dualismus, die zum Doppelkönig, Doppelreich usw. führte, ohne daß dahinter tatsächliche Geschehnisse stehen. Nicht aus Ereignissen erwachsen Vorstellungen, sondern die Vorstellungen waren das Primäre und die Ereignisse wurden nach ihnen gewertet und geordnet. Vorgänge, die gegen die Ordnung verstießen, wie etwa militärische Niederlagen, wurden durch die Darstellung des „richtigen" Vorganges neu und „richtig" geschaffen. Die Schilderung der →Kadẹschschlacht bei Rạmses II. ist ein Beispiel dafür; es ist falsch, hierbei von unseren Begriffen „Geschichtsfälschung", „Propaganda" oder „Cäsarenwahn" zu sprechen.
Wie auf vielen anderen Gebieten begann man in der 18. Dyn. auch in dieser Einstellung zu den Weltereignissen eine neue Blickrichtung zu gewinnen, indem man auch das nicht dem Ritual entsprechende Ereignis als bedeutsam ansah (vgl. Schilderung des Fehlschlags Thutmọsis' III., Megiddo zu erobern, weil das Heer plünderte) und Interesse an der historischen Vergangenheit fand (→Besucherinschriften). Doch brachte auch hier die Ramessidenzeit einen Rückfall in die Vorstellungswelt der Vergangenheit.

Geschwisterehe →Ehe, Familie.

Getreide. An Hauptgetreidesorten finden sich seit dem AR eine sechszeilige Gerste (Hordeum hexastichon) und ein zweizeiliger Emmer (Triticum dicocum), ä. *ỉt* und *bd.t.* Daneben erkennt man auch, wenn auch selten, den Kulturweizen (Triticum aestivum), ä. *św.t.* Die Gerste wird in den Texten häufig in o.ä. und u.ä. geschieden, wobei es sich um Unterarten handeln muß, da es sich nicht um eine rein geographische Unterscheidung handeln kann[1]. In dem großen Festkalender von →Medịnet Hạbu (→Ramses III.) unterschied man beim angelieferten Getreide zwischen o. und u.ä. Gerste, wobei bestimmte →Brotsorten und das →Bier aus o.ä. hergestellt wurden. Vielleicht handelt es sich hier um den Unterschied zwischen 6- und 2zeiliger Gerste, da letztere auch in Ä. angebaut wurde[2]. Preisschwankungen verliefen für Emmer und Gerste verschieden[3]. In der Spätzeit scheint der Emmer (*bd.t*) die Hauptfrucht zu werden[4].

Lit.: JNES 13 pl. 19/20. Funde vgl. Schäfer, Priestergräber S. 161; Gardiner, Onomastica II S. 222 mit Nennung von 7 Arten Emmer. Dort auch Erwähnung des seltenen Getreides *bšꜣ* „Spelt" (?) (Triticum spelta), das zur Bierbereitung benutzt wurde.

[1] 9. Dyn. in Asiut u. ä. Gerste: Griffith, Siut Grab V Z. 5; in Gebelen o.ä. Gerste: Kairo 20001. — [2] Lucas Materials[3] S. 23. — [3] Černy, Arch. or. 6, 173 ff. — [4] Griffith, Ryland Pap. III 78 Anm. 11.

Gewichte →**Maße.**

Gewölbe. Seit der Frühzeit benutzte man verschiedene Arten von G., um Räume zu überdecken. Da G. und Kuppeln nach außen nie in Erscheinung treten, handelt es sich nicht um eine künstlerische

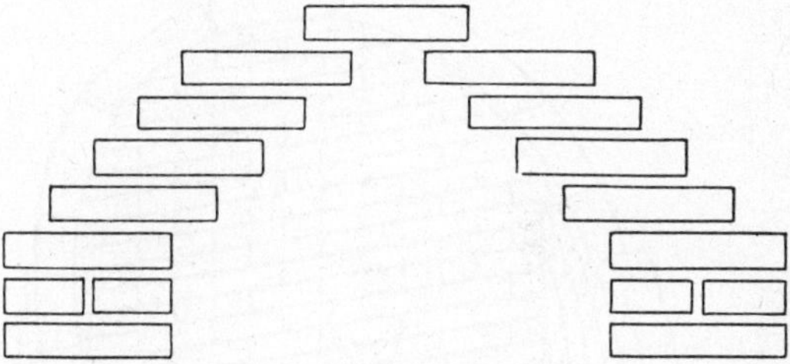

Abb. 8

Ausdrucksform, sondern um eine technische Notwendigkeit: Die Kargheit an Bauholz zwang zu Maßnahmen, mit denen Räume auch ohne kostspielige Balken überdeckt werden konnten. Dabei mag die Form des Bogens angeregt sein durch Vorbilder im Rohrbau[1]. Daß Wölbungen vorausberechnet wurden, zeigen Vorzeichnungen[2]. Man kannte seit dem AR verschiedene Arten von G. Vielleicht die früheste Form ist das sog. Scheingewölbe, d.h. die Bogen

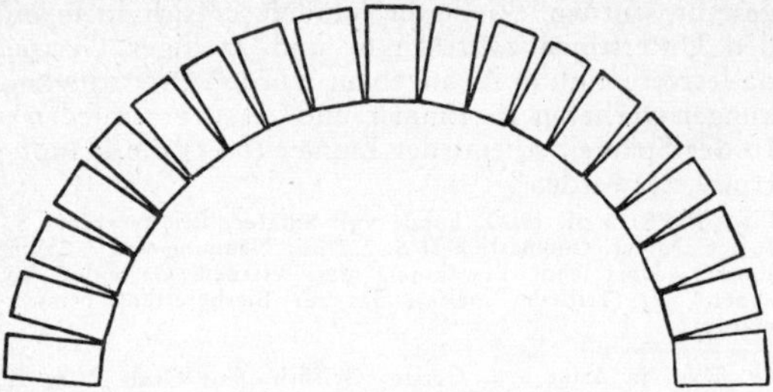

Abb. 9

entstehen durch Vorkragen der einzelnen, aufeinander gelegten Ziegel (Abb. 8). Echte Keilschnittg. aus Ziegel kommen ebenfalls schon im AR vor. Bei einer anderen Form liegen die Bogen geneigt auf einer Stützmauer auf (Abb. 10). Echte Steingewölbe (Abb. 9) tauchen schon im AR auf[3]. →Architektur.

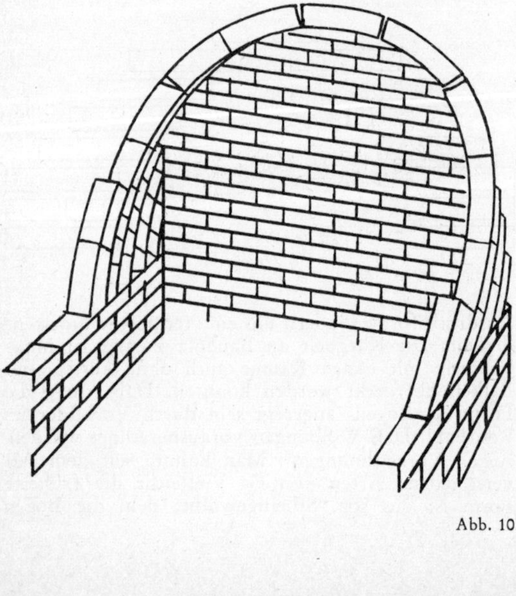

Abb. 10

Lit.: Jéquier, Manuel, S. 303 ff.

[1] Al. Badawi bei Abu Bakr, Excavations at Giza 1949/50, Kairo 1953, S. 129 ff. — [2] Ostr. Kairo 50036, Gunn, ASAE 26, S. 26; Daressy, ASAE 27, S. 157, wohl 3. Dyn. Daressy, ASAE 8, S. 238, Bogen für das Grab Ramses VI. — [3] H. Larsen, True vaults and domes in Eg. architecture of the Early Kingdom, Acta Archaeologica XXI. Kopenhagen 1950, S. 211 ff.

Gịza. Ort am Westufer des Nil gegenüber Kairo, j. Vorort. Nach ihm sind die Pyramiden und das Gräberfeld von G. benannt, das 8 km WSW vom genannten Ort am Wüstenrand liegt. Dort errichteten die Könige →Cheops, →Chephren und →Mykerịnos der 4. Dyn. ihre →Pyramiden.
Für die Söhne der Cheops wurden ostwärts der Pyramide sog. Mastaben angelegt, unter denen ihre Grabstätten sich befinden sollten. Die Bauleiter der Pyramide legten hingegen auf der Westseite Reihen von Mastaben an, in denen die Angehörigen ihrer Stäbe und Familienangehörige beigesetzt wurden; es lassen sich dort 4„Kerne" erkennen, zu denen dann später noch Reihen (etwa die ersten 3 an der Pyramidenkante) zugefügt wurden, da man sich in der 4. und 5. Dynastie gern im Westfriedhof von G. begraben ließ. Die Angehörigen und Beamten des Chephren sind dagegen in Felsgräbern in dem Steinbruch ostwärts der Chephrenpyramide beigesetzt.
Herodots Schilderung der Pyramiden (II 121—136) läßt erkennen, daß damals die Verkleidung noch vorhanden war und auch anscheinend keine Kenntnis über das Innere vorlag, da die von ihm gegebene nicht mit der Wirklichkeit übereinstimmt, sondern auf die Vorstellung vom Grab des →Osiris zurückgeht. Mittelalterliche Berichte machen deutlich, daß auch hier die Araber die gutgearbeiteten Verkleidungssteine zum Bau von Kairo abtransportierten. Jede Pyramide enthält die Sargkammer des Königs.

Glas. Die Herstellung von Glas hängt entwicklungsmäßig von der von Glasur und →Fayence ab. Kleine Glasperlen und -amulette sind bereits in der Vorgeschichte bekannt gewesen, wenn auch die bisher gefundenen Beispiele nicht eindeutig zu datieren sind. Sichere Glasperlen stammen aus dem Ende des AR. Erst in der 17. Dyn. begann man Glasgefäße herzustellen[1], die dann in der 18. Dyn. häufiger wurden. Durch Zusätze von Mineralien erhielt man verschiedenfarbiges G., so ergab Zusatz von Mangan amethystfarbiges G., von →Kupfer oder Kobalt das bekannte blaue G., wobei wichtig ist, daß Kobalt in Ä. nicht vorkommt. Kupfer ist verantwortlich für grünes, Kupferoxyd für rotes, Zinnoxyd für weißes G., während man durch Beigabe von Antimon und →Blei das seltene gelbe G. herstellte. Seit der Zeit →Tutenchamuns ist auch das farblose, durchsichtige Glas bekannt.

Die Herstellung der Glasgegenstände fand in Tonschalen statt, in denen Glassand, Kalziumkarbonat, Natron und das jeweilige Färbungsmineral stark erhitzt wurden. Das flüssige G. wurde dann entweder in Tonformen gegossen oder in kleine Röllchen geformt und flach ausgerollt, um in Stücke für Einlagen geschnitten zu werden. Glasvasen wurden hergestellt, indem ein Tonkern in dem flüssigen G. gedreht wurde. Verzierungen wurden durch Umwinden mit noch weichen Glasfäden hergestellt; Rand, Fuß und Henkel wurden getrennt hergestellt. G. zu blasen war nicht vor der römischen Zeit bekannt.

Lit.: Lucas, Materials[3] S. 207 ff.; Newberry JEA 6, 155 ff.; B. Nolte, Untersuchungen zum äg. Glas (ÄgFo 14).

---

[1] Ältestes Stück Brunton, Qau and Badari III S. 8.

Glocke. Ä. G., zumeist aus →Bronze, aber auch aus →Gold und →Silber, sind von der 23. Dyn. an belegbar, also von der gleichen Zeit an, aus der die ersten assyrischen G. stammen. Ein seltener literarischer Beleg (Sargtext) überliefert den ä. Ausdruck für die Glocke, die als „erzenes, mit einem eisernen Zahn geschlagenes Gefäß" bezeichnet wird.

Pharaonische G. sind häufig kunstreich verziert. Die Außenwände sind mit den Abbildungen des Schakales, des Falken, des Apisstieres, des heiligen →Krokodiles und der chthonischen →Schlange geschmückt. Auch findet man das Bild des Tanzgottes →Bes, das zur Verzierung der Glockenaufhängevorrichtung dient. Griechisch-römische G., im allgemeinen nicht mehr zu kultischen, sondern zu Signalzwecken verwendet, sind mit phallischen Symbolen geschmückt, koptische Instrumente mit denen der christlichen Kirche.

Das koptische Meßglöckchen, Abzeichen des hl. Antonius, dürfte im Gefolge der orientalischen Riten nach Rom gelangt sein. Arabische Kamelglocken besitzen häufig ein zweites G., das als Klöppel dient. Die verschiedenen Formen des altä. G. sind anderweitig ausführlich behandelt worden. Man unterscheidet zwischen becher-, tulpen-, lotosblüten- und kegelförmigen Instrumenten. (H)

Lit.: H. Hickmann, Musik und Kirche XXX, 2, Kassel 1951; Artikel „Glocke" (Musik in Geschichte und Gegenwart).

Gold. Große Goldvorkommen in der östlichen Wüste, besonders südlich der Linie Kena—Kosseir bis tief nach →Nubien hinein, wurden bereits seit ältester Zeit ausgebeutet. Dabei handelte es sich sowohl um Goldlager in angeschwemmtem Schutt in den Trockenwadis, wie um Adern im gewachsenen Quarz. Zahlreiche Gruben und Abbauplätze sind festgestellt worden. Dabei wurde das G. im Alluvialschutt ausgewaschen, wobei die Beschaffung des notwendigen Wassers schwere organisatorische Probleme stellte, da es durch Eselkarawanen herangeholt werden mußte. Die G. enthaltenden Quarzadern wurden erst durch Feuer brüchig gemacht und dann mit Hämmern und Picken herausgebrochen. Die Brocken wurden in Mörsern zerstampft und in Handmühlen zermahlen. Endlich wurde das Steinmehl ausgewaschen. Als Zentrum des Goldbergbaus galt →Koptos, wo die Wege aus den Steinbrüchen an den Nil kamen; später verschob sich der Schwerpunkt in die nubischen östlichen Wüsten. →Landkarten von Goldminen sind erhalten. Goldausfuhr ist mehrmals in den →Amarnatafeln genannt; Goldeinfuhr lassen die 10 Goldbarren des Fundes einer asiatischen „Tribut"-Sendung in →Tôd erkennen. →Metalle.

Lit.: Daumas, La valeur de l'or dans la penseé relig. égypt., Rev. Hist. Rel. 149, 1956, S. 1 ff.

Gott. So vielfältig wie das gesamte Leben von der →Religion durchdrungen ist, stellt sich auch der Begriff G. dar, den man in keiner Weise (auch nicht bezüglich einer bestimmten Epoche) mit einer erschöpfenden Definition umreißen kann. Das ä. Wort für „G." ist etymologisch nicht erklärt[1]. Als Erbe der Vorzeit blieb die Verehrung unendlich gestaltreicher Mächte, die im Leben des einzelnen, des Staates und des Kosmos wirkten. Dinge jeglicher Form, kosmische Mächte, Tiere, Pflanzen, Steine, Nil,

Ozean, Begriffe (Zauber, Nahrung) konnten G. sein. In der →Thinitenzeit fand der entscheidende Schritt zur Vermenschlichung der Gestalt statt, die allerdings nicht in dem Sinne verwirklicht wurde, daß von nun an alle Gottheiten in menschlicher Gestalt erscheinen. Vielmehr war damit nur eine Möglichkeit gegeben, von der man fallweise Gebrauch machte: Die Götter konnten als Menschen erscheinen, behielten aber ihre tierische, pflanzliche usw. Erscheinungsform bei. Die Mischgestalten (Menschenleib mit Tierkopf) stellten sozusagen eine Übergangsform dar. Dabei ist das Charakteristische, daß gemeinhin kein G. an eine bestimmte Gestalt gebunden war; viele konnten sowohl als Tier, als Mensch wie in Mischgestalt erscheinen. Grundsätzlich in Menschengestalt, weil die in ihnen verehrten Kräfte keine andere Ausdrucksform zuließen, wurden eine Anzahl Götter gebildet wie →Atum, →Schu, →Geb, →Osiris u. a. m. Unter ihnen wiederum begegnet eine kleine Gruppe, die ebenfalls menschengestaltig erscheint, aber nicht wie üblich in Schrittstellung, sondern mit geschlossenen Beinen, scheinbar mumienförmig (sog. Idole) dargestellt wird, z. B. →Ptah, →Chons, →Min. Man erklärt das damit, daß sie sehr früh Menschengestalt gewannen, und diese Gestalt zu einer Zeit gebildet und festgelegt wurde, als ein Rundbild in Schrittstellung noch nicht herstellbar war (→Plastik).

Neben der Variabilität der Gestalt als Erinnerung der Vorzeit haftet den ä. Göttern eine ebenso große Variabilität des Wesens an, ein denkbar geringer Persönlichkeitswert. Die Mächtigkeit, die in einem G. wohnt, kann auch in anderen Gestalten einwohnen[2] und die Gestalt, die Hülle der Mächtigkeit ist, kann auch, sofern für den Ägypter eine innere Verwandtschaft besteht, eine andere Mächtigkeit aufnehmen. Der stiergestaltige Fruchtbarkeitsgott kann alle Fruchtbarkeitsmächtigkeit auf sich ziehen. In einem Götterkönig wie →Amun beispielsweise kann schlechthin alle herrscherliche und schöpferische Gewalt einziehen und schafft dem Gott auch neue, z. T. tierische Erscheinungsformen. Im Schaffen solcher Erweiterungen und Angleichungen liegt das grenzenlose Wirkungsfeld der Theologie. Außer →Osiris hat kaum ein ä. G. ein ihm eigentümliches, persönlich-

keitsprägendes Schicksal.
Die Austauschbarkeit der Gestalt und die Konturlosigkeit des Wesens bestimmen den Gottesbegriff als historische Erscheinung und nötigen uns, die jeweils vorherrschende Seite mit Vorsicht zu kennzeichnen. Für das AR wird man den Begriff des Welt-Herrscher-Gottes als dominierend anerkennen, des G., der die Welt geschaffen hat und regiert und als dessen Verkörperung (seit der 5. Dyn. als dessen Sohn) der König gilt. Hier sind vor allem die Götter →Horus, →Re, am Ende auch →Ptah zu nennen, die diesen Typ am reinsten darstellen. Zwischen AR und MR schob sich die Gestalt des uralten, heliopolitanischen Schöpfergottes →Atum in den Vordergrund, auch er ein Schöpfergott, aber sein Wirken liegt v o r dem Beginn der Welt, seine Gestalt steht h i n t e r den Erscheinungen (nicht mehr mitten unter ihnen) und seine Schöpfung trägt menschheitsbezogenen Charakter (→Weltschöpfung). →Amun-Re, der Götterkönig des NR, ist von seinem Ursprung bis zu seinem Ende der Gott des Weltreiches gewesen, mit dem er steht und fällt. →Aton, den →Amenophis IV. als einzigen Gott gegen ihn zu stellen suchte, repräsentierte zwar einen uns mächtig erscheinenden Schritt in Richtung auf einen monotheistischen Gottesbegriff, krankte aber gerade deshalb an den Ägyptern unerträglichen Einseitigkeiten. Von Ursprung her besteht keine wesenhafte Bindung zwischen G. und →Ethik. Doch prägt ein Hervortreten ethischer Auffassungen (wie am Ende des AR und in der Spätzeit) den Göttern in ihrer Diesseitigkeit auch ethische Züge ein. Daß G. (und das ist nach ä. Auffassung jeder G.) Gut und Böse entstehen läßt, darüber richtet, straft und belohnt (s. auch →Totengericht), ist eine besonders in der Spätzeit sich ausbreitende Gottesauffassung, die nicht in einem neuen Denken über die Götter wurzelt, sondern in einem neuen Erleben der Welt und des Lebens.

Gottesgemahlin, auch „Gottesverehrerin" oder „Gotteshand" (als Personifikation der Hand des sich selbst begattenden →Atum) genannt, war Bezeichnung der Königin als fiktiven Gemahlin des →Amun von →Theben, der als Vater des Königs angesehen wurde (→Geburtslegende). Der genannte Titel ist seit Beginn der 18. Dyn. belegt; das Vermögen der Gottesgemahlin war scharf von dem der „Königin" getrennt. Als →Hatschepsut als König den Thron bestieg, gab sie die Stellung als Gottesgemahlin auf, die ihre Tochter Nefru-Re erhielt. In der Äthiopenzeit war die „Gottesgemahlin" die eigentliche Herrscherin der Thebais und hatte den →Hohenpriester des Amun in den Hintergrund gedrängt. Die Nachfolge wurde durch →Adoption geregelt. So mußte Schepenupet I., Tochter Osorkons III., die Amenerdis, Tochter des Äthiopen Kaschta (und Schwester des →Pianchi) adoptieren, wodurch die Thebais den Äthiopen zufiel. Amenerdis wieder adoptierte Schepenupet II., Tochter des Pianchi, diese wieder Amenerdis II., Tochter des Taharka, wurde aber dann von →Psametich I. dazu gezwungen, dessen Tochter Nitokris zu adoptieren, wodurch die Thebais der Dyn. der Saiten zukam. Die letzte Gottesgemahlin vor der persischen Eroberung war Anchnesneferibre, Tochter →Psametichs II.

Lit.: Sander-Hansen, Gottesweib des Amun, Kopenhagen 1940.

Gottesstaat. G. ist eine seit Ed. Meyer eingebürgerte Bezeichnung für eine zeitweilige relative Verselbständigung der südlichen Landeshälfte (nördlich bis Beni Suef), zuerst unter Einschluß des südlichen Koloniallandes, unter der Herrschaft des Gottes →Amun und seines →Hohenpriesters. Noch vor dem Tode des letzten Ramessiden (→Ramses XI., ca. 1069 v. Chr.) bekleidete in Theben Herihor die Ämter des Vizekönigs von Nubien, →Vezirs und →Hohenpriesters[1] und übte damit faktisch eine königsgleiche Herrschaft über Oberägypten aus. Aus den in →Theben ausbrechenden Machtkämpfen gingen die Nachkommen Herihors als Sieger hervor, verschwägerten sich mit dem Königshaus in →Tanis (21. Dyn.) und schrieben teilweise (wie schon Herihor) ihren Namen in der →Kartusche. Während der 22. Dyn. wurde das Hohepriesteramt von Prinzen dieses Hauses bekleidet, als eine Art Sekundogenitur, doch war ihre Herrschaft in Theben nicht unumstritten (Aufstände gegen den Hohenpriester Osorkon um 838 v. Chr.). Die Fiktion, die allerdings selten deutlich formuliert wurde, z. B. in der Geschichte des →Wenamon[2], war etwa die, daß →Amun der wirkliche König des Landes war, aber die Ausübung der Herrschaft in Theben an den Hohenpriester übertragen hatte, wobei er selbst seinen Willen durch →Orakel kundtat. Diese Staatsform war nach 730 v. Chr. von den Äthiopen in besonders reiner Form übernommen und ausgebaut worden. Ihrem Einfluß dürfte es zuzuschreiben sein, daß das sehr viel ältere thebanische Priesterinnenamt der →Gottesgemahlin jetzt bis zum Ende des Gottesstaates (525 v. Chr.) vor das des Hohenpriesters und anderer Beamter gestellt wurde.

[1] Kees, NGWG 1936. — [2] Erman, Literatur S. 225 ff.

Gottesvater. Ein Titel, der offenbar aus dem Kreis der Hoftitel (Gott = König) stammt. Bereits im Verlauf des AR wurde er ein Ehrentitel, bleibt aber daneben noch fallweise ein Rangtitel für angeheiratete Königsverwandte[1] und für Prinzenerzieher. Im Tempelkult des NR bezeichnete G. einen mittleren Priestergrad.

Lit.: Helck, Beamtentitel S. 94/95; Kees, Priestertum S. 46. 216; Brunner, ÄZ 86, 90 ff.

[1] Nicht nur für den evtl. nicht königlichen Schwiegervater eines Königs, Borchardt, Ber. Sächs. Ges. Wiss. Leipzig 1905, S. 254 ff.

Grab. In vorgeschichtlicher Zeit sind mehrere, grundsätzlich verschiedene Bestattungsarten nachweisbar (→Begräbnis). Die G. sind im allgemeinen ovale Gruben, werden mit fortschreitender Zeit rechteckig. Die Toten sind in gekrümmter Stellung (Hockerleichen) beigesetzt, oft mit Matten, Fell oder Gewebe umwickelt. Gegen Ende der vorgeschichtlichen Epoche begegnen auch Särge aus Holz oder Ton. Seit dem Beginn der geschichtlichen Zeit lassen sich mehrere Grabtypen unterscheiden[1]. Zu den einfachen rechteckigen Sargkammern können Vorräume (für Opfergaben) und Nebengemächer treten, bis zu ganzen Appartements, mit Bad, Klosett usw[2]. Unterschiedlich ist auch der Zugang. Er kann durch einen senkrechten Schacht erfolgen oder durch eine Treppe (so auf dem großen Friedhof von →Ḥeluan). Neben flachen Deckenkonstruktionen (Holz, Ziegel) kommen auch Scheingewölbe (Ziegel) vor[3]. Die Oberbauten, soweit bekannt, bestehen aus einfachen Hügeln (Aufschüttungen von Stein oder Kieseln, mit Lehm oder Gips überzogen), sodann finden sich aber auch meist aus Ziegeln gemauerte rechteckige Oberbauten. Bereits in der Thinitenzeit begegnen am Grabhügel eingelassene Nischen als Kultstätte, häufig zwei Nischen an einer Längsseite, die durch einen kleinen Vorbau geschützt sein können (z. B. Tarchạn, Nạga ed-Deir). Der rechteckige Oberbau, meist mit etwas schrägen Wänden, hat dem herrschenden Grabtyp des AR seinen Namen gegeben: Mastaba, d. i. „Bank" (arab.). Doch deckt dieser einigende Name recht verschiedene Typen. In →Giza sind in der 4. Dyn. die einheitlichsten und in ihrer Ausstattung kärglichsten Mastaben gebaut worden: Der Oberbau besteht aus einem rechteckigen, mit Kalkstein verkleideten Grabhügel. Ein senkrechter Schacht führt durch das Massiv zur unterirdischen Sargkammer. Der Durchgang von der Schachtsohle zur Kammer ist vermauert; in der Mauer befindet sich ein sogenannter →Ersatzkopf. Ein bescheidener Vorbau (Ziegel oder Stein) an der östlichen Längsseite der Mastaba dient als Kultraum. Erst gegen Ende der 4. Dyn. ziehen Kult-

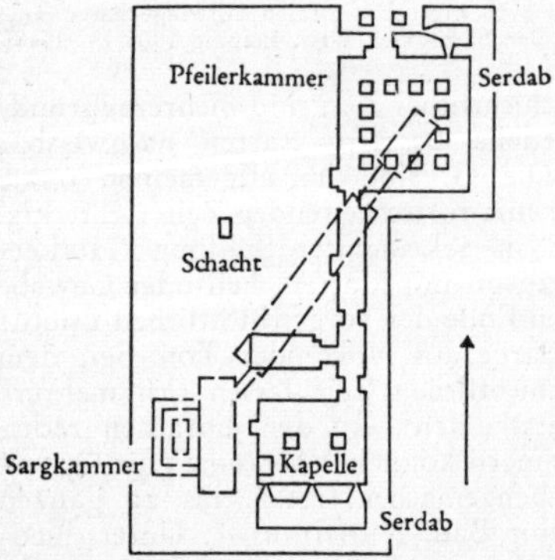

Abb. 11

räume wieder in das Innere des Massivs ein. Die Lösungen, wie man Bestattung, Kultanlagen, Magazine (oft für mehrere Personen, da seit 5. Dyn. häufig Familiengräber) zu einer baulichen Einheit zusammenfaßt, sind sehr verschiedenartig. Als ein Beispiel sei das Grab des Ti (Saqqara, 5. Dyn. Abb. 11) angeführt: Eine Vorhalle und eine Pfeilerhalle liegen östlich vor der Mastaba, beides Bauglieder, die wohl von den kgl. Totentempeln übernommen sind. Im Inneren der Mastaba befindet sich die Kapelle mit zwei Kultnischen in Richtung auf die darunter gelegene Sargkammer. Südlich an die Kapelle schließt sich der durch drei Schlitze mit ihr verbundene → Serdab (Statuenraum) an. Ein langer Gang, von dem nach Westen zu ein Magazinraum abzweigt, verbindet Kapelle und Pfeilerhof. An der Westwand des Ganges und der Pfeilerhalle sind zwei weitere Nischen angebracht, dem Kult der Frau und des Sohnes gewidmet. Die kultischen Elemente des Ti-Grabes, die in verschiedener Anordnung immer wiederkehren und zum Wesen des Grabes gehören, sind: Bestattungsanlage (Sargkammer); Kultstelle, bestehend aus einer oder zwei Nischen mit Opfertafel (→Altar) und →Scheintür, die die Verbindung zwischen Diesseits und Jenseits herstellt; Statuenraum (Serdab), der sich zur Nebenkultstelle entwickelt.

Felsgräber, wie sie schon in der 4. Dyn. fallweise in Giza vorkommen, haben sich vor allem in Oberägypten entwickelt, wo die Geländebeschaffenheit kein zur Anlage von Mastaben günstiges Plateau erstellt. Sie versuchen zunächst, den Typ der Mastaba im Felsen nachzuahmen; doch entwickeln sich bald (5./6. Dyn.) eigene Formen[4]. Besonders prächtig sind die Anlagen der Gaufürstengeschlechter in o.ä. Provinzialhauptstädten in der Zeit zwischen AR und MR und der 12. Dyn., so Asuan, Meir, Bersche, →Asiut u. a. In Theben hat sich seit der 11. Dyn. eine ziemlich feste Form der Felsgräber herausgebildet[5]. Als Grundform kann man die Verbindung eines vorderen Querraumes mit einem (oder mehreren)

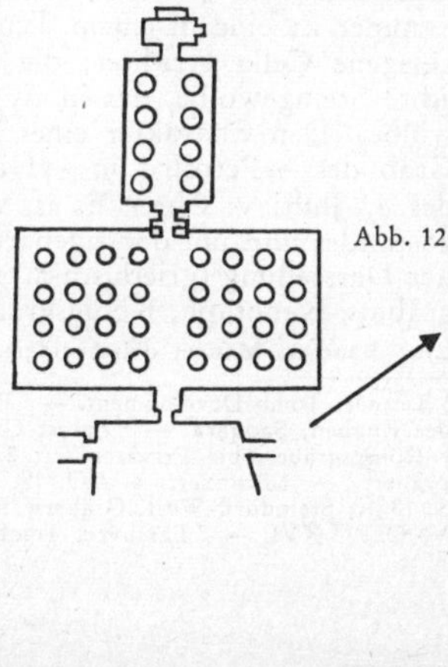

Abb. 12

dahinter liegenden Längsraum bezeichnen. Während aber in der älteren Zeit (11. Dyn.) der Querraum offen ist (also eine Art Terrasse bildet), hat er sich im NR in der Regel geschlossen (es kommen aber als Ausnahmen auch offene Pfeilerhallen vor) und ist nur durch einen schmalen Zugang in der Mitte seiner östlichen Längsseite betretbar. Die kultischen Elemente (Scheintür, Serdab, Sargkammer) sind auch in Felsgräbern vorhanden. Doch ist hier die Scheintür bisweilen auf einen Stucküberzug gemalt und der Serdab geöffnet, so daß eine Statuennische (oft mit mehreren Statuen) entsteht. Als besonders ausgedehnte Anlagen sind in Theben aus der Spätzeit die Gräber des Montemhet (Nr. 34, 25./26. Dyn.) und des Petamenophis (Nr. 33, 26. Dyn.) zu nennen. Über thebanischen Felsgräbern befindet sich seit dem NR oft eine kleine Ziegelpyramide (→Pyramide). In →Tell el Amarna sind in der Zeit →Amenophis' IV. ebenfalls Felsgräber angelegt worden. Auch sie bestehen in der Regel aus zwei Räumen; doch liegt entweder der Längsraum vor dem Querraum (also umgekehrte Reihenfolge wie in Theben) oder beide Räume erhalten etwa die gleichen Dimensionen.
Als eigenartige Grabformen sind aus der Spätzeit die Grabkapellen der thebanischen →Gottesgemahlinnen (25./26. Dyn.) zu erwähnen. Sie liegen im Tempelbezirk von →Medinet Habu, zwischen dem „Hohen Tor" und dem eigentlichen Tempel, gegenüber dem „Kleinen Tempel"[6]. Über der Sargkammer ist eine in einem Tempelchen mit Vorhalle gelegene Cella errichtet; die Cella trägt das erste echte Steingewölbe, das in Ä. festgestellt ist (→Gewölbe). Den Charakter eines Tempels hat auch das Grab des →Petosiris in →Hermupolis-West (Ende des 4. Jhdt. v. Chr.). Es ist um seines Erhaltungszustandes und um der eigenartigen Stilmischung seiner Darstellung (griechisch-ä.) willen berühmt[7]. →Begräbnis, Kenotaph, Königsgräber, Pyramide.

Lit.: Vandier, Manuel d'archéologie.

---

[1] Reisner, Tomb Development. — [2] Reisner Typ IV, z. B. Grab des Ruaben, Saqqara. — [3] Zuerst Grab des Ka'a in →Abydos, →Königsgräber, bei Privaten seit 2. Dyn. — [4] Brunner, Felsgräber. — [5] Brunner, a. a. O. S. 70 ff.; Hermann, Stelen, S. 13 ff.; Steindorff-Wolf, Gräberwelt, Abb. 12. — [6] Med. Habu V, OIP LXVI. — [7] Lefèbvre, Tombeau de Pétosiris.

Grabbeigaben. Die Sitte, dem Toten G. mitzugeben, erklärt sich aus den →Jenseitsvorstellungen und spiegelt deren Veränderungen vielfach wieder. Grundsätzlich hängen sie von der Vorstellung ab, daß eine diesem Leben ähnliche Existenz nach dem Tode möglich sei. Gerade in der Vorgeschichte sind die Gräber auf den o.ä. Friedhöfen reich an G.: Nahrungsmittel, Waffen, Geräte, Schmuck. Früh schon traten Ersatzbildungen auf (Modelle), Abbildungen der gemeinten Gegenstände, die durch magischen Spruchzwang oder aber auch allein durch ihre bildhafte Existenz wirksam wurden. Bestimmte Arten von G. waren zeitweise vorherrschend und charakteristisch, so die →Ersatzköpfe für das hohe AR, →Dienerfiguren für die →Herakleopolitenzeit, →Uschebti seit dem MR, Figuren des →Kornosiris seit dem NR, →Amulette und →Skarabäen nahmen gegen die Spätzeit hin immer mehr überhand.

Grabräuber. Beraubung der Gräber scheint bereits in ältester Zeit vorgekommen zu sein, hervorgerufen dadurch, daß den Toten oft kostbare und allgemein brauchbare Dinge mitgegeben wurden, die sich die ärmere Bevölkerung durch Einbruch in die Gräber zu beschaffen suchte. So scheint bereits in der Nekropole von →Saqqạra ein Grab eines Beamten *Sḥḏ-kꜣ* aus der Zeit des Königs „Schlange“ zu Beginn der 1. Dyn. nach dem Begräbnis beraubt und — vielleicht aus magischen Gründen — angezündet worden zu sein, um dann unter dem letzten König dieser Dyn. Ka'a restauriert zu werden[1]. Ebenso ist die Neubeisetzung des Grabinhalts der Mutter des →Cheops in →Gịza wohl darauf zurückzuführen, daß ihr Grab, vielleicht in →Dahschụr gelegen, beraubt wurde, wobei die Leiche selbst zerstört wurde[2]. Auf solche schlechte Erfahrungen mag es zurückzuführen sein, daß man bereits in der 3. Dyn. die Grabbeigaben auch an die Wände malte und nicht nur in natura mitgab. Besonders in unruhigen Zeiten, wie nach dem Ende des AR, werden die Grabberaubungen großen Umfang angenommen haben. Aber auch in gesicherten Zeiten kamen Grabräubereien immer wieder vor: So mußte das Grab →Thutmọsis IV. im 8. Jahr →Haremhẹbs wieder neu geordnet

und verschlossen werden und auch vom Grab des →Tutenchamun wissen wir, daß es mindestens zweimal kurz nach der Beisetzung beraubt worden ist, wobei die eine Grabräubergruppe sich besonders für die Öle und Fette interessiert hat.
Als am Ende der 20. Dyn. innere und äußere Unruhen in der Thebais um sich griffen, wurden die Königs- wie die Privatgräber in großem Stil beraubt. Ein Teil der Gerichtsverhandlungen gegen Grabräuber ist erhalten und zeigt einmal die wirtschaftliche Not, die zu diesen Diebstählen führte, andererseits, daß sich selbst Priester und Beamte an den Räubereien beteiligten[3]. Die Strafe für Grabräuber scheint Pfählung gewesen zu sein. Trotzdem läßt ein Inspektionsbericht erkennen, daß in einem Gebiet sämtliche Privatgräber erbrochen und ausgeraubt worden waren.
Durch diese Verhältnisse wurden die →Hohenpriester des →Amun zu Beginn der 21. Dyn. gezwungen, wenigstens die Mumien der Könige sicherzustellen (→Königsmumien).

[1] ILN 1953, 840. — [2] Smith, Giza Necropolis II. — [3] Texte zusammengestellt bei Peet, The great Tomb Robberies.

Granatapfel. Der G. (punica granatum L.) ist in der 18. Dyn. aus Asien eingeführt worden (erste Darstellung der Frucht im sog. botanischen Garten → Thutmosis' III. in →Karnak). Seitdem findet sich die Frucht öfter abgebildet und beigegeben in Gräbern; G.bäume werden auch als Gartenbäume genannt. Der Saft der Früchte diente als Getränk. Aus der Wurzel (in Bier oder Wasser zerstoßen) stellte man ein Wurmmittel her[1].
Lit.: Keimer, Gartenpflanzen I, 47 ff.

[1] Pap. Ebers 16; 19.

Greif. Mischwesen mit Falkenkopf und Löwenleib, Erscheinungsform des Königs als Vereinigung seiner hauptsächlichsten Manifestationen. Im G. verbindet sich mit der Löwenerscheinungsform des Königs die des Himmelsgottes (→Horus). Neben dieser aus der Vorstellung geschaffenen Gestalt steht in ältester Zeit ein anderer „Greif", der eher als geflügelter Löwe zu bezeichnen ist und ein Fabelwesen aus der Welt eines Jägervolkes darstellt[1]; er findet sich auch noch einmal in MR-Gräbern in Beni Hassan, dort allerdings bereits von der Königsvorstellung beeinflußt mit Falkenkopf[2]. Zusammen mit der Sphinx wurde der G. nach Syrien übernommen, wo beide als Torwächter erschienen[3] und wanderte dann nach Kreta[4]. Von hier wurde der G. in der typisch kretischen Form wieder nach Ä. gebracht, wo wir ihn besonders am Beginn der 18. Dyn. unverändert „kretisch" antreffen[5] und von wo er wiederum nach Syrien übernommen wurde[6].

[1] Messergriff Quibell, Archaic Objects S. 237 Nr. 14267; Palette Quibell, Hierakonpolis II pl. 28. — [2] Vgl. BMM April 1933 pt. II S. 26/7, Abb. 5/8. — [3] v. Oppenheim, Tell Halaf Taf. 31 b, 15. — [4] Palace of Minos I 548; IV 910/1. — [5] Axt der Jahhotep: v. Bissing, Thebanischer Gräberfund Taf. 1 E. — [6] Megiddo Ivories pl. 9 Nr. 32.

Grenzschutz. Im Süden schützte man das ä. Gebiet durch Festungen, die im Niltal lagen. Im Nordosten scheint bereits →Snofru[1] und vor ihm vielleicht auch schon Djọser („Tor des Imhọtep") Sperren angelegt zu haben, die im AR die Beduinen abhielten[2]. Sie wurden im MR wieder ausgebaut[3] und als „Herrschermauer" bezeichnet[4]. Im NR war →Sile das Zentrum dieser Anlagen[5], die sowohl die Nomaden abhielten[6] wie Flüchtlinge festhielten[7].
Auch an den Küsten des Mittelmeers bestanden Verteidigungsanlagen unter „Festungskommandanten"[8], durch deren Hände auch der Außenhandel gegangen zu sein scheint[9]. Anlagen an der Westgrenze des Deltas erscheinen bei →Mernephtah[10]; ein „General des Westflusses" ist aus der 18. Dyn. bekannt[11]; auch im AR kennen wir einen „Hüter der Tür der Westlichen"[12].

Lit.: Helck, Militärführer S. 22 ff.

[1] Urk. I 103. — [2] Pyr. 628 b „Bitterseen" mit Mauerdeterminativ geschrieben! — [3] Sinuhe B 17. — [4] Pap. Petersburg 1116 B Z. 66. — [5] Grenztagebuch, ÄZ 69, 39. — [6] Pap. Anast. VI 51 ff. — [7] Pap. Anast. V 19, 2 ff. — [8] Rec. Trav. 22, 105. — [9] ÄZ 65, 89. — [10] ÄZ 34, 1. Z. 23. — [11] Urk. IV 982. Eine vorgeschobene Festung fand sich aus der Zeit →Ramses' II. bei Marsa Matruh. — [12] Urk. I 6.

Griffbünde. G. (aus Darmsaiten oder hölzernen Leisten) teilen das Griffbrett einer →Laute in Abschnitte ein, die das reine Greifen seitens des Musikers erleichtern. Solche Bünde sind auf einer ganzen Reihe pharaonischer Lautendarstellungen deutlich sichtbar. Sie gestatten es, durch Vermessen der Abstände zwischen den Bünden wenigstens annähernd eine oder die andere der gebräuchlichen Tonleitern zu errechnen, die das ä. Tonsystem ausmachten. (H)

Lit.: H. Hickmann, ASAE 52, 161; Kêmi 13, 92 ff.

Grundsteinbeigaben. Seit frühgeschichtlicher Zeit[1] ist die Sitte belegt, G. beim Bau eines →Tempels niederzulegen. Die Gründungsgruben sind mit reinem Sand gefüllt, in den die G. gelegt sind, bisweilen in Kästen. Meist befinden sich die Gruben unter den Ecken des Gebäudes, unter dem Eingang oder unter der Außenmauer[2]. Zunächst enthielten sie Opfergaben, die eine Heiligung und damit Belebung der Stätte erreichen sollten. Dann treten Modelle von Werkzeugen hinzu (oft mit dem Namen des kgl. Bauherrn beschriftet), ferner Proben der Edelmetalle, mit denen der Tempel geschmückt wurde, z. B. G. in Tôd mit asiatischem Silber usw.[3]

---

[1] Myers, Temples of Armant, S. 29; Liste späterer Funde, JEA 4, 221. — [2] MDIK 5, 14. — [3] Bisson de la Roque, Trésor de Tôd, CG. 1950.

Gründungszeremonie. Beim Beginn des Baus eines →Tempels wurden verschiedene Zeremonien durch den König ausgeführt, die auf Handlungen beim ältesten Ziegelbau zurückgehen und zu Weihehandlungen der geschichtlichen Zeit geworden sind. Es handelt sich dabei (nach den Darstellungen im →Sonnenheiligtum des Königs Neuserre, 5. Dyn.) um 1. Einschlagen der Fluchtstäbe; dabei wird schon in ältester Zeit[1] die Göttin →Seschat als Helferin des Königs mit dargestellt; 2. Opfer von Gans und Rind, Wein in der Fundamentgrube; 3. Ziegelstreichen; 4. Baugrube aufhacken; 5. Sand herbeiholen für die Baugrube, die damit gefüllt wurde; 6. Ansetzen der Ziegel „für die 4 Ecken“. Nach Abschluß des Baus wurde die alte Handlung des „Weißens“ mit Kalk ebenfalls zu einer Ritualhandlung.

---

[1] JEA 20, pl. 24, Zeit *Ḫ*ʿ*-sḫm.wj*, 2. Dyn.

⁂

Haartracht. In vorgeschichtlicher Zeit trug man langes Haar und Spitzbart, begann aber zu Beginn der geschichtlichen Zeit das Haar kurz zu schneiden und das Gesicht zu rasieren. Man trug jetzt Perücken, vor allem eine kurze Löckchenperücke oder eine mit langen glatten Haaren. Es kommen auch bis auf den Rücken reichende Löckchenperücken im AR vor[1]. Die Frauen des AR trugen eine Perücke mit langen glatten Haaren, die bis auf die Brust reichten. Bei einigen findet sich auch eine nur bis auf die Schulter reichende Perücke (Nofret), ja selbst eine ganz kurze Löckchenfrisur kommt vor[2].

Wie sich die Männer auch manchmal ohne Perücke darstellen lassen (Statue des Ti), finden wir auch einigemale Frauen ohne Perücke mit kahlem Kopf dargestellt — anscheinend als Haustracht, so die Frau des Mereruka beim Harfespiel auf dem Bett des Mannes[3].

Tänzerinnen trugen häufig einen langen, mit einer Kugel beschwerten Zopf oder kurze Haare, aber auch hochgebundene Haare[4]. Im MR änderte sich die Männer- wie die Frauentracht kaum[5]; erst im NR kamen mit der Änderung der →Kleidung auch andere Haartrachten auf. So treffen wir entweder eine Perücke an, die bis in den Nacken reichte, oder eine längere, bei der die Haare auf den Schultern auflagen und im unteren Teil gekräuselt waren. Die Frauenperücken hatten damals verschiedenste Formen: Das Haar fiel frei auf Rücken und Schultern oder nur auf den Rücken oder war in Zöpfen zusammengedreht, manchmal waren die Haare auch gekräuselt. Später kam man wieder auf die alte Frauenhaartracht zurück, kräuselte aber gern die Haare.

Die Perücken wurden in eigenen Kästen aufbewahrt[6]. Das Reparieren der Perücke wurde am Kopf der Trägerin durchgeführt mit Hilfe einer besonderen Nadel[7]. →Kleidung, Salbkegel.

Lit. zu Perücken: Lucas ASAE 30, 196.

[1] LD II 64 bis. — [2] Boston Bull, 25 S. 67, 69 Abb. 5, 7. — [3] Wreszinski Atlas III 5. — [4] B. Hassan I 29. — [5] Zur Frauenhaartracht Mace-Winlock, Tomb of Senebtisi S. 44 ff. — [6] Gauthier-Jéquier, Licht 50. [7] Vgl. Gauthier-Laurent, Mél. Maspero I 673 ff.

Handel. Der ä. Außenhandel, auf kgl. Befehl durch dessen Beamte durchgeführt, ging im AR nach drei Richtungen: nach dem Libanon (Byblos), nach →Nubien und nach →Punt. Vom Libanon wurden in erster Linie die Nadelhölzer eingeführt (*ꜥš, mrw*), die für Wohn- und Schiffsbauten bzw. für Grabanlagen gebraucht wurden[1], sowie Nadelbaumharz zur Balsamierung[2], oder syrisches Öl[3]. Vielleicht kam auch der Lapislazuli über Byblos nach Ä., der anscheinend in Afghanistan gefunden wurde[4].
Aus →Punt führte man seit alters Weihrauch, aber auch →Gold, Tierfelle usw. ein[5].
Nach Nubien zog man im AR von →Elephantine aus mit Eselkarawanen, um ä. Produkte (etwa Fette, Honig, Kleider, Fayencegefäße und Alabastervasen) gegen Rohstoffe einzutauschen, unter denen der *śnṯr*-Weihrauch (eine andere Sorte als die aus Punt geholte: *ꜥn.tjw*) hervorragt, daneben finden sich Hölzer (Ebenholz), Felle, Elfenbein. Nubien galt auch bis ins NR als Holzlieferant[6]. Als Goldproduktionsland wurde Nubien jedoch erst im MR begehrt, was zum Hauptanlaß der Eroberung durch die Ägypter wurde.
Der Innenhandel war im AR auf Tauschhandel zwischen den Landarbeitern beschränkt. Da damals kein Bauernstand bestand, sondern die Leute auf den staatlichen Gütern arbeiteten und vom Staat bezahlt wurden, bestand keine Notwendigkeit eines größeren Lebensmittelhandels. Was verkauft wurde, waren anscheinend nur Produkte von Gärten (hieraus ist wohl zu schließen, daß die Landarbeiter eigene Gärten besaßen): Feigen, Gemüse, Zwiebeln, →Lattich, →Öl, aber auch →Fische und →Brote. Daneben wurden Dinge feilgehalten, die die Leute in ihrer Freizeit anfertigen konnten: Stöcke, Fächer, Angelhaken, →Kopfstützen, Spindeln, Sandalen, Leinwand. Dagegen dürften die Siegel, →Spiegel und Schmuckstücke Produkte der staatlichen Handwerker sein, die diese für eigene Rechnung herstellten und die nun ihren Weg auf den Dorfmarkt gefunden haben. Wirkliche Kaufleute gab es in dieser Zeit nicht, sie traten erst im NR auf, wo es zumeist →Ausländer waren.
Im MR lassen uns Inschriften weiterhin Handels-

unternehmungen in die syrischen Gegenden erkennen, bei denen es sich besonders um →Kupfer, aber auch um Halbedelsteine handelte[7]. Auch nach Punt fuhr man weiter[8], wobei man erkennt, daß dort typischer Küstenhandel getrieben wurde: Die Waren wurden von den Eingeborenen am Strand niedergelegt und die Ägypter legten dafür die Tauschobjekte hin; beide Parteien kamen nicht in unmittelbare Berührung.

Für den Handel mit dem afrikanischen Süden spielte nach Eroberung Nubiens die Handelsfaktorei Kẹrma eine große Rolle, die außerhalb der damaligen Provinz Nubien lag.

Aus den umliegenden Wüsten- und Oasengebieten kamen naturgemäß nur wenige Produkte, so Augenschminke aus der Ostwüste[9], Salz, Natron, Matten, Heilpflanzen, Vögel aus dem Wadi Natrụn, Holz für Stöcke aus der Oase Farạfra[10].

Im NR bestand die alte Art des „staatlichen" Handels weiter, man vgl. die Expeditionen nach Syrien[11] oder nach Nubien[12] oder nach Punt[13]. Daneben finden sich aber auch Hinweise auf Zwischenhandel, durch den etwa die Produkte von Punt nach Ä. kamen. Außerdem begannen jetzt die Eingeborenen selbst, ihre Waren nach Ä. zu bringen: Puntleute fuhren zu Schiff nach Kosseir[14] und Syrer landeten in Theben mit ihren Waren[15]. „Ausländische Kaufleute" gehören seit der Amạrnazeit zu den Tempelangestellten[16]. Kaufleute durchzogen auch das Land und treiben z. B. Sklavenhandel[17]; auch hier mag es sich meist um Ausländer handeln (vgl. die Midianiter in der Josephsgeschichte!). Andererseits versuchte der ä. Staat immer, den privaten Außenhandel unter Kontrolle zu bekommen: Schon im MR durften die Nubier nur an einem Grenzmarkt (*'Iḳn*) Handel treiben. In Saitischer Zeit beschränkte man die griechische Handelstätigkeit auf die Faktorei →Naukratis. Bereits am Ende der Ramessidenzeit wird aber deutlich, daß der Überseehandel nach Byblos in den Händen syrischer Handelshäuser lag, deren Niederlassungen in Ä. vielleicht wie die kyprischer Händler (?) in der Amạrnazeit als exemt galten.

---

[1] RT II pl. 10,2; Scharff Altertümer II S. 171 Abb. 92; Palermostein 6, 2. — [2] Admon. III 7. — [3] Borchardt, Sahure II

Taf. 3; 11/2. — [4] Lucas, Materials[3] 455. — [5] Unter Sahure Pal. Rs. 4, 2; vgl. Urk. I 140, 17. — [6] Urk. I 108, 13 ff.; Thutmosis III. Gebel Barkalstele. — [7] Vgl. bes. JEA 4, 28 ff. — [8] Inscr. Hammamat Nr. 114; Alnwick Castle 1935. — [9] Beni Hassan I pl. 30/1. — [10] →Bauerngeschichte I 9. — [11] Urk. IV 534; →Wen-Amun. — [12] Vgl. Säve-Söderbergh, Ä. und Nubien S. 206 ff. — [13] Hatschepsut Urk. IV 344. — [14] MIO II 189; BMM Nov. 35 pt. II S. 48 Abb. 3. — [15] Steindorff, Blütezeit S. 72, Abb. 63. — [16] Kairo 34182; Nauridekret Sethos' I. JEA 13 Z. 40; Insc. dédicat. Ramses II. Z. 84. — [17] JEA 21, 140.

Handgriffklapper (Cliquette). Die Griffklapper besteht aus einem Handgriff und zwei seitlich angebrachten, flügelartigen Seitenteilen, die durch Hin- und Herschütteln zum Klappern gebracht werden. Es handelt sich also um die Mechanisierung des uralten Prinzipes der altä. Gegenschlagklappern. Vielleicht schon im AR bekannt (Grab des Nuneṯer), erscheint dieses Instrument häufig als Semanterion in koptischen Klöstern. Die erhaltenen Instrumente sind teils aus Holz, teils aus Elfenbein, und sind kunstreich verziert. (H)

Lit.: C. Sachs, Real-Lexikon der Musikinstrumente, Berlin 1913, S. 342 b bzw. S. 77 b (Cheirosemantron); H. Hickmann, Bulletin de la Société d'Archéologie Copte XIII, Kairo 1950.

Handklatschen. Nahezu alle altä. Tanz- und Musikszenen enthalten Musiker und -innen, die in die Hände klatschen. H. und →Fußstampfen begleiten auch die alten Hathortänze, erster Nachweis des →Körperschlages im Niltale.
Es handelte sich wohl nicht nur um Taktschlagen, sondern um in Rhythmus und Klangfarbe abgestufte urtümliche „Instrumental"begleitung. (H)

Lit.: H. Hickmann, BIE 37; H. Hickmann-Charles-Grégoire, Duc de Mecklembourg, Rapport préliminaire sur la campagne d'enregistrement de musique populaire égyptienne (été 1955), in: BIE 38.

Hapi. Name des →Niles, vorzüglich des Überschwemmungswassers.

Haremḥeb. Vorname *Ḏsr-ḫprw-Rˁ stp-n-Rˁ*, König am Übergang von der 18. zur 19. Dyn., Nachfolger des →Tutenchạmun, Regierungsdauer unbekannt (12 Jahre?), höchstes Datum Jahr 8[1], anzusetzen vielleicht um 1332—1306 v. Chr. Gattin *Mw.t-nḏm.t*. Ursprünglich ein Offizier, vielleicht Festungskommandant von →Sile , wurde er Regent und Oberbefehlshaber unter →Tutenchamun. Damals legte er

sich ein Grab in →Memphis an mit Darstellung seiner Tätigkeit in Syrien[2]. Er dürfte den beim Tod des Tutenchạmun von der Witwe Anchesenạmun unternommenen Versuch, einen Sohn des Hethiterkönigs Šupiluliụma auf den ä. Thron zu setzen, durch Ermordung des Prinzen vereitelt und den folgenden Angriff des Šupiluliụma nördlich Damaskus zum Stehen gebracht haben. Er konnte die Thronbesteigung des „Gottesvaters" Ẹje nicht verhindern, den er aber nach etwa 4 Regierungsjahren stürzte und selbst den Thron bestieg. Die wirtschaftlichen Verhältnisse des Landes ordnete er in einem ausführlichen →Dekret[3]. Da er anscheinend kinderlos war, setzte er den Kommandanten von Sile Paramessu als Stellvertreter, →Vezir und Oberbefehlshaber ein, der dann als →Rạmses I. den Thron bestieg.
H. hat die Bauten der Amạrnazeit gründlich abreißen und die Steinblöcke in eigene Anlagen verbauen lassen. Ihm dürfte die Zerstörung von →Tell el Amarna, die Zerschlagung der Statuen →Amenophis' IV. und der →Nọfretẹte, das Abreißen des Atontempels in →Karnak zuzuschreiben sein. Aber er scheint auch z. B. das →Sonnenheiligtum des Userkạf der 5. Dyn. beseitigt zu haben (wohl, weil er den Sonnenglauben treffen wollte). Die Inschriften des Tutenchạmun usurpierte er hingegen, da sie ja unter seiner Regentschaft herausgegeben waren. Ebenso übernahm er den Totentempel des Tutenchạmun auf der Westseite von →Theben, den bereits Eje für sich usurpiert hatte.
In Karnak stammen von ihm der 2., 9. und 10. Pylon. Bekannt ist sein Speos bei →Gebel Sịlsile mit Darstellungen eines Nubienfeldzugs.

[1] Carter-Newberry, Tomb of Thutmosis IV S. XXXIII. — [2] JEA 39, 3 ff. — [3] JNES 5, 260 ff.

Harfe →**Bogen-, Winkelharfe.**

Harsaphes ä. *ḥrj-š.f* „der auf seinem See", Beiname eines nie mit seinem wahren Namen angeredeten Gottes in Widdergestalt in →Herakleọpolis. Er galt später als Himmelsgott, dessen beide Augen Sonne und Mond sind.

Hạthor. Die Göttin, deren Name „Haus (= Mutter?) des Horus" bedeutet, galt in →Dendẹra, ihrem Hauptkultort, als Gattin des →Horus von →Edfu, Mutter eines Götterkindes, zugleich als Liebesgöttin und Göttin des →Tanzes. Die Gestalt einer Falken- und Himmelsgöttin, die nach dem Namen zu urteilen ihr ursprüngliches Wesen umschrieben haben muß, ist ganz in den Hintergrund gedrängt. In Dendẹra verbirgt sich zudem hinter ihr eine Kuhgöttin (Wildkuh?), der die meist menschengestaltig dargestellte Göttin in manchen Darstellungen die Kuhohren verdankt. Freilich deckt der Name in historischer Zeit verschiedene Göttinnen, u. a. wohl besonders Baumgottheiten (in →Memphis eine „Herrin der südlichen Sykomore", im 3. u.ä. Gau eine „Herrin der Dattelpalmen"), die zweifellos ursprünglich als selbständige Numina zu betrachten sind. Außer in Dendẹra, →Elkạb, Pathyris wurde H. in Theben-West (→Deir el Bahri) verehrt, in Gestalt einer aus dem Berge tretenden Kuh. Hier nahm sie, wohl unter dem Einfluß ihrer Umgebung (Totenstadt!) den Charakter einer Nekropolengöttin an. Merkwürdig ist die häufige Verehrung der H. im Ausland, so in Byblos, im →Sinai und in →Punt. In der Mythe von den →Augen des Himmelsgottes erscheint H. als wesenseins mit →Tẹfnut. Im Volksglauben ist seit dem NR eine Vielheit von 7 Hathoren nachweisbar, die als Schicksalsgöttinnen oder Feen galten.

Hatnụb. Name der →Steinbrüche SO von →Tell el Amạrna, ä. *Ḥw.t-nwb* „Goldhaus" (Name der Handwerkerateliers), in denen Alabaster gebrochen wurde. Felsinschriften zeigen an, daß bereits in der 4. Dyn. (→Cheops) hier Stein gebrochen wurde. In der 1. Zwischenzeit gehörten diese Steinbrüche den Fürsten vom 15. o.ä. →Gau, die daher in den Inschriften genannt und nach denen auch datiert wird.

Lit.: Veröffentl. der Felseninschriften: Anthes, Felseninschriften von Hatnub, Leipzig 1928.

Hatschepsut. Vorname *Mꜣꜥ.t-kꜣ-Rꜥ*, etwa 1490—1468, Tochter →Thutmosis' I., regierte nach dem Tod ihres Halbbruders Thutmosis II. anstelle des noch minderjährigen Neffen →Thutmosis III., verdrängte ihn für die Zeit ihres Lebens ganz von der Herrschaft und ließ sich im 7. Jahr zum König ausrufen. Im bewußten Gegensatz zur außenpolitischen Tendenz der Dyn. hielt sie sich für berufen, das Land im Innern zu reorganisieren und die Schäden der →Hyksoszeit zu tilgen. In Theben-West erbaute sie sich nördlich vom Tempel →Mentuhoteps einen Terrassentempel (→ Deir el Bahri). Ihr Grab liegt im Königsgräbertal (Nr. 20, →Königsgrab) in der verlängerten Achse ihres Tempels und gehört zu den ausgedehntesten dieser Nekropole.

Hauron. Ein kanaanäischer Gott, der zuerst wohl von →Ausländern in Ägypten verehrt wurde. Wegen der Namensähnlichkeit mit einem ä. Wort für „Sphinx" wurde er bei der großen →Sphinx von →Giza verehrt, ja diese selbst als sein Bild verstanden.

Lit.: R. Stadelmann, Syrisch-palästinensische Gottheiten in Ägypten, Leiden 1967, S. 76 ff.

Haus. Die H. wurden durchgängig aus Lehmziegeln, Holz und Rohr gebaut; erst seit der Amạrnazeit finden sich Türumrahmungen aus Stein, auf denen Name und Titel des Besitzers standen. Aus vorgeschichtlicher Zeit stammt ein Hausmodell[1] mit geböschter Lehmwand und Holzbalken über der Tür. Häuser des AR sind nur in Lehmmauergrundrissen erhalten[2]; die Anlage einer staatlichen Handwerkersiedlung hat sich am Aufweg des →Chephren bei →Giza erhalten (unpubl.). Eine ähnliche Stadt fand sich aus dem MR bei Kahun[3]. Bei den dort gefundenen H. der höheren Beamten war der Mittelpunkt des Gebäudes ein Hof, von dem man einmal zu den Obergeschossen hinaufsteigen konnte, andererseits entweder die Räume des Herrn oder die der Frau erreichte. Schlafzimmer befanden sich gern im zweiten Stock. Auf dem Dach waren Luftfänge angebracht, um den kühlen Nordwind ins Haus zu leiten. Zahlreiche Hausgrundrisse sind durch die Ausgrabungen in Amạrna bekannt geworden[4]. Als wichtiger Teil eines Hauses galt immer der Garten mit Fruchtbäumen und einem Teich in der Mitte.

Für die Haustüren ist charakteristisch, daß sie unten einen Spalt offen ließen; sie drehten sich mit Zapfen in Angelsteinen; als Verschluß dienten hölzerne Riegel. Fenster saßen außen hoch in der Wand und waren mit Holzgittern versehen. →Architektur, Bad, Möbel.

[1] MacIver, El Amrah pl. 10. —[2] Quibell, Hierakonpolis II, S. 16/8; Abydos III pl. 6. — [3] Arbeitersiedlung zur Pyramide →Sesostris' II., Petrie, Illahun pl. 14; Kahun pl. 15. — [4] Ricke, Grundriß des Amarna-Wohnhauses; Pendleburry, City of Akhenaton I—III. — [5] Vgl. d'Orbiney 6,1.

Haustiere. Seit früh-vorgeschichtlicher Zeit lassen sich vor allem →Rind, →Schaf und →Ziege als H. nachweisen. Ebenfalls alt, aber vielleicht auf die nördliche Landeshälfte beschränkt, ist das →Schwein. Ferner gehören zum alten Bestand domestizierter Tierarten der Esel und verschiedene Rassen von Hunden. Dagegen wurde die →Katze erst im Laufe der geschichtlichen Zeit domestiziert und das →Huhn taucht erst seit dem NR sporadisch auf. Unter dem Geflügel sind vor allem verschiedene Gänse, Enten, Kraniche, Tauben zu nennen.

Lit.:J. Boeßneck, Haustiere in Altä., München 1953.

Hawạra. Ort am Ostrand des Fayụm, wo der Bahr Jụssuf eintritt; nach ihm ist die in der Nähe liegende →Pyramide König →Amenemhẹts III. benannt, deren Totentempel Herodot (II 148) und Strabo (XVII 811) beschreiben und →„Labyrinth" nennen. Von ihm ist jetzt nichts mehr erhalten, während die Pyramide, einst aus ungebrannten Ziegeln erbaut, noch einen formlosen Haufen bildet.

Heer. Im AR gab es kein Militär als abgegrenzten Stand der Bevölkerung. Teile der Bevölkerung wurden ausgehoben, wobei es zunächst keinen Unterschied bedeutete, ob die Ausgehobenen zu Bauarbeiten, Feldzügen oder Steinbruchsexpeditionen eingesetzt wurden. Wie die Inschrift des Uni erkennen läßt[1], rückten die ausgehobenen Leute unter der Führung der Beamten ins Feld, unter denen sie auch sonst arbeiteten. Da die meisten Ä. damals auf Gütern zu Arbeitertrupps organisiert und namentlich in Listen der Zentralverwaltung erfaßt waren, ließen sich solche Aushebungen leicht durchführen. Grundsätzlich waren alle Leute diesen Aushebungen unterworfen; jedoch finden sich am Ende des AR →Dekrete, die die Angehörigen von Götter- und Totentempeln der Könige von diesen Aushebungen ausnehmen. Für die Durchführung von Steinbruchs- und Bauarbeiten bestand eine eigene Verwaltung. Unter dem „Siegler der beiden großen Flotten des Gottes“ standen als eigentliche Expeditionsleiter „Gottessiegler“, die gleichzeitig sich auch „Heeresvorsteher“ (*mr mšʿ*) nannten. Ihnen unterstanden die „Abteilungsführer“ (*ʿprj*), gleichzeitig als Vorsteher der Steinbruchsarbeiten (*mr š*) betitelt[2]. Die Abteilungen scheinen dann mehrere Schiffe umfaßt zu haben.

Die genannte Inschrift des Uni läßt aber auch erkennen, daß man damals bereits ausländische Söldner aus →Nubien wie aus →Libyen anwarb[3].

Im MR traten nun auch Berufssoldaten auf, die als „Kämpfer“ bezeichnet und für ihren Unterhalt mit Feldern begabt wurden. Weitere Stufen waren der „Begleiter des Herrschers“ (*šms n ḥḳꜣ*) und ihr „Untervorsteher“ (*śḥḏ*)[4].

Bei Expeditionen wurden weiter die Milizen ausgehoben, wobei jetzt die oberste Leitung beim Schatzmeister (*mr śḏꜣwt*) lag, während die eigentliche Leitung von Beamten der Schatzhausverwaltung oder der des kgl. Besitzes wahrgenommen wurde. Die Einteilung der Arbeitertruppe ergibt sich einmal klar in der Inschrift Gardiner-Peet-Černy, Sinai-Inscriptions² Nr. 85: Die dort aufgebotenen 100 Mann sind in Gruppen zu je 10 eingeteilt, wobei der erstgenannte der Gruppenführer ist. Je 5 solcher Gruppen bilden eine „Hälfte“ — der Gruppenführer der 1. Gruppe der zweiten Hälfte ist zugleich Leiter der ganzen Hälfte, während der Gruppenführer der 1. Gruppe als „General“ zugleich alle 100 Mann führt.

Im NR bestand das Milizsystem weiter, aber in der Hauptsache wohl nur für Steinbruchsunternehmungen. Die Auseinandersetzungen mit den vorderasiatischen Reichen erforderten jetzt ein besser organisiertes und ausgebildetes H. Bereits zu Beginn der 18. Dyn. treffen wir daher Berufssoldaten an, die mit Feldern belehnt wurden, von denen sie ihren Lebensunterhalt zogen, die die Familie aber verlor, wenn keiner ihrer Angehörigen wieder Soldat wurde. Besonders die „Stallvorsteher“, als Angehörige der wichtigen Truppe der Streitwagenkämpfer, die jetzt aufkam, erhielten für die ihnen unterstellten →Pferde große Felderzuweisungen[5]. Daneben wurden aber auch fremde Söldner und ganze gefangene Völkerstämme (Scherden, Philister) zusammen angesiedelt, um geschlossen als Soldaten eingesetzt zu werden. Auch nubische Söldner spielten, besonders in der Zeit der 17. Dyn., eine große Rolle.

An Dienstgraden finden wir in der Fußtruppe über dem „Soldaten“ (*wcw*) den „Standartenträger“ und darüber den „Obersten“ (*ḥrj pḏ.t*); der Führer größerer Einheiten trug den alten Titel „Soldatenvorsteher“ (*mr mšc*). Die Versorgung unterstand den beiden „Heeresstellvertretern“, die Aushebung und der Küstenschutz dem „Rekrutenschreiber“ (*sš nfrw*). In ramessidischer Zeit kamen noch weitere Dienstgrade hinzu (*sk.t* u.a.).

Über die organisatorische Einteilung des Heeres läßt sich wenig sagen: in ramessidischer Zeit erscheinen vier „Divisionen“: die des →Amun, →Re, →Ptah, →Seth. Jedoch bleibt unbekannt, wieviel Abteilungen (*s*ↄ) zu je 200 Mann auf eine „Division“ kamen. Bei den Streitwagen, die mit je zwei Mann besetzt waren, hieß der Kämpfer, dem der Wagen gehört, *snn*, der Fahrer *kṯn*. Mehrere Streitwagen scheinen unter dem Befehl eines „Stallvorstehers“ zusammengefaßt zu sein. Unter den Trägern dieses Titels war der „Stallvorsteher des kgl. Stalles an der Residenz“ besonders ranghoch. Die oberste Leitung der ganzen Streitwagentruppe scheint in den Händen des „Pferdevorstehers“ zu liegen, eines zunächst zivilen Beamten, der bald von einem Offizier abgelöst wurde. →Waffen, Wagen, Hermotybier.

Lit.: Säve-Söderbergh, Egyptian Navy, Uppsala 1946; Helck, Militärführer, Leipzig 1939; Helck, Beamtentitel A.R. S. 101 ff.; A. A. Schulman, Military Rank, Title and Organisation in the Egyptian New Kingdom (ÄgFo 6).

[1] Urk. I 102. — [2] Sie führten eine „Abteilung“, vgl. Urk. I 99, 13; Hatnub Graff. 3. — [3] Urk. I 101, 13 ff. — [4] Vgl. Garstang, El Arabah pl. 4/5. — [5] Vgl. Pap. Wilbour.

Heilige Stäbe. Seit der 18. Dyn. finden sich Statuen von Königen und Privatleuten, die eine als „heiliger Stab“ bezeichnete →Standarte halten. Am häufigsten ist naturgemäß der „Stab des →Amun“ dargestellt, an dessen Spitze ein Widderkopf mit →Uräus, eine Erscheinungsform des Amun, angebracht ist.
Ähnliche heilige Stäbe des →Chons, des →Horus, der →Hathor werden in den späten Tempeln von →Edfu und →Dendẹra genannt.
Der hl. Stab des Amun begleitete auch schützend das Schiff des →Hohenpriesters[1] und fuhr im Libyerkrieg →Ramses' III. in einem besonderen Streitwagen vor dem des Königs[2], begleitet von einer eigenen Leibwache.

Lit.: Van de Walle, Arch. Or. 20, 111/35.

[1] BIFAO 30, 481 ff. — [2] Nelson, Medinet Habu I pl. 17.

Heliọpolis. Ä. Name *'Iwnw* („Stadt des Pfeilers“), Hauptstadt des 13. u.ä. →Gaus, etwa 12 km NO Kairo. Jetzt nichts mehr erhalten als ein →Obelisk →Sesọstris' I. beim Dorf Matarijeh, der vor dem großen Heiligtum des Sonnengottes stand. In der 4. Dyn. war H. Amtssitz der Expeditionsleiter und Ausgangspunkt für die Expeditionen zum →Sinai, wurde seit der 5. Dyn. Kultort des Sonnengottes und spielte als solcher in den religiösen Texten eine bedeutende Rolle. Politisch ist die Stadt nie hervorgetreten. Ihr Tempel galt nach dem des →Amun von →Karnak und des →Ptah von →Memphis im NR als einer der wichtigsten. In der Spätzeit ist er gern von griechischen Reisenden aufgesucht worden (Herodot, Platon, Eudoxos). Bereits im Altertum war aber H. verfallen; die Araber benutzten die Steine zum Bau von Kairo.
Neben dem Tempel des Sonnengottes →Re(-Harachte) bestand in H. auch ein Heiligtum des Gottes →Atum. Ihm war als „heiliges Tier“ das Ichneumon angeschlossen, das wohl eine primäre Lokalgottheit war. Daneben verehrte man den →Phönix sowie den Mnẹvisstier (→Stierkulte).
Im NR scheinen die →Annalen in H. geführt worden zu sein; hier wurde auch der heilige Baum gezeigt, auf dessen Blätter die Göttin →Seschạt und der Gott →Thot den Namen der Könige schrieben.

Heluan. Ort 25 km südl. Kairo, Fundstätte einer großen frühgeschichtlichen Nekropole, in der die Gräber z. T. bereits aus großen Steinen gefügte Grabkammern sowie Magazine besitzen.

Lit.: Zaki Saad, Excavations at Saqqara and Heluan (2 Vol.), Kairo 1946/51.

Herakleọpolis j. Ehnạs, (Henassịye el-Medịne), ä. *Ḥnn-nswt* (assyr. *Hininsi*) d. h. Haus des Königskindes, in alter Zeit wichtige Stadt unweit des Durchbruchs des Bahr Jụssuf ins →Fayụm, Hauptstadt des 21. o.ä. →Gaus. Aus ihr stammten die Herrscher der 9. und 10. Dyn. Hier wurde ein widderköpfiger Gott →Harsaphes verehrt, von dessen Tempel noch Reste auf dem weiten Ruinenhügel zu erkennen sind. H. hat seinen griechischen Namen durch Gleichsetzung dieses Gottes als des „Mächtigen" mit Herakles erhalten. Es erscheint öfters in religiösen Texten als Schauplatz von Vorgängen der Mythe. Die zur Stadt gehörigen Gräber liegen bei Sedment, u. a. das eines →Vezirs unter →Ramses II. (Pa)-Rahotep.

Lit.: Petrie, Ehnasya, London 1905; Petrie-Brunton, Sedment I/II, London 1924.

Herakleopolitenzeit. Als H. bezeichnet man einen Teil des Zeitraums zwischen AR und MR. Während die Herrschaft des AR in →Memphis mit einer Reihe unbedeutender Könige zu Ende ging und sich in →Theben ein dortiges Herrschergeschlecht (die spätere 11. Dyn.) selbständig machte, regierte in →Herakleọpolis magna die 9./10. Dyn., 15 Könige, von denen wir im einzelnen wenig wissen (etwa 2220 bis 2050 v. Chr.). Zu ihnen gehörten drei Könige mit Namen Achthọes (= Chẹti) und Merikarẹ, für den sein Vater eine „Lehre" (→Weisheitsliteratur) verfaßte. Es scheint, als sei der Hof dieser Könige ein Zentrum der Literatur gewesen; von der bildenden Kunst ist so gut wie nichts bekannt.

Hermotybier und Kalasịrier. Nach Herodot II 146, 166 die beiden Klassen des ä. →Heeres, die nach Diodor I 94 von einem Sesoọsis (Schẹschonk I.) eingeführt wurden. Nach Kees waren H. eine Art Miliz, während die Kalaṣirier angesiedelte Militärkolonisten waren[1]. Herkunft des Namens H. unklar[2], K. wohl nach dem Kalaṣiris-Kleid (Untergewand mit Fransen), vielleicht libyscher Herkunft.

[1] RE X 1547. — [2] ÄZ 43, 87 f.

Hermupolis magna. Stadt in Mittelägypten, 300 km stromauf von Kairo, ä. *Ḫmnw* („Stadt der Acht") genannt, davon abgeleitet der jetzige Name Ashmuneịn. Ein anderer Name ist *Wnw* („Hasenstadt") nach dem Zeichen des 15. o.ä. →Gaues, dessen Hauptstadt H. war. Hier wurde der Gott des Wissens und des Schreibens →Thot verehrt, den die Griechen mit Hermes gleichsetzten. Ihm war eine →Achtheit von Urwesen zugerechnet. In den Pyramidentexten erscheint H. bereits als Ort mythischer Vorgänge („Aufruhr in Hermụpolis" § 229). In der 1. Zwischenzeit spielte H. eine Rolle als Sitz eines Gaufürstengeschlechts, das auf der Seite der Herakleopolitaner stand; ihre Gräber sind bei Bersheh erhalten. In der Äthiopenzeit und später ist H. die Stadt, die an der Grenze der Thebais und den nördlichen Herrschaften bzw. Gauen lag.
Es sind Reste der griechischen Stadt mit einem unter →Alexander erbauten Tempel des Hermes Trismegistos und der Agoṛa zu erkennen, der Tempel des Thot ist z. T. ausgegraben, wobei Reste der Ramessidenzeit und des MR (→Amenemhẹt II.) aufgedeckt wurden. Aus H. stammte das Geschlecht, das am Ende der Ramessidenzeit die Macht in der Thebais in die Hände bekam und damit auch bedeutsam an der Entwicklung eines →„Gottesstaates" in diesem Gebiet beteiligt war[1]. Zahlreiche Bruchstücke von Amarnareliefs aus dem Tempel →Ramses' II. dürften aus dem nahegelegenen →Tell el Amạrna stammen, als dort die Bauten →Amenophis' IV. abgerissen wurden. Die Gräber der griechisch-römischen Zeit liegen 12 km SO von Ashmuneịn bei Tụna el-Gẹbel und enthalten zahlreiche Malereien in griechisch-ä. Mischstil; am bekanntesten das Grab des →Petosịris.

Lit.: MDIK 2, 75; 3, 1; 5, 11; 7, 1; 9, 40; Roeder, Ausgrabungen der Deutschen Hermupolis-Expedition 1929—1969; Amarna-Reliefs aus Hermopolis, 1969.

[1] Hohepriester Ramses-nacht und Amenophis, vgl. Kees, Priestertum S. 123 ff.

Herodot. Griech. Historiker (geb. um 484 in Halikarnass, gest. nach 431 v. Chr.). Er beschrieb in 9 Büchern die Auseinandersetzungen zwischen Europa und Asien. In Buch 2 bis Buch 3 c. 47 schiebt er anläßlich der Darstellung des Krieges des Kambyses gegen Ä. seine berühmte Schilderung der Geographie, Geschichte und Kultur Ägyptens ein. Diese beruht sowohl auf schriftlichen Quellen wie mündlichen Überlieferungen wie eigener Kenntnis (H. hatte Ä., Phönikien, Mesopotamien und das Skythenland selbst bereist). Wenn man die Verschiedenwertigkeit von H.'s Quellen, seine Bindung an bestimmte chronologische Schemata und die Bedingtheit seiner Reiseroute durch die damalige persische Besatzung in Ä. berücksichtigt, wird man seinem Werk einen hohen Rang als Geschichts- wie als Quellenwerk zubilligen.

Lit.: O. Regenbogen, Kleine Schriften, München 1961, S. 57 ff.; H. de Meulenaere, H. over de 26ste Dynastie, Leuven 1951; M. Kaiser, H. Begegnung mit Ä., Sitz. ber. Sächs. AK. Wiss. phil. hist. Kl. 113, 5, Berlin 1968.

Hierakonpolis, ä. *Nḫn,* j. Kom el Ahmar, im 3. o.ä. →Gau, auf westl. Nilufer gelegen, Hauptgott →Horus. In seinem Tempel fanden sich bei Ausgrabungen zahlreiche Reste von Weihgaben aus früh- und vorgeschichtlicher Zeit. H. spielt in der religiösen Literatur eine hervorragende Rolle als Gegenstück zum u.ä. →Buto. An geschichtlichen Resten finden sich nur noch Felsgräber des A und NR sowie ein kleines, bisher unidentifizierbares sog. „Fort" der Frühzeit. Wichtig für Geschichte und Kunstgeschichte war ein spätvorgeschichtliches Fürstengrab.

Lit.: Quibell, Hierakonpolis I—II, London 1900/02; W. Kaiser, MDIK 16, 183 ff.

Hieratisch →**Schrift.**

Hieroglyphen →**Schrift.**

Hilfslinien. Zur Vorzeichnung der Figuren in →Malerei und →Relief bediente man sich H. Entweder gebrauchte man ein Gerüst aus Punkten und Linien, das die Proportionen der Gestalt (Höhe und Breite an bestimmten Körperpunkten) festhielt, oder (seit dem MR) man überzog die Fläche mit einem Hilfsnetz, durch das ebenfalls die den Umriß der Gestalt festlegenden Proportionen und Punkte angegeben wurden. Solche Hilfsnetze wurden auch in der Spätzeit benutzt, um alte Reliefs zu kopieren.

Lit.: Schäfer, Von ä. Kunst[3], S. 317 ff.; Smith, History[2], S. 247 ff.; Iversen, Canon and Proportions in Egyptian Art, London 1955.

Hoherpriester. Als H. bezeichnet man herkömmlich die Leiter der Priesterschaft eines Tempels, die den Titel →„Prophet" bzw. „Erster Prophet" führten. Bei einigen finden sich Sondertitel, die z. T. auf ein hohes Alter blicken können und für die Geschichte des Priestertums bemerkenswert sind. Einige sind:
In →Heliopolis: „Größter der Schauenden"; vielleicht urspr. Leiter der Expeditionen; vielleicht auf die Gottesschau zu beziehen (Bonnet). Von Junker, APAW 1939, 23, S. 27 als „Der den Großen schaut" gedeutet.
In →Memphis: „Oberster Leiter der Handwerker", ursprünglich offenbar ein Beamtentitel, vgl. Helck, Beamtentitel S. 102 ff.
In →Hermụpolis: „Größter der Fünf im Hause des Thot", urspr. Titel des →Vezirs.
In →Bubạstis (und vielleicht auch Sạis) „Oberarzt", Posener, Première domination Perse S. 4; Helck, a. a. O. S. 66.
In →Theben: „Türöffner des Himmels", seit NR.
In →Herakleọpolis: „König, Geliebter Sohn", spät, Brugsch, Dict. géogr. S. 1360; Urk. II 5; Mar. Dend. IV 34.
Eine Liste der Hohenpriester aller →Gaue aus dem Tempel von →Edfu bei Brugsch, Dict. géogr. 1361, 1368.

Hohlkehle. Die nach vorn in einer Kurve gebogene Mauerbekrönung bezeichnete man als H. Ihre im Steinbau nicht deutbare Form stammt wahrscheinlich aus dem Lehmziegelbau, wo man Mauern, wie auch noch heute in Ä., durch aufgesteckte Palmzweige abschloß. Der uralte Kapellentyp des sog.

u.ä. →Reichsheiligtums hat offenbar diese ursprüngliche Anwendung bewahrt. Die steinerne H. ahmt diese Form mit ihrer natürlichen Biegung nach. Deshalb wird die H. mit einfachen parallelen Linien, die oben durch eine kleine Bogenlinie paarweise zusammengefaßt sind und so eine Art Blattornament darstellen, verziert. Erst seit dem NR finden sich Königskartuschen auf der H., in der Spätzeit auch Darstellungen. Seit der 4. Dyn. begegnen H. auch als Bekrönung von →Stelen, dann von Särgen, freistehenden Toren, →Pylonen, Zwischensäulenmauern. →Architektur.

Lit.: Jéquier, Manuel, S. 74. Vandier, Manuel, II S. 402.

Honig →Bienenzucht.

Horn→Cornu.

Horoskop. An einen Einfluß der Sterne auf das Leben der Menschen haben anscheinend die Ägypter vor der Zeit engerer Berührung mit vorderasiatischen und griechischen Vorstellungen nicht geglaubt. Erst in der Spätzeit erfahren wir von Sternhoroskopen[1]. Dafür glaubte man, daß die einzelnen Tage durch die an ihnen geschehenen mythischen Ereignisse, denen aber keine astronomische Konjunktion oder astrologische Vorstellung zugrunde lag, einen bestimmten Charakter erhalten hätten, der sie gut, schlecht oder bedenklich machte. Dabei scheint man den Tag in drei Abschnitte geteilt zu haben, die jeder für sich betrachtet werden konnten[2].

[1] Petrie, Athribis pl. 36/8; Ein Astrologe: ASAE 16, 1. — [2] Griffith, Kahun, Pap. pl. 25; Budge, Pap. Brit. Mus. pl. 31/2; Pap. Sallier IV; Über →Epagomenen besonderes Buch: Chabas, Calendrier S. 102 ff.

Horus. Der falkengestaltige Gott H., dessen Name wohl „der Ferne“ bedeutet, gehört zu den Göttern, denen geschichtliche Entwicklung und Theologie den höchsten Rang zuerkannten. Sein ältestes Wesen dürfte das eines Himmelsgottes gewesen sein, eines den Himmel bildenden Falken, dessen Augen die Gestirne Sonne und Mond waren und dessen Flügelspitzen die Grenzen der Erde berührten. Ein Bildsymbol der Frühzeit[1], zugleich Vorläufer des später so häufigen Symbols der →„Flügelsonne“, zeigt das

Flügelpaar, die Sonnenbarke (die von →Re stammt) und darüber den sitzenden Falken, bereits eine Kontamination verschiedener Himmelsbilder. Gleichalt in unserer Überlieferung ist die Auffassung des H. als Königsgottes, u. zw. in dem Sinne, daß der lebende König H. schlechthin war. Das drückt sich in zahlreichen Epitheta des Königs sowie im →Königsnamen aus. Im Kreis der Königsmächte treffen wir H. zugleich als Partner des →Seth. Das Paar H. und Seth ist in gleicher Weise eine Erscheinungsform des Königs wie H. allein. Es scheint, als ginge diesem Paar ein theriomorphes Mächtepaar Falke und Stier voraus[2] und als wäre dieses Paar in den Gestalten und Namen der beiden Götter mythologisiert. Der Ägypter historischer Zeit ordnete diesen Paarbegriff seiner dualistischen Reichsauffassung unter: H. und Seth verkörpern O.- und U.ä. Unstimmigkeiten in der Zuweisung an die beiden Landesteile und die Unmöglichkeit, die beiden Götter tatsächlich als o.-, bzw. u.ä. zu erweisen, lassen diese Deutung als sekundär erscheinen, ungeeignet, aus ihr geschichtliche Vorgänge zu erschließen[3]. H. als Königsgott und Partner des Seth ist die Figur, die Königsdogma und Mythe des →Osiris verbindet. Als König mußte er zwangsläufig zum Sohn des toten Gottes werden. Sein Partner Seth trug die Doppelrolle als Mörder des Osiris und Widersacher des Erben, zerriß damit das genealogische Verhältnis zu H.; er wurde sein Onkel. Man spaltete nun nicht die Figur des Seth auf, sondern die des H. als den alten Königsgott „H. den Älteren" und „H. Sohn des Osiris" oder „Sohn der Isis" (Harsiẹse) oder „Horus das Kind" (Harpọkrates). Dieser H. gehörte der Gruppe der Götterkinder an. Mit dem Überwiegen des Osirisglaubens seit dem späten NR wuchs auch die Bedeutung dieses Kindes. Zahlreiche Bronzen bezeugen das; und besonders als Schutzgott, zusammen mit seiner Mutter, der zauberkundigen →Isis, trat er hervor (→Horusstelen, →Zauber). Es ist verständlich, daß eine so überragende und beziehungsreiche Göttergestalt zahlreiche Kultorte hatte[4]. Nachweisbar haben sich andersartige Tiergötter dem Falken H. angeglichen, so in →Buto ein Reihergott, in Saft el Hẹnne der Gott → Sọpdu u. a. m.

[1] ÄZ 65, 115. — [2] Schott, Mythe S. 70. — [3] Vgl. Bonnet, Reall. s. v. — [4] Analyse der Falkenkultorte Kees, Götterglaube, S. 39 ff.; die Frage der Herkunft des Himmelsfalken und damit verbundener Fragen historischer Art zuletzt behandelt von Gardiner, JEA 30, 23 ff.

Horusstelen. Unter H. versteht man mit magischen Texten beschriftete →Stelen, die seit der 18. Dyn. bekannt sind. Sie dienten vor allem als Zaubermittel gegen Schlangen- und Skorpionbiß. Ihren Namen haben sie daher, daß beherrschend unter ihrem figurenreichen Reliefschmuck die Gestalt des Horuskindes steht, auf zwei →Krokodile gestellt, götterfeindliche Tiere in der Hand würgend. Die H. standen auf einem steinernen Sockel, auf dem sie von einer umlaufenden, bassinartigen Vertiefung umgeben waren; das darin befindliche Wasser löste die „Kraft" der Sprüche in sich auf und diente offenbar getrunken als Heilmittel (→Zauber). Seit der 26. Dyn. kann eine H. auch von der stehenden Figur eines Mannes gehalten werden, der seinerseits nun als Spender der Heilkraft galt. Ä. heißen die Statuen „Retter", in der Wissenschaft „Statues guérisseuses". Die älteste bekannte „Heilstatue", noch ohne Stele, ist eine Statuengruppe →Ramses III[1].

Lit.: Lacau, Mon. Piot 25, 189 ff.; Klasens, A magical statue base, Leiden 1952; V. d. Walle, Chronique d'Egypte 56, S. 238

[1] Drioton, ASAE 39, 57 ff.

Horus-Aha. Der Name „der kämpfende Horus" bezeichnet einen der ersten geschichtlichen Könige. Sein Name begegnet auf dem Königsfriedhof von →Abydos, in →Negade und in →Saqqara (→Königsgrab). Seine Königin trug den Namen Neithhotep (richtiger wahrscheinlich *ḥtpwj-Njt*). H. ist vielleicht mit dem König →Menes identisch.

Huhn. Das H. wurde erst durch die Kriegszüge →Thutmosis' III. in Syrien bekannt: die Lieferung von „4 Vögeln, die täglich gebären" erwähnt in seinem 33. Jahr aus einem nordsyrischen Land, dessen Name leider an der betreffenden Stelle verloren ist[1]. In →Theben fand sich ein →Ostrakon mit der Zeichnung eines Hahnes aus der Ramessidenzeit[2]. Heimisch ist das Huhn aber in Ä. erst in hellenistischer Zeit geworden. →Haustiere.

[1] Urk. IV 700. — [2] JEA 9, 1 ff. pl. 20, 1.

Hund. Bereits in ältester Zeit finden sich drei verschiedene Rassen nebeneinander, zu denen später noch weitere hinzutreten. So zeigt die frühgeschichtliche „Löwenjagdpalette“[1] einen „Wolfshund“ mit aufrecht stehenden Ohren und buschigem, hängendem Schwanz. Dieser Rasse gehörten auch die H. jener jägernomadischen Schicht an, die in frühgeschichtlicher Zeit die Herrschaft in Ä. erlangten; daher hat der „Weg öffnende“ H. (→Upuaut) im Geleit ihrer Herrscher auch noch im ritualisierten „Geleit“ der geschichtlichen Könige das Aussehen dieser Wolfshunde. Daneben treffen wir gleichzeitig auf eine Art Windhund, der durch einen kurzen aufgerollten Schwanz gekennzeichnet ist[2]. Endlich tritt bereits auf spätvorgeschichtlichen →Paletten[3] eine Doggenart mit Schlappohren auf. Eine weiße Art dieser zuletzt genannten Rasse ist besonders im NR beliebt. Auch dackelartige Hunde, jedoch mit stehenden Ohren, finden sich[4].
Die H. trugen Namen, unter denen sich auf der Stele des Königs Ạntef der 11. Dyn. libysche Namen befinden[5]. Die besondere Wertschätzung des Hundes wird öfters hervorgehoben[6]. Sie werden daher nicht nur häufig bei der Jagd oder — in der Ramessidenzeit — als Begleiter des Königs in der Schlacht, sondern auch neben dem Sessel des Vornehmen sitzend dargestellt.

[1] Mon. Piot 10 Abb. 5. — [2] ÄZ 61, 21. — [3] Quibell, Hierakonpolis II pl. 28. — [4] Beni Hassan IV pl. 4. — [5] Hölscher, Libyer S. 26. — [6] Erman-Ranke, Ä. S. 278.

„Hungersnot-Stele“. Inschrift auf dem Gipfel eines Felsens am Südende der Insel Sehẹl am 1. Katarakt aus ptolemäischer Zeit, die die angebliche Überlassung eines Landstriches südlich →Elephantịne (sog. Dodekaschoịnos) an den Tempel des Gottes →Chnum von Elephantịne durch König →Djọser der 3. Dyn. schildert. Angeblich sollte durch diese Gabe Chnum als Herr der mythischen Nilquellen nach 7 Jahren ohne Überschwemmung den Fluß wieder steigen lassen. Es handelt sich mit Sicherheit um eine Fälschung ptolemäischer Priester des Chnumtempels, um den Anspruch auf das genannte Gebiet durch eine alte Urkunde zu untermauern.

Hyäne. H. sind im AR gemästet und gegessen worden[1]. Sonst wird die H. häufig unter den Jagdtieren dargestellt. Aus dem Gewöhnlichen herausfallend ist die Darstellung aus dem Grab des Amenemḥeb (Theben-West Nr. 83), die eine gefährliche Begegnung des Grabinhabers mit einer Hyäne auf der Jagd abbildete.

[1] Klebs, Reliefs AR 64.

Hyksos. Bezeichnung unägyptischer Könige der 15. und 16. Dyn.→Manethos (etwa 1650—1542 v. Chr.). Der Name wird von Manetho überliefert und beruht auf der Bezeichnung *ḥḳꜣ-ḫꜣś̓w.t* „Herrscher der Fremdländer", mit denen diese Könige auch im →Turiner Königspapyrus genannt werden. Dieser Terminus bezeichnete bereits im MR asiatische Häuptlinge[1]. Herkunft und Art der Machtergreifung der H. sind noch ungeklärt. Die einzige erhaltene Überlieferung stammt von Manetho, der angibt, daß unter einem König Tutimaịos (*Ddw-mśw*) „unerwartet aus dem Osten Leute unbekannter Herkunft einbrachen" und das Land „mit Gewalt ohne Schlacht leicht einnahmen". Jedoch nimmt man jetzt an, daß weniger ein gewaltsamer Einbruch, als eine langsame Unterwanderung stattgefunden habe[2]. Die Namen der Könige (Salitis, Apọphis, Chiạn, *Smḳn* u. a.) können z. T. semitisch erklärt werden.

Die erste Gruppe der H., bestehend aus 6 Königen (sog. 15. Dyn.), hat nach den Funden von Denkmälern mit ihren Namen ganz Ä. beherrscht und möglicherweise auch eine Oberherrschaft in →Nubien ausgeübt. Unter ihnen herrschten Kleinkönige (sog. 16. u. 17. Dyn.). Sie verehrten als Hauptgott →Seth, d. h. die interpretatio aegyptiaca des vorderasiatischen Gewittergottes (→Baal, Teschub). Ihre Hauptstadt gründeten sie in Aụaris, das am Platz des späteren →Tạnis im Ostdelta gesucht wird. Am Ende der 15. Dyn. machten sich die Herrscher von →Theben als Könige selbständig, ohne allerdings zunächst die Oberherrschaft der H. ganz abschütteln zu können.

Erst →Kamose (letzter König der 17. Dyn.) begann den Kampf. Zwei große Stelen schildern den Kampf, der mit der Eroberung der den H. anhängenden Stadt *Nfrwśj* (nördlich →Hermupolis) begann und den Versuch des damaligen Hyksosherrschers Apophis ○-*wśr-Re* zur Folge hatte, sich mit dem Herrscher von Nubien zu verbinden. Erst dem Nachfolger des Kamose, Ahmose, glückte die Eroberung der Hauptstadt der H. Tanis sowie nach 3 Feldzügen die des Stützpunktes Sharuhen (j. Tell Farah) in Südpalästina. Damit verschwinden die H. aus den Urkunden, jedoch spielten spätere Könige gern auf diese Zeit als die der Gottlosigkeit und Verfolgung an, so →Hatschepsut. In der Spätzeit pflegten die Ägypter auch die Perser als „Hyksos" zu bezeichnen.

[1] Beni Hassan I pl. 30; Sinuhe B 98. — [2] Alt, Ber. Sächs. Ak. Wiss. 1954.

⁂

Ibscher, Hugo. * 28. 9. 1874, † 26. 5. 1943, Dr. h. c. der Universität Hamburg. Als gelernter Buchbinder kam er 1891 in den Dienst des Berliner ä. Museums, wo er in der Bewahrung und Restaurierung von Papyri eine einzigartige Fertigkeit entwickelte. Als Papyrusrestaurator arbeitete er in den meisten europäischen Museen.

Imhotep. Bauleiter des ältesten Steinbaues, der Stufenpyramide des Königs →Djoser in →Saqqara, ist immer in der Erinnerung der Ägypter lebendig geblieben. Sein einziges zeitgenössisches Denkmal ist allerdings nur die Inschrift unter einer Statue des Djoser aus dessen Totentempel[1]; sein Grab ist bisher noch nicht gefunden. Er wurde in der Spätzeit göttlich verehrt und galt als Sohn des Gottes →Ptah, des Herrn der Bauleiter. Man verehrte ihn als Heilgott; der Tempel von →Deir el Bahri galt als Ort, an dem er im Schlaf Heilung brachte. Griechisch hieß er Imouthes; die Einleitung eines Werkes zu seinem Preis, das sich als Übersetzung einer ä. Vorlage ins Griechische gibt, ist erhalten[2]. Seine Weisheitssprüche werden bereits im MR erwähnt[3]; ihm sprengten die

Schreiber vor Beginn ihrer Arbeit einen Tropfen aus dem Wassernäpfchen[4].

[1] Firth-Quibell, Step Pyramid pl. 58. — [2] Pap. Oxyrh. XI 1381. — [3] Pap. Harris 500. — [4] ÄZ 36, 147.

Iseum. Ä. *Pr-ḥbj.t,* „Tempel des Gottes des Festes", auch *Nṯrj.t* „die Göttliche" genannt, j. Behbẹt el-Hạgar im Nordteil des mittleren Deltas. Die Stadt spielt in religiösen Texten eine gewisse Rolle als Herkunftsort des reinigenden Wassers. Sonst wissen wir von dem Ort kaum etwas; erst unter →Thutmọsis III. findet sich der Lokalgott →Horus von *Ḥbj.t* (in →Karnak) erwähnt. In der Zeit der 26. Dyn. gehörte es zum Stammgebiet der Könige zusammen mit →Sạis. Der letzte König der 30. (und letzten) Dynastie Ä. →Nektanebọs II. nannte sich nach Horus von *Ḥbj.t* (*Nḫt-Ḥr-ḥbj.t*) und wird aus dieser Stadt stammen, in der er auch einen großangelegten Tempel begann, den später Ptolemaios II. und III. fortführten. Der Tempel ist weitgehend zusammengestürzt, so daß jetzt nur ein Feld von Blöcken vorhanden ist[1]. Ausgrabungen sind noch nicht unternommen worden. Als Mutter des Horus wurde hier auch →Isis verehrt, die in römischer Zeit dem Ort den Namen gab[2].

[1] Rec. Trav. 35, 89; ÄZ 46, 63 ff. — [2] Isidos oppidum, Plin. n. h. V. 64.

Isis. Der Ursprung dieser Göttin ist unbekannt. Vielleicht stammt sie aus dem 12. u.ä. Gau (→Iseum), wo es später ein berühmtes Heiligtum der I. gab. Ihr Name wird mit dem Bild eines Sitzes geschrieben und man[1] hat daher vermutet, die Göttin personifiziere von Hause aus den kgl. Thron, gehöre also zu den kgl. Machtinsignien. Von hier aus könnte die Verbindung mit →Osiris als Königsgott als dessen weibliches Komplement verständlich werden. Denn das war ihre wichtigste Funktion: Gattin des Osiris und Mutter des →Horus. Sie prägte ihren Charakter als den einer Mutter- und Schutzgöttin. In der Mythe soll sie den toten Gatten gesucht, von ihm den Sohn empfangen, ihn bestattet und mit ihrer Schwester →Nẹphthys zusammen betrauert haben. Als Klagefrauen erschienen die beiden Göttinnen gern als Raubvögel (Weihen) und wurden als Schutzgöttinnen des Sarges (zusammen mit →Neith und →Sẹlket) an den 4 Ecken der Steinsarkophage des NR dargestellt. In der Mythe übernahm I. die Rolle der Schützerin des Horuskindes, das sie in der Verborgenheit aufzog und für dessen Rechte sie vor den Göttern eintrat. So sehr dieses Mutter-Sohn-Verhältnis beispielhaft (in der Mythe, im Zauber, in der bildenden Kunst) ausgeprägt wurde, lassen doch einige mythische Erzählungen ein offiziell verdrängtes Verhältnis zwischen beiden Gottheiten noch durchscheinen, daß nämlich der Sohn sich an der Mutter vergriffen habe, weswegen ihm die Hände abgeschlagen worden seien[2]. Dieses unkanonische Motiv erscheint selten und dann verschieden begründet, u. a. damit, daß I. im Streit zwischen Horus und →Seth die Partei des letzteren ergriffen habe und sich Horus deshalb gegen sie wende. — In der Zauberliteratur galt I. als besonders kundige Göttin und führte oft den Beinamen „die Zauberreiche“. In astraler Ausdeutung erscheint die →Sọthis als Seele der I., wie der Orịon als die des Osiris. Kultorte besaß die Göttin zahlreiche; außer dem genannten Iseum besonders in →Achmim und auf →Philae. Mit Osiris zusammen hat sie größte Verbreitung in der Spätantike gewonnen und ihrem Wesen sind zahlreiche synkretistische Züge hinzugefügt worden. Als Hafengöttin von Alexandrien wird sie schließlich auch Schutzpatronin der Schiffahrt. Ihr Kult verbreitet sich im römischen Reich bis weit nach Europa hinein.

[1] Sethe, Urgeschichte S. 85. — [2] Spuren davon: Pap. mag. Harris VII, 10; TB 113 (MR-Text); Pap. Sall. IV 2, 3; noch bei Plutarch, de Iside c. 19; dasselbe Verhältnis zwischen Schu und seiner Mutter Nut: Naos von el Arịsch, Roeder, Urkunden S. 153; vgl. Her. II 63; zur Deutung s. Jacobsohn, Dogmatische Stellung, S. 18.

Abb. 13

Isisblut. Bezeichnung für ein →Amulett in der Form der Hieroglyphe *ꜥnḫ* „Leben“. In der Spätzeit trägt →Isis dieses Zeichen als Gewandknoten (Abb. 13).

Israelstele. Stele Kairo 34025, den Preis König →Mernẹphtah's der 19. Dyn. enthaltend (in seinem 5. Jahr geschrieben) mit der einzigen Erwähnung des Namens „Israel“ in der ä. Literatur, und zwar als eines mehrerer zerstörter Landstriche. Sie stand in seinem Totentempel.

Lit.: Pritchard ANET 376 ff.

Ištar. Seit Tušratta von Mitanni dem erkrankten →Amenophis III. in dessen 36. Jahr die Ištar von Niniveh zusandte, damit sie ihn heile, scheint die „syrische Ištar" (*ꜥstjr-ḫwr*) als Heilgöttin in Ä. Eingang gefunden zu haben. Aus →Memphis stammt eine Stele in der Glyptothek zu Kopenhagen, auf der ein Mann, dessen Bein durch Kinderlähmung verkrüppelt ist, die „syrische Ištar" anruft (seine Frau war Ausländerin). Da eine weitere Statue mit Anrufungen an diese Göttin und an →Kedesch ebenfalls aus Memphis stammt, dürfte dort das Heiligtum der „syrischen Ištar" gelegen haben. Jedoch dürfte sie von der ebenfalls in Memphis verehrten Astarte zu trennen sein, die aus dem kanaanitischen Raum kommt.

Lit.: Ranke in: Studies pres. to Griffith S. 412 ff.

⁎ ⁎

Jagd. Naturgemäß hat die J. in der Vorgeschichte eine größere Rolle gespielt als in der geschichtlichen Zeit, und zwar sowohl im Niltal selbst wie auch bei den Stämmen der umgebenden Wüstengebiete. Daher sind Jagdhandlungen der Vorzeit zu Ritualen geworden und umgedeutet als heilige Handlungen im späteren Gottesdienst zeremoniell durchgeführt worden, wie das Jagen des →Nilpferds, das Einfangen des Stiers mit dem →Lasso, jedes Tieropfer wurde späterhin als eine Jagd mit anschließendem Darbringen vor dem „Herrn der Jagd" durchgegespielt[1]. Als Jagdwaffe wurde damals wie auch später neben dem bald obsolet gewordenen Lasso Pfeil und Bogen und Speer benutzt. Das für die Vogeljagd in vorgeschichtlicher Zeit benutzte →Wurfholz hält sich nur als „→Sport"-waffe, ebenso wie man später →Fische nur noch beim Sportfischen speert. Für den wirtschaftlichen Verbrauch fängt man Vögel wie Fische mit Netzen (→Fischfang). Auch die J. auf das Wild der Wüste wurde bald von einer notwendigen Beschaffung des Lebensunterhaltes zu einem Sport, der besonders bei den Großtieren den Königen vorbehalten geblieben zu sein scheint. So jagt nur der König →Löwen, im NR vom Wagen aus[2], Wildstiere[3], →Elephanten[4]. Aber die Könige aller Epochen lassen sich auch bei der J. auf geringere Tiere darstellen oder erwähnen sie; dabei pflegt man eine eingelappte Treibjagd durchzuführen[5]. Jagdbilder finden wir dann auch in den Gräbern der Großen des MR und des NR[6]. Bei der J. verwendet man →Hunde verschiedener Rassen, aber auch — so bei der Gazellenjagd — abgerichtete Geparde[7].

Lit.: H. Altenmüller, Darstellungen der Jagd im alten Ägypten, Hamburg-Berlin 1967.

---

[1] JNES 9, 164 ff. — [2] Vgl. Truhe des →Tutenchamun, Carter, Tutenchamun I pl. 51; Sphinxstele Thutmosis' IV.; Löwenjagdskarabäus Amenophis' III. — [3] Urk. IV 1245, 15. — [4] Urk. IV 893. — [5] Borchardt, Sahure II Taf. 17; Amenophis II. nennt eine Jagd auf Gazellen, Hasen, Wildesel in einem Wald bei Kadesch Urk. IV 1304, 5/6. — [6] Z.B. Newberry, Beni Hassan I pl. 30; Davies, Five Theban Tombs pl. 22, pl. 12. — [7] Naville, Deir el Bahari III pl. 80.

Jahrestäfelchen. Bezeichnung für kleine Holz- und Elfenbeintäfelchen, die sich in Gräbern der 1. Dyn. finden und, nach einem in ihnen angebrachten Loch zu schließen, an Beigaben angebunden waren. Sie tragen Inschriften, die Ereignisse melden, nach denen damals das betreffende Jahr genannt war. Ferner lassen sich Angaben über die betreffende Lieferung, und — seit König *Dn* — auch die Namen der zuständigen Beamten erkennen.

Jenseitsführer. Mit der topographischen Beschaffenheit des Jenseits, das der Tote zu durchwandern hat, beschäftigen sich eine Anzahl von Büchern, die ihre Vorläufer und Ansätze z. T. schon in den →Sargtexten haben, später teils im →Totenbuch, teils in den thebanischen Königsgräbern, teils in einzelnen Papyri erhalten sind. Wir kennen ein „Zweiwegebuch", „Pfortenbuch", „Höhlenbuch", „Buch vom Durchwandern der Ewigkeit" u. a. m. Den Schwerpunkt haben hier bildliche (kartographische) Darstellungen, denen die Texte als Erklärungen beigefügt sind. Diese sind gern in änigmatischer Schrift oder rückläufig geschrieben (→Schrift).

Lit.: Grapow, Handbuch S. 47 ff.

Jenseitsvorstellungen. Daß das Leben nach dem Tode nicht erlischt, sondern in irgendeiner Form seine Fortsetzung finden soll, davon legen die seit der Vorgeschichte bezeugten →Grabbeigaben Zeugnis ab. Der natürliche Wunsch und Glaube kommt in ihnen zum Ausdruck, daß auch das jenseitige Leben unter wesentlich denselben Bedingungen verlaufen soll, wie das diesseitige. Deshalb benötigte der Tote im Grabe dieselben Gegenstände und Nahrungsmittel wie der Lebende diesseits des Grabes. Er bedurfte der regelmäßigen Speisung wie der Lebende (→Opfer). Der Glaube an ein diesseitsgleiches Jenseits erforderte auch die →Mumifizierung, die Bewahrung der körperlichen Form. Wie wörtlich die Vorstellung zu nehmen ist, lehren zahlreiche Totensprüche, vor allem aus den →Sargtexten. Vor Hunger und Durst sollte der Tote geschützt werden, vor der Not, den eigenen Kot und Harn essen und trinken zu müssen; mit seiner Familie wünschte er vereinigt zu sein und Macht zu haben über alle seine Glieder. Der Furcht, auch im Jenseits zur Zwangsarbeit herangezogen zu werden, begegnete man durch die Beigabe von →Uschebti. Daß die Existenz der Toten andererseits mächtiger war als die der Lebenden, zeigt die Furcht vor ihnen und ihrer Wiederkehr. Auch konnten sie noch helfend und schädigend in die Welt der Lebenden eingreifen und man konnte sich noch brieflich an sie wenden (→Totenbriefe). Auch die ältere Vorstellung vom →Totengericht als einer Rechtsprechung im Jenseits gehört zu dem diesseitsgewandten Bild. Ebenso sollte der König nach seinem Tod in seiner gewohnten Daseinsform existieren. Dazu gehört es, wenn in der Frühzeit bisweilen[1] mit dem König zusammen Mitglieder seiner Umgebung bestattet wurden oder gar die Residenz in Scheinbauten das Grab umgab.

Neben der Vorstellung, daß der Tote im →Grab lebe und dieses sein „Haus der Ewigkeit" sei[3], ging eine andere Vorstellung einher, daß er in einer anderen Welt sich aufhalte. Diese andere Welt war zunächst der Westen, der „schöne Westen", wie der Ägypter sagte. Und daß auch die Sonne allabendlich dort verschwindet, hat der Vorstellung besondere Überzeugungskraft verliehen. Hiermit hängt die vorgeschichtlich bezeugte Sitte zusammen, den Toten so zu bestatten, daß er nach Westen blickt[4], und noch viel spätere Opfergebete beginnen mit dem Anruf: „Mein Vater, erhebe dich von deiner linken Seite und lege dich auf deine rechte Seite!“[5]; er sollte eine Stellung einnehmen, daß er dem aus dem Fruchtland kommenden Sohn sich entgegenwendete. Freilich war der Westen auch das Land der Dunkelheit, der Wasserlosigkeit, eben des Todes. Ein alter Totengott in →Abydos hieß „der an der Spitze des Westlichen“, →Chontamẹnti, und gegen Ende des AR übernahm →Osiris den Namen wie einen Titel in seiner Eigenschaft als der Herr des westlichen Totenreiches. Unabhängig vom westlichen Totenland kennen wir Begriffe, die etwa einer Unterwelt entsprechen: Die Dat, den „Gegenhimmel“ Nenet. Der Gedanke, auf der unteren Seite der Erdscheibe leben zu müssen, führte zu der Befürchtung, daß man dann ja mit dem Kopf nach unten lebe; seit den Sargtexten gibt es eine Reihe von Sprüchen, die verhindern sollten, daß der Tote „auf dem Kopfe gehe“. Weitere Befürchtungen verbanden sich mit den Unterweltsvorstellungen und gaben Anlaß zu abwehrenden Totensprüchen: Man möchte Kenntnis haben von den Wegen, die durch die Unterwelt führten; man fürchtete, an Toren von Wächtern aufgehalten zu werden. Dämonen und Ungeheuer lauerten im Dunkel usw. In den →Königsgräbern des NR sind Texte und Bilder der unterweltlichen Erscheinungen ausführlich aufgezeichnet (→Jenseitsführer). Alle diese aus verschiedenen Wurzeln stammenden und untereinander uneinheitlichen Vorstellungen wurden in der Totenliteratur miteinander vermischt. Hinzu trat, wiederum zunächst ein Vorstellungskreis eigener Art, der Sonnenglaube. In ihm gipfelten alle Hoffnungen auf ein Leben in Licht und Luft. Das „Herausgehen am Tage“, nämlich aus dem Grab, faßte diese Hoffnungen zu einer Formel zusammen. Mit dem Sonnengott in seiner Barke (→Sonnenschiffe) über den Himmel zu fahren und namentlich mit ihm die gefährdete Nachtfahrt zu bestehen, gehörte zu den vielfach ausgedrückten Wünschen des Toten, besonders des toten Königs. Die Schwierigkeit des Himmelsaufstiegs sollte entweder durch eine

Leiter überwunden werden oder durch die Verwandlung in fliegende und springende Tiere. Diese solare Existenz scheint, jedenfalls im AR, königliches Vorrecht gewesen zu sein. Daß hier ein wesentlicher Gegensatz zu allen chthonischen Jenseitsvorstellungen lag, hat auch die Unterschiede gern verwischende Theologie nicht ableugnen können. Hier kam es zwischen dem Sonnengott →Re und dem Totengott →Osiris zu einem für ä. Verhältnisse auffällig deutlichen Antagonismus[6]. Ein „Ausgleich" war hier auch nicht möglich, da in diesen Götternamen zwei grundverschiedene Anschauungsweisen gipfelten. Alle Bilder und Vorstellungen über das Jenseits gewannen dadurch Wirklichkeit, daß der Tote „verklärt" wurde, d.h. wörtlich „zu einem Ach (→Seele) gemacht", ursprünglich eine rituell-magische Handlung. Freilich konnte fallweise hier auch der Glaube an eine wirklich verklärte, vergeistigte Existenz Platz greifen. Faßbar wird sie uns vor allem in der Herakleopolitenzeit, wo es in einem Spruch heißt: „Ich (der Schöpfergott) habe Verklärtheit anstelle von Geschlechtlichkeit gesetzt, Herzensweite anstelle von Herzensbegierde, Herzensruhe anstelle von Brotessen"[7].

Lit.: Kees, Totenglauben.

---

[1] RT I S. 14, Tombs of the courtiers S. 7, ILN vom 25. 6. 47 →Menschenopfer. — [2] Wie bei →Djoser; Scheinbauten auch bei einem Grab in Saqqara, Emery, Great tombs II. — [3] Scharff, Grab als Wohnhaus, SBAW 1944/46, 6. — [4] Übersicht über die archaischen Friedhöfe, Vandier, Manuel I S. 680/81. — [5] Z. B. Pyr. 1002. — [6] Pyr. 350. — [7] CT III 82/83, danach TB Kap. 175.

Joseph. Obwohl wir einen ‚Joseph' in ä. Texten nicht nachweisen können, so lassen sich doch die Gen. 37 u. 39/47 geschilderten Einzelheiten durch Belege aus der Ramessidenzeit erhärten.

Gen. 37, 25 ff. Verkauf J. an die Ismaeliter: Bevorzugung syrischer Jungen als Bedienung bei Gastmählern[1]. Ausländische Kaufleute, die syrische Kinder verkaufen[2]. Der „bunte Rock": Auf ä. Darstellungen tragen Syrer eine bunte Kleidung im Gegensatz zur einfarbigen ä.

37,36: Potiphar: Der Name ist seiner Bildung nach erst ab 21. Dyn. möglich, paßt also nicht in die Zeit, in der die J.geschichte spielen soll. Er ist aus der Spätzeit belegt[3].

39,4: Die Einsetzung J. zum Vorsteher des Hauses: wir kennen „Hausvorsteher" (*mr pr*) verschiedener Beamter.

39,19: Gefängnis: Es handelt sich um das Untersuchungsgefängnis[4], in dem Verbrecher bis zur Verurteilung festgehalten wurden, wie es sich aus den Vorgängen um den Mundschenk und Bäcker des Pharao ergibt.

40,1: Mundschenk: Die wichtige Stellung der Mundschenke, die gleichzeitig Vorsteher der Truchsesse waren, ergibt sich z.B. aus den Darstellungen im Thebanischen Grab 110[5]. In der Ramessidenzeit waren es meist →Ausländer, die vom König als Kontrolleure und Kommissare ausgesandt wurden und damit eine bedeutende Macht im Staat erlangten. Der „Oberbäcker" dürfte einer der „Tischschreiber des Königs" gewesen sein, von denen wir wissen, daß sie die Bäckereien zu kontrollieren hatten[6].

40,8: Traumdeutung: Die Ägypter besaßen Traumbücher, nach denen sie die Träume deuteten.

40,20: der „Jahrestag" Pharaos: Hier handelt es sich mit Sicherheit um den Thronbesteigungstag, der jährlich mit einem Fest gefeiert wurde[7].

41,42: J. erhält den Siegelring des Königs sowie eine Beamtenkette, wie sie als Auszeichnungen häufig vom König verschenkt wurden[8].

41,45: Benennung mit einem zweiten Namen: vgl. RAD 60,4, wo vom „Namen" gesprochen wird, „den Pharao ihm gab, obwohl er schon einen Namen eines kleinen Dieners führte"; auch sonst trugen Ausländer am Hof noch einen Hofnamen, der meist mit dem Namen des Königs gebildet war.

47,1ff.: Palästinensische Herden ziehen auf ä. Gebiet, um dort zu weiden, vgl. den Bericht eines Grenzpostens über das Durchschleusen von edomitischen Herden, Pap. Anast. VI 4, 2ff.

---

[1] Pap. Anastasi III 8,3,5; IV 16,2. — [2] JEA 21,140. — [3] ASAE 39, 275ff. — [4] Pap. Kahun 34,21; vgl. bes. Hayes, Brooklyn Mus. Pap. S. 38. — [5] Vgl. Davies, Studies ... Griffith S. 279 ff. [6] Vgl. Spiegelberg, Rechnungen Sethis I. pass. — [7] Vgl. JNES 14, 22. — [8] Vgl. Davies, Amarna VI pl. 28; Lefèbvre, Inscriptions ... Grands Prêtres 67.

Jubiläumsfest ä. *ḥb-śd,* Fest, das der König gewöhnlich 30 Jahre nach seiner Thronbesteigung bzw. der wirklichen oder auch fiktiven Einsetzung zum Nachfolger und Mitregenten zum ersten Male feierte, um es dann alle 3 Jahre zu wiederholen. Mittelpunkt und ältester Teil ist ein vom König ausgeführter Lauf gewesen, der ihn um 4 Male führte. Vorher erhielt er anscheinend von einem weißen Pavian, dem „großen Weißen", in einer Schale eine Flüssigkeit zu trinken; eine Handlung, die nur noch in der ältesten Zeit durchgeführt wurde[1]. Am Vorabend scheint man eine Königsstatue begraben zu haben, jedoch ist auch diese Handlung nur noch in umgedeuteter Form erhalten[2]. Es dürfte wahrscheinlich sein, daß wir in diesen ältesten Szenen des Jubiläumsfestes die Reste eines rituellen Königsmordes vor uns haben, wie er bei anderen nilotischen Völkern durchgeführt wurde und bei dem der alte König, weil mit der Natur identisch, zu einer bestimmten Zeit getötet werden mußte, um einem mit unverbrauchter Kraft Platz zu machen. Es ist typisch ä., daß alte Handlungen immer bestehenblieben, jedoch den ursprünglichen Szenenzusammenhang verloren und nach den Vorstellungen der jeweiligen Gegenwart umgedeutet wurden. So verschwand die Szene mit dem „Großen Weißen" früh aus dem Sedfest, und der Lauf wurde bereits in der 5. Dyn. nach den Darstellungen eines solchen Festes im →Sonnenheiligtum des Neuserrẹ zu einer Felderweihe an den Hauptgott des Landes. Außerdem traten bereits frühzeitig andersgeartete Kulthandlungen hinzu, die zunächst inhaltlich nichts damit zu tun hatten: der Apisumlauf (ursprünglich Fruchtbarkeitsritus, Kees, Siegel des Usaphais); das Errichten des →Djed-Pfeilers (urspr. Erntezeremonie), Thronen nach den vier Himmelsrichtungen, Pfeilschießen nach den vier Himmelsrichtungen; ferner traten die Gottheiten des Landes auf.

Ausführliche Darstellungen des Festes sind selten: neben dem schon genannten Sonnenheiligtum des Neuserrẹ ist das Grab des *Ḫrjw.f* in Theben-West (Nr. 192) zu erwähnen, das das Sedfest König →Amenọphis' III. „nach alten Vorlagen" mit den Feiern am Vorabend abbildet; außerdem an einem Pylon König Osọrkons II. in →Bubạstis[3], leider stark zerstört. Einzelne Szenen, wie der Lauf oder der Apisumlauf, finden sich häufiger in Tempeln abgebildet.

[1] Kees, Djoserreliefs. — [2] Dramatischer →Ramesseumspapyrus, vgl. Orientalia 1954, 383; Grab des *Ḫrjw.f;* Statue →Mentuhoteps III. im Bab el Hosạn. — [3] Naville, Festival Hall of Osorkon II.

⁎ ⁎

Ka. ä. *kꜣ*, ein für die ä. Gedankenwelt charakteristischer Begriff, dessen Deutung noch umstritten ist (Abb. 14). Die lautliche Identität mit dem Wort *kꜣ* „Stier" macht es wahrscheinlich, daß Ka zunächst die männliche Zeugungskraft bezeichnete, weshalb man auch in ältester Zeit den Kindern Namen gab, die den Ka des Vaters als Geber des Kindes ansprachen. Eine Erweiterung war es dann, daß man nicht nur die körperliche, sondern auch die geistige Kraft, wie sie sich in der Einwirkung auf andere zu erkennen gibt („Mächtigkeit"), als Ka bezeichnete. Daher schrieb man das Wort auch mit einer abwehrenden Zaubergebärde, die man gegen die Einwirkung eines anderen anwandte; die abwehrend erhobenen Hände, deren Daumen (in alten Formen) sich berühren. →Seele.

Abb. 14

Kadẹsch. Ort am mittleren Orọntes. →Thutmọsis III. nahm die Stadt auf seinem 6. Feldzug ein. Berühmt ist die Schlacht bei K. zwischen →Ramses II. und dem Hethiterkönig Muwạttali (um 1284), die nach der ä. (literarischen) Darstellung (sog. Kadẹsch-Gedicht, Kuentz, La Bataille de Qadesh, Kairo 1928/34) durch die Tapferkeit des Königs allein entschieden worden sein soll. Sie stellte tatsächlich weder militärisch einen Sieg der Ägypter dar, noch politisch einen Wendepunkt in der Abgrenzung der Machtsphären Ä. und des Hethiterreiches. Erst der 1269 geschlossene Friedensvertrag zwischen Ramses II. und

Chattuschil, dem Nachfolger Muwattalis, beendete den Krieg.

Lit.: A. H. Gardiner, The Kadesh inscriptions of Ramesses II., Oxford 1960.

Kagemni. →Vezir unter König Teti, sein Grab in →Saqqara[1]. Eine „Weisheitslehre" für ihn ist z. T. erhalten[2], jedoch wird er dort fälschlich unter →Snofru angesetzt. Sie wurde vielleicht dem *Kꜣ-irj-św* (als hypothetischen Vater des Ka-gemni) in den Mund gelegt, der als Verfasser einer Lehre bekannt ist[3].

[1] Quibell, Saqqara Exc. 7, 105; v. Bissing, Gemnikai. — [2] →Pap. Prisse. — [3] Posener, Rev. d'Egyptol. 6, 32; Edel MIO I 224/5 vgl. Pap. Beatty IV Rs 3,7; Yoyotte, Bull. Soc. franç. égypt. 11, 67ff.

Kalender. Der K. besteht in geschichtlicher Zeit aus einem Jahr von 365 Tagen, eingeteilt in 3 Jahreszeiten *ꜣḫ.t:* Überschwemmung, *pr.t:* Aussaat (Winter), *šmw:* Ernte (Sommer), zu je 4 →Monaten mit je 30 Tagen, zusätzlich 5 →Epagomenen, die anfänglich am Anfang, später am Ende des Jahres zugefügt wurden. Über den Zeitpunkt der Einführung dieses K. bestehen noch gegensätzliche Meinungen. Die folgende Rekonstruktion der K.entstehung kann als möglich angenommen werden. Zunächst rechnete man mit einem ‚landwirtschaftlichen Jahr' von Beginn der Nilüberschwemmung bis zur nächsten, wobei der Frühaufgang der →Sothis (Sirius, Hundstern) den Beginn des neuen Jahres ankündigte, weil dieses Ereignis mit dem Beginn der Nilschwelle zusammenzufallen pflegt. Daher „schenkt" schon in den →Pyramidentexten Sothis das neue Jahr[1]. Entscheidend ist die Tatsache, daß das astronomische Jahr nicht in vollen Tagen auszudrücken ist, sondern 365 ¹/₄ Tag beträgt. Als man das ‚landwirtschaftliche Jahr'[2] schematisierte durch Einführung der Einteilung der Jahreszeiten in 4 Monate und Zufügung der 5 Epagomenen, mußte sich durch Vernachlässigung des ¹/₄ Tages eine langsame Verschiebung zwischen K.anfang und Überschwemmungsanfang (Sothisaufgang) ergeben. Dadurch entstehen die sog. Sothisperioden, d. h. innerhalb von 1461 Jahren wandert der Sothisfrühaufgang (und der Beginn der Überschwemmung) einmal durch das ganze K.jahr. Da Censorinus[3] im

Jahr 139 n. Chr. eine neue Sothisperiode beginnen läßt, lassen sich die anderen Anfänge von Sothisperioden mit kleinen, unwesentlichen, astronomisch bedingten Fehlergrenzen auf 1318 v. Chr., 2776 v. Chr., 4231 v. Chr. usw. berechnen. Aus dem Gesagten ergibt sich aber zwangsläufig, daß die Systematisierung des Kalenders nur zu Beginn einer Sothisperiode begonnen haben kann, da diese „Periode" ja ihr Vorhandensein allein dieser Systematisierung verdankt! Als wahrscheinlichstes hält man das Jahr 2772 v. Chr. für das Jahr der K.systematisierung, das etwa in den Anfang der 2. Dyn. fällt.
Neben dem „bürgerlichen" K. mit 365 Tagen fordert jetzt Parker[4] das Vorhandensein eines Mondjahres für die Naturfeste, bei dem der Sothisfrühaufgang immer in den letzten Jahresmonat fallen mußte, so daß von Zeit zu Zeit ein Schaltmonat eingeschoben werden mußte[5].
Für Rechnungen in der Tempelverwaltung benutzte man ein Jahr von 360 Tagen[6].

[1] Pyr. 965, Schott, Festdaten 11. — [2] Neugebauer, Acta Orientalia 17, 169 ff. — [3] De die natali Cap. 21. — [4] Calendars of Egypt. — [5] Gegen diese Darlegung wendet sich Gardiner in Revue d'Égyptologie 10, 9 ff. — [6] Siut I 285.

Kamel. Das Kamel ist erst durch die Perser nach Ä. eingeführt worden, wodurch die Oasen im Westen zu Handelsknotenpunkten aufblühten. Vorher sind literarische Nennungen nicht bekannt. Der angebliche Fund von Kamelknochen im Frühgeschichtlichen Friedhof von Heluan[1] ist suspekt, das Gefäß in Form eines zwei Näpfe tragenden Kamels aus Abusir el-Melek[2] ausländische Einfuhr (Salbbehälter, vielleicht aus Belutschistan).

[1] Z. Saad, Royal Excavations at Helwan 1945—7 S. 38. — [2] Scharff, Abusir-el-Meleq Taf. 24 Nr. 209.

Kamọse. Letzter König der 17. Dyn., Sohn seines Vorgängers Sekenenrẹ und Bruder seines Nachfolgers →Ahmọse. Regierte etwa 1555 v. Chr. Er begann den Kampf gegen die →Hyksos unter ihrem König Aꜥa-user-Re Apọphis, die damals U.ä. bis Kụsae in ihrer Hand hatten. Berichte darüber hat er auf zwei Stelen in →Karnak hinterlassen.
Lit.: Gardiner JEA 3, 95 ff.; neue Stele: ASAE 53, 195.

Kanọpe. Bezeichnung für die Eingeweidekrüge, fälschlich modern abgeleitet von dem Bild des Gottes Kanọpos der gleichnamigen Stadt ostw. Alexandrịa, der in der Form eines menschengestaltigen Gefäßes verehrt wurde. Seit man zu Beginn des AR mit der →Mumifizierung begann, bewahrte man die aus der Leiche genommenen Eingeweide in 4 Krügen auf, die neben den Sarg gestellt wurden. Als „Schutzgeister" wurden ursprünglich für je 2 die Ingredienzien angesehen, mit denen man die Eingeweide konservierte: Ạmset („Dill") und Hạpi (unbekannt). Späterhin wurden noch zwei Gestirnsgötter (*Ḳbḥ-śnw.f* „der seine Brüder kühlt", *Dwꜣ-mwt.f* „der seine Mutter verehrt") zugefügt und alle vier als ‚Söhne des →Horus' bezeichnet. In den Pyr. war ihre Hauptaufgabe, den Hunger des Toten zu vertreiben[1]. Der Deckel war zunächst eine einfache Schale, trug später einen Menschenkopf. Im NR gab man ihnen die Köpfe eines Menschen (Ạmset), Pavians (Hạpi), Falken (*Ḳbḥ-śnw.f*) und Hundes (*Dwꜣ-mwt.f*). Wie diese „Horuskinder" zu den aufgeführten Köpfen kamen, ist unklar. Als Schutzgöttinnen der K. wurden an den Ecken des K.kastens im NR →Isis, →Nephthys, →Sẹlket und →Neith angebracht. Bezeichnenderweise erhalten die kgl. K. der Amạrnazeit den Kopf des betreffenden Königs und die Schutzgöttinnen werden durch die Figuren der Königin ersetzt.

---

[1] Pyr. 552.

Karnak. Bei dem heutigen Dorfe K. liegt der große Tempelkomplex, in dem u.a. den Gottheiten von →Theben, →Amun, →Mut und →Chons, ihre Hauptheiligtümer errịchtet wurden. Die Anlage war durch eine Allee von Widdersphinxen mit dem Tempel von →Luxor verbunden. Zwei Quaianlagen (westlich vom 1. →Pylon mit Nilstandsmarken von 22. bis 26. Dyn. und nördlich vom Monthtempel) bezeichnen die Landestellen zweier Kanäle, die zum Nil führten; der Kanal des nördlichen Quai führte weiter nach →Medamụd.

Amuntempel (P. Barguet, Le temple d' Amon-Rê à Karnak, Kairo 1962). Der große Amuntempel, auch Reichstempel genannt, geht in die 11. Dyn. zurück. Die ältesten erhaltenen Bauteile stammen aus der 12. Dyn. (Alabastersanktuar →Sesọstris' I., jetzt im sog. ‚Musée' nördlich des ersten Hofes). Aber erst die 18. Dyn. und die folgenden Zeiten gaben ihm sein großartiges Aussehen. Das Sanktuar ist mehrfach 18. Dyn. und die folgenden Zeiten gaben ihm sein großartiges Aussehen. Das Sanktuar ist mehrfach erneuert worden, wobei die Steine früherer Bauten teils als Füllsteine späterer Anlagen, teils als Fundamente verwendet wurden und jetzt z.T. wieder zusammengesetzt werden konnten (ein Sanktuar →Amenọphis' I., 319 Blöcke von einem Bau der →Hatschẹpsut, zahlreiche Blöcke von Bauten →Amenọphis' IV.). Nach vorn (Westen) wurde die Anlage von →Pylonen (6 Pylone in einer Achse), Höfen, Säulenhallen (große Hypostyle Halle der Ramessiden zwischen 2. und 3. Pylon) fortlaufend vergrößert. Im Osten errichtete →Thutmọsis III. quer zur Tempelachse seinen sog. ‚Festtempel' mit einer Reihe von Nebengemächern (darunter den sog. Botanischen Garten: Darstellungen syrischer Pflanzen und Tiere). Nach Süden führt eine Prozessionsstraße durch 4 Pylone in Richtung auf den Muttempel. Der heilige See befindet sich auf dem Gelände zwischen Haupttempel und dieser Straße. Umbauten, Einbauten, Erweiterungen sind von fast allen Königen von der 18. Dyn. bis in die römische Kaiserzeit vorgenommen worden.

Muttempel. Der Tempel der Göttin Mut liegt südlich vom Amunbezirk, mit diesem durch eine Sphinxallee verbunden. Er wird von einem hufeisenförmigen See umschlossen, der den Namen Ịscheru führte. Auch er geht in die 18. Dyn. zurück. Im gleichen Bezirk findet sich nordöstlich ein Tempel →Amenọphis III. und westlich ein Tempel →Ramses III.

Chonstempel. Der Tempel des Chons ist innerhalb der Umwallung des Amuntempels gelegen, in der Südwestecke. Der guterhaltene Bau stammt im wesentlichen aus der Zeit der 20./21. Dyn.

Außerdem hatten noch eine Reihe anderer Götter Tempel in Karnak. Innerhalb der großen Umfassungsmauer, unmittelbar an deren Nordseite liegt

ein kleiner Tempel des memphitischen Gottes →Ptah (18. Dyn.). Die Nilpferdgöttin Ipet besitzt einen kleinen Tempel unmittelbar westlich neben dem Chonstempel.
Nördlich außerhalb der Umwallung in einem eigenen Tempelbezirk befand sich der Tempel des Gaugottes →Month, daneben u. a. ein Tempel der →Maat. Nach Osten lagen Bauten Amenophis' IV. Die großen, zu den Bezirken Zugang gebenden Tore stammen sämtlich aus der Spätzeit.

Kartusche. Bezeichnung des ovalen Ringes, mit dem Geburtsnamen der Könige in Inschriften umschlossen sind (→Königsnamen). Die Erkenntnis, daß es sich bei den dadurch hervorgehobenen Zeichengruppen um Königsnamen handelte, trug wesentlich zur Entzifferung der Hieroglyphen bei.

Kastagnette. Die ä. echte K. besitzt bereits alle organologischen Eigenschaften, die sie von der Gegenschlagklapper unterscheiden. Einhändig und paarweise gespielte, schalenförmig ausgehöhlte K. sind im koptischen Ä. nachweisbar. Sie haben zumeist Flaschen- oder Fruchtform. Die von C. Sachs als „stiefelförmige K." bezeichneten Instrumente dürften lediglich (wie die Gegenschlagklappern aus Nilpferdzahn) Hand, Vorderarm und Schulter des menschlichen Körpers darstellen, nur sind diese Elemente nicht gleichmäßig geschwungen wie dort, sondern im rechten Winkel dargestellt. Solche abgewinkelten K. hat es bereits seit dem MR gegeben. Sie sind zum ersten Male im Grabe des Sirenput dargestellt worden (Asuan). Damit wird der spanische Ursprung der K. erneut zur Diskussion gestellt werden müssen. (H)
Lit.: Bull. de la Société d'Archéologie Copte (In Vorbereitung).

Katze. Die Domestikation der K. (felis silvestris libyca) scheint erst relativ spät durchgeführt worden zu sein (→Haustiere), wenn Zähmung einzelner Tiere auch schon früh vorgekommen sein mag. Ein Katzenskelett schon vorgeschichtlich in →Abydos[1]. Der Frauenname „Katze" scheint erst zwischen AR und MR vorzukommen; sichere Abbildungen des Tieres im AR fehlen. Erst im NR und besonders in der 22./23. Dyn. kann man von K.-Verehrung sprechen, die sich an die Göttin →Bạstet in →Bubạstis anschloß. Die K.-Friedhöfe gehören der Spätzeit an (bei Bẹni Hạsan, →Theben, →Saqqạra, →Bubạstis). Die dort begrabenen Tiere nehmen z. T. noch eine Zwischenstellung zwischen Wildform und domestizierter Form ein[2]. Satirische Darstellungen belegen für das späte NR den „Katzen-Mäuse-Krieg"[3].

[1] Peet, Cemeteries of Ab. II S. 7. — [2] Gaillard-Daressy, Faune momifiée, S. 9. — [3] Morenz, Festschrift für B. Schweitzer, S. 87 ff.

Kẹdesch. Die kanaanäische Göttin, die „Heilige", ist seit der 19. Dyn. in Ä. bekannt; sie wurde mit dem ebenfalls syrischen Rẹscheph zusammen dargestellt. Dabei wurde das Gesicht von vorn abgebildet, sie stand auf einem Löwen und hielt in der rechten Hand drei Lotosblumen, in der linken eine weiß-schwarz gefleckte Schlange[1]. Auf einer Statue aus →Memphis[2] wird sie zusammen mit der „syrischen →Ištar" angerufen.

Lit.: ASAE 41, 77; JNES 14, 49.

[1] Turin 60, vgl. Brugsch, Thes. 1434; ähnliche Stelen in Wien Rec. Trav. 7, 190. — [2] Ranke, Stud. pres. Griffith 413.

Kenotaph. Da das →Grab nicht nur Ruhestätte des Leichnams und Ort seines kultischen Dienstes war, sondern auch als Verehrungsstätte nichtkörperlicher Erscheinungen des Toten galt, ergab sich die Möglichkeit, K. mit Kultstätten außer dem wirklichen Grab zu besitzen. Die Könige der Thinitenzeit scheinen von dieser Möglichkeit Gebrauch gemacht zu haben, insofern als außer ihren Gräbern in →Abydos Gräber einiger dieser Könige in →Saqqạra entdeckt worden sind (→Königsgräber), →Djọser besaß in seinem Baukomplex bei Saqqạra zwei Grabanlagen; und die Sitte der Nebenpyramiden im AR gehört wohl ebenfalls hierher (→Pyramide). Hofleute →Phịops' II. (6. Dyn.) ließen sich im Hof der Königinpyramide K. errichten, um am Totenkult des Herrschers teilzunehmen[1]. Seit dem MR kennen wir K. in →Abydos, die ihren Besitzern Teilnahme an den dortigen Osirisfeiern gewährleisten sollten. Ahmose (18. Dyn.) errichtete sich dort ebenfalls ein K.[2] sowie seiner Großmutter Tetischeri einen Schrein und eine Pyramide[3], deren Widmungsinschrift bekannt ist[4]. Vielleicht haben einzelne Könige der Ramessidenzeit, die in →Theben bestattet waren (→Mernephtah, →Ramses II.) K. in →Tanis, ihrer eigentlichen Residenz, besessen[5]. Texte sagen im allgemeinen nichts über die Bedeutung der K. aus; doch ist in diesem Zusammenhang ein demotischer Papyrus der frühen Ptolemäerzeit zu erwähnen[6], wonach ein Mann, der in →Memphis begraben war, dessen Familie aber in →Koptos lag, dennoch deren →Ka's in seinem Grab bei sich hatte.

[1] Jéquier, Oudjebten S. 28 ff. — [2] Petrie, Abydos III. S. 39 ff. — [3] Randall-Maciver, El Amrah S. 75 f. — [4] Urk. IV 26 ff. — [5] Montet, Énigmes, S. 117. — [6] Griffith, Stories, S. 38/9. 137.

Abb. 15

Abb. 16

Keramik. Von der Vorgeschichte bis zur Spätzeit gehört K. zu den verbreitetsten Fundgegenständen in Gräbern und Siedlungen. Ihre Wichtigkeit ist freilich in den verschiedenen Epochen recht unterschiedlich. Während K. bei allen vorgeschichtlichen Fundplätzen als Mittel zur Datierung und Zuordnung des Fundplatzes eine ausschlaggebende Rolle spielt, verliert sie diese Bedeutung in der geschichtlichen Zeit, in der sie allerdings auch bezüglich ihrer künstlerischen Bedeutung eine untergeordnete Stelle einnimmt. Die Rolle, die sie hier spielt, ist in keiner Weise mit der der griechischen K. zu vergleichen. Gewiß gibt es auch in geschichtlicher Zeit schöne dekorierte Gefäße[1]. Aber im ganzen stellt die K. der geschichtlichen

Abb. 17 I

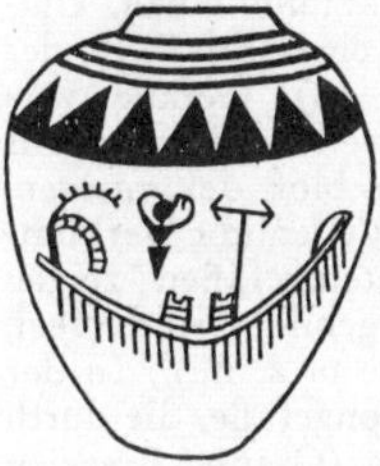

Abb. 17 II

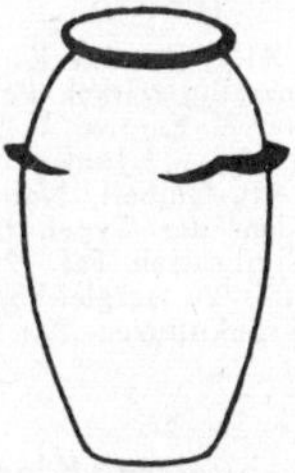

Abb. 18

Zeit Gebrauchsware dar, vom kleinen Opferschälchen bis zu großen Vorratsgefäßen[2]. In Einzelfällen besitzt freilich auch in historischer Zeit die K. eine Bedeutung; so etwa die sog. Tell el Yahudîye-Vasen[3]; es handelt sich dabei um schwarzgefärbte Krüge mit Lippe und Henkel und einer aus Punkten gebildeten Ornamentik, die sich seit der 12. Dyn. über Ä. bis Zypern und Palästina verbreitet hat (Abb. 15).

Um so wichtiger ist die K. der Vorgeschichte. Eine Klassifizierung der vorgesch. K. gab zuerst Petrie[4]. Hier sei nur auf einige der repräsentativsten Formen hingewiesen. Zur Kultur von Deir →Tạsa gehört als kennzeichnende Ware ein kelchartiges Gefäß mit weit ausladendem Rand und schwarzer oder bräunlich-schwarzer Farbe (Abb. 16). Die Dekoration (nur Ornamente) ist eingeritzt, die Ritzlinien sind mit weißer Paste gefüllt. Diese Technik der Dekoration hält sich auch in den späteren Kulturen. Für →Badạri ist eine formenreiche Ware charakteristisch: Die Gefäße sind mit einer braunen oder roten Glasur überzogen, Rand und Inneres tiefschwarz gefärbt. Die beiden nach dem Ort →Negade benannten Kulturen (Neg. I und II) haben teils miteinander und mit anderen Kulturen gemeinsame, teils sie voneinander scheidende K.-Arten.

Die rote Ware mit schwarzem Rand lebt neben jüngeren Arten weiter, ebenso läßt sich die Technik der weiß-geritzten Ornamente auf dunklem Grund weiterhin verfolgen. Eine sichere Scheidung der Kulturen Neg. I und II läßt sich bei farbiger Dekoration treffen, wobei allerdings gewisse Motive wiederum beide verbinden. Charakteristisch für Neg. I ist weißgemalte Dekoration auf dunklem Grund, für Neg. II rote Dekoration auf hellem Grund (Abb. 17). Neben zahlreichen geometrischen Ornamenten bietet die „weiß-figurige" K. häufig Tiere (einzeln, in Reihen, in Gruppen), menschliche Figuren (Tanz, Jagd). In der „rotfigurigen" Malerei herrscht (neben Ornamenten wie Spirale, Fischgrätenmuster, tierischen und pflanzlichen Ornamenten) das Schiff. Andeutungen von Landschaft (Wasser, Berge) kommt hinzu. Umstritten ist die Zugehörigkeit zur eigentlich ä. K. der sog. Wellenhenkelgefäße (Abb. 18), Gefäße verschiedener Form, die einen gewellten Henkelgriff haben. Dieser Griff kann bis zur bloß dekorativen, das ganze Gefäß umlaufenden Wellenlinie verkümmern. Enge Beziehungen zu Steingefäßen zeigen jene Gefäße, die in Tiergestalt gebildet sind (Igel, Nilpferd, Krokodil, Vögel, Fische u. a. m.)[5]. In der Neg.-II-Kultur trifft man auch Tongefäße, die durch Form und Bemalung Steingefäße (Granit, Breccien u. a.) nachahmen. →Töpferei, Töpferscheibe.

---

[1] Z. B. Schäfer, Prop. Kunst S. 408, Taf. XIX, bemalte K. aus dem NR. — [2] Überblick über einen zahlenmäßig reichen Fundort gibt G. Nagel, La ceramique du Nouvel Empire à Deir el Medineh, Doc. de Fouilles X, Kairo 1938. — [3] Junker, Sb. Ak. W. Wien, phil. hist. 198, 3, 1921. — [4] P.-Quibell, Naqada and Ballas, S. 37 ff.; doch hat sich seitdem der Typenschatz wesentlich vermehrt. Brunton, Badarian Civilisation Taf. 12 ff.; ders. Mostagedda. — [5] Zu ihrem Verhältnis zu vergleichbarer mesopotamischer K. vgl. Scharff, Die Frühkulturen Ä. und Mesopotamiens AO 41, 1941.

Klapper. Die K. gehört zu den ältesten Klangwerkzeugen Ä. Sie erscheint bereits in der Vorgeschichte und hat sich bis auf den heutigen Tag erhalten. Langgestreckt (Stabk., Gegenschlagstäbe oder -klappern), leichtgekrümmt (Bumerangk.), oben verdickt (Kolben- oder Keulenk.) ist sie zumeist aus Holz gebildet. Prunkinstrumente sind auch aus Elfenbein und oft stark gekrümmt, der ursprünglichen Form des Nilpferdzahnes nachgebildet, aus dem sie gefertigt sind. Diese Instrumente sind häufig kunst-

reich verziert. Man findet auf ihnen das Bild des bärtigen →Sọpdu, der Göttin →Ḥathor oder eines menschlichen Kopfes (Kopf-, Menschenkopf-, Mädchen- und Hathorkopfklappern). Häufig ist auch die der Ḥathor heilige Kuh dargestellt. Auch andere Tiere und Pflanzen werden gelegentlich dargestellt (Lotos-, Gazellen- und Entenkopfk.) am häufigsten jedoch die menschliche Hand und der Arm, die beide den Rhythmus angeben (Arm- oder Handk.).
Alle diese Instrumente sind zwei- oder einhändig (Einhandk.) gespielt worden, sei es, daß der Spieler je eine der K. in die rechte und linke Hand nahm, sei es, daß er beidhändig diese Klangwerkzeuge paarweise bediente. (H)

Lit.: H. Hickmann, BIE 37.

Klarinette. Die K. ist ein Blasinstrument mit einfachem Rohrblatt. Die ä. Instrumente sind selten aus Holz oder Knochen, sondern zumeist aus Rohr, mit rein zylindrischer Bohrung. Sie gehören regelmäßig der Gattung der Doppelk. an: zwei gleichlange, parallel zusammengebundene Röhren und ein Mundstück vom Zummârah- oder Masḥûratyp. Das alte Ä. hat scheinbar nicht die Abarten des Arghûl gekannt, der heute eine wichtige Rolle in der volkstümlichen Musik spielt. Antike Doppelk. haben zunächst 2mal 4 Grifflöcher (AR), später mehr. Gut erhaltene Instrumente lassen deutlich die überraschende Ähnlichkeit zwischen den alten und modernä. K. erkennen.
Die Doppelk. taucht zum ersten Male in der 3. spätestens zur Zeit der 4. Dyn. auf. Sie ist eines der wichtigsten und neben der →Flöte am häufigsten abgebildeten Blasinstrumente. Sie dürfte im Sinne des heutigen Zummârah- und Arghûlspieles benutzt worden sein (kurze Instrumentalvorspiele, Interludien, heterophonisches Ausschmücken der Melodie oder bordunierendes Aushalten eines einzelnen Tones). (H)

Lit.: H. Hickmann, The Galpin Society Journal IV, London 1951; Chronique d'Egypte XXVI, 51; BIE 36.

Kleidung. In der ältesten Zeit finden wir verschiedene Kleidungsstücke im ä. Raum, je nach der Art der einzelnen Bevölkerungsgruppen: Penistasche bei den mit den Libyern verwandten Stämmen der ältesten Herrenschicht, geflochtene Schurze auf einer spätvorgeschichtlichen →Palette. Andere Kleidungsstücke, wie ein Schurz aus Lederriemen oder Grasröcke finden sich, wie auch die oben genannten Kleidungsstücke, in der königlichen Ritualtracht wieder, z. T. zum →Amulett und weiterhin zum →„Schmuck" geworden und in ihrer äußeren Form verändert. Zu Beginn der geschichtlichen Zeit war schon der kurze Leinenschurz das allgemeinä. Kleidungsstück, zu dem manchmal noch ein weiter Mantel trat. Während das Ritual noch die Erinnerung an bunte Stoffe bewahrt hat, ist der Männerschurz, soweit wir sehen können, weiß gewesen. Die Frau trug ein langes, enges Hemd, das mit Trägern über den Schultern gehalten wurde und in älterer Zeit noch bunt war, während bereits im AR das weiße Hemd für vornehm galt. Darüber konnte ein aus bunten Perlen bestehender Netzüberwurf getragen werden, es kommt auch ein weiter weißer Mantel vor[1]. Im Laufe des AR wurde der Vorderteil des Männerschurzes gefältelt und mit Goldstoff besetzt, auch treffen wir seit 4. Dyn. einen längeren, vorn spitz zulaufenden Schurz an.

Ein besonderes Frauenkleid mit Spitzen über den Schultern kommt bei Königinnen vor[2]. Ein imitiertes Pantherfellkleid trug im AR die Prinzessin Meresanch[3].

Im MR kam der doppelte Schurz auf, bei dem der äußere durchsichtig ist.

Einschneidende Änderungen begannen etwa unter →Hatschepsut; seitdem wurde von den Männern über dem Schurz bzw. dem Doppelschurz ein kurzes, oft gegürtetes Hemd getragen. Seit Amenophis IV. wurde der obere Schurz zu einem Bausch aufgebunden. Dabei entstanden recht kompliziert aussehende Zusammenstellungen, die modisch wechselten.

Frauen trugen im NR ein enges Hemd, das die rechte Schulter frei läßt, darüber einen auf der Brust verknoteten Mantel.

Besondere Kleidung legten seit MR →Priester an, die immer den alten kurzen Schurz beibehielten und sich nie „modisch" kleideten. Auch →Vezire hatten seit dieser Zeit eine eigene Tracht, nämlich ein lan-

ges, unter den Achseln sitzendes Hemd. →Vorlesepriester trugen eine Schärpe über die Brust, →Sem-Priester ein Pantherfell.
Auch Soldaten sind im NR häufig an ihrer Kleidung zu erkennen, indem sie ein dreieckiges Tuch an der Vorderseite des kurzen Schurzes trugen. Arbeiter und Angehörige niederer Schichten trugen häufig nur ein Tuch an einem Gürtel, das sie bei der Arbeit hochstecken; Arbeiterinnen waren nur mit einem kurzen Schurz bekleidet. Kinder liefen nackt herum. →Haartracht, Königsornat, Kopftuch.

[1] Nofret, ASAE 10, 41 ff. — [2] Hetep-heres II. Boston Bull. 25 S. 67 ff.; Mutter des Chufu-chaf ebenda 32 S. 9; Meretitef Mariette, Mast. S. 565. — [3] Smith, Sculpture pl. 44a.

Kom Ọmbo ä. *Nbj.t* die „Goldstadt" als Ausgangspunkt für Goldexpeditionen in die östl. Wüste, griech. Omboi, kopt. embō, Stadt zwischen →Gẹbel Sịlsileh und Asuạn auf dem Ostufer des Nils. Sie wurde erst in ptolemäischer Zeit bedeutend, als der Verwaltungssitz des 1. o.ä. →Gaus dorthin verlegt wurde. Aus dieser Zeit stammt auch der große Tempel von K., der ein kleines Heiligtum aus der Zeit →Thutmọsis' III. ersetzte. Er ist zwei →Triaden geweiht gewesen:
1. Hạroẹris („ältester →Horus", Sperberkopf) — Göttin *Sn.t-nfr.t* („gute Schwester") — Sohn *Pꜣ-nb-tꜣ.wj* („Der Herr beider Länder"). 2. Krokodilsgott →Sụchos, →Hạthor, →Chons (Mondgott). Dabei dürfte Sụchos der ursprüngliche Lokalgott sein. Wegen der beiden Triaden ist der Tempel als Doppeltempel angelegt worden.

König. Im äg. K. setzt sich offensichtlich ein vorhistorisches Häuptlingstum fort, von dem Elemente im →Königsornat, aber auch im Priestertum des K. und seiner Doppelnatur als Gott und Mensch fortleben. Nach dem Königsdogma ist er →„Horus" und „Sohn des →Re", also selbst göttlicher Natur; andererseits erhält der lebende K. keinen Kult (→Königskult) und erscheint etwa in der →Literatur oder den →Biographien durchaus als Mensch. Die Aufsummierung komplizierter historischer und theologischer Tatsachenbestände drückt sich in der

Form der →Königsnamen aus. Die →Verwaltung des Staates gipfelt in seiner Person; der →Kult beruht auf der Fiktion des alleinigen kgl. Priestertums; das Vorbild des Königtums prägt auch die Vorstellung von Götterkönigen und ihr →Kult ahmt zum guten Teil kgl. Zeremoniell nach. Erst relativ spät (10. Dyn.) begegnen Wort und Begriff des Königsamtes, und von hier an verläuft, wenn auch nicht geradlinig, eine Entwicklung, die schließlich zur Säkularisierung des Königtums in der Spätzeit führt (→Gottesstaat). Erst jetzt ist es daher möglich, daß Gegenkönige, auch unterlegene, als historisch existent anerkannt werden.

Lit.: G. Posener, De la divinité du Pharaon, Paris 1960. Zum Nachleben vgl. Wildung, Die Rolle ägyptischer Könige im Bewußtsein ihrer Nachwelt. I (ÄgFo 17), 1969.

Königin. Neben einer Mehrzahl von Angehörigen des kgl. Harim steht allein die „große königliche Gemahlin" als eigentliche K. neben dem Herrscher. Anders als in der bürgerlichen →Familie ist in der kgl. aus Gründen der Legitimität →Ehe unter Nächstverwandten die Regel; die die Generationen verbindende Stellung der K. kommt in der Titelsummierung „Tochter eines Königs, Schwester eines Königs, Mutter eines Königs" als Idealfall zum Ausdruck. Die Ehe mit einer dem Thron nahestehenden Prinzessin oder Adoption können zur Herrschaft legitimieren. Die Erhebung einer Frau nichtköniglicher Abstammung zur K. ist selten (mehrfach in der 6. Dyn., ferner Königin Teje, die Mutter →Amenophis IV.). Besonders an Dynastieübergängen spielen Königsmütter als Trägerinnen der Legitimität deshalb oft eine hervorragende Rolle (Nimaathap am Übergang der 2. zur 3. Dyn., Hetepheres I. an der Nahtstelle 3./4. Dyn., Ahhotep als Stammutter der 18. Dyn., die mit ihrem Sohn →Amenophis I. zusammen vergöttlichte Ahmes-Nofretere, Tawọsret, Adoptivmutter des Siptah u. a. m.). Als Ausnahmefälle kennen wir sogar regierende K., die in den →Königslisten gezählt werden (z. B. Nitokris, Ende der 6. Dyn., Sebeknefrure, Ende der 12. Dyn., →Hatschepsut).

Lit.: H. Junker, MDIK 3, 129 ff.

Königsgräber. Die ältesten K., die wir kennen, liegen bei →Abydos. Die hier nachweisbaren Könige gehören der 1. und 2. Dyn. an (Horus Ạha, Djer, Djet, Den, Adjib, Semerchet, Ka, Peribsen, Chasechemụi, Königin Merneith, einige nicht mit Sicherheit identifizierbare Gräber). Vom einfachsten Typ (eine rechteckige Kammer) vergrößerten sie sich im Lauf der Zeit, erhielten bisweilen einen Zugang durch eine lange Treppe; zahlreiche Nebenkammern und Magazine wuchsen um die Sargkammer (bei Chasechemụi sind es etwa 50 Räume). Gräber des Hofstaates umgaben das des jeweiligen Herrschers; wo diese fehlen, deuten Anzeichen auf Bestattung in Nebenräumen des Königsgrabes selbst hin. Die unterirdischen Räume waren, soweit feststellbar, mit Balken gedeckt. Stein als Baumaterial ist noch spärlich verwendet (bei Den Bodenbelag von Granit; bei Chasechemụi Sargkammer mit Kalksteinplatten gedeckt). Die Gräber waren sämtlich ausgeraubt; Skelettreste sind von nichtkgl. Personen gefunden worden; doch deutet der mit Schmuck gefundene Arm aus dem Grab des Djer[1] auf eine der Mumifizierung vorausgehende Leichenbehandlung. Die Oberbauten der Gräber sind zerstört. Ricke[2] erschließt eine etwa 1 m hohe Sandaufschüttung, die durch Ziegelmauern zusammengehalten wurde. Als Kultstätte dienten offenbar zwei frei vor dem Grab aufgestellte →Stelen mit Namen des Königs (Stelen und Bruchstücke davon sind mehrfach gefunden), zwischen denen die Opferstätte gelegen hat; das Ganze war von einer Umfassungsmauer umgeben. Gleichzeitig diesen Gräbern ist eine Reihe von Gräbern in →Saqqạra und eines in →Negạde (sog. Grab des →Mẹnes). Es sind rechteckige Tumuli, deren Fassaden durch abgetreppte Nischen gegliedert sind. Die Bestattungsanlage befindet sich unter dem Tumulus. Dieser birgt in sich eine wechselnde Anzahl von Kammern, die als Magazine anzusprechen sind. Ob es sich hier tatsächlich um K. handelt, steht noch nicht mit voller Sicherheit fest. Sollte dies der Fall sein, so hätten die Könige Horus-Aha, Djet, Ka, die Königin Merneith und wohl noch andere hier ein zweites Grab besessen; eines von beiden wäre als →Kenotaph aufzufassen.

Erst mit der 3. Dyn. beginnt die Entwicklung der →Pyramiden. Und diese Grabform bleibt die bevorzugte bis zum Anfang des NR. Allerdings haben auch in diesem Zeitraum nicht alle Könige Pyramiden gehabt. Das sog. Südgrab im →Djọserbezirk, das Grab des Königs Schepseskạf (4. Dyn.) in →Saqqạra (sog. Mạstaba el Faraụn) und das der Königin Chentkạus (4. Dyn., →Giza, sog. 4. Pyramide) gehören zum Typ der Mạstaba (→Grab). Mit Beginn des NR (Könige Ahmọse und →Amenọphis I.) begann ein neuer Abschnitt in der Entwicklung der K. Für Jahrhunderte liegen jetzt Grab und Totentempel getrennt. Der Grund der Trennung liegt sicher nicht nur in dem Bestreben, das Grab selbst durch Verborgenheit zu schützen[3], sondern offenbar auch in einer neuen kultischen Bewertung der Totentempel (→Tempel); sie galten als Heiligtümer des Gottes →Amun von →Theben, in denen auch der tote König Kult erhielt. Ihre Lage ist vorn an der Grenze des Fruchtlandes und seinem Bogen folgend reihen sich von Norden nach Süden die Tempel des NR (→Theben-West). Das Grab Amenọphis I. liegt durch einen senkrechten Schacht zugänglich auf dem Hügel von Draʿ abu'l-Nẹga[4]. Von →Thutmọsis I. an sind die Gräber im sog. Königsgräbertal (Bibạn el Molụk) vereinigt, einem hinter dem Berg von Deir el Bahri gelegenen, von Norden zugänglichen Tal. Sie sind mit ihren Gängen und Kammern in den Fels geschlagen. Besonders großartig ist die Anlage der Gräber der →Hatschẹpsut (18. Dyn.). Das erste ist westlich des Königsgräbertales gelegen; der Zugang befindet sich an einer steilen Felswand 70 m über der Talsohle. Ein zweites im Königsgräbertal selbst besitzt einen langen u-förmig gebogenen Gang, der auf eine Länge von 213 m etwa 97 m in die Tiefe führt. Das Grab des →Tutenchamun war das einzige nicht beraubte. →Amenọphis IV. ließ für sich und seine Familie ein gemeinsames Grab in einem Wạdi östlich von →Tell el Amạrna anlegen. Das Tal der Königinnen (Bibạn el Harịm) befindet sich in einem Talkessel hinter →Medịnet Hạbu und enthält einzelne Gräber der 17. Dyn., hauptsächlich aber Gräber von Königinnen und Prinzen der Ramessidenzeit. Ihre Anlage ist der der Königsgräber

verwandt; doch haben sie geringere Ausdehnung. Trotz aller Sicherungen fanden schon Ende der 18. Dyn. Beraubungen der K. aus dem Anfang der Dyn. statt, stärker noch in der Ramessidenzeit (→Grabräuber). Man nahm deshalb in der 21. Dyn. Umbettungen und Neubestattungen vor (→Königsmumien).
Erst in der Spätzeit finden sich Grab und Tempel räumlich wieder zusammen, wenn auch in anderem Sinne als früher. Die Gräber suchen offenbar den Schutz der besser überwachten Tempel. So haben sich am Tempelkomplex →Ramses' III. in Theben (→Medịnet Hạbu), der zugleich als Festung gebaut war, das Grab des Königs Harsiẹse und mancher Privatpersonen, innerhalb der Umfassungsmauer die Gräber der thebanischen →Gottesgemahlinnen gefunden[5]. Ein Teil der bisher unbekannten K. der 21./22. Dyn. ist in →Tạnis gefunden worden[6], das des Psusẹnnes, Amenemọpe, Osọrkon II., Takelọthis II., Schọschenk III. Ihre Gräber liegen in der Südwestecke des Tempelbezirkes. Von bescheidenem Umfang, reich an nachträglichen Um- und Einbauten für Familienangehörige, häufig unter Verwendung alter Bauglieder errichtet, legen sie Zeugnis von der sinkenden Macht der Dyn. ab. Ihre Auffindung ist dennoch von besonderer Bedeutung. Gewinnt durch sie doch die Schilderung Her. II 169/70 über die Gräber der Könige der 26. Dyn. in →Sais, u. zw. im Tempel der Athene, d. i. →Neith, in großen Zügen an Wahrscheinlichkeit, auch wenn von diesen Gräbern und dem Tempel nichts erhalten ist.

---

[1] RT II Taf. 1. — [2] Beiträge 5,1, S. 14 ff. Abb. 2. — [3] Urk. IV 57. — [4] Carter, JEA III, S. 147. — [5] Hölscher, Medinet Habu, S. 51 ff. — [6] Montet, Necropole royal de Tanis II.

Königskult. Für die Verehrung des Königs sind verschiedene Formen zu unterscheiden, die im wesentlichen angeregt und bestimmt wurden durch das Objekt, dem sie galten, nämlich die möglichen verschiedenen Formen des Königs.
Ia. Der offizielle Totenkult der verstorbenen Herrscher schloß naturgemäß an das →Grab an und wurde in unmittelbarer räumlicher Nähe von diesem vollzogen. Wie allem Totenkult liegt ihm der Ge-

danke zugrunde, daß auch die Person eines Verstorbenen der Versorgung mit irdischer Nahrung bedarf. Daraus erklären sich die Kultsitten der täglichen und Festopfer, der Besuch am Grab (→Fest) u. a. m. Als Ort des Kultes stand der Totentempel (→Tempel) zur Verfügung, der sich anfangs direkt am →Königsgrab befand, in der 18. Dyn. in Theben aber räumlich sich von ihm trennte. Neben seiner kultischen Bedeutung kam dem kgl. Totenkult normierende wirtschaftliche Bedeutung zu: Die Darbringung der →Opfer und das Vollziehen des Kultes setzte den Besitz an Land, Gütern und Menschen voraus; als ihr Verwaltungszentrum werden im AR die Pyramidenstädte, im NR die Totentempel genannt (→Dekrete). Daß die Verehrung eines verstorbenen Pharao am Ort seiner Bestattung nach Jahrhunderten einen Kreis von Priestern und Gläubigen um sich sammeln konnte, zeigen Beispiele aus dem AR: →Snọfru, Schepseskạf, →Phịops II (s. u.). Aber auch Könige konnten den Kult ihrer Vorgänger wieder beleben oder neu stiften, wie die Könige der 12./13. Dyn. Stiftungen für den Totenkult →Mentuhọteps machten[1] oder die Stiftung einer Grabkapelle des Königs Ahmọse für seine Großmutter Tẹtischẹri in →Abỵdos[2].

Ib. Der Kult von Königsstatuen überschneidet sich mit dem Totenkult insofern, als auch im Totentempel eine oder mehrere Statuen Kultobjekt waren. Aber früh schon fanden sich Königsstatuen auch in Göttertempeln[3]. Zahlreiche K., die wohl eine Statue zum Objekt hatten, finden sich in der Spätzeit in →Memphis[4]. Von einzelnen Königsstatuen kennen wir auch die Namen, unter denen sie verehrt wurden: Eine Statue →Thutmọsis III. in Theben hieß „Der die Bitten erhört"[5]; eine solche →Amenọphis' I. „Amenọphis vom Vorhof"[6]; von →Ramses II. kennen wir Namen wie „Der große Gott, der den Bittenden erhört", „Re der Herrscher" u. a. m.[7] Wenn wir, wie das seit der 18. Dyn. belegt ist, →„Propheten" von Königen finden, so handelt es sich (außer vielleicht in →Nubien) um →Priester an Kultstatuen von Königen, auch wenn das nicht ausdrücklich gesagt ist[8].

Ic. Allgemeine Formen des Kultes konnten sich an eine bestimmte Landschaft heften, in der die Wirksamkeit eines Königs besonders sinnfällig in Erscheinung getreten war. So wurde →Snofru als Gott im →Sinai angerufen[9], übrigens auch in Abydos[10]. →Amenemhet III. genoß im Fayum besondere Verehrung und wurde als →„Horus von Krokodilopolis" bezeichnet. →Amenophis I. galt als Schutzherr der thebanischen Nekropole und besaß mehrere Statuen hier[11]. Besonders ausgebildet wurde seit der 18. Dyn. der K. in Nubien: →Thutmosis III. stiftete Kulte für →Sesostris III. als den Eroberer des Landes in verschiedenen nubischen Tempeln; ferner wurde er selbst, →Amenophis III., →Tutenchamun, →Ramses II. hier verehrt[12].

II. Alle genannten Formen der K. haben gewiß ihr Echo und ein Weiterwirken auch im Volksglauben gefunden. So wird der Ort, wo der Gott-König bestattet ist oder ein Bild von ihm steht, immer besondere Heiligkeit gehabt haben und man nahm an ihr teil, wenn man sich selbst in seiner Nähe bestatten ließ. Wenn das nicht möglich war, konnte ein →Kenotaph als Ersatz eintreten.

---

[1] Naville, XIth Dyn. temple I, S. 57. — [2] Urk. IV 26. — [3] Aus einem Göttertempel wohl schon die Statue des Chasechemui aus →Hierakonpolis; Stiftungen Phiops' II. für Statuen von sich und seinen Angehörigen in Abydos, Urk. I 278; →Sesostris I. stellte Statuen des Sahurę und Antefs in →Karnak auf, Kairo CG 42004/5; die Sitte, Statuen für frühere Kge. aufzustellen, scheint auf d. MR beschränkt zu sein: Evers, Staat aus d. Stein II S. 129; eine Statue des Amasis wurde zu Lebzeiten des Königs, also wie bei Phiops II., im Tempel von Teuzoi aufgestellt, Griffith, Pap. dem. Ryland IX 16, 7/8 u. a. m. — [4] ÄZ 38, 115. — [5] Urk. IV 1212. — [6] Otto, Topographie S. 48. — [7] ÄZ 61, 57 ff.; Kêmi XI, 24 ff. — [8] Louvre 8026; BM 378; Griffith, Pap. dem. Ryland III S. 99 u. ö. — [9] Gardiner-Peet, Inscr. of Sinai Nr. 28; Petrie, Researches in Sinai, S. 123. — [10] Mariette, Cat. d'Abydos 1496 — [11] BIFAO 27, 159 ff. — [12] Säve-Söderbergh, Ä. und Nubien S. 202.

Königslisten. In den Kanzleien wurden Listen der verstorbenen Könige geführt, die die Namen, Regierungsdauer und (wenigstens teilweise) auch eine Einteilung in Gruppen (→Dynastie) enthielten. Das wichtigste Denkmal dieser Art ist der →Turiner Königspapyrus. Daneben gibt es kürzere Listen mit einer Auswahl von Königsnamen. Bei ihnen handelt

es sich um Auszüge aus eigentlichen K., die nur Namen, nicht Daten bringen und auf Tafeln niedergeschrieben waren.
1. Liste →Thutmọsis III. in →Karnak, jetzt Louvre, mit 61 Namen, Urk. IV 608 ff.
2. Tafel →Sẹthos' I. in →Abydos (von →Ramses II. kopiert) mit 76 Namen, Mariette, Abydos I 43.
3. Tafel im Grab des Tẹner in →Saqqạra mit 58 Namen, Mariette, Mon. div. 58.
Verwandt mit derartigen Listen ist auch der →Palermostein. →Manetho hat ebenfalls K. benutzt und in starker Veränderung existiert eine weitere Liste von Eratọsthenes (bei Synkẹllos).

Königsmumien. Trotz aller Sicherungsmaßnahmen des Königsgräbertales und der Geheimnistuerei beim Bau der Gräber sind doch die →Königsgräber der thebanischen Nekropole oft bereits kurz nach dem Begräbnis geplündert worden, wie der zweimalige Einbruch im Grab des →Tutenchạmun erkennen läßt. Unter Haremhẹb in seinem 8. Jahr mußte das Grab →Thutmọsis' IV. restauriert werden[1]. Unhaltbar wurden allerdings dann die Zustände am Ende der 20. Dyn., wie wir aus den →Grabräuberpapyri wissen. Die Folge waren die Versuche der unter dem letzten Ramessiden und später in Theben Macht ausübenden →Hohenpriester, wenigstens die Mumien der Könige vor völliger Zerstörung zu retten.
Unter Psusẹnnes II. wurden in einem Grabe zusammengetragen die K.: Sekenen-Rẹ, Ahmọse, →Amenọphis I., →Thutmọsis II., →Thutmọsis III., →Ramses I., Sẹthos I., →Ramses II., →Ramses III. Ein anderes Versteck wurde im Grab →Amenọphis II. angelegt, wo neben der Mumie des Grabbesitzers die der Könige →Thutmọsis IV., →Sẹthos II., →Sịptah, Sethnạcht, →Ramses IV., →Ramses V., →Ramses VI. gefunden wurden.

[1] Carter-Newberry, Thutmosis IV. S. XXXIV.

Königsnamen. In klassischer Zeit führten die Könige 5 Namen in folgender Reihenfolge: Horusname, *nb.tj*-Name, Goldhorus-Name, *nswt-bjtj*-Name, „Sohn des Re"-Name. Diese Reihenfolge stellt un-

gefähr gleichzeitig die zeitliche Abfolge ihrer Einführung dar; dabei enthält immer der letzte Name (in klassischer Zeit also der „Sohn des Re"-Name) den Geburtsnamen des Königs, die anderen Namen wurden bei der Thronbesteigung angenommen und enthalten deshalb manchmal eine Art „Regierungsprogramm".
In den beiden ersten Dyn. trugen die Könige neben ihren als *nswt-bjtj*-Namen erscheinenden Geburtsnamen allein den Horusnamen, der bei den ersten Königen der 1. Dyn. allein auf Denkmälern genannt wird. Er bezeichnete den König als Verkörperung des Horusfalkens. Im *nswt-bjtj*-Namen liegen anscheinend urtümliche Königsbezeichnungen vor, deren Deutung nicht sicher ist; die übliche Erklärung als „der zur Binse und Biene gehörige" stößt auf sprachliche und sachliche Schwierigkeiten. Eher haben wir in *bjtj* den in griechischer Zeit als libyschen Königstitel belegten „battos" zu sehen. In dieser Zeit war der *nb.tj*-Titel noch mit dem *nswt-bjtj*-Titel verbunden und bildete noch keinen eigenen Namen. Es handelt sich hierbei um die beiden „Herrinnen", d. h. Schutzgöttinnen des Königs, „Geier" (später in →Elkạb) und „Schlange" (später in →Bụto lokalisiert), die schützend über dem Namen des Königs schweben; eine Identifizierung des Königs mit ihnen ist erst spät zu belegen. In der 4. Dyn. bildete sich ein eigener *nb.tj-Name*. Der Goldhorusname setzte den König wahrscheinlich mit der Sonne gleich, die auch in Falkengestalt über den Himmel (in Gestalt zweier Falkenflügel) in einem Schiff fahren sollte. Obwohl mit Sicherheit in der 3. Dyn. eingeführt (für Djọser aus späteren Quellen belegt), erscheint er erst bei →Snọfru auf Denkmälern. In griechischer Zeit als „antiballōn hyperteros" erklärt, d. h. als →Horus als Sieger über →Seth. Jedoch ist das eine sehr späte Deutung.
Der „Sohn des Re"-Name endlich ist seit →Chẹphren belegt und erklärt den König nach dem damals aufkommenden Glauben an den Sonnengott als seinen Sohn.
In der Schreibung der Namen wird der Horusname in die sog. „Palastfassade" eingeschlossen (*śrḫ*), auf der der Falke steht. Der *nswt-bjtj*- und der „Sohn

des Re"-Name wird in die sog. →Kartusche (šnw, ab 19. Dyn auch mnš) eingeschlossen.

Lit.: H. Müller, Formale Entwicklung der Titulatur der ä. Könige, 1938.

Königsornat. Im K. lassen sich Reste uralter Kulturkreise erkennen, die bei der Entstehung eines einheitlichen ä. Volkes mitgewirkt haben. Kleidungsstücke und Verkleidungen voller magischer Bedeutung sind später zu Königsabzeichen geworden. Bezeichnend ist es, daß eine geschlossene Form des Königsornats eng mit der libyschen Kleidung verbunden ist und damit auf starke Beziehungen zu den libyschen Jägern der Westwüste hinweist. So war der Tierschwanz des Königs ursprünglich ein Hundeschwanz, den auch die Libyer tragen[1] und der als Jagdzauber (Verwandlung in einen →Hund) zu erklären ist. Später deuteten ihn die Ägypter als Stierschwanz[2], weil der König als „starker Stier" galt. Die Phallustasche[3] war Kleidungsstück vorgeschichtlicher Figürchen und der Libyer des AR. Auch sie hatte mehr „magische" als tatsächliche Schutzkraft. Ebenso war der →Uräus, ursprünglich nur am →Kopftuch getragen (nicht an der →Krone), die hervorsehende Haarlocke der Libyer, die sich — wie viele Dinge der nomadischen Umwelt — in einem Tier manifestierte, der Schlange. Auch in ihr steckte eine Mächtigkeit[4].
Die Straußenfedern als Kopfschmuck finden sich erst seit →Snọfru beim König zusammen mit einer Krone aus Widder- und Stierhörnern. Letztere dürften als „Masken" anzusprechen sein, mit denen sich der König in diese beiden fruchtbarkeitsträchtigen Tiere verwandelte. Die Straußenfeder war auch sonst ein Zeichen der Mächtigkeit (Krieger bzw. hl. Gegenstände trugen sie).
Von den Szeptern gehen die *ḏꜥm* und *wꜣś* genannten Stäbe mit einem oben angebrachten, nach unten gerichteten Ansatz auf Antreibestöcke zurück, die die Nomaden für ihre Esel brauchten; daher ist der obere Ansatz auch oft als Sethkopf gebildet, denn →Seth ist vielleicht der alte numinose Wildesel der Nomaden[5]. Der ‚Krummstab' hingegen ist der Stab der Schafhirten des Ostdeltas, mit dem sie ein Schaf an

den Beinen aus der Herde holen. Die sog. „Geißel" ist ein Fliegenwedel.
Auch Schurze finden sich als machtgeladene Ornatteile: So trägt →Narmer auf seiner →Palette aus →Hierakonpolis über dem Hemd einen Schurz aus Lederstreifen, die mit Hathorköpfen am Gürtel befestigt sind. Dieser *šsmt*-Schurz gehörte anscheinend, da ihn der Ostgott →Sopdu trägt, an den östlichen Rand des Delta. Ein frühgeschichtlicher Grasschurz gehörte zum König als Nilpferdjäger und wird später als Perlengehänge nachgebildet. →Krone, Kleidung, Kopftuch.

[1] Hölscher, Libyer S. 15. — [2] Myers, Temple of Armant pl. 103 1.7. — [3] Firth-Quibell, Step Pyramid pl. 15 u. 42. — [4] Pyr 724. — [5] JEA 3, 127.

Abb. 19

Kopfstütze. Die Sitte, den Kopf beim Schlafen oberhalb des Ohres zu stützen, ist weit über Afrika verbreitet. In Ä. bediente man sich seit der Frühzeit dafür der K., die verschiedene Formen aufweisen kann. Die gewöhnlichste Form besteht aus einem auf einem Fuß ruhenden Pfeiler, der das mondsichelförmige Auflager für den Kopf trägt (Abb. 19). Doch kommen auch blockartige K. vor. Als Material diente meist Holz, dann auch Kalkstein, Alabaster u. a. m. Im NR konnte der Name des Besitzers eingeschrieben sein. K. kommen auch als →Amulette bei Mumien vor.

Lit.: Petrie, Objects of daily use, S. 33 ff. Abb. eines auf K. Liegenden: Erman-Ranke, Ä., S. 212; Lacau, Sarc. I. Taf. VI.

Kopftuch. Außer den →Kronen konnte der König seit Beginn des AR ein K. tragen. Es bestand aus einem rechteckigen Streifen Stoff, etwa dreimal so lang wie breit. Es bedeckte die Stirn, lag über dem Kopf an und fiel über die Ohren in zwei Streifen nach der Brust herab. Der über den Hinterkopf herabfallende Teil wurde im Nacken zu einem zopfartigen Wulst zusammengedreht. Die über die Brust herabfallenden Streifen waren in Falten gelegt, der Kopfteil anfänglich durch farbige Streifen geschmückt, seit 12. Dyn. ebenfalls in Falten gelegt.

Lit.: ÄZ 54, S. 79 ff. Evers, Staat II, S. 7 ff.

Kopten. Von Aigyptos abgeleitete Bezeichnung der christl. Ägypter und ihrer Sprache („Koptisch"). Letztere, aus dem n. ä. entwickelt, wurde mit griech. Buchstaben geschrieben und bis ins 15. Jahrh. gesprochen. Die Literatur ist meist Übersetzungsliteratur aus dem Griechischen neben Wirtschaftsurkunden und meist religiösen Texten. Bedeutend war als kopt. Schriftsteller der Abt Schenute v. Weißen Kloster bei Sohag (ca. 363 — mindestens 451). An Dialekten kennt man das Saidische (in O. Ä.), das Bohairische (in U. Ä., zuletzt die Kirchensprache), das Achmimische in mehreren Dialekten, „Subachmimisch", das Fajumische.

Lit.: W. Till, Koptische Grammatik², 1961; Koptische Dialektgrammatik², 1961.

Koptische Musik. Nach allem, was bisher beobachtet werden konnte, scheinen sich allerlei Elemente der pharaonischen Tempelmusik in den Kirchengesang der ä. Christen hinübergerettet zu haben. Der am Ende der Messe gesungene 150. Psalm z. B. besitzt alle Eigentümlichkeiten einer urtümlichen, volkstümlichen ä. Melodie. Die Kopten benutzen heute Becken und Triangel zur rhythmischen Begleitung bestimmter Meßgesänge, die äthiopischen Christen dagegen, wie die früheren Kopten, das →Sistrum. Die wissenschaftliche Analyse der koptischen Kirchenmusik verspricht offenbar manche Aufschlüsse, die zum Verständnis der pharaonischen Musikkultur beitragen werden. (H)

Kọptos j. Kuft, Stadt auf dem Ostufer des Nils nördl. →Theben, altä. *Kbtjw*, Hauptstadt des 5. o.ä. →Gaues. Die Stadt war von alters her wichtig für den Handel mit →Punt und als Ausgangspunkt für die Steinbruchsexpeditionen ins Wạdi Hammamạt. Geschichtlich ist K. kaum hervorgetreten; dafür war aber diese Stadt religiös von Bedeutung als Heimat des Gottes →Min. Sein Tempel in K. wurde schon im AR ausgebaut und besonders am Ende der 1. Zwischenzeit durch →Dekrete geschützt. Die noch stehenden Reste stammen meist aus der Zeit der griechischen und römischen Herrscher.

Kornosiris. Seit der 18. Dyn. findet sich bisweilen im Grab ein mit Erde gefüllter, menschenförmiger Holzrahmen auf einer Bahre; die Erde ist mit Korn besät[1]. Der Gegenstand symbolisierte →Osiris als Fruchtbarkeitsgott und die durch ihn gewährleistete Auferstehung. Dem gleichen Zweck dienten etwa ziegelsteingroße Tonformen, deren Oberseite eine Öffnung in Form einer liegenden Osirisfigur hat und die ebenfalls mit Erde gefüllt sind. Das Herstellen eines solchen „Osiris-Gartens", wie der Ä. ihn nannte, bildete den Mittelpunkt der an zahlreichen Orten gefeierten Osirisfeste im Monat Choiak in der Spätzeit (→Feste). Wie alt die Sitte des Kornes als →Grabbeigabe (u. zw. nicht als Speiseopfer) ist, läßt sich nicht sicher sagen. Möglicherweise hat sie in der Vor- und Frühzeit Vorstufen in der Art, daß Körner nicht als Nahrungsopfer, sondern als Auferstehungssymbol beigegeben wurden, wenn auch nicht in Verbindung mit der Osirisgestalt in menschliche Form gebracht[2].

---

[1] Abb. Bonnet, Bilderatlas Abb. 115. — [2] Mehrfach in →Merịmde, in →Saqqạra, 2. Dyn. vgl. Scharff, FuF 1947.

Kreta. Die Beziehungen Ä. zu Kreta und umgekehrt sind in ihrer Art und Ausdehnung noch stark umstritten. Ihr Vorhandensein wird einmal durch das Auftreten kretischer Gefäße in Ä. bewiesen, wobei allerdings in jüngerer Zeit eine Herkunft vom griechischen Festland, also aus mykenischem Kulturkreis, behauptet worden ist[1]. Dabei beschränken sich sowohl kretische wie mykenische Gefäßfunde nicht allein auf Ä., sondern liegen auch aus Syrien und Palästina, wie aus Cypern vor, so daß wir mit einem Handelsaustausch Kretas und der festländischen Siedlungen mit dem gesamten Ostmittelmeergebiet zu rechnen haben. Dabei dürfte der Weg aus navigationstechnischen Gründen an der syrischen Küste entlang gegangen sein. Auf diesem Weg, gegebenenfalls auch erst durch Vermittlung von Syrern, dürften kretische Motive, wie →Greif und weibliche →Sphinx, der „gestreckte Galopp" und die Sitte, die Dolchklingen durch eingelegte Szenen zu schmücken, in Ä. Eingang gefunden haben, sowie manche Darstellungsweise, die dann in den bemalten Fußböden von Tell el Amarna nachlebt. Es ist zu bemerken, daß dieser Einfluß in einer Zeit am stärksten gewesen zu sein scheint, in der in Ä. die →Hyksos herrschten. Ä. Einfluß in Kreta ist demgegenüber in zahlreichen Motiven ä. Herkunft zu sehen, etwa der im Papyrusdickicht jagenden Katze eines Freskos, Lotosblumen, Affen.

Ist so ein Austausch zwischen Ä. und Kreta, wohl über syrische Häfen, sicher, so ist die Frage einer direkten Berührung beider noch ungeklärt. Aus Grabdarstellungen kennen wir einen *Kf.tjw* genannten Typ, der Gaben bringt, die z. T. eindeutig kretisch, z. T. aber syrisch sind. Dabei ergibt sich deutlich, daß alle Darstellungen auf eine Vorlage zurückgehen, die immer mehr verändert und den Abbildungen syrischer Gabenträger angeglichen wurde: die „authentischste" Darstellung ist die im Grab des → Senenmụt[2], von der die im Grab des Amen-ụser[3], die im Grabe des Rechmirẹ[4], des Mencheper-re-sẹneb[5] und endlich die des Ipuemre[6] abgeleitet werden können. Alle Darstellungen gehören in die Zeit →Thutmọsis' III. Der schnelle Zerfall des „Typs" des *Kf.tjw*-Mannes in den Darstellungen macht es wahrscheinlich, daß er wenig vor Senenmụt geschaffen worden ist, d. h. daß etwa in der Regierung →Thutmọsis' I. oder II. ä. „Künstler" mit *Kf.tjw*-Leuten und ihren „Gaben" zusammengetroffen sind und sie abzeichnen konnten. Die Ummalung der Tracht der „Kreter" im Grab des Rechmire kann damit erklärt werden, daß damals Mykener Knossos eroberten und die jetzt in Ägypten auftretenden Händler mykenische Schurze trugen, die sich von den kretischen, eine Phallustasche andeutenden, unterschieden. Kretische und mykenische Städte nennt eine Statuenbasis aus dem Totentempel Amenophis' III.[7].

Texte erwähnen, daß aus dem Lande der *Kf.tjw* Arzneipflanzen und Silbergefäße geliefert wurden. Ein Text in hieroglyphischer Schrift und Sprache der *Kf.tjw* ist im Londoner Medizinischen Papyrus erhalten[8].

Lit.: Vercoutter, Essai sur les Relations entre Égyptiens et Préhellènes, Paris 1954.

[1] Furumark, Opuscula Archaeologica VI 203 ff. — [2] Wreszinski, Atlas I 235, leider stark zerstört. — [3] Nr. 131, BMM 1926 II S. 41. — [4] Nr. 100, Tomb of Rekh-mi-Re I pl. 18/20. — [5] Nr. 86, Davies-Gardiner, Theban Tomb Series V pl. 3/7. — [6] Nr. 39, Wresz. I 149. — [7] Edel, Ortsnamenlisten . . ., Bonn 1966. — [8] Friedrich, Kleinasiatische Sprachdenkmäler S. 146.

Krokodil. Das K. galt als gefährlichstes Wassertier, das auf Darstellungen des Flusses selten fehlt. Darstellungen von →Jagd auf K. u. zw. mit Harpunen, scheint es nur vorgeschichtlich zu geben[1]. Beim Überqueren von Wasserläufen suchte man sich durch Zauberformeln und eine abwehrende Zaubergeste zu schützen. Es ist verständlich, daß das K. auch als Götterfeind galt, den →Horus mit der Lanze ersticht[2] und auf dem stehend der Gott auf den →Horusstelen erscheint. Das mächtige Tier wurde vielfach als Gott verehrt, wobei einer der K.-Kulte (Athribis) seinen K.-Gott namens Chentechtai in einen „Horus" verwandelt hat. Bei den meisten anderen Kulten wurde der Gott unter dem Namen →Suchos verehrt; als dessen „Seele" galten die K. (so im Buch von der Himmelskuh, Kees, Rel.Gesch. Lesebuch S. 22).

[1] Petrie, Nagada and Ballas, Taf. 67, k 12; Baumgartel, Preh. Egypt[2], Taf. X 1. — [2] Z. B. Naville, Mythe d'Horus Taf. 14. —

Kronen. Der König und Götter tragen auf den Darstellungen verschiedene K., teils als einfache Kopfbedeckung, teils als vielfach zusammengesetzten Schmuck. Der Ä. verbindet mit den K. eine weitreichende Symbolik. Die Hauptformen sind folgende:
Weiße K.: Zylindrische Kopfbedeckung mit einem Knauf (Abb. 20). Ursprünglich wahrscheinlich aus Binsen geflochten, (so bei den Muu-Geistern der →butischen Begräbnisse), später aus Stoff (?). Dem Ä. der historischen Zeit galt sie als „o.ä. K.", was aber über ihre ursprüngliche Bedeutung nichts Zuverlässiges aussagt.
Rote K.: Kappe, deren hinteres Ende steil aufrecht verlängert ist und die vorn einen aufwärts gerollten Draht(?) hat (Abb. 21). Der Ägypter bezeichnet diese als „u.ä.". Außer dem König trägt sie regelmäßig die Göttin →Neith. Erste Darstellung auf einer Schale von →Negade[1].

Doppelk.: Eine Kombination der weißen und roten K. als Symbol der Herrschaft über beide Landesteile (Abb. 22). Ä. Name *p-śḫmtj* „die beiden Mächtigen", griech.: ψχεντ.
Federk.: 2 aufrechtstehende Straußenfedern, oft über zwei Kuh- oder Widderhörnern, auch mit einer kleinen Sonnenscheibe zwischen den Federkielen (Abb. 23). Vom König (seit →Snọfru), Anẹdjti (→Osiris), →Horus u. a. getragen (→Königsornat).
Atefk.: Kombination von weißer K. mit der Federk. in zahlreichen Varianten; zuerst von Osiris getragen (Abb. 24).
Blaue K.: (= sog. Kriegshelm) seit Beginn der 18. Dyn. vom König getragen[2]. Eine haubenartige Kopfbedeckung, deren Oberfläche in den Darstellungen mit kleinen Kreisen gezeichnet ist (Metall?) (Abb. 25).

Lit.: Abu Bakr, Untersuchungen über die altägyptischen Kronen, Glückstadt 1937.

[1] JEA 9, 26. — [2] ÄZ 53, 57 ff.

Abb. 20

Abb. 21

Abb. 22

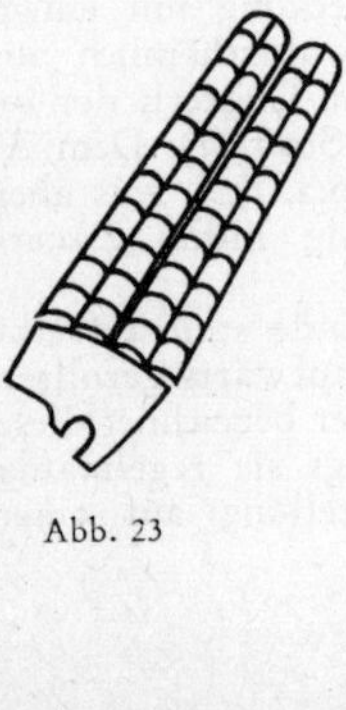

Abb. 23

Abb. 24

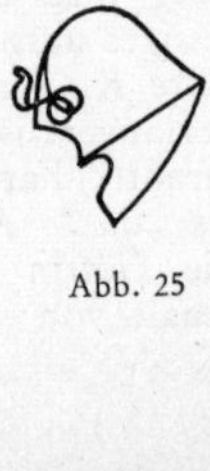

Abb. 25

Kronprinz. Zur Sicherung der Thronfolge wurde der dem Thron am nächsten stehende Prinz, in der Regel der älteste Sohn, zum Thronfolger bestimmt, wenn wir von den Formen dieses Aktes auch nichts wissen. Diese Anwartschaft war offenbar mit der Verleihung bestimmter Ämter und Titel verbunden; so befehligte →Thutmosis IV. als K. in →Memphis die Wagentruppen; nach der Amarnazeit und in der 19./20. Dyn. scheinen die Titel „oberster Mund des ganzen Landes“ und *rpʿt* („Erbprinz“) den K. zu bezeichnen. Zu manchen Zeiten wurde der Thronfolger mit allen Formalitäten (Titel, eigene Jahreszählung) zum Mitregenten ernannt, so in der Regel in der 12. Dyn., wo diese Sicherung wohl als Reaktion auf die Erfahrungen der 1. Zwischenzeit und vielleicht auch aufgrund eines Unsicherheitsgefühls der Dyn. notwendig erschien. Aber auch sonst begegnet diese Erscheinung, z. B. →Amenophis II. als Mitregent unter →Thutmosis III.; zweifelhaft ist die Mitregentschaft Ramses II. unter Sethos I.

Krönung. Die K. und Thronbesteigung der Könige setzte sich aus mehreren rituellen Handlungen zusammen, die zweifellos im Laufe des langen Zeitraums Wandlungen und Umdeutungen erfahren haben. Ihr voraus ging (offenbar seit MR) die Wahl zum König durch die Götter und die Anerkennung. Zu den Riten der eigentlichen K. gehörte (neben Reinigungen) „das Vereinigen der beiden Länder“ (→Reichseinigung), der „Umzug um die Mauern“ (ein Stadtgründungsritus?), das „Aufrichten des →Djedpfeilers“ (ein Ernte- und Fruchtbarkeitsritus?) Die K. selbst wurde von Göttern (→Gott) vollzogen, während →Thot die Regierungsjahre aufschrieb. Der König erschien von nun als →Horus („auf dem Throne des Horus“) und ergriff die Herrschaft über die Welt, wahrscheinlich ausgedrückt in einem Ritus des Aussendens von 4 Pfeilen in die vier Himmelsrichtungen.

Lit.: Moret, Du caractère religieux, Paris 1902.

Küche. In alter Zeit bestand der Herd der K. aus einer flachen Mulde, deren Ränder hochgezogen sein konnten, um einen Kessel darauf zu stellen. Später gab es auch tragbare Herde mit durchbrochenen Wänden für besseren Zug[1]. Geheizt wurde mit Stroh und Schafdung, wie sie in einer Amarna-Küche gefunden wurden[2]. Von der Zubereitung der Speisen lassen uns die Grabbilder besonders das Braten der gerupften und ausgenommenen Gänse über dem Feuer erkennen, wobei die Tiere auf einen Spieß gesteckt sind, den der Bratende in der Hand hält. Ebenso wurden die aufgeschnittenen Fische gebraten. Das Fleisch größerer Tiere wurde meist in Kesseln gekocht, wir kennen aber auch Darstellungen eines Ochsen am Spieß[3] oder das Braten einer Ziegenkeule[4]. Darstellungen einer kgl. Hofküche sind im Grab →Ramses' III. gewesen[5], Modelle von Küchen, Schlachthöfen und Bierbrauereien fanden sich in einem Grab der 11. Dyn.[6]

Lit.: Klebs, AR S. 77 ff., des MR S. 102, des NR S. 89.

[1] Modell: ÄZ 35, 127. — [2] JEA 7 pl. 27. — [3] Blackman, Meir III pl. 23. — [4] Deir el Gebrawi I pl. 9, 12. — [5] Wreszinski, Atlas I 93. — [6] Winlock, Models of daily Life pass.

Kult. Der in den Tempeln des Landes an die Götter gerichtete Kult scheint bereits seit der →Thinitenzeit eine fest geformte staatliche Institution geworden zu sein, bei der das formale gesetzliche Element das eigentlich religiöse in den Hintergrund drängte. Der K. bestand im Grunde darin, mit den in Tempeln wohnenden Gottheiten in Beziehung zu treten, u.zw. in der Art, als handelte es sich um vornehme Herren. So bestand der Ablauf des täglichen Rituals im wesentlichen im Abspielen eines königlichen Tageslaufes mit Aus- und Ankleiden des Götterbildes, seinem Schmücken und Schminken, Darreichen von Speise und Trank[1]. Bemerkenswert ist die Einheitlichkeit des K., die sich über lokale Eigenheiten legte. Offenbar traten diese stärker an lokalen →Festen zutage als im täglichen K. Bewirkt wurde diese Einheitlichkeit durch die Rolle, die der König in der religiös bestimmten Weltschau spielte: Er als Sohn der Götter und selbst göttlicher Natur war in der Theorie als einziger legitimiert, den Dienst an seinen Vätern zu vollziehen; ein Notbehelf war es, wenn →Priester an seiner Stelle amtierten. In den Ritualdarstellungen erscheint deshalb vorwiegend der König allein als Vollzieher des K. (so auch noch die ptolemäischen Könige und römischen Kaiser). Bei dieser Sachlage fällt es uns schwer zu erkennen, wieweit K.-Handlungen mit echter Frömmigkeit verbunden waren. Auch wenn Ritualtexte und -darstellungen diese emotionale Seite des K. nicht zum Ausdruck bringen können, dürfen wir sie mit Sicherheit aus sonstigen Äußerungen der Frömmigkeit, aus Gebeten und Hymnen auch auf privaten Denkmälern und aus der öffentlichen Teilnahme an Götterfesten und Prozessionen schließen.

[1] Moret, Culte journalier, Paris 1902.

Kunst. Die Eigenart ä. Wesens hat ihren spürbarsten Ausdruck in den Werken der K. erfahren. Von den lebensvollen, aussagefreudigen Darstellungen der späten Vorgeschichte (→Keramik, →Paletten) bis zu den graezisierenden Reliefs im Grabe des →Petosịris und der archaisierenden Plastik der letzten Jahrhunderte, läßt sich in Architektur, Flachkunst, Plastik, aber auch in der dekorativen K. das Wesen des ä. Stils in zeitlich sich abwandelnden Stilarten verfolgen. Die Grundzüge und -gesetze des ä. Stils lassen sich mit den Begriffen „Vorstellig", „Geradansichtig" umschreiben; das will besagen, der Künstler schaffte weniger aus der unmittelbaren Anschauung des Darzustellenden als aus der Vorstellung über dessen Wesen. Auffällige Erscheinungen wie der weitgehende Verzicht auf Perspektive, das Vermeiden von Überschneidungen, der Verzicht auf eine Schauseite und Wiedergabe lebhafter Bewegungen erklären sich z. T. aus diesem besonderen Wollen[1]. Selbstverständlich bedeutete das keine starre Gebundenheit an ein künstlerisches „Gesetz". Vielmehr erlebten auch diese Grundtatsachen charakteristische Abwandlungen in den zeitlich bedingten Stilarten. Nach dem spannungsreichen Suchen und Versuchen der →Thinitenzeit stellte sich die K. des AR nicht nur in der Monumentalität der →Pyramiden, sondern auch in einer bei aller Lebendigkeit klassisch-ruhenden Auffassung vom Menschen dar. Wie stark diese Kunst Ausdruck einer kulturellen Einheit und Ganzheit war, lehrt die 1. Zwischenzeit, wo mit der staatlichen und religiösen Form auch das künstlerische Formempfinden verlorenging: Proportionen, Harmonie und Lebendigkeit lassen die Werke dieser Zeit bis hinab zur Formung und Ordnung der Schriftzeichen vermissen. Der künstlerische Höhepunkt des MR liegt für uns in der ausdrucksvollen, persönlichen Königsplastik der 12. Dyn., wobei es vielleicht kein Zufall der Erhaltung ist, daß die Baukunst demgegenüber zurücktritt. Macht und Reichtum der 18. Dyn. fanden in der K. (u. zw. auf allen Gebieten) ihren adäquaten, aber immer gebändigten Ausdruck ebenso wie die die Grenzen des Ä. sprengende Einmaligkeit der Schöpfung →Amenophis' IV. (→Tell el Amạrna). Die gewollte Monumentalität der Ramessidenzeit unterscheidet sich von der echten Monumentalität des AR ebenso wie die gesamte kulturelle und politische Unsicherheit dieser Zeit von jener. Die typischen Kennzeichen der Spätzeit (Verlust des „Stils", Zersplitterung in Richtungen modernistischer und archaisierender Art) treffen wir ebenso in der ganzen Lebenshaltung der Zeit wie in ihrer K. →Architektur, Ersatzkopf, Dienerfiguren, Gewölbe, Hilfslinien, Hohlkehle, Malerei, Obelisk, Plastik, Pylon, Relief, Rundstab, Säule, Schmuck, Sphinx, Statue, Stele, Tempel.

[1] Schäfer, Von ägyptischer Kunst[3], Leipzig 1930.

Künstler. Der ä. Künstler ist immer Handwerker gewesen, der der staatlichen →Verwaltung oder der eines Tempels unterstand, auf Bestellung arbeitete und meist nach genau festgelegten Vorlagen schuf. Daher finden wir auch kaum signierte Arbeiten. Ist der Künstler etwa in einem Grab dargestellt, so ist das auf ausdrücklichen Wunsch des Grabbesitzers geschehen, der im Bild neben seinen anderen Hausdienern auch einen „Künstler" ins jenseitige Leben mitnehmen wollte.

Im AR sind die „Künstler" untergeteilt in die Umrißzeichner (*sš ḳdw.t*), die die →Reliefs in roten →Hilfslinien vorskizzierten; die Bildhauer (*ṯꜣ mḏꜣ.t*), die dann die Umrißlinien ausmeißelten; und die *sš*, die als „Maler" die Reliefs und Hieroglyphen ausmalten. In die Herstellung von Statuen teilten sich der „Steinarbeiter" (*ẖr.tj nṯr*), der die rohe Arbeit am Steinblock ausführte, und die Bildhauer (*kś.tj* bzw. *gnw.tj*), die mit Meißel und Polierstein die Statuen herstellten. Letztere waren ursprünglich die Knochen- und Holzschnitzer, während die Arbeiter am harten Stein (anfänglich nur bei Steinvasen) nach ihrem Handwerkzeug die „Bohrer" (*ḥmw*) hießen. In ältester Zeit gab es sogar noch eine gesonderte Gruppe für die, die mit den Poliersteinen arbeiteten[1] und anscheinend die angesehensten der Handwerker waren. Da nach der Vorstellung der Ägypter die dargestellten Dinge wie das, was sie darstellten, lebten, benannte man die „Künstler" auch die „Belebenden" (*śˁnḫ*). Die genannten Bezeichnungen finden sich zum größten Teil auch noch in späterer Zeit. In der staatlichen Verwaltung unterstanden sie dem Schatzhaus, von dem sie auch das Material erhielten. Arbeiteten sie in ihrer freien Zeit für Privatleute, so mußten diese sie bezahlen.

Die Kunstfertigkeit wurde wie bei anderen Handwerkern gern vom Vater auf den Sohn weitergelehrt, wobei man auf Geheimhaltung Wert legte. Die bekannte Stele des *Irtj-śn* Louvre C 14 aus 11. Dyn. nennt dabei einen Teil der Motive, die ein Umrißzeichner beherrschen mußte („Schreiten des Mannes und Gehen der Frau, die Haltung des Gefangenen, das Aufeinanderblicken zweier Personen" usw.).

Wir dürfen wohl in ältester Zeit in den „Schreibern des Gottesbuches" auch die Schöpfer der Zeichenvorlagen sehen, die in späterer Zeit vielleicht im „→Lebenshaus" zusammengefaßt wurden[2]. Aber auch die Namen dieser Leute sind, selbst in der Amarnazeit, nicht bekannt. Im Gegensatz dazu galt es immer als eine überlieferungswürdige Tat, Bauten errichtet zu haben. Immer wieder führen die Beamten, die auf kgl. Befehl einen Tempel oder anderes Gebäude errichtet, eine Statue aufgerichtet oder ein Grab angelegt haben, diese Tatsache an. Hierbei handelt es sich aber im Gegensatz zu den „Künstlern" um höchste Reichsbeamte. Es ergibt sich hieraus eindeutig, daß dem Ägypter die technische Leistung als bewunderungswürdig und „hoffähig" galt, die künstlerische Leistung in seiner Vorstellungswelt aber keinen Platz hatte. Über das Leben der „Künstler" der thebanischen Königs- und Beamtengräber der Ramessidenzeit geben die zahlreichen Ostraka aus Theben-West einen guten Einblick.

Lit.: Wilson JNES 6, 231 ff.; H. Junker, Die gesellschaftliche Stellung der äg. Künstler im Alten Reich, Sb. Öst. Ak. 283, 1, 1959.

[1] ASAE 28, 165. — [2] Vgl. JEA 24, 175 ff.

Kupfer. K. ist das erste →Metall, das von den Ägyptern verwendet worden ist. Die ältesten Fundstücke sind Nadeln und Schmuckperlen der →Badạri-Zeit. Bereits zu Beginn der Geschichte wurden aber zahlreiche Werkzeuge, Gefäße und Schmuckgegenstände aus K. hergestellt, wie die Funde in den →Königsgräbern von →Abydos und den Beamtengräbern der 1. Dyn. von →Saqqạra erkennen lassen. Anscheinend hat man[1] von Anfang an K.erz ausgeschmolzen, wobei den Anstoß zur Kenntnis vielleicht die Verwendung von einem K.erz (Malachit) als Augenschminke gegeben hat.

Auf Grund der Analyse von natürlichen Beimischungen in vorgeschichtlichen Kupferwerkzeugen ließ sich das K.vorkommen auf dem →Sinai als Herkunftsort für diese Zeit erkennen. Im MR traten dann weitere K.minen in der östlichen Wüste hinzu, im nubischen Gebiet; das hier gewonnene Kupfer wurde z. T. erst am Ufer des Nils verarbeitet (Kubbạn). K.-einfuhr aus dem Ausland wird seit der 18. Dyn. überliefert, besonders aus Syrien und Cypern (?*ʾIsj*).

Die Aufbereitung des K.erzes (Malachit, Azurit) wurde so vorgenommen, daß das gewonnene Erz zerkleinert und sortiert wurde. Dann wurde das Erz mit Holzkohle vermischt in einer flachen Grube ausgeschmolzen, wobei man in späterer Zeit Blasebälge zur Erhöhung der Hitze benutzte. In ältester Zeit hämmerte man aus dem gewonnenen Material die gewünschten Gegenstände kalt aus. Aber bereits in vorgeschichtlicher Zeit verwendete man Ton- oder Steinformen, in die man das noch flüssige K. goß. Man stellte bereits in frühgeschichtlicher Zeit Kupferstatuen her, wobei die Form durch Hämmern, nicht durch Guß gebildet wurde[2]. Als ältestes Beispiel des Gusses in geschlossenen Formen gegenüber dem schon vorgeschichtlich belegten Guß in offenen Formen nennt Lucas 4 Kupferkästen aus Tôd aus der 12. Dyn.[3]

[1] nach Lucas, Materials[3] S. 230/1. — [2] Älteste Erwähnung auf →Palermostein für König Chasechemui; älteste erhaltene Statue die →Phiops' I. mit seinem Sohn Merenre aus → Hierakonpolis, Quibell, Hierakonpolis pl. 50/6, 6. Dyn. — [3] Bisson de la Roque, Trésor de Tôd, pl. 1.

⁎ ⁎

Labyrinth. Totentempel →Amenemhets III. im →Fayum. Das griech. Wort L. bezeichnet Höhlen und Gänge in Bergwerken und wurde von den Griechen sowohl auf den Palast von Knossos auf Kreta wie auf den Tempel Amenemhets angewendet. Die Schilderungen Her. II 148 und Strabos XVII 811 lassen sich an den kümmerlichen Resten, die allerdings auf eine vielgliedrige Anlage hinweisen, nicht nachprüfen[1]. Der Krokodilgott →Suchos ist hier verehrt worden und nach einem spätzeitlichen Papyrus[2] zahlreiche andere Gottheiten. In der Ptol. Zeit hat der Bau jedenfalls noch bestanden und offenbar dem Kult des vergöttlichten Erbauers gedient[3]; noch der Kaiser Severus (193—211 n. Chr.) soll ihn besucht haben. Über den Erbauer ist in der antiken Überlieferung keine Einheitlichkeit vorhanden[4].

[1] Kees, RE, s. v.; Vandier, Manuel II 193. — [2] Lanzone, Pap. du Lac Moeris. — [3] Pap. Kairo 59815. — [4] Vgl. Wiedemann, Herodots 2. Buch, S. 522 ff.; de Meulenaere, Herodot, S. 10 ff.

Lahun. Name der Ortschaft am Eingang zum →Fayum (ägypt. *r3-ḥn.t* „Kanaleinfahrt"), in deren Nähe die →Pyramide →Sesostris' II. liegt. In Prinzessinnengräbern an ihrer Südseite wurde →Schmuck gefunden. Aus der zugehörigen Arbeiterstadt ostwärts der Pyramide stammen zahlreiche wichtige Papyri des ausgehenden MR juristischen, mathematischen, medizinischen und verwaltungstechnischen Inhalts.

Lit.: Petrie, Illahun, Kahun and Gurob, London 1891; Petrie, Lahun I/II, London 1920/23; Griffith, Kahun and Gurob Papyri, London 1898.

Landbesitz. Zu Beginn des AR treffen wir auf *nswtjw* genannte Leute, die ihre Felder verkaufen konnten[1]; bei ihnen mag es sich um Bauern mit Eigenbesitz gehandelt haben. Die Betonung des Gottkönigtums zu Beginn der 4. Dyn. führte aber dazu, daß immer

mehr der Boden als Königsbesitz angesehen wurde. Seine bisherigen Besitzer mußten nicht nur Steuern zahlen und Frondienste leisten, sondern konnten auch auf königlichen Befehl versetzt werden. Immer zahlreichere Staatsgüter wurden gegründet, zu denen die Arbeiter ausgehoben wurden. Diese Entwicklung ist auch daran abzulesen, daß in Güterlisten die alten Namen gewachsener Dörfer durch die künstlichen Bezeichnungen von neugegründeten Gutsanlagen verdrängt werden. Das Ziel ging also dahin, daß der „Staat" (König) den Boden besaß und den Einsatz der Landarbeiter zentral lenkte. Diese Vorstellung ist in der ganzen ä. Zeit die Grundlage der →Landwirtschaft geblieben, wenn auch in der Praxis oft durchbrochen. Bereits im AR entwickelten sich bestimmte Ausnahmen. So wies man hohen Beamten und Prinzen Güterkomplexe zu, zunächst unter der Voraussetzung, daß dadurch ihr Unterhalt gesichert war, solange sie für den König Dienst taten. Durch die Felderzuweisung wurde gewissermaßen nur der Weg der Lebensmittelzuweisungen abgekürzt. Aber schon zu Beginn der 4. Dyn.[2] konnten diese Felderzuweisungen vererbt werden, wenn auch die Zustimmung des Königs notwendig blieb. In gleicher Weise wies der König auch Felderkomplexe den Tempeln zu, die im Laufe des AR durch →Dekrete dem Steuerzugriff des Staates entzogen wurden. Ferner erhielten auch die Angehörigen der Pyramidenstädte als Diener der betreffenden toten Könige wie die Priester von Tempeln Felder, um dadurch in der Lage zu sein, ihren Priester- bzw. Totendienst durchführen zu können. Als auch diese von staatlichen Auflagen befreit wurden, war wieder eine Art Privatbesitz geschaffen, mit dem nur die Auflage des Toten- bzw. Gottesdienstes verbunden war. Die gleiche Entwicklung zeigt sich bei den Zuweisungen an die Beamten, von denen ein Teil für den Totendienst und für die Totenpriester abgetrennt und befreit wurde; auch diese Felder wurden mehr und mehr als Besitz der Totenpriester angesehen.
Nachdem der zentralistische Staat des AR zusammengebrochen war, setzte sich der Eigenbesitz am Boden weitgehend durch. Daher sprechen gerade

Texte der 1. Zwischenzeit und der 11. Dyn. mit besonderem Stolz von Besitz an Feldern, neben dem an Herden und Leuten. Die Erstarkung der zentralen Königsgewalt im MR führte wieder zur Einrichtung von Staatsdomänen, die von Landarbeitern bearbeitet wurden, die wie im AR in sog. „Arbeitshäusern" zusammengefaßt waren. Wie sich aus dem Brooklyn-Pap. (ed. Hayes) ergibt, waren auch die „freien" Bauern gezwungen, für diese Güter Frondienste zu leisten, denen sie sich häufig durch die Flucht zu entziehen suchten. Als Strafe wurden sie und ihre Familie dann zu lebenslänglichen Domänenarbeitern versetzt. So dürfte sich bereits im MR jener Zustand entwickelt haben, den wir aus der Ramessidenzeit durch zahlreiche Papyri, bes. den großen Wilbourpapyrus erkennen können. Danach steht das Besitzrecht am Grund und Boden entweder dem König, „staatlichen" Institutionen (wie Schatzhaus, Häfen) oder Tempeln zu; bei letzteren handelt es sich um eine Zuweisung durch den König. Von den königlichen Feldern sind Teile als Privatbesitz des jeweiligen Herrschers, seiner Königinnen, Prinzessinnen oder des Harims abgetrennt. Diese Felder, sowohl die königlichen wie die der Tempel, wurden in zweifacher Weise bearbeitet: Entweder waren es Domänen, die von Landarbeitern bearbeitet wurden und von Beamten des Königs bzw. der Tempel beaufsichtigt werden mußten, oder es waren sog. Abgabendomänen, d.h. Feldergruppen, die parzellenweise an „Private" abgegeben waren. Dabei handelt es sich in der Hauptsache um Leute, die bestimmte Berufe für den Staat ausübten und durch die Felderüberweisung bezahlt wurden, wie besonders Soldaten, Pferdeverwalter, Hirten, Imker, bei den Tempeln niedere Priester. Sie konnten diese Felder vererben, wenn der Sohn weiter den betreffenden Beruf ausübte. Anderenfalls fiel das Feld an den König zurück, der es zunächst als sog. *ḫꜣtꜣ*-Feld durch einen Staatsbeamten verwalten ließ, bis es wieder ausgegeben wurde. Diese Leute hatten Abgaben an den „Besitzer" des Feldes, also König, Tempel usw. zu leisten. Die gleiche Behandlung erfuhr der Grund und Boden, den der König wie im AR an hohe Beamte als Belohnung ausgab. Um wenigstens einen

Teil dieses Besitzes für die Totenstiftung zu erhalten, pflegte man immer häufiger Felder einer Königsstatue, einem Götterbild oder einer Kapelle zu stiften, unter der Voraussetzung, daß mindestens ein Teil der Einkünfte dann im →Umlauf dem Stiftenden auch nach seinem Tod wieder zukam. Die Schwächung der königlichen Zentralgewalt seit der 20. Dyn. führte wieder dazu, daß die an Personen ausgegebenen Felder als Privateigentum angesehen wurden. Wir treffen bereits im Pap. Wilbour, später aber immer häufiger[3], den Verkauf von solchem sog. *nmḥj*-Land an. Mit dem dadurch entstehenden privaten Großgrundbesitz nahmen auch Landverpachtungen zu[4].

[1] Urk. I, 2,8. — [2] Urk. I 2,9; 16 ff. — [3] ÄZ 35, 14 ff. — [4] Hughes, Saitic Landleases.

Landkarten. In Turin befindet sich eine L. aus der 20. Dyn., die die Lage abbauwürdiger Steinbrüche im →Wạdi Hammamạt und die Zugangswege angibt. Beischriften geben Orientierungspunkte an; die Berge sind nach der Gesteinsart durch verschiedene Farbe unterschieden.

Lit.: ASAE 49, 337 ff.

Landwirtschaft. Nach Ablaufen der Nilüberschwemmung wurde das noch feuchte Land mit dem von Rindern (oder Menschen) gezogenen →Pflug aufgepflügt oder die Schollen mit der Hacke zerkleinert[1]. Der Samen wurde aus einer umgehängten Tasche ausgestreut und dann von darübergetriebenen Herden von Schafen oder Schweinen eingetreten. Das →Getreide wurde hoch am Halm mit hölzernen Sicheln, in die Feuersteinsplitter eingesetzt waren, abgesichelt, zu Doppelgarben gebündelt oder auch lose in Säcken auf Eseln zur Tenne abtransportiert. Gedroschen wurde durch darübergetriebene Esel-, später auch Rinder- und Schweineherden[2]. Das ausgedroschene Stroh wurde in Mieten aufgehäuft und festgebunden, Körner und Spreu wurden zusammengefegt und von Frauen mit Worfelschaufeln in die Höhe geworfen, damit die Spreu wegflog. Am Ende wurde das Korn noch gesiebt und dann in Silos getragen, die von oben her gefüllt wurden. In der staatlichen und Tempelverwaltung des NR wurde das Getreide von den Tennen durch Schiffe in die Zentralscheunen gebracht. Auch das Saatkorn wurde in diesen Verwaltungen zentral ausgegeben. →Zweierntenwirtschaft.

[1] Steindorff Ti Taf. 111 — es kommt auch ein Schaf vor dem Pflug vor, Klebs I S. 46. — [2] Ti Taf. 125: Herodot II 14.

Lasso. Als Jagdwaffe in vorgeschichtlicher Zeit benutzt[1], erscheint das L. später nur in dem Ritual des „Einfangens des Stieres“[2], dargestellt im Tempel →Sẹthos' I. in →Abẏdos[3].

[1] Löwenjagdpalette, Bénédite, Mon. Piot 10,5. — [2] CT II 400; Pyr. 286; Mundöffnung vgl. JNES 9, 164 ff. — [3] Mariette, Abydos I pl. 53.

Lattich. L. (Lactuca sativa L.) wurde seit dem AR in bewässerter Gartenkultur angebaut[1]. Er wurde als Salat und Gemüse gegessen und findet sich auch häufig unter den Opfergaben. Ob aus dem Samen Öl gewonnen wurde, ist nicht sicher. Im besonderen galt L. als heilige Pflanze des Fruchtbarkeitsgottes →Min; bei seinem Fest wurde ein L.-Beet mit daraufstehenden Pflanzen in der Prozession mitgetragen. Wahrscheinlich galt die Pflanze als Aphrodisiacum.

Lit.: Keimer, Gartenpflanzen I, S. 1 ff; ÄZ 59, 140 ff.

[1] Darstellung des schachbrettartig geteilten Feldes z. B. Newberry, Beni Hasan I, Taf. 11.

Laute. Im Gegensatz zur modern-vorderorientalischen Knickhalsl. handelt es sich bei den pharaonischen Instrumenten um eine Langhalsl. Mit zwei oder drei Saiten bespannt (die schöne, thebanische L. des Harmosis, Musiker im Dienste des →Senenmut, besaß drei gut erhaltene, wenn auch völlig ausgetrocknete Darmsaiten), besteht die große Männerl. aus einem langgestreckten, ovalen Resonanzkörper, einem geraden Hals und einer Stimm- bzw. Transponiervorrichtung am unteren Ende des Schallkörpers. Die kleineren L., wahrscheinlich von Tänzerinnen benutzte Instrumente, besitzen einen aus Schildkrötenpanzer gefertigten Schallkörper.

Die ä. L. ist wirbellos. Die Saiten wurden durch Bänder und Ringe am Hals befestigt und eingestimmt. Groß- und Kleinformen der L. wurden mit

einem →Plektrum gespielt. Berühmte Lautenspieler waren Harmọsis, Amenemhẹt (unter Thutmọsis III.) und Pedichọns (ebenfalls in der 18. Dyn.).
Bestimmte Instrumente waren mit Bünden versehen, um das saubere Greifen der Intervalle zu erleichtern (Bundl.). Schon früh tauchen L.formen mit gekerbtem Schallkörper auf, die zu koptischen Sonderformen geführt haben (Kerbl.). Durchstößt der L.hals den Schallkörper bis zu seinem unteren Ende, spricht man von einer Spießlaute.
Die ä. L. tritt erst seit der 18. Dyn. auf. Sie ist offenbar asiatischen Ursprunges. (H)

Lit.: C. Sachs, Die Musikinstrumente des alten Ä., Berlin 1921; H. G. Farmer, Journal of the Royal Asiatic Society 1949; H. Hickmann, Sur l'accordage des instruments à cordes (Miscellanea musicologica II, Kairo 1948); Bulletin de la Société d'Archéologie copte, Kairo 1949; Ein unbekanntes ä. Saiteninstrument aus koptischer Zeit (Die Musikforschung III, Kassel 1950); Les luths aux frettes du Nouvel Empire (Miscellanea musicologica XI, Kairo 1952); Kêmi XIII, 92 ff.

Lebenshaus. Als L. bezeichnet der Ägypter eine Institution, in der die Bücher geschrieben wurden, die sich auf religiöse, medizinische, mathematische usw. Themen bezogen, also geistlichen und geistigen Inhalt hatten. Hier wurden auch die →Totenbücher hergestellt und Inschriften verfaßt. Bis in die 18. Dyn. sehr selten erwähnt[1], wird es in der Spätzeit immer häufiger genannt. In →Tell el Amạrna ist das Gebäude selbst ausgegraben[2]. →Ramses IV. sah selbst „die (Schriften) des →Thot im Lebenshaus" ein, um sich über das Wesen der Götter zu unterrichten[3]. Zaubersprüche galten als „Geheimnisse des Lebenshauses". Bekannt ist die Inschrift des Udjahorrẹsnet in der Perserzeit, der die „Büros des Lebenshauses" reorganisieren soll[4]. Sie dürften in der Spätzeit den Tempeln angeschlossen gewesen sein.

Lit.: JEA 24, 157 ff.

---

[1] Im AR war die Lieferung des Schreibmaterials ein Frondienst, Urk. I 286, 10; 289,8. — [2] Pendleburry, City of Akhenaten III S. 115. — [3] Mariette, Abydos II 54. — [4] Posener, Première domination perse S. 1 ff.

„Lebensmüder." Papyrus, früher in Berlin, dessen Anfang verloren ist. Er enthält das Gespräch eines Mannes mit seiner „Seele" (*bꜣ*) über den Tod als erstrebenswertes Ziel. Der Text stammt aus der

Zeit nach dem Zusammenbruch des AR und spiegelt die Auflösung der bisherigen Vorstellungswelt wider. Ein vollständiges Verständnis dieses schwierigen Textes ist bisher noch nicht erreicht.

Lit.: Text: Erman APAW 1896,2; Bearbeitet: Scharff SBAW 1937, 9; Weill BIFAO 45, 89 ff.; Pritchard ANET 405 ff.; R. J. Williams, JEA 48, 1962, S. 49 ff.

Leier (Lyra). Die L. ist ein gezupftes oder mit dem →Plektrum angeschlagenes Saiteninstrument mit einem runden (echte Lyra) oder nahezu rechteckigen Schallkörper (Kithara), zwei Jocharmen und einem Querholz, an dem die Saiten befestigt sind. Die altä. Formen, deren es mehrere gegeben hat, sind zumeist mit hölzernen, entweder quadratischen, rechteckigen oder leicht abgeschrägten Schallkästen versehen (Kastenl.), und nur die moderne o.ä. L. besitzt einen muldenförmigen, abgerundeten Resonator (Schalenl.). Die L. tritt in Ä. zum ersten Male in einer Darstellung des MR auf (→Beni Hasan), wird aber zum populären Begleitinstrument der Sängerinnen und Tänzerinnen erst unter der 18. Dyn. Sie ist von diesem Zeitpunkt an nicht mehr aus der musikalischen Ikonographie Ä. verschwunden. Die nur zur Amarnazeit bildlich belegte Riesen- oder Standl. lebt in der heutigen Baganna Aethiopiens fort. (H)

Lit.: C. Sachs, Die Musikinstrumente des alten Ä., Berlin 1921, S. 45 ff.; H. Hickmann, Miscellanea musicologica II, Kairo 1948.

Lepsius, Karl Richard. * 23. 12. 1810 in Naumburg (Saale), † 10. 6. 1884 in Berlin. Nach Studium und Besuch der ä. Sammlungen in Frankreich, England und Italien führte er 1842/5 eine preußische Expedition nach Ä. und Nubien, deren Ergebnisse in dem auch heute noch unentbehrlichen, 12bändigen Tafelwerk *„Denkmäler aus Ägypten und Nubien“* 1859 veröffentlicht wurden. Von 1865 an war er Leiter der ä. Sammlung in Berlin, seit 1873 Direktor der kgl. Bibliothek. Seine Arbeiten galten vor allem der Geschichte und Chronologie.

Libyen. Die ältesten schriftlichen Denkmäler lassen erkennen, daß zu Beginn der historischen Zeit das ä. Reich in starken Auseinandersetzungen stand mit

libyschen Stämmen, die sich im NW-Delta festgesetzt hatten: So zeigt eine →Palette des Königs „Skorpion" Beute aus „L."[1]; ein Elfenbeinzylinder des Königs →Narmer nennt das „Schlagen von L."[2]. Da die herrschende Schicht in Ä. ebenfalls libyscher Herkunft war, was sich besonders im →Königsornat ausdrückt, handelte es sich also bei den Kämpfen um die Auseinandersetzung zweier eng verwandter Stämme um die Herrschaft über die ansässige Bevölkerung des Niltals. Noch in späterer Zeit sprach man von der „libyschen" →Neith in →Sạis und dem „libyschen" →Horus am Westrand des Deltas, weil das Gebiet einstmals von einem libyschen Stamm beherrscht wurde. Auch trugen später die Libyer das Zeichen der →Neith auf ihren Armen eintätowiert.
Die Auseinandersetzung zwischen Ä. und den libyschen Stämmen setzte sich noch in die geschichtliche Zeit fort, wie wohl die Darstellung im Totentempel des Sahurẹ[3] mit Beutedarstellung erkennen läßt, die allerdings genau von →Phịops II. in seinem Totentempel kopiert worden ist[4]. Die oft vertretene Annahme jedoch, daß →Cheops eine hellhäutige und blonde Libyerin geheiratet habe, dürfte nicht zu halten sein[5].
Während im AR L. *Ṯḥnw* genannt wurde, traten seit 6. Dyn. auch die *Ṯmḥw* auf, einerseits als Söldner in Ä.[6], andererseits als Bewohner der westlichen Wüsten[7]. Im MR erzählt die Geschichte des →Sinụhe von einem Feldzug, den →Sesọstris I. für seinen Vater →Amenemhẹt I. durchführt. Am Ende der 18. Dyn. trat mit dem *Mšwš* ein neuer libyscher Stamm auf, der anscheinend als Viehzüchter berühmt war, da im Palast →Amenọphis' III. in Mọlgata „Fett von *Mšwš*-Stieren" angeliefert wurde[8]. Von kriegerischen Konflikten hören wir bis in den Beginn der 19. Dyn. hinein nichts (Nennung von „Libyern" in Kampfbildern →Sẹthos' I. in →Karnak, bzw. →Ramses' II. in Bet el-Wạli und →Abu Sịmbel dürfte kaum als historische Quellen anzusprechen sein). Dagegen ist ein Tempel Ramses' II. mit einer Stele, die den Namen des Königs über gefallenen Libyern zeigt, westl. Marsa Matruh Zeichen kriegerischer Unternehmen. Unter dem König Mernẹphtah hatte sich eine Koalition libyscher Stämme

gebildet, die unter der Führung des *Mrj*, des Fürsten der *Lbw* (daher der Name „Libyen") standen, eines Stammes, der jetzt zuerst unter Ramses II. genannt wird[9] und der vom Westen her bis ins Westdelta vorstieß, um neues Siedlungsland zu suchen. Am kanopischen Nilarm traten ihnen die ä. Truppen entgegen, und Mernẹphtah konnte im 5. Jahr die Libyer in dem Gebiet etwas südlich des späteren Alexandria schlagen.
Die Kämpfe setzten sich unter →Ramses III. fort, der in seinem 5. und 11. Jahr kämpfen mußte. Es war eine Gewohnheit der ä. Könige, gefangene und unterworfene Volksstämme geschlossen anzusiedeln und als Soldaten und Arbeiter zu verwenden. In der Folgezeit waren es besonders die *Mšwš*, die als Söldner nach Ä. gingen und in der 20. Dyn. geschlossen angesiedelt, bald die Macht im Land in die Hände bekamen. Der Weg führte dabei oft über die Priesterstellen an lokalen Tempeln, indem die Häuptlinge der *Mšwš* Hohepriester wurden. Damit bildeten sich im Land — allerdings nur im Norden, während die Thebais anscheinend von größeren Libyeransiedlungen verschont bleibt, — lokale Fürstentümer, aus denen dann mit Schẹschonk I. 945 v. Chr. der erste libysche König Ä. mit Sitz in →Bubạstis (22. Dyn.) hervorging.

Lit.: Bates, The Eastern Libyans, London 1914; Hölscher, Libyer und Ägypter, Glückstadt 1937. Fecht, ZDMG 106, 37 ff.

---

[1] ÄZ 52, 57. — [2] Quibell, Hierakonpolis I pl. 15, 7. — [3] Borchardt, Sahure II Taf. 1. — [4] Jéquier, Mon. fun. II pl. 9. — [5] Smith, Giza Necropolis II S. 7. — [6] Urk. I 101. — [7] Urk. I 125. — [8] JNES 10, 91. — [9] Pap. An. II 3, 4.

Lischt. Ort, etwa 55 km stromauf von Kairo, nach dem die beiden →Pyramiden des MR genannt sind, die sich, etwa 2 km voneinander am Rand der Wüste befinden. Sie sind stark zerstört; die nördliche gehörte →Amenemhẹt I., die südliche seinem Sohn →Sesọstris I. Auch sie sind von den Mạstaben ihrer Beamten umgeben.
Ausgrabungen ergaben, daß die südliche Pyramide 61 m hoch gewesen ist bei einer Seitenlänge von 107 m.

Lit.: Gauthier-Jéquier, Fouilles de Licht.

Literatur. Die älteste uns faßbare L. ist die religiöse. Außer den großen Textsammlungen wie →Pyramidentexte, →Sargtexte, →Totenbuch besitzen wir zahlreiche Hymnen aus dem Kult verschiedener Götter und Gebete. Auf diesem Sektor wird auch ein guter Teil der poetischen Formen entwickelt worden sein, die wir auf anderen Gebieten ebenfalls antreffen: Parallelismus membrorum, Litaneien', Alliteration[1]. Zur religiösen L. gehört auch das, was man nicht ganz korrekt als „dramatische Texte" bezeichnet. Tatsächlich handelt es sich dabei um rituelle Begehungen, deren Handlungen von Götterrollen spielenden Priestern mit Reden begleitet und gedeutet werden (z. B. →Ramesseumspapyrus). Ob es ein „Theater" gegeben hat, ist fraglich[2].

Gleich alt, wenn auch nicht auf gleich alter Stufe in so reichem Umfang für uns faßbar, sind einfache Lieder, zuerst wohl Arbeitslieder, dann auch Liebeslieder. Die letztere Gattung hat im NR eine besonders reiche Blüte erlebt, vielleicht unter dem Einfluß syrisch-kanaanäischer Literatur. Liebeslieder dieser Zeit können von großem stimmungsmäßigem Reiz und kunstvollem Bilderreichtum sein; der Anteil der →Erotik ist gering[3]. Eine vom Ägypter selbst mit einem lit. Terminus bezeichnete Gattung stellt die didaktische L. (→Weisheitslehren) dar. Verwandt ist ihr die Briefliteratur.

Der Zusammenbruchszeit zwischen AR und MR verdanken wir eine Anzahl von Werken, die wir als Auseinandersetzungsliteratur bezeichnen. Als das festgefügte Weltbild des AR zerbrochen war, setzte sich der Mensch mit den Grundlagen seiner Existenz auseinander; er fragte nach dem Verantwortlichen, mahnte seine Zeitgenossen, klagte über die Situation, zweifelte an der Existenz des Jenseits (→Mahnworte, →Lebensmüder, →Bauerngeschichte, Harfnerlied). Aus der hier geschaffenen Form der Klage und Anklage hat sich eine bis ins MR reichende Folgeliteratur entwickelt, die die Themen des Zusammenbruchs künstlerisch weiter behandelt.

Zweifellos alt ist die Gattung der Märchen. Doch gehören sie vorwiegend der mündlich überlieferten Volksl. an. Was uns auf Papyri erhalten ist, muß deshalb besser als Kunstmärchen bezeichnet werden, dessen Motive weitgehend mythologischen Stoffen entnommen sind. Teile echter Volksmärchen sind wohl in den Zaubermärchen des →Pap. Westcar erhalten, dazu aber auch die tendenziöse Erzählung von der Geburt der Könige der 5. Dyn. Im →Pap. d'Orbiney (Märchen von den zwei Brüdern) liegt eine alte mythische Erzählung vor. Märchencharakter trägt die Erzählung vom „Verwunschenen Prinzen", einem Königssohn, bei dessen Geburt geweissagt wurde, er werde durch ein Krokodil, eine Schlange oder einen Hund sterben.

Auch die sog. Göttererzählungen gehen auf mythische Stoffe zurück. So haben wir im Pap. Chester Beatty I eine weltlich-literarische Bearbeitung des mythischen Streites zwischen →Horus und →Seth um das Erbe des →Osiris[4]. Der gleiche Stoff liegt vor im sog. Märchen von Wahrheit und Lüge[5], in dem die beiden Personifikationen in die Rolle der Götter eintreten.

Von der Tierfabel und dem Tiermärchen sind zahlreiche Reste in schriftlicher und bildlicher Form überliefert. Aus der Weltliteratur bekannte Motive wie das Thema der „Verkehrten Welt", der Mäusekrieg, Fabeln wie die vom Streite der Glieder mit dem Kopf u. a. m. lernen wir in verwandten Formen seit dem NR kennen. Wie auf keinem anderen Gebiet der L. ist der vielfältige Zusammenhang mit der Weltliteratur hier evident[6].

Eine historische Ereignisse behandelnde L.gattung können wir literarisch nicht fixieren. Hierher wäre aber die Geschichte des →Sinuhe zu zählen. Ferner tragen kgl. historische Inschriften, die ein besonderes Ereignis rühmend darstellen, literarischen Charakter[7]. Über die Schlacht →Ramses' II. bei →Kadesch existiert in mehreren Abschriften das sog. Kadeschgedicht, das ebenfalls in einer literarischen Tradition steht. Historische Erzählungen in der demotischen Literatur (z. B. Sagenkreis des Königs Petubastis) scheinen nicht frei von griechischen Vorbildern zu sein.

Im Grunde bilden auch die →Biographien eine literarische Gattung.

Lit.: Übers. Erman Literatur, L. 1923; Lefèbvre, Romans et Contes, Paris 1949, Wilson bei Pritchard, ANET; Brunner-Traut, Altägyptische Märchen, Düsseldorf-Köln 1963. — Darstellungen: Pieper, Ä. Literatur, Potsdam 1927; Handbuch; H. Brunner,

Grundzüge einer Geschichte der altäg. Literatur, Darmstadt 1966; G. Posener, Littérature et politique dans l'Egypt de la XIIe Dynastie, Paris 1956.

[1] Grapow, Sprachl. und schriftl. Formung, Glückstadt 1936. — [2] Drioton, le Theâtre égyptien, Kairo 1942. — [3] Schott, Liebeslieder, Zürich 1950. — [4] Spiegel, Die Erzählung vom Streite des Horus und Seth, Glückstadt 1937. — [5] Pap. Chester Beatty II, Gardiner, Late Eg. Stories S. 30 ff. — [6] Brunner-Traut, Altägyptische Tiergeschichte und Fabel, Darmstadt 1968. — [7] Hermann, Königsnovelle, Glückstadt 1938.

Locke. An der rechten Schläfe getragen galt die L. im AR als Jugendzeichen. Im NR war sie das Zeichen der Prinzen und des →Sem-Priesters (*'Iwn-mwt.f*-Priesters) als des Darstellers des Thronfolgers im Königsritual. Ebenso war der „Gelockte" eine heliopolitanische Priestergestalt[1]. →Haartracht.

[1] Totenbuch Kap. 115, vgl. ÄZ 57, 12 f.

Lotos. Dem Ägypter galt der L. als Urwesen, das unmittelbar mit dem Sonnenlauf verbunden sei, da er nachts seine Blüten im Wasser schließt, um am Morgen wieder aufzutauchen. Er war die Pflanze des Gottes →Nefertem, d. h. wohl ursprünglich der Gott selbst. Blumenschmuck bei Lebenden und Toten (z. B. Girlanden aus Nymphea Lotus an der Mumie →Ramses' II.), heilige Sträuße, die in den Tempel geweiht werden, verwendeten gern L. Lotosbündel dienten als Vorbild einer →Säulenart.

Löwe. Der L. galt vor allem als vornehmstes Jagdtier (→Jagd) und wurde auch noch im NR in unmittelbarer Nähe des Niltals getroffen. Doch wurde er nicht am →Fest der →Bastet getötet, da er offenbar der Göttin heilig war[1]. Löwenbilder sind seit der späten Vorgeschichte häufig, Löwenfiguren als Spielsteine und →Amulette. Doch vollzog sich in ihrer Darstellung mit dem Übergang in die geschichtliche Zeit ein charakteristischer Wandel: Die späteren Abbildungen geben das Tier mit geschlossenem Rachen in gebändigter Haltung wieder[2]. Als eines der mächtigsten Landtiere konnte der L. auch als Bild des Königs gelten, wenn auch diese Gleichsetzung nicht so wesensnahe war die mit dem Horusfalken oder dem Stier. Nicht selten waren Kulte von L. und

Löwinnen: Bei →Memphis die L.-Göttin →Sạchmet, die einerseits der Bạstet, dann in →Theben der →Mut angenähert wurde, Pachet „die Beißerin" in Spẹos Artẹmidos, „die Schlächterin" in →Armạnt. In Leontọpolis bei →Heliọpolis wurde ein Löwenpärchen verehrt, das als Gestaltung des Götterpaares →Schu und →Tẹfnut galt. →Tierkult.

Lit.: U. Schweitzer, Löwe und Sphinx, Glückstadt 1948; De Wit, Le rôle et le sens du lion dans l'Egypte Ancienne, Leiden 1951.

---

[1] Abydosstele Ramses IV. — [2] ÄZ 67, 56 ff.

Luxor. Name der Stadt, die sich seit dem Altertum um den Amunstempel südlich des thebanischen Hauptheiligtums →Karnak gebildet hatte; der Name alụksur bedeutet „die Lager" (kasr) und bezieht sich auf zwei römische castra, die in der Nähe lagen. Teile der römischen Stadt sind jetzt ostwärts und besonders westlich des Tempels ausgegraben worden. Der Tempel selbst galt als „Harịm" des →Amun, den er einmal im Jahr feierlich besuchte (19. Tag des 2. Monats). Die noch stehende Anlage ist von →Amenọphis III. und →Ramses II. erbaut, ein Teil von →Tutenchạmun ausgeschmückt worden. Sie besteht aus dem eigentlichen Heiligtum mit Barkenkammer und um diese angelegte Kammern, davor einer Säulenhalle und einem großen Säulenhof (52 m mal 48 m), auf den eine Kolonnade mit 14 Säulen von 15,80 m Höhe hinführt. Vor diese Anlage legte Ramses II. einen weiteren Hof (50 mal 57 m) mit →Pylonen, 2 →Obelisken (einer davon 1836 auf dem Place de la Concorde in Paris aufgestellt) und 6 Königsstatuen vor dem Pylon, der Szenen aus der →Kadẹschschlacht Ramses' II. zeigt. In diesem Hof liegt jetzt auf einem Schutthügel die Moschee des mohammedanischen Heiligen Abu el Haggạg, dessen Fest mit Umzug von Barken, Reiterspielen usw. stark an das alte Luxorfest erinnert, wie es Tutenchạmun auf den Begrenzungswänden der großen Kolonnade hatte darstellen lassen[1]. Der Tempel hat schon vor Amenọphis III. bestanden[2], jedoch ist von älteren Bauten nichts erhalten. Auffallend ist, daß die Tempelachse in jedem Tempelteil etwas nach Osten abweicht, um Richtung auf den Südausgang von Karnak zu nehmen, mit dem den Luxortempel eine Sphinxallee verband. In römischer Zeit war der Vorraum vor dem Barkenzimmer ein Tetrarchenheiligtum[3], von dem noch Reste der Ausschmückung und die in den Eingang zum Barkenzimmer eingebaute Apsis zu erkennen sind.

[1] Wolf, Schönes Fest von Opet. — [2] Urk. IV 71. — [3] Monneret de Villard, Archaeologia 95 (1953), 85 ff.

⁎ ⁎

Maat. Ein zentraler Lebens- und Ordnungsbegriff in der ä. Welt-, Staats- und Lebensauffassung wird mit M. bezeichnet. Das Wort kann mit „Richtigkeit, Gerechtigkeit, Wahrheit" wiedergegeben werden (Gegenbegriffe: Unordnung, Lüge). Zunächst und in erster Linie ist M. kein eigentlich ethischer Begriff, sondern ein Ordnungsbegriff. Der Sonnengott →Re garantiert die M. im Weltgeschehen; deshalb gilt sie als seine Tochter, dargestellt als sitzende Göttin mit dem Schriftzeichen für M., einer Straußenfeder, auf dem Kopf. Im Staatsleben verkörpert sie der König und der →Vezir als oberster Staatsbeamter trägt den Titel „Prophet der M.". Zu den häufigen Opferhandlungen gehört es, daß der König dem Gott eine Figur der M. darbringt: der Gott „lebt von der M.". Dadurch wird ausgedrückt, daß er die rechte Ordnung in allen Lebensbeziehungen, auch im Gottesdienst durchgeführt hat. Beim →Totengericht wird das Herz des Toten gegen das Zeichen der M. gewogen, d. h. die Prüfung betrifft die „richtige" Lebensführung des Menschen.

Lit.: Anthes, JAOS 14, 1952, S. 1 ff.

Mafędet. Eine katzenartige Gottheit (Ginsterkatze), die besonders in thinitischer Zeit erscheint[1] in Verbindung mit dem Hinrichtungspfahl (*šmś*), wobei sie die Köpfe der Verbrecher, die an ihm hängen, frißt. Ihre scharfen Krallen werden besonders hervorgehoben[2].

[1] RT II pl. 7, Nr. 7, 10. — [2] Pyr. 1212 d.

Mahlen des Korns. Korn wurde auf einem niederen Mahlstein mit Hilfe eines kleineren runden Steins zerdrückt. Diese Arbeit wurde von Frauen, meist Sklavinnen, durchgeführt, die sprichwörtlich als unterste soziale Schicht galten und in „Arbeitshäusern" (*šnʿ*) zusammengefaßt waren[1]. Statuetten von kornreibenden Dienerinnen (→Dienerfiguren) gab man gern den Toten mit, die man später für Osiris Korn reibend darstellte[2].

[1] Vgl. Pap. Petersburg 1116 B. — [2] ÄZ 43, 55.

Mahlzeiten. Der Ägypter pflegte 3 M. zu nehmen: am Morgen das Frühstück („Mundwaschung" genannt), eine M. am frühen Nachmittag und eine Abendm. beim Aufgang der Sterne (danach „Sternaufgang" *mśwt* genannt), die die Hauptm. war. Gegessen wurde in alter Zeit auf einer Matte sitzend; bereits im AR finden sich dann Rohr- und Holzsessel und ein niedriger Speisetisch, wobei jeder Speisende seinen eigenen Tisch hatte (→Möbel).

„Mahnworte". Auf einem Papyrus in Leiden (I 344 recto), der in der Ramessidenzeit niedergeschrieben wurde, finden sich, leider stark fragmentarisch, die „Mahnworte" eines Ipu-wer, die aus der Zeit nach dem Zusammenbruch des AR stammen und in eindringlichen Worten die politischen und sozialen Veränderungen schildern, die in dieser Zeit vor sich gegangen sind.

Lit.: Gardiner, Admonitions of an Egyptian Sage, Leipzig 1909; Übers. Erman, Literatur 92 ff; Pritchard ANET 441 ff.

Malerei. Die Zeugnisse der ä. M. reichen von der frühen Vorgeschichte bis in die spätesten Epochen. Von den Ornamenten und Figuren der rotfigurigen →Keramik an spiegeln sie in Stil und Thematik das Leben der einander folgenden Zeitabschnitte immer wandelbar wieder. Bereits zu Beginn der geschichtlichen Zeit erweitert sich das Gebiet der M. Am Übergang zur dynastischen Zeit steht das bemalte Grab in →Hierakonpolis, die nicht abreißende Kette der Wandmalereien eröffnend. Weiterhin tragen →Relief und →Statuen farbige Bemalung. Architekturglieder sind häufig bemalt. Buchmalerei setzt bei den →Sargtexten ein: Illustrationen zu religiösen Texten, zuerst vereinzelt auf den Holzsärgen des MR, dann reicher als Vignettenschmuck auf den Papyri des NR. Als liebenswürdige unmittelbare Zeugnisse künstlerischer Studien haben wir aus dem NR →Ostraca mit figürlichen Darstellungen: Skizzen und Entwürfe, die oft mit hervorragender Sicherheit und ausgezeichnetem Blick für das Charakteristische mit wenigen Strichen hingezeichnet sind. Am eindrucksvollsten nach ihrer künstlerischen Gestaltung und am vielseitigsten nach dem Inhalt ist natürlich die Bemalung der Innenräume der Gräber, die abgesehen vom Fürstengrab von Hierakonpolis dann seit dem Beginn des AR neben das Grabrelief tritt[1], in den thebanischen Gräbern des MR[2] und des NR[3] einen Höhepunkt erreicht und noch in der Spätzeit[4] als wesentliches Zeugnis des späten Mischstils angeführt werden muß. Der schlechte Erhaltungszustand der Profanbauten und →Paläste hat uns nur weniges an Wand- und Fußbodenbemalung außerhalb der Grabarchitektur bewahrt[5].

So verschieden wie die Aufgaben der M. waren natürlich die Mittel, mit denen sie bewältigt wurden. Der Malgrund, soweit er einer Behandlung bedarf, wurde durch einen Überzug von Gips und Schlemmkreide bereitet (bei Holz). In den Gräbern schuf man einen allerdings äußerst fragilen Grund dadurch, daß die Felswand einen Überzug aus Nilschlamm (oft mit Häcksel vermischt) erhielt, auf den eine Kalkschicht aufgetragen wurde. Die Farben wurden in der Technik der Tempera-Malerei aufgetragen; als Bindemittel dienten Eiweiß und Leim. Bisweilen (seit 18. Dyn.) wurden die Farben durch einen ursprünglich farblosen Firnisüberzug geschützt. Auf dem Malgrund wurde zunächst mittels →Hilfslinien eine mehr oder weniger genaue Vorzeichnung angebracht[6]. Die Farbstoffe selbst sind meist mineralischen Ursprungs[7]. Für Braun, Rot, Gelb, Rosa dienen verschiedenfarbige Ocker (natürliches Eisenoxyd); Schwarz wurde aus Kohle (meist Kohlenruß) gewonnen; Blau und Grün aus Malachit; Weiß aus Kreide oder Gips. Grün und Grau stammen auch aus Mischungen von Gelb-Blau, bzw. Schwarz-Weiß und Gelb-Weiß.

---

[1] Smith, A history of sculpture and painting in the Old King-

dom[2], Boston 1949. — [2] Z. B. Davies-Gardiner, Tomb of Antefọker, London 1920. — [3] Skira, Die großen Jahrhunderte der Malerei, Ä.Malerei, von A. Mekhitarian, Genf-Paris-New York 1954; Wegener, MIK IV, 1933; Davies-Gardiner, Ancient Eg. Paintings, I—III, Chicago 1936; L. Klebs, Reliefs und Malerei des NR, Heidelberg 1934. — [4] Z. B. Nekropole von Touna el Gebel, S. Gabra und E. Drioton, Peintures à fresques et scenes peintes à Hermoupolis-Ouest, Kairo 1954. — [5] Z. B. Frankfort, The Mural Painting of El-Amạrneh, London 1929; v. Bissing, Der Fußboden aus dem Palast . . . zu el Hawata, München 1941. — [6] Oft noch sichtbar bei unfertigen Bildern, z. B. Skira, S. 26, Grab 101. — [7] Zum Technischen s. Lucas, Materials[3], S. 391 ff.

Mạnetho. Verfasser einer ä. Geschichte, die er für →Ptolemaịos I. Soter schrieb, um dessen Politịk der Verständigung zwischen Ägyptern und Griechen zu unterstützen. Er stammte aus Sebẹnnytos, war aber später einscheinend Hoherpriester zu →Heliọpolis. Er spielte eine wichtige Rolle bei der Einführung des →Sẹrapiskultes in Ä. 286 v. Chr. Von seiner ä. Geschichte sind wenige Auszüge erhalten in Josephus' Contra Apionem. Außerdem waren aus seinem Werk →Königslisten ausgezogen worden, die in christlicher Zeit von Africanus und Eusebius benutzt wurden und ihrerseits um 800 n. Chr. von dem Mönch Georgis, genannt Synkellos, in seinen chronologischen Untersuchungen benutzt und uns so erhalten sind.

Lit.: Waddell, Manetho (Loeb Classical Library), Cambridge, Mass. 1940.

Mariette, Auguste Ferdinand François (Pascha). * 11. 2. 1821 in Boulogne, † 19. 1. 1881 in Kairo. Als Beamter des Louvre wurde er 1850 nach Ä. geschickt. Er entfaltete hier eine erfolgreiche Tätigkeit im Ausgraben (Serapẹum von →Mẹmphis, →Abỵdos u. a. m.) und Sammeln. Das unter seiner Leitung auf Anordnung des Khedịven gegründete Museum, damals in Bụlak, wurde der Grundstock des heutigen ä. Museums in Kairo. Dort wurde er nach seinem Tod im Garten beigesetzt.

Maspero, Gaston Camille Charles (Sir). * 23. 6. 1846, † 30. 6. 1916 in Paris. Professor für Ägyptologie an der École des Hautes Études (1869), dann am Collège de France (1874). Seit 1880 weilte er mehrfach als Direktor der Mission Archéologique en Égypte und Generaldirektor des Service des Antiquités in Ä. Seine Arbeiten umfassen alle Gebiete der Ägyptologie. Er förderte nicht nur diese Wissenschaft in Frankreich, sondern begründete und organisierte vor allem den wissenschaftlichen Altertumsdienst in Ä.

Maße und Gewichte

Längenmaße. 1 Königselle (*mḥ*) = 0,523 m = 7 Handbreiten (*šsp*) = 28 Finger (*ḏbc*). Daneben eine „kleine Elle“ zu 6 Handbreiten. 1 Klafter (*ḫt*) = 100 Ellen. 1 Schọinos (ä. *itrw*) = 20 000 Ellen = 10,5 km.

Flächenmaße. Arure (*sṯ>.t*) = 100 Ellen im Quadrat = 2735 m². Als Unterteilungen finden sich *rmn* (1/2 Ar.), *ḥsb* (1/4 Ar.), *s>* (1/8 Ar.). Kleinere Flächen werden nach *mḥ* „Ellen“ gemessen, d. h. Streifen von 100 Ellen Länge und 1 Elle Breite. Im AR scheint eine Arure von 3000 Ellen im Quadrat (= 8,205 Hektar) im Gebrauch gewesen zu sein, die in 3 *ḫ>* = 30 *t>* = 60 *rmn* = 120 *ḥsb* = 240 *s>* geteilt wurde (JNES 15, 113ff.).

Gewichte. Seit 18. Dyn. belegt 1 *dbn* = 10 *ḳd.t* (= 91 gr) = 12 *šctj*.

Kornmaß. 1 Sack = 4 *ip.t* = 160 *hn* = 76,56 l; 1 *ipt* = 40 *hn* = 19,14 l; 1 *hn* = 0,47 l.

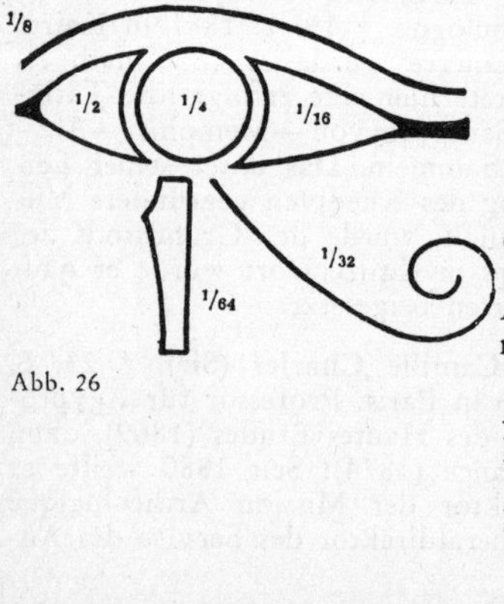

Abb. 26

Die Bruchzahlen werden hier mit den Teilen des „Horusauges“ angegeben, das, von Seth zerrissen, durch Thot wieder „gefüllt“ wurde, wobei allerdings 1/64 verlorenging (Abb. 26). Im AR rechnete man mit einem Sack von 10 *ḥq>t*, wie die Abusir-Papyri erkennen lassen.

Mastaba →**Grab**

Mathematik. Über den Stand der M. belehren mathematische Handbücher mit Aufgabensammlungen und Rechentabellen[1], Erwähnungen mathematischer Aufgaben in Schulschriften (z. B. Berechnung einer Obeliskenlast, dessen Maße gegeben sind), →Ostraca mit architektonischen Vorzeichnungen (→Gewölbe). Die M. hat eine eigene Fachsprache entwickelt: „Haufen" = die zu findende Größe = Unbekannte; „Dorn" =gleichschenkeliges Dreieck; die Ausdrücke für „addieren" und „multiplizieren", sowie für „subtrahieren" und „dividieren" sind jeweils identisch; das weist auf eine kennzeichnende Eigenart: Man verwendete grundsätzlich das „dyadische Verfahren", d. h. die Multiplikation bestand in der Addition der Einheit. Ebenso wurde die Bruchrechnung auf die einfachsten Einheiten, die Stammbrüche (außer dem Bruch $^2/_3$) zurückgeführt, wobei Zerlegungstafeln die Rechnung im Einzelfalle erleichterten. Gewisse feste Zahlenverhältnisse sind durch Regeln und Formeln erfaßt: z. B. $^2/_3$ von ungeraden Stammbrüchen = sein Halbes und sein Sechstel. Die Zahl π lag mit einem Annäherungswert von 3,16 fest.

Lit.: O. Neugebauer, Die Grundlagen der ä. Bruchrechnung, 1926; ders. Arithmetik und Rechentechnik der Ä., Quellen und Studien zur Geschichte der Mathematik I, 3, 1930; ders. Geometrie der ä. mathem. Texte ebd. I, 4, 1931; Struwe, Mathematischer Papyrus der staatlichen Museen, Moskau 1930.

[1] Zusamengestellt bei Schott, Handbuch S. 177.

Medamud. 8 km nordöstl. von →Luxor im Fruchtland gelegener Tempel des thebanischen Gaugottes →Month, der hier besonders in der Form eines →Stieres (Buchis) verehrt wurde und →Orakel gab. Die ältesten Bauteile gehen in die 11./12. Dyn. zurück. Die erhaltenen Teile stammen aus der Ptolemäer- und Römerzeit (seit 1925 vom Louvre ausgegraben).

Medinet Habu. Auf dem Westufer von →Theben, gegenüber von →Luxor, erhebt sich am Rande des Fruchtlandes der M. genannte Tempelkomplex. Der älteste nachweisbare Teil ist ein Amuntempel von →Hatschepsut errichtet, von →Thutmosis III. um-

gebaut, schräg zur Achse des späteren großen Tempels →Ramses' III. gelegen, der sog. „kleine Tempel von M.". In der 25. Dyn. wurde der Anlage eine Längshalle mit →Pylon vorgelegt, vor den in der Perserzeit eine offene Säulenhalle vorgebaut wurde. In der Ptolemäerzeit (2./1. Jhdt. v. Chr.) wurde die Anlage teils verändert, teils durch einen weiteren Pylon mit Vorhalle vergrößert.
Der „große Tempel von M." ist von Ramses III. begonnen. Die große festungsähnliche Umfassungsmauer schloß den kleinen Tempel mit ein und war im Westen und Osten durch ein gewaltiges Festungstor (das westl. wurde in der späten Ramessidenzeit zerstört, das östl. ist unter dem Namen „Hohes Tor" bekannt) zu durchschreiten. Vor dem östl. Hohen Tor befand sich an einem Verbindungskanal zum Nil eine Quaianlage. Den Kern der Anlage bildet der Totentempel des Königs mit zwei Pylonen und zwei Vorhöfen. An den ersten Hof schließt sich nach Süden der →Palast. Weiterhin umschloß die Umfassungsmauer Magazine, Wohnungen für Priester, Beamte, Offiziere, Verwaltungsgebäude und Stallungen. M. ist lange Sitz der Verwaltung von Theben-West gewesen und seit der 22. Dyn. sind auch Gräber hier angelegt worden, so das eines Priesterkönigs Harsiese (beim 1. Pylon) und vor allem die Gräber mit darübergebauten Kapellen der thebanischen →Gottesgemahlinnen der 25./26. Dyn. (zwischen Hohem Tor und 1. Pylon). Noch später haben die gewaltigen Mauern und Säulen als Stütze und Anhalt für Wohnbauten, besonders der römischen und koptischen Zeit gedient, die — mit fortschreitender Zeit immer höher übereinandergebaut — wesentlich zur Erhaltung des Bauwerkes beitrugen. Auch eine koptische Kirche war im 2. Hof des Tempels eingebaut. Der Name des Ortes lautete, einen altä. Namen fortführend, Djeme. Die Besiedlung reicht bis ins 9. Jhdt. n. Chr. 1895 wurden alle Einbauten entfernt (sog. Déblaiement) und die ursprünglichen Anlagen der wissenschaftlichen Erforschung damit freigegeben. — Die Darstellungen auf den Tempelwänden und -mauern zeigen neben religiösen Themen (Fest des Gottes →Min, Fest-

kalender, Ritualdarstellungen) vor allem die Kämpfe des Königs gegen die →Seevölker und die →Libyer.

Lit.: Veröffentlichung: The Excavations of M., OIP VIII ff. — Übersicht: Hölscher, Medinet Hąbu, Morgenland 24, Leipzig 1933.

Medizin. Bereits im AR treten am Königshof Ärzte auf, die in ihren Titeln auf eine starke Spezialisierung hinweisen: es gibt Zahn-, Augenärzte sowie Ärzte für die inneren Organe und speziell auch für die Verdauung[1]. Aus dieser Zeit dürften auch die medizinischen Schriften stammen, die dann seit dem Ende des MR in großen Sammelwerken zusammengefaßt wurden. Unter ihnen ragt der Chirurgische Pap. Smith[2] durch Systematik und wissenschaftliche Betrachtungsweise hervor. In ihm werden vom Kopf beginnend bis zur Brustwirbelsäule (hier bricht die Abschrift ab) 48 Verletzungen beschrieben, die Heilmöglichkeit festgestellt und dann die Behandlung angegeben; Glossen kommentieren schwierige oder unklare Textstellen. Magische Rezepte fehlen fast ganz. Diese treten dann mehr in den anderen Sammelwerken allgemeiner Art auf, wie im →Pap. Ebers, Pap Hearst[3], Berliner Medizinischen Papyrus[4], London · Medizinischen Papyrus[5], Medizinischen Pap. Chester Beatty[6]. Bisweilen läßt sich feststellen, daß diese Sammelwerke noch ganze geschlossene „Bücher" enthalten, die auch im Gegensatz zu den sonstigen Beschreibungen von Krankheitsfällen und ihrer Behandlung theoretische Abhandlungen darstellen. Darunter befindet sich (im Pap. Ebers) eine Gefäßlehre, die neben richtigen Beobachtungen (Herz als Zentrum, Pulsschlag) Ergebnisse theoretischer Überlegungen enthält, die nicht den Tatsachen entsprechen. Besonders in den späteren Papyri dringt viel Magisches in die Rezepte ein.

Die ältesten Abschriften sind Papyrifragmente aus Kahųn, die Reste eines gynäkologischen Buches[7] und einer veterinärärztlichen Rezeptsammlung enthalten. In den Rezepten finden sich eine große Anzahl von pflanzlichen, tierischen und mineralischen Stoffen aufgeführt — darunter auch oft solche aus der „Dreckapotheke" —, deren Indentifizierung aber häufig aussteht. Der Chirurg hingegen arbeitete mit Schienen, Tampons und stützenden Lehmpackungen, kannte die Wundnaht und sterilisierende Waschungen mit Salzwasser oder brannte Abszesse mit dem glühenden Feuerbohrer aus. An Mumien lassen sich die Heilerfolge bei Knochenbrüchen, Schädelverletzungen, Kieferabszessen ablesen, ebenso wie auch Zahnersatz belegt ist. Andererseits fanden sich aber auch bei der Geburt eines Kindes gestorbene Frauen (11. Dyn. Deir el Bahri). Die Trepanation wird in den Texten nicht erwähnt, war aber nach Mumienbefund bekannt.

Lit.: Goldstein, Internationale Bibliographie der altä. Medizin 1850—1930; Sigerist, History of Medicine I 215—273; Grapow, Untersuchungen über die altä. medizinischen Papyri; Grapow, Grundriß der Medizin der alten Ä. I/II 1952—1955.

[1] Junker, ÄZ 63, 53; Jonckheere, Chronique d'Égypte, 52, 237 ff. — [2] Breasted, The Edwin Smith Surgical Papyrus. — [3] Universität California, Reisner, Hearst Medical Papyrus. — [4] Nr. 3038, Wreszinski, Medizin der alten Ä. I. — [5] Wreszinski, Der Londoner medizinische Papyrus und der Pap. Hearst. — [6] Gardiner, Hieratic Texts in the British Museum, 3d Series pl. 30—32a; Jonckheere, Le Papyrus médical Chester Beatty. — [7] Griffith, Hieratic Papyri from Kahun pl. 5—6.

Mehrstimmigkeit. Eine M. im Sinne der westlichen Musikauffassung hat es im alten Ä. nicht gegeben, wohl aber das Nebeneinander einer Melodie (von einem oder mehreren Musikern solistisch oder heterophonisch ausgeführt) und eines Borduntones, der gesungen oder von Instrumentalisten gespielt wurde. Dieser bordunierende Halteton wurde auch gelegentlich durch eine Quinte und Oktave verstärkt, rudimentäre Ansätze zu einer geregelten M., die aber offenbar von den ä. Musikern nicht im Sinne der polyphonischen Gegenbewegung entwickelt worden sind. (H)

Lit.: H. Hickmann, BIE 34.

Meidum. Ortschaft etwa 75 km stromauf von Kairo; 3 km NO davon liegt die →Pyramide von M., die bereits im NR z. T. abgebrochen worden ist und dadurch ihre turmartige Form erhalten hat. Ihre jetzige Höhe ist etwa 40 m. Die Sargkammer liegt unter der Spitze an der Oberfläche des Felsuntergrundes. Graffiti des NR weisen die Pyramide dem König →Snọfru zu, der damit mit den beiden Pyramiden von →Dahschur 3 Pyramiden errichtet hätte. Vor der Ostseite der Pyramide befindet sich eine kleine Totenkapelle, in der zwei unbeschriebene Stelen stehen. Ein 210 m langer Aufweg führte zum Fruchtland. Die Pyramide selbst ist umgeben von einer Anzahl von Mạstaben der hohen Beamten des Endes der 3. und der beginnenden 4. Dyn., aus ihnen stammen einige der bekanntesten Kunstwerke Ä. (Fries der „Gänse von Meidum“, Statuen des Rahọtep und der Nọfret).

Lit.: Petrie, Mackay, Wainwright, Meydum, London 1910, Petrie, Medum, London 1892; Rowe, Pennsylvania Univ. Mus. Journal XXII (March 1931).

Mẹmnonskolosse. Bezeichnung für die beiden 17,9 m hohen Sitzstatuen →Amenophis’ III. in Westtheben, die als einzige Reste des Totentempels des Königs erhalten geblieben sind und jetzt im Kulturland stehen. Ihr Baumeister war der „weise“ →Amenọphis, der den Transport aus den Brüchen beim jetzigen →Mẹmphis leitete[1]. Nachdem der nördliche Koloß durch das Erdbeben vom Jahre 27 v. Chr. beschädigt worden war, gab er beim Aufgehen der Sonne einen Ton von sich. Diese Tatsache bildete einen Anziehungspunkt der griechisch-römischen Touristen, die in den Kolossen Bilder des Mẹmnon sahen, des sagenhaften äthiopischen Königs, der vor Troja durch Achilleus fiel. Diese Gleichsetzung scheint dadurch hervorgerufen worden zu sein, daß man das Gebiet der westthebanischen Totentempel (wie das der abydenischen) als „die Memnonẹia“ bezeichnete, weil man aus dem Thronnamen Sethos’ I. *Mn-mꜣꜥ.t-Rꜥ* und Amenophis’ III. (und Ramses’ VI. im Königsgräbertal) *Nb-mꜣꜥ.t-Rꜥ* den Namen des Memnon heraushörte. Erst das Tönen der einen Statue machte sie berühmt, während Herodot und Diodor sie noch nicht erwähnen. Die älteste Besucherinschrift am Koloß selbst stammt aus dem 11. Jahr des Nero; aber bereits Germanicus soll nach Tacitus[2] im Jahre 19 n. Chr. die Kolosse besucht haben. Kaiser Hadrian besuchte sie 130 n. Chr. Doch wußte man auch in dieser Zeit noch, daß es sich eigentlich um einen König Amenọphis handele. Septimius Severus ließ den zerbrochenen und tönenden Koloß nach seinem Besuch im Jahre 199 n. Chr. restaurieren, wodurch er verstummte.

Die Erklärung des Phänomens liegt wohl darin, daß durch die Erwärmung der Bruchstelle am Morgen und die dadurch hervorgerufene Ausdehnung des Steins Partikel absprangen, wobei ein Ton entstand.

[1] ASAE 14, 18. Über die technischen Schwierigkeiten der Aufrichtung vgl. ÄZ 45, 32. — [2] Ann. II 61.

Mẹmphis. Der Name ist entstanden aus *Mn-nfr-Ppj* „Es bleibt die Schönheit →Phịops' I.", dem Namen der Pyramidenstadt dieses Königs, jedoch ist die Stadt selbst älter; der Name *Mn-nfr* ist erst später von der danebenliegenden Pyramidenstadt übertragen worden. Ursprünglich handelte es sich um eine Festungsanlage mit Namen „die weißen Mauern" (*ỉnbw-ḥḏ*), die der Tradition Herodots zur Folge durch →Mẹnes gegründet worden ist. Jedoch dürfte das kaum geschichtlich sein, sondern das Bestehen der Festung wird wie das Gesamtkönigtum Ä. in die Zeit vor der Niederschrift historischer Texte zurückzuführen sein. In ihr residierten die Könige des AR. Reste der Festung sind nicht gefunden, da sie wohl im Fruchtland gelegen hat, sicher nicht weit vom Ptahtempel entfernt. Als →Djoser begann, seine Grabanlagen in die Umgebung von M. zu verlegen, bildete das den Anfang für die Errichtung einer großen Zahl von →Pyramiden und Grabanlagen, die sich von →Abu Roasch bis →Meidụm hinziehen. Dabei blieb aber der Sitz des Königs immer die Festung der „weißen Mauern". Am Ende des AR wuchs die alte Anlage mit einigen der neben ihr gegründeten Pyramidenstädte zusammen, die für die Arbeiter und Priester des Totenkults bestimmt gewesen waren und sich dann weiterentwickelt hatten. In der →Herakleopolịtenzeit wird daher M. gern nach der Pyramidenstadt des Teti *Ḏd-ỉśw.t* genannt, bis sich dann im MR die Benennung nach der Pyramidenstadt Phịops' I. durchsetzt (*Mn-nfr*). Damals ist M. allerdings nicht Residenz, die bei Meidum, genannt *'Iṯ.t-tȝ.wj*, lag. Jedoch spielte der in M. liegende Tempel des Gottes →Ptah eine große Rolle.

Von den Anlagen des MR ist in M. kaum etwas gefunden worden; hingegen stammen viele Statuen aus Tanis und anderen Orten des Deltas aus M., wo sie die Ramessidenkönige weggeholt und in ihren neuen Bauten der Deltastädte aufgestellt hatten. Sie

sind durch die Weihungen an memphitische Götter zu erkennen.
Im NR lag in M. zunächst die Hauptgarnison des Landes. Hier residierten die Prinzen, die den Oberbefehl innehatten. Durch die Auseinandersetzungen in Syrien gezwungen, residierten die Könige seit →Thutmosis III. meist in M. und fuhren nur zum Luxorfest nach Theben. Aber erst das Ende der Amarnazeit führte zur offiziellen Verlegung der Residenz nach M., wo wir bereits →Tutenchamun antreffen. →Ramses II. verlegte dann die Residenz erneut von M. nach der Ramses-Stadt an der Ostgrenze des Deltas, jedoch scheinen die Könige der Folgezeit bald die Verwaltungszentren wieder nach M. zurückverlegt zu haben. Damals wurde der Ptahtempel eindrucksvoll erneuert. Die wenigen sichtbaren Reste der Stadt stammen meist aus der Ramessidenzeit. Ein Sohn Ramses' II., Chaemwẹset, war der bekannteste →Hohepriester am memphitischen Ptahtempel, der auch in der Spätzeit noch als großer Zauberer bekannt war; Inschriften auf alten Bauten zeigen, daß er ihre Wiederherstellung geleitet hat. In den Auseinandersetzungen zwischen den Äthiopen, ä.-libyschen Deltafürsten und Assyrern spielte M. eine wichtige Rolle. Die Einnahme von M. machte es →Pianchi möglich, das Delta zu erobern. Bereits in der 18. Dyn. beginnt M. eine Weltstadt zu werden, in der mit den →Ausländern auch ausländische (besonders syrische) Gottheiten ihren Eingang finden (→Baal, →Astarte, →Ịstar, Hauron usw.). Später finden wir Karer, Griechen, Juden (568 v. Chr.), Phönizier, die in eigenen Stadtteilen lebten.
In ptolemäischer Zeit war M. noch das religiöse Zentrum Ä., wo die Königsfeste gefeiert und die Priestersynoden abgehalten wurden. Nachdem aber Alexandria den Handel an sich gezogen hatte, ging M. immer mehr zurück, bis dann zunächst die Christianisierung und dann die Eroberung durch die Araber die Zerstörung der Stadt einleiteten. Die meisten mittelalterlich-arabischen Gebäude in Kairo sind aus Steinen gebaut, die aus den abgebrochenen Gebäuden von M. stammten.

Lit.: Ahmed Badawi, Memphis als zweite Landeshauptstadt im NR, Kairo 1948.

Menạt. Diese wahrscheinlich zunächst kultischen Zwecken dienenden, später zu einfachen Symbolen abgewerteten Gegenstände sind von der Musikwissenschaft zunächst als etwaige Instrumente abgewiesen worden. Da die Sängerinnen aber oft mit M. und →Sịstrum dargestellt sind und beide Gegenstände offenbar rhythmisch bewegt bzw. geschüttelt haben (Schott), die M. außerdem mit einer Kette aus Metall versehen sind, zählt man sie neuerdings doch wieder unter jene Klangwerkzeuge, die ursprünglich nicht als solche gedacht sind, aber doch ausnahmsweise dazu verwendet werden können, ähnlich den Tanzstäben, den Schmuckgegenständen oder allen möglichen hohlen Gefäßen auf oder mit denen der primitive Mensch trommelt oder Rhythmus erzeugt. (H)

Lit.: H. Hickmann, Kêmi XIII, 99 ff.

Mẹndes. J. zwei Hügel et-Tmei (alt Thmụis) und el-Amdịd (bzw. Tell el Rụbᶜ) in der Nähe der Station Sanbalawịn ostwärts des Nilarms von Damiette unweit des Ufers des Mẹnzaleh-Sees. Der alte Name war *Ḏd.t;* der Ort war Hauptstadt des 16. u.ä. →Gaues. Hier wurde ein →Widder als Bringer der Fruchtbarkeit verehrt, der bereits in der 4. Dyn. als „Widder von *ᶜnp.t*" erscheint[1]. In der Geschichte spielte M. erst spät eine Rolle. In der Zeit der Äthiopen und Assyrer ist es ein eigenes Fürstentum (assyr. *Bintẹti* = *bꜣ-nb-Ḏd.t*); von hier stammte die letzte nationalä. Dyn., die 29., mit Nepherịtes I., Ạchoris, Psammụthis, Nepherịtes II. (399—379 v. Chr.). Der Tempel ist zerstört; größere Ausgrabungen sind nicht vorgenommen worden.

---

[1] Helck, Beamtentitel 122.

Mẹnes. Nach den ä. →Königslisten und der griech. Überlieferung[1] soll der erste König Ä. den Namen M. getragen haben. Da sich dieser Name als Königsname auf den zeitgenössischen Denkmälern der 1. Dyn. nicht ohne weiteres finden läßt, sind verschiedene Hypothesen aufgestellt worden, den Namen als Geburtsnamen eines nur mit dem Horusnamen bekannten Königs der Frühzeit zu erklären (→Königsnamen), so vor allem als Name des →Nạrmer und des →Horus-Aha. Die Versuche rechtfertigen sich durch die Tatsache, daß auf Denkmälern der Zeit die Horusnamen, in den Listen aber nur die Geburtsnamen der Könige dieser Zeit aufgeführt werden, so daß sich die Namensreihen der Denkmäler und der Listen für die →Thinitenzeit nicht decken[2]. Neuerdings wurde[3] vor allem auf Grund eines Siegelabdrucks aus →Abydos[4] mit dem Namen des Königs →Narmer wahrscheinlich gemacht, daß wir in M. den Geburtsnamen des Sohnes und Nachfolgers des Narmer haben, der sich bei seiner Thronbesteigung den Namen →Horus-Aha zulegte.

[1] Her. II 99, Manetho. — [2] Übersicht über die Hypothesen bei Drioton-Vandier, L'Egypte[3], S. 161 ff. — [3] ZDMG 103, S. 354 ff. — [4] RT II, pl. XIII Nr. 93.

Menschenopfer. In geschichtlicher Zeit werden M. nicht erwähnt. Ihr Vorhandensein in vor- und frühgeschichtlicher Zeit ist jedoch erkennbar. So dürften den Königen der 1. Dyn. bei ihren abydenischen Gräbern Diener, Frauen und Hofbeamte neben ihren Hunden mitbegraben worden sein; dafür spricht die Lage einiger der Skelette[1]. In Darstellungen alter Riten finden sich Menschenopfer abgebildet, wie das Erschlagen der Gefangenen vor einem Gott, was aber in geschichtlicher Zeit nur noch traditionsgeheiligte „Bildhieroglyphe" für die Macht des Königs war. Andere, mit Menschenopfern verbundene Riten, wie das undeutbare „Erlangen von Ober- und Unterägypten" auf Datentäfelchen der 1. Dyn.[2] wurden in geschichtlicher Zeit nicht mehr oder nur ganz selten[3] abgebildet. In der Spätzeit scheinen Menschenopfer wieder mehr vorzukommen, wobei religiöse Symbolik eine Rolle spielt. So verbrannte der Hohepriester Osorkon seine Gegner. Da Rot die Farbe des Gottesfeindes →Seth war, opferte man am Grab des →Osiris[4] oder in →Elkab[5] Menschen mit rötlicher Hautfarbe[6]. Die Darstellung eines Menschenopfers findet sich auf einem späten Altar in →Edfu[7].

[1] Petrie, Tombs of the Courtiers pl. 30. — [2] RT II pl. 3, 6; Emery, Tomb of Hemaka pl. 18. — [3] Menschenopfer beim Begräbnis Davies, Five Theban Tombs pl. 8. — [4] Plutarch, de Iside 30, Diodor I 88. — [5] Plutarch a. a. O. 73. — [6] Ausländer; vgl. Kees, Farbensymbolik 457. — [7] ASAE 8, 43.

Mentuhọtep. M. mit Thronnamen *Nb-ḥp.t-Rˁ*, zunächst mit Horusnamen *Śˁnḫ-ib-Rˁ*, den er nach Vernichtung der Herakleopolitendynastie und Wiedervereinigung des Reiches in *Śmꜣ-tꜣ.wj* änderte (2061—2010). Sein Totentempel liegt in Theben-West im Talkessel von →Deir el-Bahari.
M. *Śˁnḫ-kꜣ-Rˁ* (2010—1998 v. Chr.), seine Grabanlage in Theben-West hinter dem Südende des Hügels von Scheich abd-el-Gurna ist über die im Fels ausgehauene und verkleidete Grabkammer nicht hinausgekommen.
M. *Nb-tꜣ.wj-Rˁ* (1998—1991 v. Chr.), unter ihm zahlreiche Steinbruchsexpeditionen ins →Wadi Hammamat und Wadi el-Hudi. Sein Vezir *Imn-m-ḥꜣ.t* scheint ihn verdrängt und 1991 v. Chr. als →Amenemhet I. den Thron bestiegen zu haben.

Lit.: Drioton-Vandier, L'Egypte[3], S. 276 ff.; Labib Habachi, MDIK 19, 16 ff.

Merịmde — Beni Salạme. Ort am Westrand des Deltas. Hier wurde eine ausgedehnte neolithische Siedlung entdeckt, die außer einer Fülle von Feuersteinwerkzeugen und →Keramik eine in Ä. sonst nur noch in →el Ọmari nachweisbare Bestattungsart aufzeigte: Die Gräber liegen in der Siedlung, nicht auf Friedhöfen.

Lit.: Junker, Bericht über die nach dem Westdelta entsendete Expedition., Denkschr. Wien Ak. phil. hist. Kl. 68,3, 1928; ders. Anzeiger Ak. Wien, 1929, 1930, 1932, 1933, 1934, 1940.

Mernẹphtah (*Bꜣ-n-Rˁ mrj-ʾImn Mrj-n-Ptḥ-ḥtp-ḥr-mꜣˁ.t*). 13. Sohn →Ramses' II., der nach ihm den Thron bestieg. Er regierte nach →Mạnetho 19 Jahre und 6 Monate; sein höchstes bekanntes Datum ist das 10. Jahr[1]; anzusetzen etwa 1223—1204 v. Chr. Unter ihm kam es zu schweren Kämpfen mit libyschen Stämmen[2]. Während seiner Regierung brach das Hethiterreich zusammen, das er noch im 4. Jahr mit Getreidelieferungen unterstützt hatte und rückten die →Seevölker auf Syrien vor, das er durch Garnisonen zu sichern suchte[3].
Gattin *ʾIś.t-nfr.t*, Sohn *Śtḫj-mrj-n-Ptḥ*, der ihm jedoch nicht unmittelbar folgte, sondern erst nach einer Zwischenregierung eines Usurpators Amenmọse (→

Sethos II.). Erbtochter scheint *Tɜ-wśr.t* gewesen zu sein, die als Königin auftrat (→Siptah).

[1] Pap. Sallier I; LEM 79. — [2] Inschr. Ostwand vor 7. Pylon in Karnak; Stele aus Athribis ASAE 27, 21 ff.; →Israelstele ÄZ 34,1 ff., BIFAO 21, 113 ff. — [3] Schwert mit seinem Namen in Ras Schamra ILN 1954 S. 574.

Metalle. Das älteste verarbeitete M. ist →Kupfer und →Blei, während →Bronze wegen des in Ä. nicht vorhandenen Zinns zuerst offenbar eingeführt und erst später in Ä. selbst hergestellt wurde. →Eisen war anfänglich nur als Meteoreisen bekannt. An Edelmetallen ist vor allem →Gold zu nennen, das in den südöstlichen Gebirgsgegenden gefunden wurde, und das anfänglich seltenere →Silber (→Wertmesser).
Zur Bearbeitung der M. waren zahlreiche Verfahren bekannt. Gefäße und Figuren wurden sowohl durch Treiben wie durch Guß hergestellt (→Kupfer). M.-Gegenstände konnten mit dem Grabstichel ziseliert werden. Vor allem bei →Schmuck finden sich mehrere Einlagetechniken: Tauschieren (Metall in Metall), Einlagen aus Halbedelstein und Glaspasten, Niello (schwarzes Gemenge aus Kupfer, Silber, Schwefel). Granulation läßt sich seit der 12. Dyn. nachweisen. Frühgeschichtlich sind vergoldete und versilberte Gegenstände bekannt.

Lit.: G. Möller, Metallkunst, S. 15 ff.; Lucas, Materials[3], S. 222 ff.

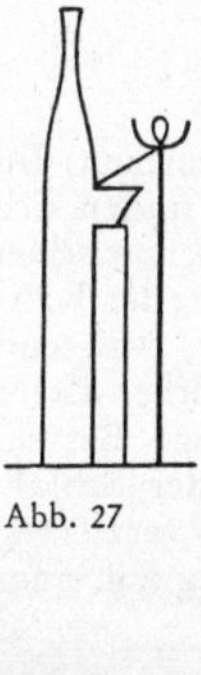
Abb. 27

Min. Hauptkultorte des M. sind Koptos und Achmim. Er wird dargestellt in menschlicher Gestalt, mit erigiertem Phallus, den er mit der Linken umfaßt, während die Rechte erhoben ist und eine Geißel schwingt. Hinter ihm werden häufig beigefügt eine Darstellung eines Gartens (sog. „→Lattichfeld"), wie sein *śḥnt* genanntes Heiligtum, eine Rundhütte, vor der das alte Schutzzeichen der Stierhörner auf einem Pfahl steht, mit der Hütte durch einen Strick verbunden (Abb. 27). Er dürfte ursprünglich ein in

den Gärten aufgestellter Fetisch gewesen sein, der die Fruchtbarkeit bringen sollte. Daher war auch sein Wesen als Fruchtbarkeitsbringer in geschichtlicher Zeit sein charakteristischer Zug; er galt als der Gott, der die Frauen befruchtete. Aus seinem Wesen als Herr der Zeugungskraft ist die spätere Ausweitung zum Schöpfergott verständlich.
In späterer Zeit wurde M. mit verschiedenen anderen Göttern gleichgesetzt, so mit dem Sonnengott als Min-Re, oder (anscheinend seit der 1. Zwischenzeit) mit →Horus als Min-Hor „mit starkem" bzw. „erhobenem Arm". Dadurch kam →Isis als Mutter des Horus nach Achmim und Koptos, als „Gottesmutter". Besonders wirkungsvoll war aber die in die gleiche Zeit zu datierende Gleichsetzung des →Amun von Theben mit M., wobei Amun die Form des M. annimmt.
Aus der besonderen Lage von →Koptos am Eingang des →Wadi Hammamạt, dem wichtigsten Verkehrsweg zum Roten Meer, erklärt sich die Stellung des M. als Herrn der östlichen Wüste.
Ein für M. charakteristisches Fest war das „Klettern für Min", bei dem Männer mit federgeschmücktem Kopf und bunten Kleidern an Stangen hochkletterten, die um einen Mittelpfahl aufgestellt und oben mit diesem verbunden waren; die Stangen wurden von anderen Leuten mit Hilfe von Stricken gehalten[1].

---

[1] Darstellungen in Totentempel →Phiops' II., Jéquier, Mon. fun. II pl. 12/5; in Karnak Magazine N des MR-Hofs (unveröffentl.); zweimal Sesostris I. Kiosk in Karnak, Chronique d'Égypte Nr. 55, 13 ff.; Edfu; Gauthier, Fêtes de dieu Min, Kairo 1931; Personal du dieu Min, Kairo 1931.

Mnẹvis →Stiere, heilige.

Möbel. Betten gab es in verschiedenen Formen: Im Grab des Hesirẹ aus dem Beginn des AR finden sich Betten, die aus einem Rahmen bestehen, zwischen den mit Stricken ein Stoffstück gespannt ist; der Rahmen hat jedoch nur am Kopfende Füße, während das Fußende auf der Erde aufliegt. Diese sicher ältere Form wurde bald ersetzt durch vierfüßige Betten, die am Fußende ein, gern mit Figuren der Schlafzimmergottheiten →Bes und →Thoẹris verziertes, hochstehendes Brett besaßen[1]. Der Kopf lag auf einer

→Kopfstütze, oft mit Kissen darauf. Der Bettboden bestand später meist aus Rohrgeflecht. Auf ihm lagen Decken oder Kissen[2]. In dieser Bauart gab es auch zusammenlegbare Reisebetten[3]. Daneben gab es bereits im MR[4] Betten, bei denen nicht nur wie gewöhnlich die Füße in Stier- oder Löwenform gebildet waren, sondern auch die beiden Längsseiten des Kastens am Kopfende in Löwen- bzw. Kuhköpfe, und am Fußende in die Schwänze dieser Tiere ausliefen; in diesem Fall war kein Fußbrett vorhanden[5]. Während man in ältester Zeit wohl auf einer Matte saß, besaß man bereits zu Beginn der Geschichte, wie Rollsiegel beweisen, lehnenlose Sessel, bei denen ebenfalls die Füße Stier- bzw. Löwenfüße darstellten und der Boden geflochten war; auch wurde häufig ein Kissen untergelegt. In der zweiten Hälfte des AR wurden Rücken- und auch Seitenlehne hinzugefügt[6]. Sessel des Königspalastes trugen auf Rückseite und auch an den Seitenlehnen Darstellungen[7]. Eine Besonderheit stellten die unter den Füßen angebrachten Pyramidenstümpfe dar, die das Einsinken des Stuhles in den Nilschlammestrich verhindern sollten. Auch Faltstühle sind bekannt. Anstelle der Tische benutzte man zunächst Steinplatten mit einem niedrigen Fuß, der höher wurde, als sich das Sitzen auf Stühlen durchsetzte (vgl. die Darstellungen der sog. „Speisetischszene“ im AR). Im NR gebrauchte man dann meist kleine Lattengestelle, von denen auch gegessen wurde.

Kleider und Haushaltsgegenstände wurden in Kästen aufbewahrt, deren Seiten schon in der 3. Dyn. gern mit den Hieroglyphen des „Lebens“ und der „Dauer“ geschmückt waren. Auch hier hat das Grab des Tutenchamun die verschiedensten Formen enthalten[8]. Sie wurden dadurch verschlossen, daß um einen an der Vorderkante des Deckels befindlichen und einen am Kasten selbst angebrachten Knopf eine Schnur oder ein Lederriemen gewickelt und der Knoten dann versiegelt wurde.

Zu den Möbeln ist auch noch der Tragsessel zu rechnen, in dem sich der Vornehme bes. des AR von Dienern tragen ließ. Die ältere Form war ein auf zwei Tragstangen befestigter Kasten ohne Sitz; bald wurde aber die Sänfte mit einem Sitz versehen.

[1] Bereits bei Hesire, vgl. Carter, Tutenchamun I pl. 39. — [2] Davies, Amarna 3 pl., 33. — [3] Tutenchamun III pl. 31. — [4] Schäfer, Priestergräber S. 52. — [5] Tutenchamun I pl. 13. — [6] Vgl. bereits den Stuhl der Königin Hetephẹres I. z. Z. →Snofru, Reisner-Smith, Giza Necropolis II pl. 15. — [7] Vgl. Tutenchạmun I pl. 48/50; Davies, Jouiya and Touiyou pl. 32. — [8] I pl. 40 mit Tonnendach und mit Darstellungen bemalt; pl. 45 A mit Giebeldach; pl. 46 B in der häufigen Form mit nach der vorderen Schmalseite höher werdendem Deckel; pl. 47 mit flachem Deckel.

Mọeris-See. Name des jetzigen Birket el-Karụn, des Sees im →Fayụm. Der Name ist alt und geht auf *mr-wr* „Großer Kanal" zurück, hat also nichts mit einem angeblichen König Moeris zu tun, den Herodot II 101 erwähnt. Von den Königen der 12. Dyn., besonders anscheinend →Amenemhet III., z. T. trokkengelegt, wurde er als Staubecken für überschüssiges Nilwasser während der Überschwemmung benutzt; die dabei angelegten zwei Schleusen am Ausgang des Fayụm fanden noch die Bewunderung der griechischen Reisenden. Jetzt ist der See durch Austrocknung stark zusammengeschrumpft.

Monatsnamen.

	Ältere Bezeichnung	Spätere Bezeichnung
I	Trunkenheit	Thot
II	Bekleidung	Paọphi
III	Hạthor	Athỵr
IV	Sạchmet	Chọiak
	Var.: *kꜣ-ḥr-kꜣ*	
V	Schwellen des Speltes	Tỵbi
	Var.: Min	
VI	Großer Brand	Mechịr
VII	Kleiner Brand	Phamenọth
VIII	Renenụtet	Pharmụthi
IX	Chons	Pachọns
X	Chentẹchthai	Paỵni
XI	*ʾIpt-ḥmt*	Epịphi
XII	Re-Harạchte	Mesorẹ
	Var.: Neujahr	

Während sich in den älteren Listen noch M. finden, die auf jahreszeitliche Besonderheiten hinweisen, bestehen die späteren fast ausschließlich aus Bezeichnungen für →Feste, die in dem betreffenden Monat gefeiert wurden.

Hinweise auf jahreszeitliche Gegebenheiten enthalten die Namen „Schwellen des Speltes", „Brand"[1] „→Renenụtet", Fest der Erntegöttin. Götterfeste liegen vor in den Namen „Trunkenheit" (Fest der →Hathor), „Bekleidung" (des →Anụbis), „→Sạchmet", „Chentẹchthai", „→Thot", „Paọphi" (→Luxorfest), Phamenọth (Fest des vergöttlichten →Amenọphis I.), Pay̱ni (Fest des Tales, →Deir el Bạhri). →Kalender.

Lit.: Schott, Festdaten; Černý, ASAE 43, 173; Erman, ÄZ 39, 128; Gardiner, ÄZ 43, 136; Parker, Calendars of Ancient Egypt.

---

[1] Nach Borchardt, Mittel S. 6 Anm. 8: Zeit in der geheizt werden mußte.

Month. Gott von Hermọnthis (→Armạnt), späterhin auch „Herr von →Theben", falkenköpfig dargestellt, als kämpferischer Gott angerufen. Er wurde auch in →Tôd und →Medamụd verehrt. In →Kạrnak steht nördlich des großen Amuntempels ein Tempel des M. Er war der Schutzgott der Könige der 11. Dyn., wurde jedoch bald in seiner Bedeutung von →Amun zurückgedrängt. Mit dem Kult des M. war der eines weißen →Stieres (Bụchis) verbunden. Diese hl. Stiere wurden seit der 30. Dyn. in Hermọnthis beigesetzt.

Mörtel. Für ungebrannte →Ziegel wurde Lehm, für Steinbauten gebrannter Gips als Mörtel verwendet; Kalkmörtel wird erst von den Griechen nach Ä. gebracht.

Mumifizierung. Während in vorgeschichtlicher Zeit das Begraben in flachen Sandgräbern die Austrocknung der Leichen förderte und sie dadurch weitgehend erhalten blieben, führten in geschichtlicher Zeit eingeführte Schutzmaßnahmen, wie das Einwickeln der Toten in Leinenstreifen oder die Anlage tiefer, mit Ziegeln gebauter Gräber oder auch die Benutzung von Holz- und Steinsärgen im Gegensatz zu den damit verbundenen Absichten zum Zerfall des Körpers. Man ging daher dazu über, die Leichen künstlich zu trocknen und dadurch zu erhalten. Dazu wurde Natron benutzt (nicht Salz), in das die Leiche hineingelegt wurde, nachdem die Eingeweide durch einen Einschnitt am Unterleib herausgenommen worden waren. Entgegen früherer Annahme wurde dabei kein Natronbad benutzt, sondern festes Natron[1]. Die rituelle Zeitspanne dafür war 70 Tage. Danach wurde die Leiche gewaschen und eingeölt. Die Körperhöhlungen, aus denen die Organe (oft auch das Gehirn) entfernt worden waren, wurden mit Harz oder harzgetränkten Leinenkissen gefüllt; auch Sägemehl wurde dafür benutzt. Die Eingeweide wurden in den sog. →Kanọpenkrügen aufbewahrt, z. T. in einer Natronlösung schwimmend. In der Spätzeit wurden sie eingewickelt in die Mumie zurückgelegt. Das Herz wurde fast immer im Körper belassen. Allerdings scheint es für besonders vornehm gegolten zu haben, eine Leiche ohne Herausnahme der Eingeweide zu mumifizieren[2]. Vornehme Frauen sind anscheinend erst nach Beginn der Verwesung der M. unterworfen worden, wofür Herodot die Begründung angibt. Am Ende der M. wurde die Leiche in lange Leinenstreifen gewickelt, wobei besonders im AR Gesicht und Glieder in Leinen nachgeformt wurden.

Wann man mit der M. begann, ist nicht sicher. Anscheinend war bereits die Leiche des Königs →Djọser nach dem Befund seines gefundenen Fußes[3] mumifiziert. Die Kanopen mit den Eingeweiden der Mutter des →Chẹops sind ebenfalls erhalten und machen für diese Zeit das Bestehen der M. sicher.

Gegenüber bestehenden Vorstellungen weist Lucas a.a.O. S. 349 darauf hin, daß Asphalt niemals vor griechisch-römischer Zeit zur Mumifizierung benutzt worden ist. Das zur Füllung der Mumie benutzte Harz ist meist Nadelholzharz, wobei die Texte besonders das „Zedern"-Harz vom Libanon hervorheben[4].

Die bei der Einbalsamierung benutzten Stoffstücke, Materialien (wie das in Säckchen eingenähte Natron) usw. wurden, da sie ja Teile des Toten enthielten, mit begraben[5] bzw. gesondert beigesetzt[6].

Das Wort „Mụmie" soll aus dem Persischen stammen, wo es Asphalt bedeuten soll; es wurde auf die Mumien angewandt unter der falschen Voraussetzung, daß man Asphalt verwendete. Antike Schilderungen über die Mumifizierung finden sich bei Herodot II 86/8 und Diodor I 91. Ein Balsamierungsritual ist nur bruchstückweise aus römischer Zeit bekannt[7].

[1] Lucas, Materials[3] S. 307 ff. — [2] Lucas a. a. O. S. 345. — [3] ASAE 35, 28. — [4] Admonitions III 6 ff. — [5] Z. B. im Grab des Juja und der Tuju in 52 großen Gefäßen, Quibell, Tomb of Yuya, S. 75; im Grab des Mꜣj-ḥr-prj 10 Krüge Loret, Faune momifiée S. 317. — [6] So bei Tutenchamun, Davis, Tomb of Harmhabi, S. 3; Winlock, Metr. Mus. New York Paper 10; Lit. vgl. Lucas, a. a. O. S. 318. — [7] S. Sauneron, Rituel d'Embaumement, Kairo 1952.

Mundöffnung. Unter M. versteht man ein Ritual, das ursprünglich offenbar der letzten Fertigstellung und Belebung von →Statuen galt, wobei der Ausdruck „Mundöffnung" (im Ritual auch verbunden mit „Augenöffnung") auf die Öffnung des nahrungaufnehmenden Organs als eines Kennzeichens des Lebendigseins hinweist. Der Kern des Rituals dürfte in der →Thinitenzeit geformt sein und zeigt als Charakteristisches: Die Verbindung zwischen handwerklicher Verrichtung und Beseelung. Schon im AR begegnet die M. in zwei abgeleiteten Verwendungen: Im Opferritual (also ein Öffnen des Mundes unmittelbar vor der Speisung) und im Mumienritual (also eine Belebung der Mumie nach dem Vorbild der Statue). Aus späterer Zeit wissen wir, daß man die M. auch an →Uschebtifiguren und →Skarabäen vollzog[1], bei heiligen Tieren[2], ja sogar als Teil der Tempelweihe[3]. Erst seit der 18. Dyn. (Grab des Rechmirẹ) sind in Gräbern (später auch in Tempeln und auf Papyri) ausführliche Wiedergaben des Rituals mit Darstellung der einzelnen Szenen und zugehörigen Texten bekannt (etwa 40 Var.), die es in verschiedener Länge wiedergeben. Man kann danach 75 verschiedene Szenen trennen, die allerdings durchaus nicht sämtlich zur ursprünglichen M. gehören, sondern auch zahlreiche Räucherungen, Libationen, ein Schlachtritual, Bekleidungsszenen usw. einschließen. Daß tatsächlich das Ritual in aller Ausführlichkeit aufgeführt werden konnte, zeigt die sog. Mẹndesstele mit der Angabe, daß die M. für die Königin Arsịnoe II. vier Tage gedauert habe [4]. Die späteste erhaltene Handschrift des Rituals findet sich auf einem Pap. im Louvre aus dem 2. Jhdt. n. Chr. Aber auch die spätesten Texte lassen noch den ursprünglichen Kern der „Handwerkerszenen", in denen die Statue magisch belebt wurde, erkennen. In ihrer sprachlichen Formung und ihrem religiös-magischen Gehalt haben sie die Elemente der Frühzeit unverändert bewahrt.

Lit.: Schiaparelli, Il libro dei funerali, Torino 1882/90; Budge, The book of opening the mouth, London 1909; Baly, JEA 16, 173 ff.; E. Otto, Das ägyptische Mundöffnungsritual, Wiesbaden 1960.

---

[1] Gardiner, Tomb of Amenemhet, S. 112, 117. — [2] ASAE 16, S. 221 ff. — [3] JEA 32, S. 75 ff. — [4] Urk. II 40.

Muschelpfeifen. Vorgeschichtliche Blasinstrumente, die wahrscheinlich magischen Zwecken dienten. Solche Klangwerkzeuge wurden von F. Debono in der vorgeschichtlichen Siedlung von →El-Omari ausgegraben. (H)

Lit.: H. Hickmann, Miscellanea musicologica IV, Kairo 1949; vgl. auch „Unbekannte ä. Klangwerkzeuge (Aerophone)", in: Die Musikforschung 8, 3, 1955 (Muschelpfeifen).

Musik. M. und →Tanz des pharaonischen Ä. sind von C. Sachs auf Grund seiner Ausdeutungen des ikonographischen Befundes dahingehend charakterisiert worden, daß man im AR vorwiegend gemessen, ruhig ausgewogen und in gewissem Sinne „klassisch" getanzt und musiziert habe. Seit der 18. Dyn. sei dagegen unter vorderasiatischem Einfluß eine orgiastisch-beschwingte, rhythmisch betonte Musik, ein gelockertes, sinnenfreudiges Tanzen aufgekommen. Diese rein theoretische Aufteilung kann heute nicht mehr aufrechterhalten werden. Eine ganze Reihe von neuentdeckten Tanzdarstellungen aus dem AR beweisen, daß es neben den ruhigen, gemessenen Tänzen auch andere Dreh- und Springtänze gegeben hat, daß andererseits das NR neben den gelockerten orgiastischen Tänzen immer noch alte Formen kannte und pflegte.

Was nun den vielzitierten asiatischen Einfluß auf die ä. M. anbelangt, so ist dieses Problem durchaus noch nicht geklärt. Ein neu auftretendes Instrument wie die →Laute (18. Dyn.) kann kaum einen grundlegenden Stilwechsel bedeuten, so wie auch auf modernen Klavieren und Saxophonen im heutigen Ä. orientalische Musik gespielt wird. Dieser gesamte Fragenkomplex wird neu aufgenommen werden müssen. Es erscheint dringend erwünscht, zunächst das wirklich urständige ä. Element in seinen folkloristischen Resten in der modernen Volksmusik von allen anderen (irâqischen, iranischen, griechischen, arabischen) Einflüssen abzugrenzen und als solches herauszuschälen. Es steht schon heute außer Frage, daß dieses rein ä. Element grundverschieden von der sog. „arabischen" Musik ist und wahrscheinlich auf alte Quellen zurückgeführt werden kann. Das geht bereits aus gewissen gegenständlichen Parallelen hervor. So gibt es heute noch Gesänge, die das Thema uralter Tierfabeln wieder aufnehmen. Auch ließen sich gewisse Reste der Osirismythen und -spiele im ä. Brauchtum nachweisen. – Außer den volkstümlichen Überresten pharaonischen Musiklebens lassen sich dessen Spuren auch in der koptischen Kirchenmusik feststellen. →Alternierendes Musizieren, →Begleitung, →Cheironomie, → Chor, →Dôr, →Gesang, →Heterophonie, →Koptische Musik, →Mehrstimmigkeit, →Monodie, →Notenschrift, →Rhythmus, →Rondo, →Solo, →Stimme und Stimmfarbe, →Tanz. (H)

Lit.: C. Sachs, Die Tonkunst der alten Ä. (Archiv für Musikwissenschaft II, 1920); H. Hickmann, Quelques observations sur la musique liturgique des Coptes d'Egypte (Actes du Congrès international de Musique Sacrée, Tournai 1952); H. Hickmann, Charles Grégoire Duc de Mecklembourg, Rapport préliminaire sur la campagne d'enregistrement de musique populaire égyptienne (été 1955), in: BIE (in Vorbereitung).

Musikalische Fachausdrücke. 1. Instrumentalmusik: Der Ausdruck für „Harfe schlagen" (*śḳr bn.t*) entspricht arabischem und deutschem Sprachgebrauch (z. B. *aḏrab al-ʿûd* bzw. die Laute, Harfe, Orgel schlagen). Das zum Erklingen bringen gewisser Schlaginstrumente wie der Becken wird mit *śnśn* bezeichnet (vgl. auch *dḫn* oder *tḫn*), das Spiel eines Blasinstrumentes („blasen") mit *śbꜣ*, ein Wort, das mit dem Deutzeichen für „Flöte" determiniert wird, gleichgültig ob es sich um das Flöten- (*śbꜣ mꜣ.t*) oder Klarinettenspiel (*śbꜣ mm.t*) handelt. Der Trompeter ist dagegen jemand, der mit der (oder durch die) Trompete spricht (*ḏt.tw n š ꜣnbì*), Ausdruck, der mit der Eigenschaft der Trompete als Signalinstrument zusammenpaßt. Das Verbum „Tamburinspielen" wird mit *nhm* wiedergegeben, das brummende Sau-

sen des Bumerangs, dem Geräusch des Schwirrholzes ähnelnd, mit „Stimme (*ḫrw*) seiner Luft“[1].
Das →Handklatschen, primitivste Form der Instrumentalmusik, wird mit *mꜣẖ* (*šmꜥ*) wiedergegeben, die Bumerangklappern mit *mꜥꜣw.t*, Trommel und Handpauke mit *ḳmḳm* bzw. *śr, śh, śhi.t, śẖr,ḫꜥ* oder *tbn* (die Trommel schlagen mit *ḏr, śr, tbn, dbdb* oder *ṯbṯb*), die verschiedenen Sistren mit *ỉb, śšš.t* oder *śḫm*, der Oberteil des Naossistrums mit *bḫn*, das Sistrumspiel mit *ỉrj śḫm, sḫm śḫm* oder *śśt.j*, die Sistrumspielerin mit *śḫmj.t* oder *śmꜥj.t*, das Taktschlagen mit *djḫn, šsp dḫn* oder *dḫn*, die Glocke mit *ḳb(ḥ?)*, die Becken mit einem Wort, mit einem Becken geschrieben, aber nicht sicher zu lesen, das Trommelspielen mit *śḫj* (*sh*). Weitere Termini für Sistrumspieler und -innen finden sich bei H. Gauthier (vgl. u.), S. 115–116, 120.
Die Blasinstrumente *šnb* (Trompete), *mꜣ.t* (Flöte) und *mm.t* (Klarinette) sind bereits erwähnt worden. Dazu treten Rohrflöten, Oboen und Panflöten (*wꜣr, wꜣnr, wḏꜥ, wḏnj*) sowie die Saiteninstrumente *bn.t* oder *ḏꜣḏꜣ.t* (Harfe), *gngn.tj* (Laute) und *knỉnjwr* (Leier).

2. Vokalmusik (Tempel- und profane Kunstmusik): Bis in die Urzeit menschlichen Singens mit magischer Sinngebung führt uns das Wort *śꜣḫn* zurück (Beschwörungen, Inkantationen in gehobenem Sprechgesang rezitieren). Die Priester, die auf einer höheren Stufe altä. Geisteslebens religiöse Lieder und Hymnen singen, die Litaneien rezitieren oder den Kult halb formelhaft gesprochen, halb melismatisch gesungen zelebrieren, sind der *ẖrj-ḥb* und sein Assistent. Ihnen stehen die Diakonen (*mr šmśj*), Tempelsänger und -musiker bei. Unter dem weiblichen Personal der Tempel befinden sich die *ỉḥj.t* (Sistrumspielerin), die *ḥś.t* (Sängerin) und *šmꜥ.t* (Tempelmusikerin). Der Chorgesang steht unter der Leitung eines *mr ḥś* (→Musiker).
Es gab eine ganze Reihe von Ausdrücken für „singen“, ohne daß es bisher gelungen ist, sie eindeutig zu definieren. So wird *ỉhb* gelegentlich mit „tanzend jubeln“ übersetzt, als ob es sich um ein religiöses (?) Tanzlied handele; dabei bleibt aber unklar, worin nun der eigentliche Unterschied im Verhältnis zu

anderen Worten wie *śq* (laut preisen) und *rnn* (jubilieren) besteht. Das Wort *ḫn* wird häufig als „Hymnus“ oder „Rezitation“, das „gesprochene oder gesungene Wort, Rede, Zelebration, das feierliche Lied“, sogar als „Wechselgesang“ gedeutet[2]. Diese Anhäufung von sich z. T. widersprechenden musikalischen Ausdrücken beweist, daß uns der eigentliche Sinn des Wortes noch entgeht. Der Chorleiter wird auch als *dḫn*-Musiker bezeichnet[3]. Mit dem Arm wird in der Tat das Zeichen für den Beginn einer Kulthandlung gegeben, genau so wie der Cheironom melodisch-rhythmische Zeichen dem ihm gegenüberhockenden Instrumentalisten zuwinkt.

Der Sänger „spricht“ (*ḏd*) ein Lied, parallel zum französischen Sprachgebrauch („dire une chanson“), und Teile des Liedes, die im Wechselgesang vorgetragen werden, sind mit dem Ausdruck *mỉtt ỉrj* gekennzeichnet[4]. Die musikalische Wiederholung, wahrscheinlich obligatorisch variiert, wurde schriftlich mit *sp* 2 wiedergegeben.

Die *wp.t šmꜥj.t* sind Chor-, vielleicht auch Instrumentalistengruppen, parallel zu den Gruppen liturgischer Sänger, die als *nḫmw* bezeichnet werden. Allerdings kommt letzterer Ausdruck auch für das Trommelspiel vor (*nḫm*). Die Chorleiterin *dwꜣ-w* ist vom *dḫn* zu unterscheiden. Ein „hymnisches Lied anstimmen“ wird mit *śwꜣš ḥknw* ausgedrückt[5]. Was hingegen An. IV, 12, 2–3 mit „in Anen sprechen“ meint, ist immer noch unklar. Dieser Ausdruck ist als Fremdwort gekennzeichnet worden und deckt vielleicht eine Art näselnden Singsangs (ꜥanini, nach Albright). Man kann endlich in ihm eine neue graphische Form konsonantisch-melismatischen Singens erkennen[6].

Allgemeine Ausdrücke für „musizieren“ sind *ỉḥj*, *ỉrj ỉḥj*, vielleicht auch, in der Spätzeit, *ḫn*. Tempelmusiker und Musikantinnen sind auch die *ḫnw*, *ḫrp.t* und *ḫnj.t*, letztere im Dienste der Göttin →Hathor.

Eine besondere Betrachtung verdient das Wort *ḥś*, im allgemeinen mit „singen“ oder „musizieren“ übersetzt. In Wirklichkeit deckt diese Bezeichnung die Tätigkeit des Cheironomen, der gleichzeitig Sänger sein kann (AR), d. h. jenes Musikers, der f ü r die Instrumentalmusiker Zeichen gibt, bzw. z u ihrem

Spiel singt. Im MR unterscheidet man dann zwischen den wirklichen Sängern (Vokalvirtuosen) und den „Sängern zur Hand“, unter denen man Cheironomen zu verstehen hat. Das gleiche Wort wird zunächst mit einem, Hand und Arm des winkenden Cheironomen darstellenden Zeichen determiniert, während in den Texten des NR, nach vollzogenem Bedeutungswechsel, das Deutzeichen des knienden Sängers erscheint.

Die Laufbahn eines pharaonischen Musikers begann mit dem Titel und der Stellung eines Hofsängers. Er rückte dann langsam zum assistierenden Chorleiter, königlichen Musikdirektor und endlich zum Intendanten der Hofmusik auf. Der Lehrer der königlichen Hofsänger hatte eine Sonderstellung. Es handelt sich offenbar weniger um einen Virtuosen als um einen Musikerzieher. (H)

Lit.: H. Gauthier, Le personnel du dieu Min, Kairo 1931; E. Brunner-Traut, Der Tanz im alten Ä., Glückstadt-Hamburg 1938; W. F. Albright, The Vocalization of the Egyptian Syllabic Orthography, New Haven 1934; H. Hickmann, BIE 36; E. Drioton, BIE 25.

[1] S. Schott, nach Kees, Totenglauben, S. 423. — [2] E. Brunner-Traut, S. 53. — [3] E.Brunner-Traut, S. 53. — [4] H. Hickmann, S. 499. — [5] E. Drioton, S. 5. — [6] H. Hickmann, S. 497.

Musiker. Der M. bekleidete in der sozialen Struktur des geistigen und materiellen Lebens im AR eine geachtete Stellung. Mehrere der damals bekannten und berühmten Komponisten, Hofsänger und Instrumentalspieler haben ihre Grabdenkmäler in der Nähe der königlichen →Pyramiden anlegen dürfen. Sie tragen meistens Titel, die sie als Hofmusikanten kennzeichnen (→musikalische Fachausdrücke). Merkwürdig erscheint uns die hohe Einschätzung der Flötenspieler, die häufig sofort nach den Vokalvirtuosen genannt werden. Wahrscheinlich spielte dieses Instrument eine gewisse solistische Rolle in der Ensemblemusik.

Die gesellschaftliche Stellung des Berufsmusikers unterliegt im NR gewissen Einschränkungen. Zwar spricht man immer noch von berühmten Solisten, Sängern zur →Harfe, Lautenspielern und anderen Spezialisten, deren Namen in den Inschriften gewisser Gräber ehrend erwähnt werden, doch hat es

neben ihnen auch zweitrangige, anonyme und weniger angesehene Tanzmusiker gegeben.
Die chronologische Zusammenstellung aller bekannter Musikernamen ergibt erstaunlicherweise eine nahezu lückenlose, provisorische Geschichte des Musiklebens im alten Ä. Chufu-Ạnch ist neben Hem-Rê der älteste bekannte Berufsmusiker der Weltmusikgeschichte. Lange vor den historisch belegbaren griechischen Tonkünstlern hat er als Hofmusikus, Flötenspieler, Komponist, Präsident der Flötistengilde und Generalmusikdirektor am Hofe des Pharao Userkạf gewirkt. Weitere berühmte Musiker waren die Mitglieder der Familie Snefrunọfer, die ähnlich wie die Bachs in Deutschland oder die Couperins in Frankreich durch mehrere Generationen hindurch eine Art Tonkünstler-„Dynastie" bildeten. Ein Tempelmusikẹr des AR war Nekau-Rê, der unter Neferef-Rê gelebt hat. Andere Musiker der 5. Dyn. waren der Flötist Ịpi, die Vokalvirtuosen Ịti, Hetepchnẹmt, Nema-etre, Nefer-ẹsres, Ptaḥ-ạperef, Rêwẹr, die erste bekannte Harfnerin Hẹkenu, endlich Neferti, der eine Stellung als Chorleiter innehatte. Zur Zeit der 6. Dyn. treffen wir wiederum auf zwei Flötistennamen: Sen-anch-wer und Mẹschets, letzterer unter König →Phịops II.
Berühmte Harfner des MR sind Onchchụ, Neferhọtep, Iqer, Thenicạ. Von der 18. Dyn. ab häufen sich dann die Angaben über Berufsmusiker, abgesehen von den zahlreichen Namen von Tempelmusikern, Amons- oder Hathorsängerinnen. Wir verweisen auf die bildlichen Darstellungen von Tonkünstlern, von denen jeder namentlich genannt ist, in den thebanischen Gräbern 82 und 17, sowie auf Harmosis (Sänger und Lautenspieler unter →Hạtschepsut), Pedichens, Emḥạb (18. Dyn.) und Perpetschạu, die ersten namentlich bekannten Lauten-, Trommel- und Trompetenspieler der Musikgeschichte.
Auch aus der Spätzeit und aus dem griechisch-römischen Ä. gibt es genügend Angaben (Musikernamen und kurze biographische Einzelheiten), die es heute schon ermöglichen, die gesamte, mehrere Jahrtausende umspannende Geschichte des ä. Musiklebens in großen Zügen zu umreißen. (H)

Lit.: H. Hickmann, Die ältesten Musikernamen (Musica III, 1951); Die Anfänge eines geordneten Musiklebens im Ä. der

Pharaonen (Bericht des Internationalen Musikkongresses Wien 1952, S. 55 ff.); Cahiers d'Histoire égyptienne IV, 2, Kairo 1952; 6. VI. 5/6. 1954.

Mut. Geiergestaltige Göttin vom 'See von *Išrw*' südl. des Karnak-Tempels; sie ist Gattin des →Amun und Mutter des →Chons. Sie wird gern mit →Bastet und →Sachmet identifiziert oder mit der Kronengöttin Wadjet.

Lit.: Kees, Götterglaube, 352 ff.

Mykerịnos. Ä. Menkaurẹ, König der 4. Dyn., regierte etwa 2488—2470 v. Chr. Erbauer der kleinsten →Pyramide bei →Gịza; er galt deswegen in späterer Zeit (Herodot) als gottesfürchtig im Gegensatz zu seinen Vorgängern. Er ist Sohn des →Chephren und der Meriesạnch III., dem er nach der Zwischenregierung der Gegenkönige Baefrẹ und Djedef-Họr auf den Thron folgte. Er war verheiratet mit seiner Schwester Chamerernẹbti II., ihr Sohn →Schepseskạf folgte ihm auf den Thron.

Mythe. Es ist das Wesen der M., über die die Welt bestimmenden göttlichen Mächte Aussagen zu machen und die bestehende Welt zu erklären. Deshalb bildet die →Weltschöpfung ein wichtiges Thema der M. Ebenso verlangen die Erscheinungen am Himmel, der Lauf von Sonne und Mond, eine mythische Deutung. Kultische Einrichtungen und Ereignisse müssen durch mythische Erzählungen (ätiologische M.) erklärt werden (z. B. wird ein Kultsymbol in →Hierakọnpolis als die beiden Hände des →Horus erklärt: Sie sind ihm von →Isis abgeschlagen worden, TB 113. Die tierköpfigen Götter werden damit erklärt, daß den Göttern ihre Köpfe im Kampf abgeschnitten wurden und sie als Ersatz Tierköpfe erhielten[1]). Kulthandlungen wie das Speisen und Bekleiden der Götterbilder erhalten eine mythische Ausdeutung, indem die dargereichten Gegenstände (Speisen, Getränke, Schmuck) mit verschiedenen mythischen Gegenständen gleichgesetzt werden (gern z. B. mit dem Horusauge). Derartige Ausdeutungen ritueller Handlungen haben sich als ungeheuer fruchtbar erwiesen. Freilich wird dadurch der Sinn vieler Ritualtexte vom Gegenstand der Handlung oft in nicht wiederzuerkennender Weise entfernt[2]. Das mythische Denken ist als eine selbständige, alles begreifende Denkform anzusehen, die in Ä. das historische und das naturwissenschaftlich-kausale Denken weitgehend ersetzt. Deshalb drückt sich auch historisches Erleben in mythischen Bildern aus. Die →Reichseinigung erscheint als mythischer Vorgang: →Horus und →Seth kämpfen um das Erbe des →Osiris. Darin ist einmal die Figur des Königs in seinem mythischen Aspekt als Horus verankert, zugleich wird dem →Dualismus im Denken eine historisch-mythische Wirklichkeit geschaffen. Noch bis weit in historische Zeit kann sich geschichtliches Erlebnis in mythischen Bildern ausdrücken: Der Zusammenbruch des AR findet seinen mythischen Niederschlag in Erzählungen von einer →Weltvernichtung, und vom Sonnengott →Re erzählt man sich seitdem, daß er alt geworden sei. — Unter den uns faßbaren Formen der Überlieferung steht die zusammenhängende mythische Erzählung an jüngster Stelle. In der religiösen Literatur, die ja für die ältere Zeit im wesentlichen aus Spruchsammlungen besteht, überwiegt das mythische Zitat. Es wird nur mit wenigen Worten auf einen mythischen Vorgang angespielt oder es wird der Ausspruch eines Gottes aus einem mythischen Zusammenhang zitiert. Daraus scheint sich eine eigene literarische Form entwickelt zu haben, das Göttergespräch. Hierbei wird ein mythischer Vorgang von daran beteiligten Göttern erzählt[3].

Lit.: Schott, Mythe und Mythenbildung, Leipzig 1945; E. Otto, Verhältnis von Rite und Mythus im Ägyptischen, 1958.

[1] Sethe, Dramatische Texte, S. 208. — [2] Z. B. Otto, Studi... Rosellini II, 1955, S. 225 ff., zu Pyr. Spr. 600/601. — [3] Z. B. Gespräch des Atum und der Isis über Geburt und Triumph des Horus, CT II, Sp. 148.

Nahrung. Das Hauptnahrungsmittel bildete allezeit →Brot, während Fleisch wohl immer nur in bescheidenen Mengen von der breiten Masse verzehrt worden ist. Außer →Rind, →Ziege, →Schaf, →Schwein scheinen auch →Hyänen gegessen worden zu sein und natürlich das Wild der Wüste, und unter dem Geflügel Kraniche und Abu Markub (→Haustiere). Die Jagd wurde in historischer Zeit nicht mehr ausschließlich als Nahrungsbeschaffung, sondern auch als →Sport betrieben. In großen Mengen dienten Gemüse und Früchte (Granatäpfel, Datteln, Sykomorenfeigen), sowie →Fisch als N. Bestimmte →Speiseverbote scheinen sich erst in der Spätzeit allgemeiner durchgesetzt zu haben. Unter den Getränken werden neben Wasser, →Wein und →Bier verschiedene Fruchtsäfte genannt, deren Herstellung im einzelnen unbekannt ist. →Salz, Öl.

Narmer. Königsname aus der Reichseinigungszeit, der nicht in den →Königslisten enthalten ist, sondern nur auf zeitgenössischen Denkmälern (→Palette in Kairo, Keulenkopf in Oxford, Täfelchen aus Abydos). Wahrscheinlich hat er, wie alle Könige, die wir kennen, über ganz Ä. geherrscht; die Siegesdarstellung auf der Palette erinnert vielleicht an einen Sieg über einen Landesteil. Er wird von manchen mit dem König →Menes gleichgesetzt[1].

[1] Darlegung der Auffassungen, Drioton-Vandier, L'Egypte[3], S. 161 f.

Naos. Bezeichnung der besonders in der Spätzeit immer größer werdenden, oft aus *einem* Stein gearbeiteten hausgestaltigen Räume, in denen das Kultbild aufbewahrt wurde. Im Inneren ist manchmal das Götterbild selbst dargestellt, auf den Außenwänden Götterreihungen oder mythologische Texte.

Lit.: Roeder, Naos (Cat. gen.), Kairo 1914.

Naukratis (Nw.t d.h. „Stadt" des Krates). Stadt im NW des Deltas, westlich von →Sais, in der die Griechen zu Beginn der saitischen Zeit eine Faktorei errichteten (zunächst Milesier), die dann von →Amasis zum einzigen ä., den Griechen offen stehenden Handelsplatz erklärt wurde. Die Zolleinnahmen kamen dem Neith-Tempel von Sais zugute. In N. waren berühmte Töpfereien und eine Fayence-Industrie, besonders zur Herstellung der Fläschchen für Parfüms und Salben. Belegt sind Tempel des milesischen Apollon, der samischen Hera, ein Dioskurenheiligtum, ein Athena- und ein Aphroditetempel. Haupttheiligtum war ein von den 8 Gründerstädten unterhaltenes Hellenion. Nach der Gründung von Alexandria bleibt N. Hauptumschlagshafen auf dem Weg von Alexandria nach Memphis.

Lit.: Petrie, N. I; Gardner-Griffith, N. II; Hogarth Journ. hell. stud. 25, 105 ff.

Nẹchbet. Göttin der o.ä. Stadt →Elkạb, ursprünglich ein weißer Geier. Als solcher fliegt er schon unter →Narmer[1] schützend über dem König, ein weiterhin immer beibehaltenes Motiv. Dabei hielt der Geier das Zeichen der Unendlichkeit (*šn*-Ring) in den Klauen. Dem →Dualismus folgend wurde N. zusammen mit der in →Buto lokalisierten Schlange Wạdjet zu den beiden „Herrinnen", die den König und seinen Namen schützten.

Lit.: Werbrouck, Fouilles de El Kab, Doc. II p. 46 ff.

[1] Quibell, Hierakonpolis I pl. 26.

Necho. 1. Stadtfürst von Sais, Vater des späteren Psammetich I., fiel 664 v. Chr. bei der Verteidigung von Memphis auf assyrischer Seite gegen die Äthiopen.

2. König Ägyptens von 610—595 v. Chr., Sohn Psammetichs I., unterstützte die von den Medern und Babyloniern bedrängten Assyrer, wurde aber 605 durch Nebukadnezzar (noch Thronfolger) bei Karkemisch und Hamath geschlagen und verlor ganz Syrien und Palästina an die Babylonier, konnte aber 601 Nebukadnezzars Angriff auf Ägypten selbst mit schweren Verlusten abweisen. Unter ihm wurde der Rote-Meer-Kanal begonnen und Afrika umschifft. Ihm folgte sein Sohn Psammetich II.

Nefertẹm. Der Gott N., der „ganz Vollkommene" wurde in Mẹmphis als drittes Glied der dortigen →Triade verehrt. Ursprünglich war er wohl einfach die →Lotosblume als Urwesen (Pyr. 266: „N., die Lotosblume an der Nase des Re"); doch wird er menschengestaltig und trägt dann die Blume als Abzeichen auf dem Kopf. Immerhin behält er den Charakter des jugendlichen Urgottes[1], der enge Verbindung zum Sonnengott hat und vom Sonnenlicht lebt.

[1] Vgl. Morenz-Schubart, Der Gott auf der Blume, Ascona 1954.

Negạde. Ortschaft auf dem westl. Nilufer, 695 km südl. Kairo. Westlich des Ortes auf dem Wüstenrand fanden sich ausgedehnte vorgeschichtliche Nekropọlen. Petrie (Diospolis parva) unterschied zwei aufeinanderfolgende Schichten, die er „erste" und „zweite Kultur" bezeichnete, auch N. I und N. II genannt. Neben vielen anderen Merkmalen (Grabbeigaben, Geräte) unterscheiden sich beide Kulturen durch Bemalung der →Keramik. Inzwischen hat sich das Bild von der geographischen Verbreitung der vorgeschichtlichen Kulturen wesentlich gewandelt, so daß man sie nur noch herkömmlich mit dem Namen des Ortes bezeichnet. Das sog. →Königsgrab von N.[1] stellt eine Mạstaba (→Grab) mit Nischengliederung dar in einer Ausdehnung von 54×27 m. Es umschließt 21 Kammern. Früher schrieb man es dem König →Mẹnes zu, später[2] der Königin Neith-họtep oder einem „Gouverneur" dieser Zeit[3]. Jedenfalls gehört es, auch nach Ausweis der Einzelfunde, in die Zeit des Königs →Họrus-Ạha (1. Dyn.).

[1] De Morgan, Recherches sur les origines de l'Egypt, II, S. 154 ff. — [2] ÄZ 52, S. 63. — [3] ZDMG 103, S. 357, Anm. 7.

Neith. Eine alte Waffengöttin, vielleicht ursprünglich Waffenfetisch: Zwei gekreuzte Pfeile und altertümlicher Schild[1]. Zur Schreibung ihres Namens dienen auch zwei in einem Futteral steckende Bogen. Menschengestaltig dargestellt, trägt sie ihr „Symbol" in der Hand (→Gott). Ihr Name bedeutet vielleicht „die Furchtbare"[2]. Sie ist wohl libyscher Herkunft (→Libyen) und galt als Schutzgottheit unter den Königsmächten (vgl. alte Königinnennamen mit Neith: Mernẹith, Neithhọtep, Neith-ịkeret = Nitọcris). Sie wurde schon im AR an mehreren Orten verehrt, →Esne, →Abỵdos, →Memphis, Delta[3]. In der Spätzeit lag ein Kultzentrum in →Sạis, der Residenz der 26. Dyn., wo sie von den Griechen[4] mit Athene gleichgesetzt wurde. Den Ägyptern galt sie auch als Muttergöttin, „die Große, die Gottesmutter, die den →Re gebar", also als eine Urgottheit und Mutter eines Krokodilgottes.

[1] Petrie, RT I, Frontispiece. — [2] ÄZ 43, 144. — [3] v. Bissing, SbBAW 1952,2, S. 13 ff. — [4] Z. B. Her. II 175.

Nekropolenarbeiter. Seitdem die Könige der 18. Dyn. begannen, ihre Gräber im sog. Königsgräbertal auf dem Westufer von →Theben anzulegen, mußten zu diesem Zweck Steinarbeiter und Handwerker dort zusammengezogen werden. Während über sie aus der 18. Dyn. kaum Material vorliegt, kennen wir sie aus der Ramessidenzeit ungewöhnlich gut, weil nicht nur ihre Siedlung bei →Deir el Medịneh ausgegraben, sondern auch eine Unzahl von →Ostraka und Papyri gefunden worden ist, die ihre Organisation und ihr Leben deutlich erkennen lassen. Damals waren diese N. in zwei „Seiten", die rechte und die linke, eingeteilt, die je einem „Oberarbeiter" (*ꜥꜣ n ỉś.t*) unterstanden; ihnen standen zwei Schreiber zur Seite, von denen einer als ranghöher als der andere galt. Die beiden Oberarbeiter und der ranghöhere Schreiber wurden daher als die „Aufsichtsführenden" (*ḥw.tjw*) bezeichnet. Die Zahl der Arbeiter schwankte: in der 19. Dyn. und unter →Rạmses III. sind es etwa 30—40, unter →Rạmses IV. wird die Zahl auf 120 erhöht[1]; einer ist als „Zeichner" betitelt. Jeden Tag hat einer der Arbeiter „Wache" (zu Beginn der 19. Dyn. je einer von jeder „Seite"), der die Türhüter zu beaufsichtigen und die eingehenden Lebensmittel entgegenzunehmen hat. Das ihnen zustehende Getreide erhielten sie aus den staatlichen Speichern einmal im Monat, theoretisch am Anfang für den laufenden Monat; Öle, Kleider usw. wurden einmal jährlich aus dem kgl. Schatzhaus angewiesen, aus dem auch die Werkzeuge kamen. Für die Beschaffung von Fischen, Brennholz, Wasser und Gemüse gab es eine Gruppe niederer Arbeiter (*śmd.t*), die ein bestimmtes Soll anzuliefern hatten. Außerdem standen den Arbeitern Opfergaben aus verschiedenen Tempeln zu, die nach Vorlage vor den Gott ihnen zukamen (→Umlauf). Zum →Mahlen des Getreides gehörten einige Sklavinnen; auch ein Arzt ist belegt. Bei besonders wichtigen Arbeiten, wie

dem Hereinbringen der kgl. Särge, gab es Sonderzuwendungen. Der direkte Vorgesetzte der Nekropolenarbeiter war der →Vezịr der Südstadt.
Als lokale Gottheit der Arbeiterschaft wurde die Bergspitze über der Siedlung in Form einer Schlange verehrt unter dem Namen *Mr.t-śgr* „Die das Schweigen liebt"[2].
Über das Privatleben der Nekropọlenarbeiter geben nicht nur die offiziellen Akten (wie etwa Absentenlisten mit Angabe der Gründe: „vom Skorpion gebissen", „opfert der Hathor", „Geburtstag", „seine Frau ist unwohl", „hat sich mit seiner Frau geprügelt" usw.) Kenntnis, sondern auch Anzeigen untereinander, die erkennen lassen, wie die Vorarbeiter z. T. ihre Untergebenen für eigene Zwecke ausnutzten und auch sonst unterdrückten. So werden in einem Papyrus[3] einem Vorarbeiter u. a. Vergewaltigung, Diebstahl, Mordversuch und sogar mehrfacher Mord vorgeworfen. Es ist daher verständlich, daß sich unter den Grabräubern der großen →Grabräuberprozesse auch Angehörige der Nekropolenarbeiterschaft befinden.

[1] Pap. Turin 49,5. — [2] Vgl. Bruyère, Mertsęger. — [3] Pap. Salt 124 vgl. JEA 15, 243 ff.

Nektanebọs. Griech. Form zweier ä. Königsnamen, die I. *Nḫt-nbf* und II. *Nḫt-Ḥr-ḥb.t* lauten; beide 30. Dyn.
N. I., 378—360 v. Chr., war Stadtfürst in Sebennytos und entthronte seinen Vorgänger Nepherịtes II. Es gelang ihm, einen Angriff des Perserkönigs Artaxẹrxes II. abzuschlagen. Offenbar bemühte er sich um eine Reorganisation des Landes[1] und ist als Bauherr in zahlreichen Tempeln U.ä., aber auch O.ä. bis →Phịlae nachzuweisen.
N. II., 359—341 v. Chr., Neffe seines Vorgängers Tẹos, gewinnt mit Hilfe des Heeres den Thron, verliert aber das Reich an den Perserkönig Artaxẹrxes III. Ọchos (343/2) und herrscht noch 18 Monate in O.ä.

[1] Dekret von →Naukratis, ÄZ 38, 127 ff.

Neper. Personifikation des Kornes, schon in alter Zeit wie andere derartige Personifikationen mann-weiblich dargestellt[1], deren Geburtstag am 1. IX. gefeiert wurde, auf welchen Tag auch das Fest der Erntegöttin →Renenutet fiel[2]. Im →Totenkult spielt N. als Spender des Korns eine Rolle, aber auch als Symbol der Auferstehung als der Erde[3].

[1] Borchardt, Sahure II, Bl. 30. — [2] Schott, Festdaten, S. 103. — [3] CT II 95.

Nẹphthys. Die Göttin, deren Name „Hausherrin" bedeutet, und für die sich in älterer Zeit keine Kulte nachweisen lassen, gehört mit →Isis zusammen. Beide spielen die Rolle von Klagefrauen (Isis = „die große Weihe", N. = „die kleine Weihe") bei der Osirisleiche. Diese ihre Bedeutung könnte älter sein als ihre mythologische Bindung an →Osiris. In der Osirissage erhält N. einen festen Platz als Gattin des →Seth, zugleich aber als Mutter des →Anubis, der von Osiris gezeugt sein soll[1]. Jedenfalls ist ihre Bindung an Isis und Osiris stärker als an Seth. Außerhalb des Mythus und ohne ihre Partnerin Isis begegnet N. so gut wie gar nicht. Man möchte beinahe vermuten, sie sei nur eine begriffliche Abspaltung von Isis zur Schaffung eines Göttinnenpaares (→Dualismus).

[1] Sethe, Dram. Texte S. 145; Plutarch, de Iside 14.

Neunbogenvölker. Alte[1] Bezeichnung der die Erde bewohnenden und vom →König beherrschten Völker. Die Zahl bedeutet dabei wie bei der →Neunheit die Gesamtheit, nicht die Summe von neun Einzelvölkern. Erst seit dem NR kommen Aufzählungen von neun Völkern vor, die aber nicht ganz einheitlich sind. Vor allem verhalten sich die Listen verschieden gegenüber der Frage, ob die Ägypter selbst mit dazugezählt[2] werden oder nicht[3].

[1] Pyr. 164; 202. — [2] LD III 63; 131; Brugsch, ÄZ 3, 25 ff. — [3] Mém. Miss. V 598.

Neunheit. Der Begriff der N. dürfte in →Heliọpolis geschaffen sein. Der Ägypter bezeichnet damit einen Kreis von 9 Göttern, die hier ziemlich äußerlich zusammengefügt wurden und deren Bedeutung darin liegt, daß die in ihnen vertretenen Götter einen geschlossenen Wirkungskreis der die Welt beherrschenden Mächte darstellen. Sie setzt sich zusammen aus den heliopolitanischen kosmogonischen Gottheiten: →Atum, seinen Kindern →Schu und →Tefnut, deren Kindern →Geb und →Nut (→Weltschöpfung). Als „Kinder der Nut" werden die Hauptgötter des Osiriskreises angefügt: →Osiris, →Isis, →Seth und →Nẹphthys, aber nicht der Osirissohn →Horus; auch der Sonnengott →Re hat keinen Platz in der Neunheit. Vielleicht hat diese N. schon in der 3. Dyn. bestanden[1].

Von Heliọpolis wird der Begriff der N. auch auf andere Städte übertragen, so auf →Mẹmphis im →„Denkmal memphitischer Theologie" (→Weltschöpfung). Dabei nimmt der Terminus den allgemeinen Begriff einer Göttergesellschaft ohne zahlenmäßige Begrenzung an. In →Thẹben besteht eine N. von 15 Gottheiten unter der Führung des Gottes → Month[2], in →Abỵdos eine solche von 7 Göttern[3], an anderer Stelle[4] wird für Abydos eine Gesellschaft von 11 anderen Gottheiten dargestellt (→Gott).

---

[1] Urk. I 153. — [2] Sethe, Amun § 41. — [3] Urk. IV 99. — [4] Mariette, Abydos II 54.

Nil. Der N. ist nicht nur der Garant jeder Lebensmöglichkeit in Ä., sondern auch die wichtigste Verkehrsader. Seine regelmäßigen Überschwemmungen befruchten das Land und machen den Ackerbau möglich. Als man zu Beginn der Geschichte den →Kalender einführte, nahm man den Anfang der Nilschwelle — als für den Bauern wichtigsten Termin — als Jahresbeginn. Die Höhe der Überschwemmung wurde bereits in der 1. Dyn. aufgezeichnet, wie der Palermostein zeigt. Abgelesen wurde die Höhe an einem Pegel, wahrscheinlich bei der Insel Roda (im heutigen Kairo)[1], jedoch hat der Nullpunkt damals höher gelegen als in der Spätzeit: während auf dem Palermostein die gewöhnliche Höhe 4 Ellen ist (Extreme: 1 Elle und 8 Ellen 3 Finger), gilt in griechisch-römischer Zeit eine Überschwemmung von 16 Ellen als normal. Aus ältester Zeit stammt die auch später religiös relevante Vor-

stellung, der Nil komme aus Quellöchern an der Grenze bei →Elephantine zwischen den beiden Felsen Kroͅphi und Moͅphi. In noch ältere, vorgeschichtliche Zeiten dürfte die Lokalisierung der Quellen nach Sịlsile zurückgehen, wo man auch späterhin noch dem N. opferte[2]: hier war einstmals das Ende der ä. „Welt". Aus dem Prinzip des →Dualismus heraus verlegte man – gegenüber den o.ä. Quellen bei Elephantịne — u.ä. nach Roͅda. Das Wasser stellte man sich aus dem unterirdischen Gewässer →Nun hervorkommend vor, auf dem die Erde schwamm. Trotzdem war der N. keine in Tempeln verehrte Gottheit; sein „Überschwemmungswasser" trat neben anderen Abstraktionen („Nahrung", „Getreide") als Gabenträger personifiziert auf (→Gott). Auch Könige ließen sich als „Bringer von Nahrung" als N. (sogar als „beide Nile") darstellen[3]. Es war aber erst eine Entwicklung der Spätzeit, daß man das Ertrinken im N. als einen „seligen" Tod ansah, weil auch die Leiche des Osiris einst in den N. geworfen worden sein sollte. Noch im NR galt es als schwere Strafe, wenn der Tote in den N. geworfen wurde.
Für den Verkehr bilden im Süden die Stromschnellen („Katarakte") eine starke Behinderung; schon im AR versuchte man immer wieder, wenigstens den 1. Katarakt bei Asuạn durch Kanäle schiffbar zu machen.

[1] BIE 34, 291 ff. — [2] BIFAO 50, 50 ff. — [3] JNES 12, 109 ff.

Nilpferd. Das N. galt als gefährliches Jagdtier, dessen Erlegung mit der Harpune schon seit vorgeschichtlicher Zeit dargestellt wird, das auch gern in den Gräbern des AR (z. B. Ti, Mereruka) auftaucht (→Jagd). Aus der Jagd entwickelte sich ein Ritual mit mythischer Umdeutung: Der Jäger war →Horus = König, das Tier wurde zum Götterfeind →Seth[1]. Als Schauplatz der N.-Jagd nennen die Texte vor allem U.ä. Davon unabhängig wurde das weibliche Nilpferd als Schutzgottheit und Göttin der Fruchtbarkeit unter dem Namen →Thoeͅris an mehreren Orten verehrt.
Lit.: Söderbergh, Horae Soederblomianae III, Uppsala 1953; Kees, Studi... Rosellini II, Pisa 1955, S. 143 ff.

[1] 1. Dyn., Petrie, RT II Taf. 7.

Nitọkris (ä. Neith-*ỉḳr.t*). Königin in der Zeit der Wirren nach dem Tod →Phịops' II. Ihr Andenken war noch den späten Ägyptern bekannt, die Herodot von ihr erzählten. Durch zeitgenössische Denkmäler ist sie nicht nachgewiesen, erscheint jedoch mit 2 Jahren Regierungszeit im →Turiner Königspapyrus. Sie soll ihren jungen Bruder (Merienre II.) an seinen Mördern gerächt haben (Herodọt II 100), indem sie sie in einem unterirdischen Gemach ertränkte und sich dann selbst tötete. Es handelt sich wahrscheinlich um Erinnerungen daran, daß nach dem Tod Merienres II. Unruhen im Land ausbrachen, während deren sich mehrere Usurpatoren zum König ausriefen. N. hat diese anscheinend beseitigt und die Einheit des Landes wiederhergestellt.

Nofretẹte. Königin →Amenophis' IV., unbekannter Herkunft; weder als Prinzessin belegt noch sind bürgerliche Eltern bekannt. Eine ausländische Abkunft ist daher auch wegen des Namens „Die Schöne (= Hathor) ist zurückgekommen", was auf den Aufenthalt der Göttin Hathor in der Ferne anspielt, nicht ganz ausgeschlossen. Sie spielt auf den Darstellungen Amenophis' IV. eine große Rolle als Partnerin seiner „menschlichen" Erscheinungsform. Als sie kurz nach dem 12. Regierungsjahr stirbt, übernimmt zunächst ihre Tochter Meritaton ihren Platz als Herrscherin (aber nicht als Gattin ihres Vaters!), dann kurz vor dem Tod Amenophis' IV. selbst der Gatte der Meritaton Semenchkare, der nicht nur Nofretetes Namen erhält, sondern auch in der Rolle der Königin (Wein einschenkend, in Umarmung) dargestellt wird.

Notenschrift. Eine N. im Sinne der abendländischen Musikauffassung hat es im alten Ä. nicht gegeben. Da jedoch die Musikszenen mit Cheironomen wirkliche Notenwerte graphisch bzw. bildlich darstellen, Gesten und Winkzeichen, die es gelungen ist zu identifizieren, nehmen diese Reliefs oder Wandmalereien in gewissem Sinne den Wert und die Bedeutung eines notenschriftlichen Dokumentes an.
Andere schriftliche Belege aus dem MR gehen von dem Versuche aus, mit den Mitteln der hieroglyphischen Schrift melismatische Wendungen der gesun-

genen Texte phonetisch wiederzugeben. Texte aus dem NR vermitteln uns das Bedürfnis der Schreiber, musikalische Ausdrücke in irgendeiner Form wiederzugeben, die dem gebräuchlichen Schriftbilde entspricht. Hierher gehören Schriftzeichen, die „Wiederholung“, „tremolierendes Aushalten eines langen Tones“, „melodische Variation“ oder „alternierendes Musizieren“ andeuten.
Spätzeit- und koptische Dokumente weisen entweder kreisförmige und kolorierte, geometrische Zeichen auf, die eine musikalische Nebenbedeutung gehabt haben dürften, oder aber ekphonetische, neumenartige Gebilde, die zu entziffern noch nicht gelungen ist. (H)

Lit.: H. Hickmann, BIE 36.

Nubien. Aus Form und Namen der südlichsten →Gaue O.ä. läßt sich erkennen, daß erst in frühgeschichtlicher Zeit das ä. Gebiet schrittweise bis an den 1. Katarakt bei →Elephantine vorgeschoben worden ist[1]. Dahinter begann das nubische Gebiet, das immer gesondert verwaltet wurde; eine Ausnahme bildet allein die 18. Dyn., in der wie in frühester Zeit die Verwaltung von N. bis →Hierakonpolis einschließlich reichte[2]. In N. wohnten zunächst den Ägyptern sehr nahe verwandte hamitische Stämme; Neger drangen erst im NR aus dem Süden her ein[3]. Am Ende der 3. Dyn. ist →Elephantine bereits Grenzfestung[4]. Von hier gingen Vorstöße nach Süden, durch die besonders Sklaven und Rinder eingebracht wurden[5] und durch die eine auch archäologisch feststellbare Umschichtung der Bevölkerung hervorgerufen wurde (Sog. „A-Gruppe“ durch ärmere „B-Gruppe“ abgelöst). Im AR blieb danach das Verhältnis zwischen Ä. und den Nubiern zunächst friedlich und auf Handelsunternehmungen der Ä. beschränkt; auch Baustein wurde aus den nubischen Wüsten geholt (*mnt.t*-Stein „Diorit“ 80 km NW Toschke). Erst während der 6. Dyn. trafen die in →Elephantine stationierten Karawanenführer in N. Widerstände und neue Machtgruppen an.
Während in der 1. Zwischenzeit zunächst der →Handel mit N. abreißt, fand dort ein erneuter Bevölkerungswechsel statt, indem nun die, wahrscheinlich

libysche, C-Gruppe auftrat. Die 12. Dyn. betrieb eine bewußte Expansionspolitik gegenüber dem Süden, nachdem die 11. Dyn. sich noch auf Handel beschränkt hatte[6]. Im 18. Jahr →Sesọstris' I. begann die Unterwerfung N.[7], die rasch zur Befriedung des Gebietes bis Semneh führte. Unruhen führten unter →Sesọstris III. zu neuem Eingreifen und zum Ausbau der Festungen, die besonders zum Schutz des Nilverkehrs angelegt waren. Weit südlich der Grenze wurde die Handelsniederlassung Kẹrma (bei Insel Ạrgo) gegründet.

Die ä. Herrschaft in N. und bis Kerma dauerte bis in die →Hyksoszeit hinein (Siegelabdrücke des Apophis und *Ššj* aus Kẹrma). Zerstörungen an den Festungen und literarische Quellen (Inschriften des →Kamọse) machen jedoch deutlich, daß mit dem Rückgang der Hyksosmacht in O.ä. und dem Aufkommen der 17. Dyn. in Theben N. selbständig wurde. Ein großer Teil des →Heeres der Könige der 17. und beginnenden 18. Dyn. bestand aus Nubiern, deren Begräbnisstätten wir vielleicht in den sog. „Pangraves" sehen dürfen. Trotzdem war das selbständige N. zu Beginn der 18. Dyn. den Thebanern feindlich gesinnt, so daß der letzte Hyksoskönig versuchen konnte, mit dem Nubier Verbindungen gegen die Thebaner einzugehen. Jedoch wandte sich König Ahmọse erst nach der Vertreibung der Hyksos auch gegen N., dessen Widerstand schnell gebrochen wurde. Sein Nachfolger →Amenọphis I. herrschte wieder bis Sẹmneh. Damals wurde das Gebiet einem „Königssohn" unterstellt (ab →Amenọphis II. „Königssohn von Kusch" genannt), dem 2 „Stellvertreter" für Kusch und für Wawat unterstanden. In der Folgezeit wurde die Grenze immer mehr nach Süden verlegt: unter →Thutmọsis I. war die Insel Ạrgo erreicht, unter Thutmọsis III. Nạpata (Gebel Bạrkal), das nun die Grenzstation blieb. In der 21. Dyn. wurde N. selbständig, ohne daß wir die Vorgänge verfolgen können. Wenigstens bestand um 750 bereits seit längerem eine nubische Königsdynastie unbekannter Herkunft, die aber vielleicht ebenso wie die ä. Dynasten dieser Zeit libyschen Ursprungs war. Ihre Hauptstadt lag bei Nạpata am Gebel Bạrkal, ihre Schriftsprache und ihre Kultur waren ä. Selbst die Thebais gehörte bereits zum Herrschaftsgebiet des nubischen Königs Kaschta. Als dann der Herr von Sais, Tefnachte, versuchte, Ä. vom Norden her zu einen, wurde Kaschtas Nachfolger →Pianchi gezwungen, einzugreifen. Sein Nachfolger Schabaka unterwarf ganz Ä. und soll nach späterer Tradition den Bokchoris verbrannt haben. Ihm folgte Taharka als König Gesamtä. und N., der dann 671 v. Chr. durch Assarhaddon von Assyrien aus Ä. vertrieben wurde. Der ihm folgende Tanutamun stieß zwar noch einmal nach dem Delta vor, wird aber von Assurbanipal vertrieben, dessen Truppen auch die Thebais den Äthiopen entrissen. Damit endete das Eingreifen der nubischen Dynastie in Ä. (um 656 v. Chr.); sie blieben im folgenden auf N. beschränkt, wo sie immer mehr die ä. Kultur abstreiften und eine eigene nubische Kultur, wenn auch auf ä. Grundlagen, errichteten. Die Hauptstadt wurde nach Meroe verlegt, nach der man Sprache und die aus der ä. entwickelte Schrift als „meroitisch“ bezeichnet.

Für die Ä. war N. besonders wirtschaftlich wichtig, abgesehen davon, daß man aus N. lange Zeit die begehrtesten Söldner bezog. Seit dem NR wurden besonders die →Goldgruben N. ausgebeutet, außerdem bezog man von dort das in Ä. knapp gewordene Holz. Ferner kam Vieh, Elfenbein, Weihrauch, aber auch seltene Tiere, Straußenfedern, Augenschminke, Edelsteine und sogar Getreide aus N.

Lit.: Säve-Söderbergh, Ä. und Nubien, Lund 1941; Reisner, ÄZ 69, 24 ff. (Gebel Barkal); Reisner, Kerma I—V.; Macadam, Temples of Kawa, Oxford 1949/55; Service des Ant., Les Temples immergés de la Nubie, Kairo 1913 ff.; Weigall, Antiquities of Lower Nubia, Oxford 1907.

[1] Helck, Grenze. — [2] Gardiner-Davies, Tomb of Huy pl. 6. — [3] JEA 7, 121 ff. — [4] ÄZ 46, 12. — [5] Urk. I 236. — [6] Inschr. bei Asuan aus 41. Jahr →Mentuhoteps III. AJSL 1940, 137 ff. — [7] Sphinx 21, 25 ff.

Nun. N. ist das Urgewässer, das vor der Erschaffung der gestalteten Welt da war und aus dem alles entstand (→Weltschöpfung). Mythologisch drückt man das so aus, daß man ihn zum „Vater der Götter“ macht, der zusammen mit Atum die ersten Götter schuf[1]. Mit seinem weiblichen Gegenstück Naunet bildet er ein Paar der → Achtheit.

[1] CT II 1 ff.

Nut. Wahrscheinlich ursprünglich eine Dingbezeichnung „Himmel", wurde N. in historischer Zeit als Göttin vorgestellt, die sich – mit den Fingerspitzen den Boden berührend — in hohem Bogen über ihren am Boden liegenden Gatten →Geb beugt. Sie gebiert die Gestirne und die Sonne und verschluckt sie wieder im Westen; deshalb wird sie auch als „Sau" bezeichnet. Die Sterne gelten auch als ihre „Seelen" und sie heißt deshalb „die mit tausend Seelen". In der →Weltschöpfungslehre von →Heliọpolis bildet sie mit Geb zusammen die dritte Generation nach dem Urschöpfer →Atum. Im Totenglauben spielt sie eine vielfältige Rolle. Da ein früher Wunsch den Toten unter die Sterne versetzte, kommt ihr die Bedeutung einer mütterlichen Beschützerin zu. Auch als Wiedergebärerin der Sonne wird sie zur Mutter des zum Sonnengott aufsteigenden toten Königs. Diese beschirmende, bergende Mutterrolle dem Toten gegenüber findet einen schönen bildhaften Ausdruck in der Auffassung, Sarg und Sargkammer seien N.[1]; und seit dem NR wird der Sargdeckel mit einem Bild der N. geschmückt.

[1] Z. B. Pyr. 616; vgl. Rusch, Nut.

⁂

Oasen. Altä. Bezeichnung (von *wḥ3.t* „Kessel") der Vegetationsreste in Depressionen der libyschen Wüste. In ptol. Zeit unterschied man 6 von ihnen: El Chạrge (*Knm.t*, ọasis megạle) im Süden, oft mit der 70 km westlich gelegenen Oase El Dachle („südliche Oase") zusammengefaßt; El Bahrịje („nördliche Oase", spät auch *dsds* genannt); Oase Farạfra zwischen El Dạchle und El Bahrịje („Kuhland"), das Wadi Natrụn („Salzfeld") und Sịwa („Baumfeld"). Als Reste einst weitreichender Vegetationsgebiete seit frühesten Zeiten bewohnt, scheinen die Ägypter immer mit den zunächst liegenden O. in Verbindung gestanden zu haben. Nicht zufällig dürfte der Ausgangspunkt der

Gesamtherrschaft zu Beginn der Geschichte →Abydos gewesen sein, von wo aus auch späterhin noch die Karawanenstraßen nach Charge abgingen. Im AR werden sie allerdings kaum erwähnt. Allein der Karawanenführer Herchuf benutzte einmal[1], als er von der Residenz nach →Nubien zog, den „Oasenweg", anscheinend auch von This-Abydos aus, im Gegensatz zum sonst benutzten „Elephantineweg", d. h. zu Wasser. In der 1. Zwischenzeit finden sich Hinweise auf →Handel aus den O.[2] und aus dem Wadi Natrun[3]. Im MR scheinen die O. allerdings noch nicht einer festen Verwaltung zu unterstehen, sondern wurden gelegentlich von der Wüstenpolizei inspiziert, wohl deshalb, weil sie beliebte Zufluchtsorte für Personen waren, die aus Ä. fliehen mußten[4]. Noch zu Beginn des NR sendet der letzte Hyksoskönig über die O. einen Boten zum nubischen Herrscher, um das thebanische Gebiet zu umgehen; die Meldung wurde abgefangen, anscheinend von Wüstenpolizisten. Den Titel eines „Bürgermeisters" der O. führten dann die Bürgermeister von Thinis[5] und zeigten damit an, daß jetzt die O. im Süden der ä. Landesverwaltung angegliedert waren[6]. In der 21. Dyn. (wie dann in christlicher Zeit) waren die O. Verbannungsorte. Eine Stele der 22. Dyn.[7] enthält Bericht über eine Neuordnung von Brunnenanrechten, woraus sich ergibt, daß neben „staatlichen" Brunnen auch solche in Privathand vorhanden sind. Die Bewohner von Dachle tragen dabei z. T. libysche Titel.

Bahrije gehörte verwaltungsmäßig zum Gau von Oxyrhynchos. Siwa ist in ä. Denkmälern erst spät belegt; die dort vorhandenen ä. Tempelreste stammen vielleicht bereits aus dem Ende der Saitenzeit, sicher aber aus der 30. Dyn.[8] Vielleicht handelt es sich bei dem dort verehrten Ammon nicht um den dorthin übertragenen thebanischen Gott dieses Namens, sondern um einen einheimischen libyschen (Wasser-?) Gott. Allerdings macht es der kürzliche Fund eines Tempels →Ramses' II. westlich Marsa Matruh wahrscheinlich, daß man bereits in der Ramessidenzeit Siwa unter lockerer Abhängigkeit hielt, da wohl damals wie heute der beste Weg nach Siwa über Marsa Matruh ging.

An Resten von Bauwerken aus den anderen O. ist der Tempel des →Seth (als des Lokalgottes der O.) von Hịbe in der Oase Charge hervorzuheben, der von Darịus vollendet wurde.

[1] Urk. I 125, 14. — [2] Admonitions III 9. — [3] Klagen des Bauern R I 9. — [4] Inschrift eines „Vorstehers der westlichen Wüsten" ÄZ 65, 108 ff. — [5] Urk. IV 976 ff. — [6] Abgaben aus den O. Davies, Tomb of Puyemre pl. 30/1. — [7] JEA 19, 19 ff. — [8] Tempel von Agermi und Umm el-Beda, vgl. zuletzt Fakhri, Siwa Oasis.

Obelịsk. Griech.: „Bratspießchen". Rechteckige, nach oben sich verjüngende und mit einer Spitze (Pyramidion) gekrönte freistehende Steinsymbole. Ursprünglich handelt es sich wohl um einen geformten Steinfetisch eigener Göttlichkeit. Früh schon gilt der O. als Symbol des Sonnengottes. Der Ägypter sieht seine Bedeutung darin, daß sich auf der Spitze morgens die ersten Sonnenstrahlen niederlassen. Als Kultobjekt und Mittelpunkt der Anlage standen gemauerte O. in den →Sonnenheiligtümern der 5. Dyn. In den Tempeln des NR stehen O. paarweise vor dem Heiligtum (nicht bei den kgl. Totentempeln), können aber durch spätere Vorbauten auch ins Innere der Anlage rücken. Sockel und Seitenflächen pflegen mit Weiheinschriften dekoriert zu sein. Der größte stehende O. ist der zwischen 4. und 5. Pylon in →Kạrnak der Königin →Hạtschepsut mit fast 30 m Höhe. Der O. →Sesọstris I. in →Heliọpolis mißt etwas über 20 m.

Lit.: Jéquier, L'Architecture S. 343.

Oboe. Die O. ist ein Blasinstrument mit gerader, konischer Röhre und wird durch die Schwingungen zweier gegeneinander aufliegender Rohrblätter zum Klingen gebracht. In Ä. tritt die O. immer paarig auf. Im Gegensatz zu den →Klarinetten werden die beiden Rohre im spitzen Winkel gehalten und sind schmaler und länger. Eines der Rohre diente zum Bordunieren, das zweite zum Melodiespiel. Die ä. O. ist, den guterhaltenen Instrumenten nach zu urteilen, immer aus Rohr, die „Blätter" (Mundstück) aus Stroh.

Die Doppelo. ist seit der 18. Dyn. nachweisbar, scheint aber schon etwas früher sporadisch aufgetreten zu sein. Asiatischen Ursprunges geht sie im griechisch-römischen Ä. im Aulos bzw. Doppelaulos auf. (H)

Lit.: C. Sachs, Die Musikinstrumente des alten Ä., Berlin 1921; H. Hickmann, Chronique d'Egypte XXVI, 51.

Öl. Das als *bꜣk*-Öl sehr häufig genannte Ö. scheint aus den Früchten der Arten Moringa pterygosperma bzw. aptera ausgepreßt worden zu sein[1]. Daneben gab es auch Ö. aus anderen Pflanzen, wie Mandelöl, Leinsamöl, Rhizinusöl. Olivenöl wurde anscheinend nicht im Land selbst gewonnen, sondern eingeführt, vielleicht bereits in frühgeschichtlicher Zeit aus →Libyen, sicher aus Syrien[2]. Eine Darstellung ist aus dem NR erhalten[3]. Anbau von Oliven zur Ölgewinnung scheint erst in der 18. Dyn. getrieben worden zu sein[4].
nḥḥ-Öl dürfte Sẹsam-Öl gewesen sein; in hellenistischer Zeit war es das wertvollste Ö. von doppeltem Wert des Rhizinusöls. Das in griechischer Zeit häufig erwähnte Knẹkos-Öl wurde aus Saflor gewonnen (n.ä. *kt*). Sein Anbau ist durch das Haremhebdekret auch für das NR gesichert.

[1] Lucas, Materials[3] S. 384. — [2] Borchardt, Sahure II Taf. 3. — [3] N. de Davies, Mural-Paintings El Amarneh pl. 9c. — [4] Keimer, Gartenpflanzen S. 29; BIFAO 31, 133.

Onụris. Gott von Thịnis (8. o.ä. →Gau), in Menschengestalt, 4 Federn auf dem Haupt, eine Lanze stoßbereit in der Hand. Sein Name *inw-ḥr.t* „der die (das?) Ferne bringt" umschreibt sein Wesen als Jägergott. Es dürfte sich bei ihm um eine zu einem numinosen Wesen gewordene Erscheinungsform des Häuptlings jener nomadischen Stämme handeln, die zuerst in Abydos Fuß faßten, um von da aus ganz Ä. zu erobern und die geschichtliche Zeit einzuleiten. Daher ist er auch von Anfang an menschengestaltig („schöngesichtig"). Eine in der Nähe verehrte Löwin wurde mit ihm verbunden (Mehit) in der Weise, daß er sie eingefangen und zu seiner Gefährtin gemacht habe. Sie wird später mit dem „aufgefüllten" Mondauge oder dem ausgesandten Sonnenauge identifiziert (→Augen). Sie wird mit →Tẹfnut gleichgesetzt, O. mit →Schu. Er wurde später auch in Sebẹnnytos, →Phịlae und in →Nubien verehrt.

Opfer. Allen ä.O. lag der Gedanke der Speisung zugrunde, deren die Götter ebenso bedürften wie die Toten. Deshalb entsprechen im Tempelkult den täglichen →Mahlzeiten auch drei tägliche Opfermahle. Grundsätzlich wurden den Göttern die gleichen Nahrungsmittel dargebracht wie sie zur →Nahrung der Menschen dienten, nur daß gewisse Tiere (→Schwein, →Fisch) im allgemeinen vom O. ausgeschlossen waren. Die großen Opfertiere (Rind) wurden in besonderen Schlachthöfen geschlachtet[1]. In der Regel diente das O., „nachdem der Gott sich daran befriedigt hat" nach dem Prinzip des →Umlaufs zur Darbringung vor anderen Göttern, vor Statuen und schließlich zur Versorgung der Priester. Obwohl die Symbolik des O.[2] dieses als Götterfeind darstellte, der geschlachtet und vernichtet werden soll, sind wirkliche Brandopfer[3], die ja die vollständigste Vernichtung bewirkten, selten, aber seit AR nachweisbar. Das Darbringen des O. geschah unter Beobachtung verschiedener Zeremonien auf →Altären verbunden mit Reinigungen. Vor allem mußte das O. geweiht werden, sei es durch viermaliges „Schlagen" mit einem bestimmten Szepter, sei es durch Handauflegen unter gleichzeitiger Rezitation eines Spruches.

[1] Darstellungen Klebs, Reliefs des AR S. 121 ff.; des MR S. 171 ff. Sonderopfer: Abschneiden des Vorderlaufs eines lebenden Kalbes, Junker, Gîza III, S. 229. — [2] Kees, NAWG 1942, S. 71 ff. — [3] Schott, AMAW 1952, 11, S. 780.

Opferbecken. Da das älteste →Opfer aus einem auf eine Matte gelegten Brot bestand, wurde dieses Bild zur Hieroglyphe für „Opfer". Danach bildete man dann die Steinplatten, auf denen in späterer Zeit die Opfer niedergelegt werden sollten, in Form dieser Hieroglyphe, häufig dann mit Reliefdarstellung der Opfer. Eingearbeitete Becken waren für die Wasserspenden vorgesehen. →Altar.

Lit.: Ahmed bey Kamal, Tables d'offrandes, CG.

Opferformel. Bezeichnung für die Worte, die im Toten- und Tempelkult das →Opfer einleiten und es als „eine Gabe, die der König gibt" erklären. Dies geht in älteste Zeit zurück, in der allein der König Grabausstattung und Totenversorgung wie

Götteropfer stiften konnte, da die dazu notwendigen Dinge ihm allein gehörten. Diese Vorstellung wurde später vergeistigt: der König garantiert das gewünschte Weiterleben nach dem Tod. Daher treten schon früh die Nekropolengötter mit in der O. auf: →Anubis, Osiris; später erscheinen die Götter in der O., die für den Grab-, Stelen oder Statuenbesitzer von persönlicher Bedeutung waren (oft die seines Wohnortes). Im MR dürfte in der Vorstellung der Schreibenden der König als Stifter völlig in den Hintergrund getreten und nur noch der mitgenannte Gott als Gebender gedacht sein, wie sich aus den folgenden Sätzen („er gebe ...") ablesen läßt. Die Worte *„ḥtp dj nswt"*, „Ein Opfer das der König gibt", wird damit zu einem neuen Wort mit einem Sinn, der etwa „Totenopfer" bedeutet; man kann es sogar als Substantiv verwenden. Im späten NR wiederum faßt man dann den Sinn in der Weise, daß man interpretiert: „Ein Opfer, das der König dem Gott N. N. gibt", damit dieser wiederum dem Toten das Weiterleben ermögliche.

Orakel. Es liegt an der Art der Überlieferung, daß wir von O. aus älterer Zeit fast nichts hören; erst seit dem NR fließen die Quellen etwas reichlicher. Offenbar hat es O. seit alters gegeben; doch machte man von ihnen vorwiegend wohl nur in den unteren Schichten Gebrauch. Erst im späten NR dienten O. auch zur Entscheidung bedeutender juristischer und politischer Fragen. Die Form der Befragung eines Gottes konnte mündlich oder schriftlich sein. Bei seinem Erscheinen in Prozession konnten ihm Fragen vorgelegt werden, die er durch eine Bewegung bejahend oder verneinend beantwortete. Oder es wurden ihm auf →Ostraka aufgezeichnete Fragen (jeweils einmal positiv und einmal negativ formuliert) vorgelegt, von denen er die eine oder andere wählen konnte; mehrfache Befragung, auch verschiedener Götter, kam vor. Die Fragen konnten sich auf die Vergangenheit (Enthüllung eines Tatbestandes, z. B. eines Diebstahls) oder die Zukunft (ob man eine Reise antreten solle; ob man heiraten solle usw.) beziehen. Eine besondere Form des O. war die Wahl zu einem Amte[1]. Ihr verwandt war die Wahl eines Königs durch Gott (→Amun), die aber offenbar nur unter besonderen Verhältnissen (d. h. wenn die Erbfolge nicht den Gesetzen entsprach) in Anspruch genommen wurde[2] und erst bei den Äthiopen Regel wurde[3]. Als politisches Instrument wurden O. vor allem im →Gottesstaat des Amun verwendet. Doch wurden auch von anderen Göttẹrn O. gegeben, bes. auch von den heiligen →Stieren. Weit über Ä. hinaus gewann in den letzten Jahrhunderten v. Chr. das O. von Sịwa (→Oasen) Bedeutung.

Lit.: Blackman, JEA 11, 249 ff.; 12, 176 f.; Černý, BIFAO 35, 41 ff.; M. Schenke, Orakelwesen im Alten Ägypten, Das Altertum 9, 1963, S. 67 ff.

---

[1] So die Wahl des →Hohenpriesters Nebwenenef z. Z. →Ramses' II., ÄZ 44,30 ff. — [2] So →Thutmọsis III., Urk. IV 156; in gewissem Sinn →Thutmọsis IV. auf der Sphinxstele; Herihor, Brugsch, Rec. Mon. XXI, Breasted, Anc. Rec. § 614 ff. — [3] Sog. Stele der Königswahl, Urk. III 81 ff.

Osiris. In der Gestalt des Gottes O. fließen offenbar recht verschiedenartige religiöse Gedanken und Gestalten zusammen, haben einen Gott von ungewöhnlichem Persönlichkeitsgehalt geschaffen und ihn zum Mittelpunkt eines beziehungsreichen Mythenkranzes gemacht. Schon die Namen des Gottes weisen auf eine Vielheit der in ihm zusammentreffenden Gestalten. Der Name „Osiris“ wird von Sethe[1] gedeutet als „Sitz des Auges“, etwa im Sinne von „Liebling“; andere möchten ihn ohne rechte Überzeugungskraft mit dem sumerischen Gott Asâri zusammenbringen. Früh ist mit O. ein Gott Anẹdjti[2] „der von Ạnedjt“ zusammengeflossen, der vielleicht die menschlich-herrscherliche Seite des O. mitbrachte und wohl aus →Busịris stammt (s. u.). Seit dem MR tritt der Beiname Wennọfer (griech. Onnọphris) hinzu, der etwa bedeutet „der Vollendete“, vielleicht sogar „der Auferstandene“[3]. Merkwürdigerweise ist dieser Beiname früher (AR) als Personenname belegt[4]. Das Wesen des Gottes umfaßt hauptsächlich zwei Aspekte, die man sich gern auf zwei ursprünglich getrennte Gottesgestalten verteilt denken möchte (Osiris und Anẹdjti?), ohne daß sich dies allerdings nachweisen ließe: Den chthonischen Fruchtbarkeitsgott und den Herrschergott. Im ersteren ist die numinose Macht der vegetabilischen Natur in ihrer durch Erneuerung gewährleisteten Unsterblichkeit zu sehen; ihre nichtanthropomorphe Erscheinung ist das Korn, das in die Erde gesenkt (= begraben) wird, im Dunkel (= Unterwelt) lebt und als neues Korn wächst (= aufersteht). Daß diese Gedankenreihe sich an O. anschließt, lehrt die Kultsitte des sog. →Kornosiris und wird bewiesen durch Sprüche wie CT IV 169, der schließt: „Ich lebe, ich sterbe, ich bin die Gerste; nicht vergehe ich". Die andere Seite des Gottes umschließt jene Züge eines Herrscherdramas, die in der O.-Mythe unter Hinzuziehung weiterer Gestalten ihren Ausdruck gefunden haben. Hier möchte man an Anẹdjti anknüpfen, der von Anfang an menschengestaltig war, Hirtenstab und Geißel trug und Beiworte führt wie „Oberhaupt seiner Gaue" u. ä.: Ein Häuptling wird von seinem Bruder getötet; sein Sohn kämpft gegen den Mörder um das Erbe und gewinnt es; als Nachfolger seines Vaters besteigt er den Thron. In der Kontamination beider Aspekte drücken sich zwei Dogmen aus: Eine mögliche Form des Unsterblichkeitsglaubens (Unvergänglichkeit im Jenseits in der Figur des toten Gottẹs O.; und Auferstehung im Sohn) und das Königsdogma, dessen Schlüsselgestalt →Horus ist. Das streitende Königsgötterpaar Horus und →Seth wird in das Schema der O.-Mythe einbezogen; Seth wird Bruder und Mörder des O.; dessen Sohn Horus erbt den Kampf gegen seinen Onkel, überwindet ihn und gewinnt das Erbe. Da der lebende König = Horus ist, wird das „Erbe" automatisch das ä. Reich: Aus der Naturmythe wird ein Staatsmythus. Ihr Personenkreis erweitert sich um zwei Göttinnen: →Isis als Gattin des O. und Mutter des Horus, →Nẹphthys als Gattin des Seth, beides ursprünglich wohl selbständige Göttinnen. Merkwürdig zwielichtig ist die Rolle des →Thot in der O.-Mythe. Er wird Bruder des Seth genannt, der an dem Mord teilhat[5], andererseits aber, wie er das →Auge des Horus heilt, auch Helfer des Osiris ist. Wahrscheinlich stammt O. und der Kern seiner Mythe aus →Busiris im Delta. Bei ihrer frühen Verbreitung über Ä. hat die Mythe wesentliche Prägungen in →Heliọpolis, →Mẹmphis und →Abydos erfahren. In Heliọpolis wird der Kreis der 4 Götter — O., Seth, Isis, Nẹphthys — an die dortigen kosmogonischen Götter als Kinder der →Nut

angehängt und bildet mit ihnen zusammen die heliopolitanische →Neunheit. Der Kampf zwischen Horus und Seth wird in einen Rechtsstreit umgewandelt, der in der „Fürstenhalle von Heliopolis" durch →Geb geschlichtet wird. Hier kommt es zu einer notwendigen Aufspaltung des Horus in einen „älteren Horus" (Harueris), den eigentlichen Gegner des Seth und alten Himmelsgott, und das Kind Horus als Sohn der Isis und des O. In Memphis ist offenbar die staatspolitische Ausprägung erfolgt: Nach dem →Denkmal memphitischer Theologie ist hier das Erbe Ä. unter Horus und Seth aufgeteilt worden. Am nachhaltigsten für den Kult war die Übertragung des O. nach Abydos und die Verbindung mit dem dortigen Totengott →Chontamenti. Offenbar findet eine Verflechtung von O.-Kult und thinitischem Königskult statt. Bei dieser Ausbreitung über Ä. ergaben sich zwangsläufig auch an anderen Orten Verbindungen mit lokalen Göttern, besonders mit Toten- und Erdgöttern, und wohl auch manche Varianten der Mythe werden in der Durchdringung mit lokalen Mythen entstanden sein.
Die Identifizierung des toten Königs mit O. dürfte am Ende der 5. Dyn. erfolgt sein; aus dieser Zeit stammen die ersten Anzeichen dafür, daß man den Gott als Geber des Begräbnisses ansah. Nach dem Zusammenbruch des AR, als viele kgl. →Jenseitsvorstellungen auch auf Privatpersonen übertragen wurden, kann jeder rituell Bestattete zu O. werden; er heißt dann: „Osiris NN." Daneben bleibt die Rolle des O. als Totengott und Herr des →Totengerichtes bestehen.

[1] Urgeschichte S. 79. — [2] Z. B. Pyr. 182. — [3] Stock, Marburger Vorträge: *Nṯr nfr* = Der Gute Gott? 1951, S. 11; Gardiner, Misc. Acad. Berol. II, 2 S. 44. — [4] Ranke, PN I S. 79, 19. — [5] Pyr. 163.

Osirispfeiler. Seit der 12. Dyn.[1], häufig seit der Ramessidenzeit, gibt es sog. O. Es handelt sich dabei um Monumentalstatuen des Königs als →Osiris (Götterbart, Arme mit Geißel und Krummstab über der Brust gekreuzt), die aufrecht vor einem Pfeiler stehen, mit dem sie zusammen aus e i n e m oder mehreren übereinanderliegenden Blöcken gearbeitet sind. Pfeiler und Statue haben eine gemeinsame Basis; aber der

Architrav liegt nur über dem Pfeiler. Im allgemeinen säumen O. eine oder mehrere Seiten des Tempelhofes, nicht einer überdachten Halle.

Lit.: Jequier, Manuel S. 158 ff.

[1] In →Lischt und →Karnak, Jequier, Temples memph. et theb. Taf. XVII.

Ostrakon. Griech. „Scherbe". So bezeichnet man Tonscherben oder flache Kalksteinsplitter, die als billiges Schreibmaterial verwendet wurden. In hieratischer →Schrift, später auch demotisch, griechisch, arabisch, enthalten sie kurze Aufzeichnungen, Rechnungen, aber auch literarische, z. T. recht umfängliche Texte. Eine Sonderklasse bilden bemalte O. (Entwürfe, Vorzeichnungen), von denen viele aus der Arbeitersiedlung von →Deir el Medịne stammen.

Oxyrhynchos. J. Behnạsah, alt *Pr mḏd* („Haus des Bedrückers", wohl Hinweis auf den hier verehrten Gott →Seth), kopt. Pemdje. Der Name O. kommt von einem „spitzschnäuzigen" Fisch (Mormyrus), der in der Spätzeit hier als heiliges Tier galt und nach dem die Griechen den Ort benannten (vgl. Plutarch de Ịside 72 über blutige Konflikte der Leute von O. mit denen von Kynọpolis, weil letztere O.-Fische aßen). In saitischer Zeit befand sich hier eine syrische Handelsniederlassung, wie aramäische Papyri zeigen[1]. Oxyrhynchos war Hauptstadt des 19. o. ä. →Gaues. Aus griechisch-römischer Zeit liegen große Mengen Papyri vor[2].

[1] Anc. Egypt 1923, 38. — [2] Grenfell-Hunt, Pap. Oxyrh.

Palast. Über die Entwicklung des P. der ä. Könige sind wir denkbar schlecht unterrichtet. Die als →Reichsheiligtümer bezeichneten vorgeschichtlichen P. leben in geschichtlicher Zeit nur noch als Zeremonialbauten. Das Modell eines frühgeschichtlichen P. haben wir vielleicht unter den Bauten →Djosers in →Saqqara. Wie die Könige des AR in →Memphis residiert haben, wissen wir nicht. Erst von der 18. Dyn. an lassen sich einige Angaben machen. Nach inschriftlichen Zeugnissen gab es einen P. in →Karnak, der offenbar zwischen dem Tempel und dem Nil lag[1]. Auf der Westseite von Theben scheinen sich nach den Inschriften der Zeit ebenfalls P. befunden zu haben[2]; und Amenophis III. baute dort eine P.-Stadt[3]. Vom großen steinernen P. →Amenophis' IV. haben sich in →Tell el Amarna Reste gefunden, die durch Darstellungen in den Gräbern der Zeit ergänzt werden[4]. Der P. zerfällt in zwei Teile: Einen privaten Teil, der den sog. südlichen und nördlichen Harim, Gärten, Magazine, Dienerquartiere enthält. Der offizielle Teil besteht aus Säulenhallen, Höfen mit überlebensgroßen Statuen des Königs und der Königin. Das „Erscheinungsfenster", ein balkonähnliches Fenster, in dem bei bestimmten Anlässen der König (und in Tell el Amarna auch die Königin) erschien, befand sich außerhalb des P. in einem Torweg über der „Königsstraße"[5]. Freilich sind die Anlagen so stark zerstört, daß zwar der Grundriß im wesentlichen wiedergewonnen werden konnte, eine sichere Zweckbestimmung der einzelnen Räume sich aber nicht durchführen ließ. Sowohl die Raumanordnung wie die Größe der Anlage dürfen nicht als ein übertragbares Beispiel für andere P. genommen werden. Die Könige aus dem Ende der 18. Dyn. und der Ramessidenzeit hatten in Theben-West in Verbindung mit den Totentempeln P., von denen der →Ramses' III. am besten bekannt ist. Er lag südlich des 1. Hofes des Tempelbezirkes von →Medinet Habu. Außer Thronhalle und Erscheinungsfenster enthielt er verschiedene Wohnappartements. Doch können diese P. in Theben-West nur Absteigequartiere gewesen sein; denn die eigentliche Residenz lag im Norden in der „Ramses-Stadt", die P. vielleicht bei Kantir. →Architektur.

---

[1] Otto, Topographie, S. 25. — [2] Helck, MIO II 1954, S. 204 ff. — [3] JNES X, 35 ff. — [4] Pendlebury, The City of Akhenaten, III, 1951, S. 33 ff. — [5] Zum Erscheinungsfenster s. ÄZ 67, 43 ff.

Palästina →Asien, Beziehungen zu

Palermostein. Bezeichnung für eins der Fragmente eines Steins mit →Annalen-Aufzeichnungen von der 1. bis 5. Dynastie, wohl in der Äthiopenzeit nach alter Vorlage niedergeschrieben. Es sind Jahr für Jahr die wichtigsten Ereignisse (zunächst als Jahresbenennungen) niedergeschrieben gewesen. Das in Palermo aufbewahrte Stück hat Schäfer, Abh. Berl. Ak. phil.-hist. Kl. 1902, 1 veröffentlicht, andere Stücke befinden sich in Kairo[1] und London[2].

[1] Gauthier, Le Musée égyptien 3 S. 29 ff.; Cenival, BSFE 44, 13 ff. — [2] Petrie, Ancient Egypt 1916 S. 119.

Paletten. Seit der frühvorgeschichtlichen Zeit kennt man P., die zum Verreiben der Schminke dienten (→Merimde-Beni Salame, →Tasa, →Badari). Als Material diente Granit, Basalt, Kalkstein, Alabaster, Schiefer, der schließlich fast ausschließlich benutzt wurde. Die Formen der P. sind sehr unterschiedlich: Rechteckig, rhomboid, schildförmig mit Menschen- oder Tierköpfen verziert, tiergestaltig (Elefant, Steinbock, Antilope, Nilpferd, Schildkröte, Fische, Vögel u. a. m.). In spätvorgeschichtlicher Zeit gewinnen die P. besondere Bedeutung, da sie mit immer reicheren →Reliefs verziert wurden (sog. Prunkp.) und schließlich als früheste Träger von historischen Darstellungen und Schriftzeichen bis in den Beginn der geschichtlichen Zeit hineinführen[1]. Die älteren unter ihnen geben Darstellungen von Jagd, Tieren, Fabelwesen. Die jüngeren tragen in Streifen geordnet bildliche Wiedergaben historischer Ereignisse, Beute, Sieg über Feinde, Zerstörung von Städten usw. Sie spiegeln die Ereignisse der →Reichseinigung wider; die jüngsten tragen einen der ältesten Königsnamen, →Narmer.

[1] Ranke, Sb. H. A. W. phil. hist. Kl. 1924/25, 5.

Palme. Seit frühvorgesch. Zeit sind die Produkte verschiedener P.-Arten nachgewiesen[1]. So finden wir Darstellungen von P. in Bildern von Gärten nicht selten[2]. Obwohl P.-Holz als Bauholz nicht vorteilhaft ist, kommen doch Palmstämme als Deckenbalken vor[3], und vor allem bildet die P. das Vorbild der Palmstamm-→Säule. Die Früchte der Dum- und Dattelp. wurden geerntet[4], aus letzteren auch →Wein gewonnen. Aus den Fasern der P. wurden Sandalen,

Taue, Matten und Körbe geflochten. Palmzweige bedeckten den Opfertisch. Mit Palmwedeln fächelte man sich frische Luft zu; außerdem benützte man sie zum Anfachen des Feuers[5].

Lit.: V. Täckholm, Flora of Egypt, II, S. 164 ff.; I. Wallert, Palmen im a. Ä., Berlin 1962.

[1] Abb. der Dattelpalme auf vorgesch. Vasen; Fund von Kernen in →el Omari, ASAE 48, S. 568. Frucht der Dumpalme in →Badari, Brunton-Cathon Thompson, Bad. Civ. S. 63. — [2] Klebs, MR S. 77; NR, S. 28 ff. — [3] Quibell, Excav. at Saqqara, 1912—14. Kairo 1923, S. 21. — [4] Klebs, NR S. 36/7. — [5] Klebs, AR S. 77; NR S. 90.

Panflöten (-pfeifen). Die P. ist für das griechisch-römische Ä. belegbar, ist aber vielleicht schon früher in der Volksmusik benutzt worden. Sie ist aus mehreren, längenmäßig verschiedenen Rohren zusammengesetzt, die entweder eine regelmäßige Skala ergeben (das Instrument des Museums in Alexandria ist in reinem Fis-Dur eingestimmt) oder aber einen bestimmten Ausschnitt aus einer der gebräuchlichen Tonleitern neben mehreren bordunierenden Tönen. Die P. ist entweder flügelförmig, rechteckig oder trapezförmig. Die bordunierenden, tiefen Pfeifen bilden zuweilen eine Sondergruppe, die sich deutlich von den anderen abhebt. Aus dem Zusammenspiel der P. und einem dudelsackähnlichen, aus einem Balg mechanisch mit Luft gespeisten „Aulos" ist scheinbar die moderne Sackpfeife bzw. die mittelalterliche Portativorgel erwachsen. (H)

Lit.: H. Hickmann, Chronique d'Egypte XXX, 60; C. Sachs, Die Musikinstrumente des alten Ä., Berlin 1921, S. 72; Z. Žába, H. Grapow-Festschrift, Berlin 1955.

Paprẹmis. Stadt und Gebiet im Delta, die Herodot im 2. Buch erwähnt als Ort eines Festes des Ạres (Kap. 59, 63), als Garnison von Hermotỵbiern (Kap. 165) und als Ort der Verehrung des Nilpferds (Kap. 71). Hier schlug nach Herodọt III 12 Ịnaros die Perser unter Achaịmenes. Einzige Nennung außerhalb Herodot Pap. Oxyr. XI 1380,22 (2. Jhdt. v. Chr.). Die Lage ist nicht genau anzugeben, jedoch im Westdelta in der Nähe von Sais[1]. Der Name bedeutet nach Altenmüller, JESHO 18, 271 ff. „Der (Ort) der beiden Fische" unter Hinweis auf den Kanal der „beiden Fische" bei *Sẖbw* (Pap. Westcar IX 15, Merikare 81/2) und wird von ihm mit Letopolis gleichgesetzt, der Hauptstadt des 2. u. ä. Gaues.

[1] Nach Kees, RE „Paprēmis".

Papyrus. Die Pflanze, heute aus Ä. verschwunden, spielte im Leben der alten Ägypter eine vielfältige Rolle. Vor allem scheint sie in der nördlichen Landeshälfte verbreitet gewesen zu sein; denn mehrere aus einem Landstück wachsende P.-Stengel bilden das Schriftzeichen für diese. Sie lieferte ferner das Vorbild mehrerer →Säulenformen. In den Grabdarstellungen gehört die →Jagd im P.-Dickicht zu den beliebten Themen[1]. Die Verwendung der Pflanze reichte von der Herstellung von leichten Nachen (aus zusammengebundenen P.-Stengeln), Matten, Sandalen, Tauwerk, Schachteln bis zur Verwendung in Blumensträußen und Girlanden; als Ornament begegnet sie ebenso wie als (meist von Göttinnen getragenes) Szepter. Ihre größte Bedeutung besaß sie natürlich als Rohstoff für P. als Schreibmaterial. Die älteste (unbeschriebene) P.-Rolle stammt aus der Mitte der 1. Dyn.[2], die ältesten beschriebenen P. aus der 5. und 6. Dyn. (aus →Abusir und →Elephantine). Die Herstellung des P. geschah auf folgende Weise[3]: Das Mark von grünen P.-Stengeln wurde in etwa gleichdicke Streifen geschnitten. Diese Streifen wurden parallel nebeneinander gelegt, so daß die Ränder sich etwas überdeckten. Eine zweite Schicht wurde in derselben Art quer darüber gelegt. Zwischen zwei Tüchern wurde das so gebildete Blatt mit einem hölzernen Schlägel leicht geklopft, dann längere Zeit in einer Presse gepreßt. Dadurch entstand ein (ohne Leim) in sich zusammenhaftendes Blatt von ziemlich gleicher Dicke (schadhafte Stellen konnten mit Mark nachträglich ausgebessert werden), dessen Oberfläche poliert wurde. Man unterschied mehrere Gütearten von P., wobei der aus den breiten Streifen der innersten Teile des Markes hergestellte als der beste galt. Durch Aneinanderkleben einzelner Blätter (mit den Schmalseiten) entstand eine P.-Rolle, im NR in einem Normalumfang von 20 Blatt. Als Vorderseite oder Recto bezeichnet man die Seite des P., auf der die horizontalen Fasern zu oberst liegen. Die Normalgröße des Blattes schwankte; im MR betrug sie etwa 35 cm zu 40 cm Breite, im NR bis zu 42 cm Höhe bei 48 cm Breite.

[1] Klebs AR S. 35. — [2] Emery, Tomb of Hemaka, S. 14. — [3] Lucas, Materials[3] S. 163 ff.

Papyrus Ạbbott. Name eines P. mit Verhandlungen über →Grabräuber aus dem 16. Jahr →Ramses' IX. Der P. wurde 1857 in Kairo von einem Dr. Ạbbott gekauft, wodurch er seinen Namen erhalten hat; seine Herkunft ist unbekannt (vgl. aber →Pap. Harris). Er ist 2,18 m lang und 42,5 cm breit und befindet sich jetzt im British Museum.

Lit.: Peet, Great Tomb Robberies S. 28 ff.

Papyrus Ạmherst. Name eines P. von etwa 2½ m Länge, der Verhandlungen gegen Räuber des Grabes Königs Sebekemsạf enthält, früher im Besitz des Lord Amherst of Hackney, wodurch er seinen Namen erhalten hat; jetzt gehört er der Pierpont Morgan Library in New York. Der P. enthält nur die untere Hälfte einer Rolle; die obere Hälfte wurde 1935 von Capart im Inneren einer kleinen hölzernen Totenfigur gefunden und befindet sich jetzt in Brüssel.

Lit.: Peet, Great Tomb Robberies S. 45 ff.; Capart- Gardiner- v. d. Walle, JEA 22, 169 ff.

Papyrus D'Ọrbiney. Auch „Zweibrüder-Geschichte" genannt, erzählt in märchenhafter Form den Versuch einer Frau, den Bruder ihres Mannes, der ihrer Verführung widerstanden hat, zu vernichten („Potipharmotiv"). Dem ins „Zederntal" geflohenen Bruder erschaffen die Götter eine Frau, die an den Hof des ä. Königs kommt. Auch sie versucht, ihren ersten Gatten zu verderben, der aber durch magische Mittel und mit Hilfe seines Bruders ihren Anschlägen entgeht (Verwandlung in Stier, Baum), am Ende von der Frau als Kind des Königs geboren wird, und, König geworden, sie tötet. Die beiden Brüder heißen Anubis und Bata, sind also die Götter von Kynọnpolis und Sako; es handelt sich anscheinend um eine Göttermythe. Der P. befindet sich in London[1] und stammt aus der 19. Dyn.

Lit.: Übers.: Erman, Ä. Literatur 150 ff.; Pritchard ANET 23 ff.

[1] Veröffentl. zuletzt LES 9—29.

Papyrus Ebers. Medizinischer P., der 1873 von Georg →Ebers nach Leipzig gebracht wurde. Er ist der längste medizinische P., den wir haben (über 20 m), und wurde im 16. Jhdt. v. Chr. beschrieben. Er behandelt Krankheiten aller Art (darunter speziell auch Frauenkrankheiten) und enthält vor allem Sammlungen von Rezepten (→Medizin).

Lit.: Text: G. Ebers. Der Papyros Ebers, 1875. — Umschrift: Wreszinski, Die Medizin der Alten Ä., III, Leipzig 1913. — Übersetzung: Ebbell, The Pap. Ebers, Kopenhagen 1937.

Papyrus Hạrris. P. von 40,5 m Länge und 42,5 cm Breite, 1855 in der Nähe des Tempels von →Medinet Habu in Theben-West gefunden und von dem Engländer Harris gekauft, nach dem er seinen Namen trägt. Mit ihm wurden 4 andere Papyri gefunden, bei denen es sich vielleicht um den P. Ạbbot und andere Grabräuberprozeßakten gehandelt hat. Der P. Hạrris ist eine nach der Ermordung →Rạmses' III. von seinem Nachfolger →Rạmses IV. zusammengestellte Liste der Zuwendungen, die Rạmses III. den Tempeln des Landes hatte zukommen lassen. Sie ist fiktiv Ramses III. in den Mund gelegt, der die einzelnen Abschnitte der Liste (Amuntempel von →Kạrnak, Re-Tempel von Heliọpolis, Ptahtempel von →Mẹmphis und Provinztempel) mit einem Gebet für Rạmses IV. abschließt. Außerdem gibt er eine Darstellung der Geschichte seiner Dyn., die jedoch weitgehend fiktiv ist (Zusammenbruch der alten Dyn., Kampf aller gegen alle, syrischer Usurpator, Wiederherstellung des Rechts durch die neue Dyn.). Der P. ist von größter Wichtigkeit für eine Untersuchung der wirtschaftlichen Lage in der Ramessidenzeit.

Lit.: Textausgabe: Erichsen, P. Harris I, Brüssel 1933; Birch, Facsimile of an Egyptian Hieratic Papyrus. — Wichtige Behandlungen: Struve, Ägyptus 7,3 ff.; Erman, Sb. Berl. Ak. 21, 456 ff.; Schädel, Die Listen des großen P. Harris, Glückstadt 1936.

Papyrus Prisse. Der P. wurde von Prisse d'Avennes in Theben-West gekauft und der Bibliothèque Royale in Paris übergeben[1]. Die Schrift stammt wahrscheinlich aus der 13. Dyn. Er enthält zwei →Weisheitslehren: Das Ende der Lehre für Kạgemni und die Lehre des Ptahhọtep. Die Namen der angeblichen

Verfasser sind aus dem AR bekannt und es besteht Grund anzunehmen, daß der Text tatsächlich aus dieser Periode stammt. Zur Lehre des Ptahhotep finden sich 5 Abschriften, bzw. Bearbeitungen des NR.

Lit.: Jéquier, Le P. Prisse et ses Var., Paris 1911; Dévaud, Les Maximes de Ptahhọtep, Fribourg, 1916. — Übers.: Gardiner, JEA 32, 71 ff.; Erman, Lit. S. 86 ff.; ANET S. 412 ff.

[1] Prisse d'Avenne, Facsimile d'un P. égyptien en caractères hiératiques, Paris 1847.

Papyrus Westcar. Im 18./17. Jhdt. v. Chr. geschriebener P. (Berlin P 3033); 1839 wurde er von Miß Westcar an →Lepsius geschenkt; Herkunft unbekannt. Er enthält Erzählungen von Zauberkunststücken, mit denen sich König →Chẹops unterhalten ließ. Daran schließt sich die Erzählung von etwas Zukünftigem: Der wunderbaren Geburt der Könige der 5. Dyn. In der 3. Generation nach Chẹops sollen drei Brüder zur Herrschaft kommen, die von der Frau eines Priesters des →Re von Sạchebu geboren, von Re selbst aber erzeugt sein sollen. Sie sollen später Könige werden und der Älteste soll das Amt des →Hohenpriesters von →Heliọpolis bekleiden. Man sieht in dem Märchen eine ursprüngliche Tendenzschrift, die den nicht königlichen Ursprung der Könige der 5. Dyn. legitimieren soll.

Lit.: Erman, Die Märchen des P. Westcar, Berlin 1890; Literatur S. 64 ff.; Lefèbvre, Contes et Romans S. 70 ff.

Parfüm. Da die Destillation von Alkohol noch nicht bekannt war, wurde der Duft von Blumen und anderen Duftträgern in Ölen festgehalten. Darstellungen des Auspressens des Öls aus den Duftträgern (Lilien) waren in einem Grab in Beni Hạsan abgebildet[1], sowie auf einem Relief im Louvre[2] und einem anderen in Leiden[3]. Nach griechischen Autoren war es meist Bạlanos-Öl, aber auch Oliven- und Mandelöl wurde wenigstens in der Spätzeit benutzt[4]. In dieser Weise wurden die Duftstoffe von Blumen, aber auch von Harzen („Myrrhe") festgehalten.

[1] Vailliaud, Recherches sur les arts, pl. 15A, jetzt zerstört. — [2] Mon. Piot 25 pl. 4/6. — [3] v. Bissing, Bull. Vereeniging tot Bevordering der Kennis . . . IV 9 ff. — [4] Theophrast „Über Gerüche" IV 14; Dioskorides I 62.

Pathyris. Ort am Nordende der Felskette von Gebelen, alt *Pr-ḥw.t-Ḥr*, Fundort griechischer und demotischer Ostraka und Papyri.

Petosịris. →Hoherpriester des →Thot in →Hermụpolis und Inhaber hoher Tempelämter. Er stammte aus einer alten Familie, in der das Hohepriesteramt durch 5 Generationen (bis zum Enkel des P.) erblich war. Er erlebte das Ende der 2. Perserzeit und die Herrschaft Alexanders d. Gr. Gestorben um 300 v. Chr. Sein gut erhaltenes Grab bei Touna el Gẹbel (nahe s. Grab wurde neuerdings auch das seines Bruders und Vorgängers im Amt, Djed-Thot-efạnch gefunden, das dem des P. im Stil der Darstellungen ganz gleich ist) zeigt in seinen Darstellungen ein frühes Beispiel griechisch-ä. Mischstils. Nach seinem Tode wurde er als „Weiser" verehrt.

Lit.: Lefèbvre, Tombeau de Pétosiris, Kairo 1924.

Petrie, William Matthews Flinders (Sir). *3.6.1853 in Charlton, † 28. 7. 1942. Seit 1880 hat er zahlreiche Grabungen und Denkmäleruntersuchungen in Ä. durchgeführt (→Pyramịden, →Abỵdos, →Negạde). Er begründete die systematische Ausgrabungstätigkeit und hat ganze Epochen der Wissenschaft erschlossen (besonders Vor- und Frühgeschichte). Später hat er in Palästina gearbeitet.

Pferd. Die älteste Erwähnung von P. liegt wahrscheinlich auf einer Stele des Königs →Kamose über dem Kampf mit den →Hỵksos vor, in der nach Eroberung der Stadt Neferusị die „Gespanne" (*ḥtr*) des Feindes fliehen. Wenig später ist die Erwähnung des Königs Ahmọse auf seinem →Wagen bei der Belagerung der Hyksoshauptstadt Auạris[1]. Die älteste Darstellung findet sich auf einem Skarabäus des Königs →Thutmọsis, der ihn auf seinem von P. gezogenen Streitwagen zeigt[2]. Ein genaues Datum für die Einführung des P. in Ä. liegt nicht vor, wird aber nicht viel vor dem Beginn der 18. Dyn. liegen, da auch die ä. Künstler erst in der Folgezeit eine feste Darstellungsform für das P. finden. Das P. ist in Ä. nur für das Ziehen der Wagen benutzt worden und dürfte mit diesem nach Ä. gekommen sein. Die ä. Bezeichnung für „Pferd", *śśm.t*, hängt wohl mit dem

hebr. *sus* (über pl. *susim*) zusammen, dürfte aber aus einer noch unidentifizierten Sprache stammen. Mit großer Wahrscheinlichkeit ist es von einem der aus dem persischen Hochland nach Syrien einwandernden Stämme zusammen mit dem leichten Streitwagen mitgebracht worden. Denn einmal ist es den Sumerern als *anšu-kur-ra* „Bergesel" bereits früh bekannt gewesen, andererseits zeigen Texte aus Boghazköy, die sich im hethitischen Staatsarchiv fanden, daß sie die Pferdezucht von den Hurritern gelernt haben, die sie indischer Termini wegen vorher von einer indischen Splittergruppe, die kurze Zeit die Herrscherschicht gestellt haben dürfte, übernommen haben. Da aber diese Termini z. Z. der Übernahme durch die Hethiter schon nicht mehr verstanden wurden, ist diese Beeinflussung und damit die Verbreitung der Pferdezucht und des leichten Streitwagens viel früher, etwa im 19. Jahrh. v. Chr., anzusetzen. Der Name für „Hengst" *ỉbr* ist dagegen kanaanäisch (hebr. *abbir* „Tapferer") während ein seltenes Wort *gw*[3] noch ungeklärt ist. Grabbilder und Texte zeigen uns, daß P. in großen Mengen aus Syrien eingeführt wurden.
Auf die Aufzucht im Lande selbst wird nur angespielt[4].

[1] Urk. IV 3. — [2] Newberry, Scarabs pl. 27,4. — [3] An. III 6,5; Chester Beatty I Rs. G 1, 5. — [4] Pap. Lansing 2,6; Sphinxstele Amenophis' II. Z. 23; Med. Habu 109.

Pflug. Neben der älteren Hacke ist der P. bereits zu Beginn der Geschichte bekannt[1]. Er besteht aus Holz und besitzt zwei kurze Handgriffe und eine lange Deichsel, an die meist Rinder geschirrt sind, zunächst mit den Hörnern, seit dem NR auch durch ein Nackenjoch.

[1] Als Hieroglyphe auf Topf der 2. Dyn., Step Pyramid pl. 89,3.

Pharao. Hebräische[1] und danach griechische Form des ä. Wortes *pr-*ꜥꜣ „das große Haus". Im AR und MR wird damit der königliche Palast, bzw. der Hof bezeichnet. Seit der 18. Dyn. wird die Bezeichnung auch von der Person des Königs gebraucht[2]. Erst von der 22. Dyn.[3] tritt P. wie ein Titel vor einen Königsnamen, entsprechend dem biblischen „P. Necho"[4]. u. ä.

[1] Z. B. I. Mos. 40 u. ö. — [2] →Thutmọsis III: JEA 38, 17; →Amenophis II.: ZDPV 69, 145. — [3] Schẹschonk I.? JEA 19, 19. — [4] 2. Kg. 23.

Philae. Ä. Pilak, Nilinsel südlich Asuan, die durch den 1898–1912 erbauten Staudamm außer in den Monaten August—Dezember von Wasser bedeckt ist. Die Tempel stammen alle aus der Spätzeit (Halle →Nektanebos' I.), der Ptolemäer- und Römerzeit (besonders Isistempel mit Geburtshaus [→Tempel] und Osirisgemächern; mythologisch und kultisch wichtige Darstellungen). Der Kiosk auf der Ostseite der Insel (unvollendet) ist von Trajan errichtet.

Phịops. Ä. Pẹpi, Name zweier Könige der 6. Dyn. P. I., Nachfolger des Tẹti, etwa 2289—2255 v. Chr., also etwa 35 Jahre lang, wobei allerdings die ersten 15 Jahre ein Gegenkönig Userkarẹ ihm die Herrschaft streitig gemacht zu haben scheint. Seine →Pyramịde liegt bei →Saqqạra. Nachdem er, vielleicht einer Harimsverschwörung wegen, seine Gattin hatte verurteilen (und sicher hinrichten) lassen müssen, heiratete er zwei Töchter eines reichen Provinzialen aus →Abydos mit Namen Anchesenpẹpi. Von der einen hatte er einen Sohn Merienrẹ, der noch als Kind auf den Thron kam, aber nach knapp 6 Jahren starb. Die andere gebar ihm, anscheinend nach seinem Tod, den späteren König P. II. „Vornamen" P.' I. waren zuerst Nefersahọr, später Merirẹ.
P. II., Vorname Neferkarẹ. König am Ende der 6. Dyn., regierte 94 Jahre, etwa von 2247—2153 v. Chr. Er kam mit 6 Jahren auf den Thron. Unter seiner Regierung zerfiel das Reich durch innere Auflösung, die ihren Grund in geistesgeschichtlichen Entwicklungen, so besonders in der Überbetonung der individuellen Freiheit des einzelnen, hatte. Seine Pyramịde liegt bei Saqqạra. Gattinnen: Neith, Ịput, Anchesenpẹpi (III). Ihm folgte kurz sein Sohn Merienre II. (1 Jahr) auf dem Thron nach, dann seine Tochter →Nitokris, ein Netjerikare und darauf ein Sohn P. II. und der Neith (?) Menkare und vielleicht ein weiterer Sohn P. II. mit einer Königin Anchesenpepi (III.) namens Neferkare.

Phönix. Ä. *bnw*, hlg. Vogel in →Heliọpolis, ursprünglich wohl eine Bachstelze, später als Reiher gedeutet, frühzeitig mit dem Sonnengott →Re verbunden (Pyr. 608c). Der Name ist zu verbinden mit dem Namen des *bnbn-Steins* (→Obelisken in Heliọpolis) und ist eine Ableitung des Wortes *wbn* „leuchten". Der *bnw*-Vogel wurde außerdem mit dem *b*ɔ-Vogel, dem →„Seelen"-Vogel, identifiziert, wodurch der P. auch als Morgenstern erklärt werden konnte (Tb 13; 121/2), ja bald sogar als →Osiris. Außerdem heißt der P. auch „Herr der Sedfeste" (→Jubiläum). Damit hängt wohl auch die Vorstellung von der Langlebigkeit des P. zusammen, die besonders in griechischer Überlieferung eine große Rolle spielt. Die Erschaffung des P. aus der Asche seines verbrannten Vaters, bzw. aus den Verwesungsstoffen der väterlichen Leiche, erscheint in griechischen Quellen, wie auch die Angaben über seine Lebenszeit (500 Jahre bei Herodot, 540 Plinius nat. hist.; 654 Chron. Synkellos; 1000 Martial). Ä. ist eine solche Ära nicht belegt, wie auch nicht die Verbindung mit der Sọthisperiode von 1461 Jahren (Tac. ann. 6,28).

Pịanchi. Sohn des Äthiopenkönigs Kạschta. Erobert um 730 v. Chr. Ä. und leitet damit die Äthiọpenzeit (= 25. Dyn.) ein. Bericht seines Feldzuges auf der P.-Stele (Kairo), die 1862 im Tempel von Gẹbel Bạrkal (4. Katarakt) gefunden wurde.

Lit.: Text: Urk. III 1 ff. — Übers.: Breasted, Anc.Rec. IV § 796 ff.

Pithọm. Wörtlich „Haus des Ạtum" (*Pr-'Itm*), Hauptstadt des 8. u.ä. →Gaue, im Wadi Tumilat gelegen, das sich von der Deltaspitze zu den Bitterseen erstreckt und im Altertum den Weg eines Kanals bildete. In der Bibel als Stadt erwähnt, die die Israeliten bauen mußten[1], von Herodọt II 158 als Patụmos erwähnt. Seine Ruinen sind wahrscheinlich in denen von Tell el-Maschụta wiederzuerkennen. Ein dort vorhandener Tempel ist stark zerstört.

Lit.: Naville, Store-City of Pithom, London 1885.

[1] Ex. I, 11.

Plastik. Die Anfänge der ä. P. reichen zurück bis ins Neolithikum (Reste von Tonfiguren in →Merimde; Figuren aus Ton oder Knochen in →Badari). Dabei scheint die ältere vorgeschichtliche Kultur (Negade I) reicher an P. gewesen zu sein (Figuren von Männern und Frauen, letztere bisweilen steatopyg; Tierfiguren; Bedeutungen im einzelnen unsicher: →Dienerfiguren? Idole?) als die jüngere. Erst kurz vor der geschichtlichen Zeit begegnet Stein als Werkstoff (Schieferfigur eines Mannes, 40 cm, Oxford; Lapislazulifigur einer Frau; Königsfigur aus Kalkstein aus →Hierakonpolis). Besonders reich und ausdrucksvoll in der Frühzeit ist die Tierp. (z. B. Affenfigur des →Narmer, früher Berlin, 52 cm, kleine Löwenfiguren, Nilpferd u. a. m.). Die Monumentalp. hebt an mit dem Beginn der geschichtl. Zeit mit 3 überlebensgroßen Figuren (bis 2 m) des Gottes →Min, die in →Koptos gefunden wurden (jetzt Kairo). Zugleich setzt die Privatp. mit den Figuren Kniender und Sitzender ein. Die Königsp. erreicht mit den Sitzstatuen Chasechems (2. Dyn. Oxford und Kairo) aus →Hierakonpolis einen ersten Höhepunkt. Von nun an fließt ununterbrochen der Strom plastischen Gestaltens. Als Material dient vor allem Stein (Kalkstein, aber auch Hartstein), Holz und (seit 6. Dyn.) →Kupfer, →Bronze. Die Themen und Aufgaben der P. sind mannigfaltig; →Statue, →Tempelstatue, →Dienerfiguren, →Uschebti, →Osirispfeiler, →Ersatzköpfe, →Sphinx.

Zur Bearbeitung des Materials standen verhältnismäßig primitive Mittel zur Verfügung: Kupfersäge, Hohlbohrer, Drillbohrer, Steinhämmer, Poliersteine[1]. Bei der Bearbeitung des Blockes bediente man sich ebenfalls roter →Hilfslinien wie beim →Relief, durch die die abzuschlagenden Teile bezeichnet wurden. In der Spätzeit wird der Block mit einem Liniennetz überzogen, in das die jeweilige Ansicht eingezeichnet ist. War die Oberfläche abgearbeitet, so wurde die Hilfszeichnung erneuert[2]. Wie sich nach Spuren feststellen läßt, waren alle Statuen bemalt (Augen oft eingelegt), auch wenn das Material farbiger Hartstein war; eine Ausnahme bilden offenbar nur die Ersatzköpfe. →Steinbearbeitung.

---

[1] Smith, History[2], S. 105 ff.; Darstellungen von Bildhauer-

werkstätten, Klebs, AR S. 80 ff.; MR S. 106 f.; NR S. 94 ff. — [2] Schäfer, Väg.K[3], S. 318 ff.; Reisner, Mycerinus S. 115 ff. Anthes, MDIK 10 1941, S. 79 ff.

Plektrum. Schlagfeder, die zum Anspielen bestimmter Saiteninstrumente dient. Im alten Ä. ist das P. zeitweilig aus Leder (Leierspiel) oder aus Holz (Lautenspiel). (H)

Lit.: C. Sachs, Real-Lexikon der Musikinstrumente, Berlin 1913, S. 302; H. Hickmann, Instruments de musique, CG, T. XCVI (C, D) und CI (A, B).

Priester. Trotz der reichen Überlieferung von P.-Titeln und mancher Einzelheiten über ihre Funktionen lassen sich einige grundsätzliche Fragen zum Priestertum auch heute noch nicht mit Sicherheit beantworten. Einen P.-Stand scheint es für lange Zeit nicht gegeben zu haben. Einzelne P.-Titel scheinen überhaupt im Verlauf des AR zu solchen zu werden, während sie vorher eine staatliche Funktion bezeichneten[1]. Im AR findet sich häufig die Verbindung hoher Priestertitel mit staatlichen Funktionen, wie andererseits hohe Beamte zugleich und notwendig P.-Titel führen (z. B. →Vezịr als →Prophet der →Mạat), ebenso bestimmte Berufe (Ärzte als „Leiter der →Sẹlket"). Deutlich ist auch die Erscheinung im Totenkult: Mit dessen Verrichtung wird zunächst natürlicherweise die Familie beauftragt, u. zwar Frauen sowohl wie Männer[2], auch wenn zur Ergänzung ein gewerblicher →Totenpriester hinzutreten kann. Vom Ende des AR bis zum MR pflegt der Gaufürst zugleich Vorsteher der →Prophẹten zu sein. Eine Verbindung sog. geistlicher und weltlicher Ämter findet sich fallweise zu allen Zeiten, ebenso Belehnung staatlicher Beamter mit Priesterämtern. Denn zumindest bei den Göttertempeln herrscht die Vorstellung, daß priesterliche Tätigkeit in Stellvertretung für den König selbst erfolgt und daher die Beauftragung durch den König legitim ist[3]. Man wird also wohl eine grundsätzliche Trennung P. und Laien nicht gut durchführen. So hören wir auch von einer Weihung als P. nur fallweise und nicht in alter Zeit, obwohl das allgemeine Wort für P. = „Reine" (?) belegt ist.

Der Verwandtschaft des Priestertums mit dem Beamtentum auf der einen Seite steht auf der anderen die

Tendenz entgegen, P.-Ämter durch Erbschaft an eine Familie zu binden. Es gibt, vor allem nach dem NR, Zeugnisse dafür, daß die Berechtigung zum P. aus der Abstammung hergeleitet wird[4]. In entscheidenden Priesterstellen, die ihrem Inhaber wesentliche wirtschaftliche und politische Macht übertrugen, kann der Widerstreit der Tendenzen Erblichkeit und Ernennung durch den König zu erheblichen Spannungen führen[5].

Die verwaltungsmäßige Gliederung der Priesterschaft ist relativ einfach: Die niedere Priesterschaft ist in 4 Phylen („Wachen") eingeteilt, die wechselweise Dienst tun[6]. Darüber stehen die →Gottesväter, zuoberst die →Propheten, von denen große Tempel im NR 4 haben können. Nach der kultischen Seite freilich weist die große Zahl der Sondertitel auf die recht komplizierte Entstehung des Priestertums und die anfängliche Besonderheit der Kulte auch hinsichtlich ihres Personals. Gerade die Titel der →Hohenpriester einzelner Orte zeugen von der ursprünglichen Unteilbarkeit einer religiösen und irdischen Sphäre. Eine Entwicklung für sich haben die Totenpriester. Sondererscheinungen sind auch der →Vorlesepriester, der →Sem-Priester u. a. m. Hinzu kommt das Heer der Sänger, Musikanten, ferner Funktionäre aller Art, die zum Tempel gehören, aber wohl nicht eigentlich als P. bezeichnet wurden.

[1] Z. B. Titel des →Hohenpriesters des Ptah als „Oberster Leiter der Handwerker", Helck, Beamtentum S. 102 ff. — [2] Z. B. Urk. I 27. — [3] Kees, Priestertum S. 1. — [4] Kees, Rel. Gesch. Lesebuch S. 36; Herodot II 37; das ist die Regel im ptolemäischen Ä., W. Otto, Priester und Tempel, I, S. 217. — [5] Kees, Priestertum, S. 290 ff. — [6] Kees, Orientalia 17, S. 71; 314.

Priesterin. P. hat es trotz Her. II 35 zu allen Zeiten gegeben. Aus dem AR ist ein klarer Fall bekannt, daß ein Mann ein P.-Amt seiner Frau und seinen Söhnen zu gleichen Teilen vermacht[1]. „Prophetinnen", besonders der →Hathor und →Neith, sind seit alters überliefert. Im NR tragen Frauen des Königshauses P.-Titel und die stärkste politische Bedeutung erhielt das Amt der→Gottesgemahlin des Amun in der Spätzeit. Am zahlreichsten sind zu allen Zeiten Sängerinnen und Musikantinnen im Tempeldienst und Frauen, die dem Harim eines Gottes angehören. Frauen sind es auch, die die Rollen der →Isis und →Nẹphthys als Klageweiber bei Osirisfesten spielen.

Lit.: Blackman, JEA 7, S. 8 ff.

[1] Urk. I 24 ff.

Prophẹt. Mit P. wird die ä. Bezeichnung „Gottesdiener" (*ḥm-nṯr*) wiedergegeben, gemäß der Übersetzung dieses Titels in den zweisprachigen →Dekreten der Ptolemäerzeit; Herodot verwendet das Wort noch nicht. In älterer Zeit hat jeder Tempel einen P. Über ihm steht der „P.-Vorsteher", ein Amt, das in der Zeit zwischen A und MR mit dem des Gaufürsten gekoppelt ist. Im NR haben größere Tempel 4 P., deren Ämter mit bestimmten Verwaltungsgebieten im Tempelbetrieb verbunden waren.

Lit.: Kees, Kulturgeschichte S. 245 ff. Priestertum S. 10 ff.

Protokoll. In der Ägyptologie übliche Bezeichnung der 5 Namen des Königs; es handelt sich nicht um ein Aktenstück.

Psạmetich. Der Name ist offenbar nicht-ä. Herkunft[1]. Er wird von drei Königen der 26. Dyn. getragen.

P. I. (663—609 v. Chr.), griech. Psammẹtichos. Sohn des Nẹcho, Stadtfürsten von →Sạis. Es gelingt ihm, nach Abzug der Assyrer um 663 mit Hilfe griechischer Söldner die Herrschaft über ganz Ä. gegenüber anderen Prätendenten zu erringen (legendäre Erzählung bei Her. II 147 ff.). In seine 54jährige Regierungszeit fällt der Versuch einer sozialen Neuordnung des Landes, durch die die den Thron schützenden griech. Söldner eingeordnet werden sollen.

P. II. (594—588 v. Chr.), griech. Psammis. Enkel von I. Von ihm ist ein Feldzug nach Nubien[2] und ein Zug nach Phönikien überliefert.

P. III. (525 v. Chr.), griech. Psammẹnitos. Sohn des Usurpators →Ạmasis. Verliert nach 5/6monatiger Regierung in der Schlacht von →Pelụsium das Reich an den Perserkönig Kambyses und wird von diesem in der Gefangenschaft getötet[3].

[1] Äthiopisch oder libysch? Meulenaere, Herodotos S. 16 ff. — [2] Vielleicht bis zum 5. Katarakt, BIFAO 50, 157 ff. — [3] Her. III 15.

Ptah. P. war der Hauptgott der Residenz des AR, →Memphis, als rein menschengestaltiger Gott schon in der Frühzeit belegt[1]. Freilich ist sein ursprüngliches Wesen nicht erkennbar und es ist auffällig, wie wenig er im AR (außer seit Ende 4. Dyn. in Personennamen) hervortritt. Das →Denkmal memphitischer Theologie, dessen Datierung allerdings zwischen der 3. Dyn. und dem Beginn des MR schwankt, stellte ihn an die Spitze eines Urgöttersystems, sagte dabei aber nichts über seine eigentliche Bedeutung aus. Nach dieser Lehre haben 8 Urgötter in P. Gestalt gewonnen, und er hat mit den schöpferischen Organen Herz und Zunge den gesamten Kosmos, einschließlich der Götterbilder, der Kulte und Rechtsordnung geschaffen. Vielleicht sagt der Titel des →Hohenpriesters des P. mehr über den Gott aus, nämlich „Oberster Leiter der Handwerker". Denn P. galt u. a. als Berufsgott der bildenden Künstler und selbst als „Bildner", deshalb auch von den Griechen dem Hephaistos gleichgesetzt. Durch die historische Rolle seiner Stadt als Residenz erhielt P. auch in besonderem Sinne den Charakter eines Königsgottes und Herrn des kgl. →Jubiläumsfestes. Aber offenbar traten diese Züge erst relativ spät mit einer Rückwendung zum AR in den Vordergrund. Ganz anderer Art wieder waren die Verbindungen, die P. zu anderen memphitischen Gottheiten hatte. Mit der Löwengöttin →Sạchmet und dem Lotosgott →Nefertẹm bildete er die →Triade von Mẹmphis. Er verschmolz mit dem Erdgott →Sokaris zu Ptah-Sokaris, wozu noch Osiris als Ptah-Sọkạris-Osịris hinzutrat. Der memphitische heilige →Stier Ạpis galt als „Mittler" des P., gelegentlich auch als sein Sohn.

Lit.: Sandman-Holmberg, The god Ptah, Lund, 1946.

[1] Petrie, Tarkhan I, pl. 3.

Ptolemaios. Nach dem Tod →Alexanders d. Gr. in Babylon übernahm sein Feldherr P., Sohn des Lagos, Ä. als Satrapie des Alexanderreiches. Er regierte bis 305 als Statthalter erst für Alexạnders Halbbruder Philipp Arrhidaios, dann für seinen Sohn Alexạnder IV. 305 machte er sich zum König als P. I. Sotẹr. Obwohl er wenigstens in der Titulatur die Reihe der Pharaonen fortsetzte, bedeutet seine Herrschaft das Ende der wirklich ä. Zeit (nicht nur im dynastischen Sinne) und den Beginn einer neuen Epoche, der Ptolemäerzeit. Dadurch daß er einen seiner Söhne, dessen Mutter eine Makedonin Berenike war, als P. II. Philadelphos zum König machte, gründete er eine makedonische Dynastie, die fast 300 Jahre lang bis 30 v. Chr. über Ä. herrschte.

Punt. Name eines Landes am afrikanischen Ufer des Roten Meeres, etwa im Gebiet des jetzigen Suakin; auf diese Lokalisierung weist die Nennung des Mantelpavians sowie die Erwähnung eines großen Flusses (des jetzigen Baraka) bei der Expedition der Hatschepsut hin[1]. Die Bevölkerung ist als hamitisch gekennzeichnet und wohnt in Pfahlbauhütten[2]. Als Hauptausfuhrware galt immer der *ᶜntj*-Weihrauch, das gummiartige Harz einer Akazienart[3].
Die älteste Erwähnung von Weihrauch- und Goldlieferungen aus P. findet sich auf dem Palermostein aus dem letzten Jahr des Königs Sahurẹ (5. Dyn.)[4]. Es ist allerdings möglich, daß das Vorhandensein von Obsidian in vorgeschichtlicher Zeit bereits auf →Handel mit P. hinweist[5]. In der 6. Dyn. war der Handel mit P. rege[6]. Dabei wurden die Schiffe am Ufer des Roten Meeres gebaut, das damals also noch bewaldet gewesen sein muß. Im MR zog man durch das Wadi Hammamạt an die Küste[7]. Nach den Schilderungen scheint man dabei in alter Weise Handel getrieben zu haben, indem die Leute von P. ihre Produkte auf dem Strand niederlegten und die Ägypter diese abholten und dafür den Gegenwert zurückließen, so daß sich die Handelspartner nicht selbst trafen. Das scheint sich erst im NR zu ändern, als nach einer langen Unterbrechung[8], während der die Produkte von P. nur durch Zwischenhandel nach Ä. kamen, →Hatschepsut wieder eine Expedition nach P. sendete, deren Verlauf in →Deir el Bạhri dargestellt ist[9]. Damals fuhren auch Bewohner von P. mit recht primitiven Fahrzeugen in die Gegend des späteren Kosseịr und verkauften dort ihre Waren[10] an Beamte des Schatzhauses[11], die dann als „Abgaben“ in den Annalen →Thutmọsis' III. erscheinen bzw. in den Abrechnungen der Tempelzuwendungen des →Pap. Hạrris unter →Rạmses IV. Seit Rạmses IV. verschwindet der Name P. aus den

ä. Texten, um erst wieder zur Perserzeit[12] und dann besonders unter den Ptolemäern aufzutauchen[13].
Wie für alle fremden Rohstoffgebiete galt auch für P. eine „Ḥathor"-Form als „Herrin" des Landes, die besonders als Lieferantin des Weihrauches genannt wird[14].
Als Besonderheit sei die Lieferung eines echten Tanzzwerges aus P. im AR erwähnt[15]; im MR wird singulär auch eine Sklavin aus P. genannt[16].

---

[1] v. Bissing WO I 146 ff. — [2] Naville, Deir el Bahari III pl. 69. — [3] Commiphora Opobalsamum nach v. Bissing a. a. O. S. 150; Boswellia Carteri nach anderen, vgl. Lucas, Materials[3] S. 112/3. — [4] Urk. I 246. — [5] Lucas, Materials[3] S. 474. — [6] Urk. I 140, 17. — [7] Couyat-Montet, Hammạmât Nr. 114; Stele Alnwick Castle 1935 = ÄZ 20, 203. — [8] Urk. IV 344. — [9] Naville, Deir el Bạhari III pl. 69—86. — [10] Grab Theben Nr. 143 = BMM Nov. 1935 pt. II S. 48 Abb. 3. — [11] MIO II 189 ff. — [12] Rec. Trav. 17, 100 § 2. — [13] ÄZ 60, 86 ff. — [14] Z. B. Davies, Antefoker pl. 10. — [15] Urk. I 128, 17. — [16] BIFAO 30, 111.

Pylon. Als P. (griech. „Einzugstor") bezeichnet man die monumentalen Tortürme, die seit dem MR[1] in der Achse des →Tempels liegend, diesen nach vorn abschließen (Abb. 28). Sie bestehen aus zwei auf rechteckiger Basis errichteten Türmen mit nach innen geneigten Mauern, die zwischen sich das eigentliche, niedrigere Tor einschließen. Tor und Türme sind nach oben durch eine Hohlkehle abgeschlossen, an

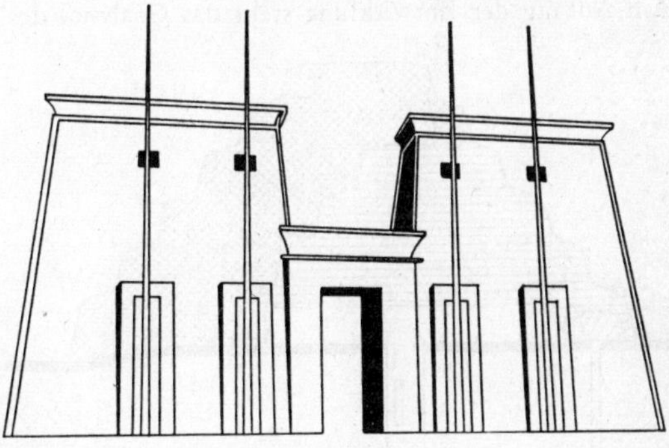

Abb. 28

den Ecken durch →Rundstäbe eingefaßt. In der Vorderfront sind symmetrisch an beiden Türmen Nischen als Halter für Flaggenmasten eingespart (meist 4 Stück; der 1. P. des Tempels von Ḳarnak hat 8, der des Atontempels in Tell el Amarna sogar 10 Flaggenmasten). Bei großen Tempeln können mehrere, hintereinander gelegene P. den Weg zum Sanktuar monumental verlängern (in Ḳarnak 6 P.). Ihre Größe ist unterschiedlich; der größte P. ist der 1. P. von Ḳarnak: 113 m lang, 15 m tief; jetzige Höhe (unvollendet) 43,5 m.

Lit.: Jéquier, Manuel S. 65 ff. — Ä. Darstellungen von P.: Wolf, Das schöne Fest von Opet, Taf. 1; Foucart, MIFAO 57,4, pl. 11/3; BIFAO 38, 239 ff.; Chronique d'Egypte 55, 28 ff.

[1] Hermupolis, MDIK 5, 11 ff.; Vorläufer des AR sind unsicher, Vandier, Manuel II, S. 575, 584.

Pyramịden. Der griech. Name P. ist nicht befriedigend erklärt; der ä. Name lautet *mr.* Als monumentale Form des →Königsgrabes dient die P. von der 3. bis zur 17. Dyn. Im NR treffen wir kleinere P. über Privatgräbern in →Theben und Anịba (→Nubien) und noch später wird die P. als Königsgrab von den Äthiopen aufgenommen.

I. Die scheinbar einfache geometrische Form verdankt ihre Entstehung nicht der Monumentalisierung einer wirklich primitiven Architektur, sondern erwächst aus mehreren, uns heute übersichtlichen Versuchen. Am Anfang der Entwicklung steht das Grabmal des

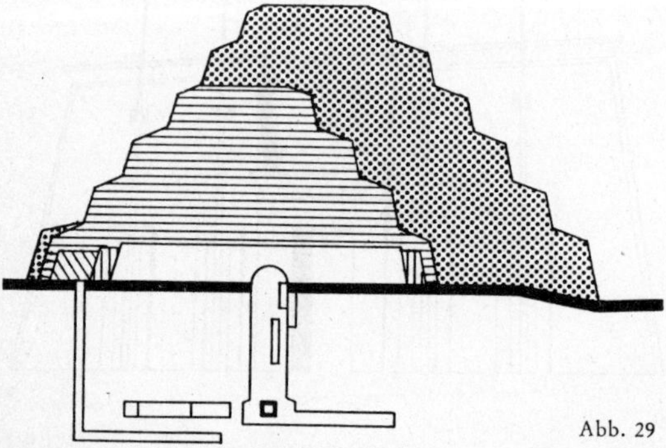

Abb. 29

Königs →Djoser in →Saqqara, die Stufenpyramide (Abb. 29). Der Bau war ursprünglich begonnen als Mastaba (→Grab), die dreimal vergrößert wurde. Darüber erbaute der Architekt, wahrscheinlich →Imhotep, eine in vier Stufen aufsteigende P., die wiederum durch eine sechsstufige P. überbaut wurde (Höhe etwa 60 m). Sie ist die einzige P., deren Grundfläche rechteckig (109,20×121 m), nicht quadratisch ist. Von einem Nachfolger Djosers Sechemchet stammt die wohl ebenfalls als Stufenpyramide geplante, aber vor Vollendung abgeänderte Anlage südwestl. des Djoserbaues, die neuerdings freigelegt wurde, von anderen die unvollendeten P. von →Zawyet el Aryan. Typologisch folgt die P. von →Meidum (Ende 3. Dyn.?), die als Stufenpyramide von 7, dann 8 Stufen gebaut, dann umkleidet wurde, so daß hier wohl die erste reine P. entstanden war (Abb. 30). Von →Snofru sind zwei P. bei →Dahschur bekannt: Die südl. sog. Knickpyramide (Abb. 31) und die nördliche „rote Pyramide" (Abb. 32). Erstere verdankt ihren Namen der Tatsache, daß der Neigungswinkel der Seiten an der Basis

Abb. 30

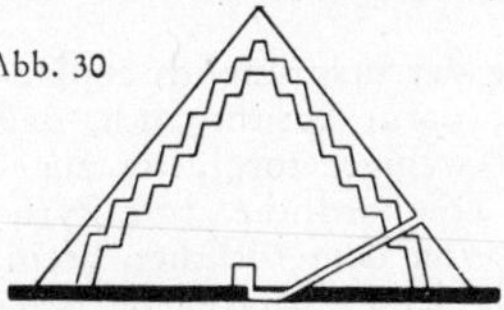

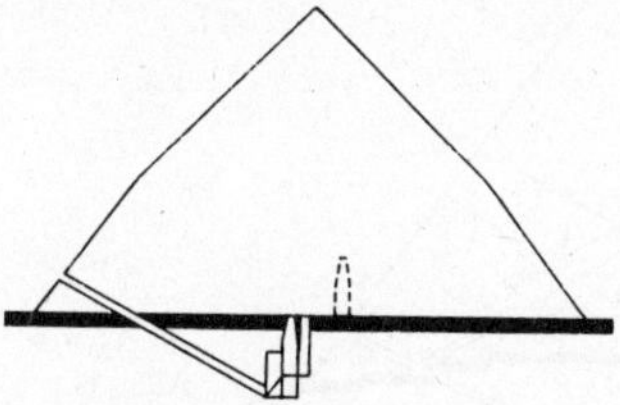

Abb. 31 a

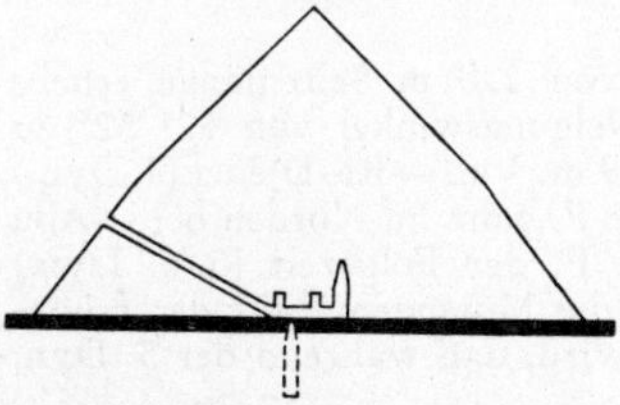

Abb. 31 b

rund 54° beträgt, in einer Höhe von 44,90 m aber ein Winkel von rund 43° gebraucht wurde. Unter den für diese Änderung beigebrachten Erklärungen leuchtet die am meisten ein, daß man eine schnellere

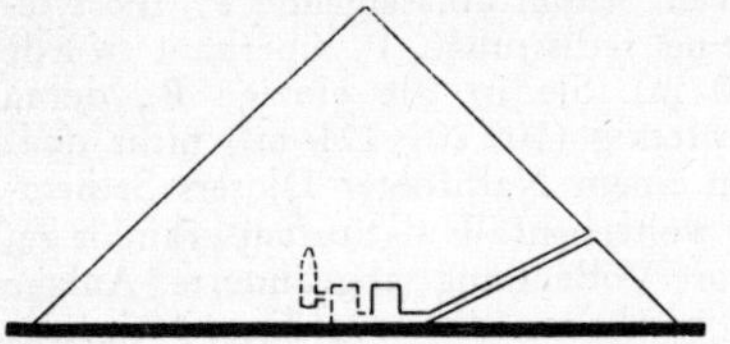

Abb. 32

Vollendung unter Aufgabe der ursprünglich geplanten Höhe erzielen wollte; dafür spricht auch, daß die Blöcke im oberen Teil weniger sorgfältig zugerichtet sind als im unteren. Die nördliche „rote Pyramide“ (der Name kommt von dem rötlichen Stein, der ursprünglich durch die jetzt abgetragene Verkleidung aus Turra-Kalkstein verdeckt war) erreicht mit einem flachen Neigungswinkel von rund 43° eine Höhe von 104 m. Die großen P. von →Gịza haben die Könige →Chẹops, →Chẹphren und →Mykerịnos als Bauherren, von denen die des Chẹops mit Recht als die vollendetste gilt (Abb. 33): Auf einer quadra-

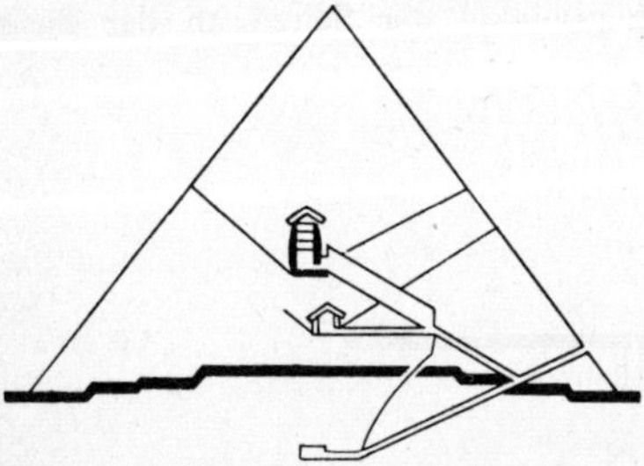

Abb. 33

tischen Grundfläche von 230 m Seitenlänge erhebt sie sich mit einem Neigungswinkel von 52° 52′ zu einer Höhe von 146,59 m. Von →Ra-Djedef (4. Dyn.) ist die völlig zerstörte P. ganz im Norden bei →Abu Roasch bekannt. Die P. der Folgezeit (5./6. Dyn.) erreichen nicht mehr die Monumentalität der früheren, wozu beitragen wird, daß während der 5. Dyn.

die Anlage der jeweiligen →Sonnenheiligtümer offenbar die Bau- und Ausstattungsmöglichkeiten stark auf sich zog. Auch Königinnen, schon in der 4. Dyn., haben eigene P., die allerdings denen der Könige an Größe nachstehen und, wenn auch architektonisch selbständig, sich ohne eigenen Aufweg und Taltempel (s. u.) in einer gewissen Abhängigkeit von der Anlage des Königs befinden. Wie die genannten Beispiele für die Pyramidenorte zeigen, wechselt dieser oft von einer Generation zur anderen, ohne daß uns Gründe für die Wahl des Ortes bekannt wären. Der Geländestreifen von Meidum im Süden bis Abu Roasch im Norden beträgt fast 100 km. Das gilt auch für die 5./6. Dyn.: Userkaf hat seine P. in Saqqạra-Nord; Sahure, Neferirkare, Neferefre, Neuserre die ihren in Abusir; Djedkarẹ-Asọsi in Saqqạra-Süd (genannt: Harâm esch-Schawâf); Ụnas und Tẹti in Saqqạra-Nord; →Phịops I., Merenrẹ, →Phịops II. und als letzter König des AR Ịbi haben die ihren wieder in Saqqạra-Süd errichtet. Von den Königen der 9./10. Dyn. (→Herakleopolịten) wissen wir nicht viel; doch hat sich einer der letzten von ihnen, Merikarẹ, eine P. in der Nähe der Tẹti-Pyramide in Saqqạra erbaut. — Die Könige der 11. Dyn. sind in →Theben bestattet, wo ihre Residenz lag. Auf dem sog. Antef-Friedhof sind die Gräber der Könige Sehertaui, Wah-anch Antef und (unvollendet) das des →Mentuhọtep Seanchibtạui gefunden worden, von denen das erste offenbar, wie an Spuren festgestellt wurde, über sich eine P. trug. Als die Könige der 12. Dyn. ihre Residenz wieder nach Norden verlegten, erbauten sie auch ihre P. in der weiteren Umgebung der Residenz (→Amenemhet I. und →Sesọstris I. in →Lischt; →Amenemhet II. in →Dahschur; →Sesọstris II. in →Lahụn; →Sesọstris III. und →Amenemhet III. in Dahschur; doch besaß →Amenemhet III. in →Hawạra im →Fayụm eine zweite P., deren Totentempel als →Labyrinth bekannt ist). Ihre Technik ist gegenüber den P. des AR weniger sorgfältig und dauerhaft; sie sind entweder aus Ziegeln gebaut oder mittels eines Skelettes von Steinmauern, deren Zwischenräume mit Stein, Erde oder Sand aufgefüllt sind. Die ursprüngliche Steinverkleidung wurde im

Laufe der Zeit abgetragen und der wenig widerstandsfähige Kern weitgehend zerstört. Reste weiterer P. des MR sind bei Mazgụne (südl. Dahschur, →Amenemhet IV und Königin Sebeknefrurẹ) und →Saqqạra (Chẹndjer der 13. Dyn. und eine anonyme P.) gefunden worden. Auch die Könige der 17. Dyn. haben noch P. als Grabmäler gebaut. Ihr Friedhof liegt in Theben (vor dem Hügel von Drac abu'l-nẹga Winlock, JEA 10,217 ff.); über den Gräbern waren kleine Ziegelpyramiden errichtet.

II. So verschiedenartig wie in jedem einzelnen Fall Bau und Proportionen der P. selbst sich darstellen, so verschiedenartig ist Ausführung und Zusammenfügung der zugehörigen Teile: Der unterirdischen Anlagen (also der eigentlichen Bestattungsanlagen), der Tempel, der Nebenpyramide und der sog. →Sonnenschiffe.

Unter dem Massiv der Djọser-P. dehnt sich ein Labyrinth von Gängen, Schächten und Kammern aus, das dem Begräbnis des Königs, aber auch der Königin und der Kinder diente. Wie bei der P. von Zawyet el Aryạn und der neuen Stufenp. von Saqqạra liegt der Zugang im Norden außerhalb des P.-Massivs und führt unter diesem zu den aus dem gewachsenen Boden ausgeschachteten Räumen. Eine andere Möglichkeit (z. B. Meidum) besteht darin, den Gang durch das Massiv schräg abwärts führen zu lassen (er beginnt hier etwa 20 m über dem Boden). Die Knickp. besitzt zwei auf diese Weise im Norden und Westen in verschiedener Höhe mündende, im Inneren miteinander nicht verbundene Gangsysteme (Vgl. Abb. 31). Bei der Chẹopsp. sind während des Baues Änderungen eingetreten. Die ursprüngliche Anlage (Eingang von Norden führt durch das Massiv zu einer unter der P. gelegenen Kammer) ist aufgegeben worden. Statt dessen ist die Sargkammer in das Massiv hineinverlegt worden, wobei man nochmals die zuerst geplante Anlage fallen ließ und eine zweite Kammer, höher als die erste gelegen, schuf. In der 5./6. Dyn. bildet sich ein ziemlich fester Plan der Bestattungsanlage heraus (Abb. 34): Zugang im Norden, Gang erreicht geradlinig die Mitte der P.-Grundfläche; von hier führt nach links (Osten) der Zugang zu dem sog. →Serdạb

Abb. 34

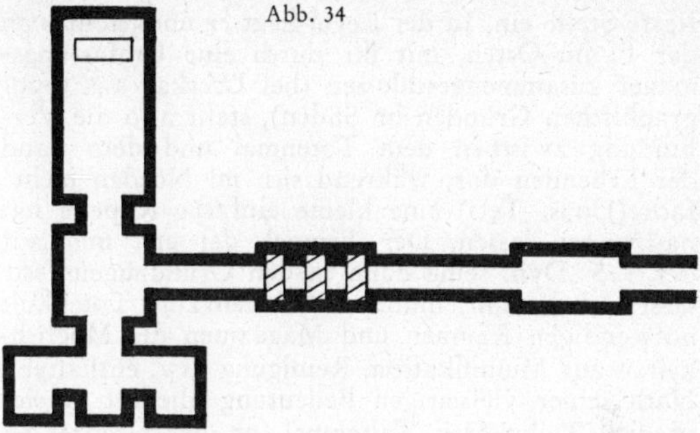

(Statuenraum), nach rechts (Westen) zur Sargkammer. Diese Anordnung entspricht wohl einem Ausgleich verschiedener kultischer und religiöser Beziehungen. Der Nordgang hält die Richtung auf die nördlichen Circumpolarsterne, unter denen unvergänglich zu weilen zu den in den →Pyramịdentexten ausgedrückten Jenseitswünschen gehört (→Jenseitsvorstellungen). Die Wendung des Statuenraumes nach Osten kommt der ostwärts von der P. gelegenen, also zum Land der Lebenden führenden Kultanlage entgegen. Hingegen deutet die Anlage der Sargkammer nach Westen dorthin, wo sich das Totenreich erstreckt. Im MR, besonders nach der Mitte der 12. Dyn., scheint jede Ordnung (zur besseren Sicherung des Toten?) aufgegeben zu sein. Zugänge, Galerien, Schächte lassen sich nicht mehr einem Ordnungsschema unterwerfen und sind mit zahlreichen Sicherungsvorrichtungen versehen. Die auf Terrassen errichtete Grabanlage Mentuhọteps III. in Thẹben (→Der el Bạhri) besitzt ein offenbar wieder aufgegebenes Grab auf der untersten Terrasse (sog. Bab el Hosạn), das eigentliche Königsgrab, dessen Zugang hinter der P. nach Westen in den Felsen führt und schließlich asymmetrisch angeordnete Gräber für Prinzessinnen vor der P. In diesem Falle ist, wie auch bei den kleinen P. an thebanischen Privatgräbern, jeder direkte Bezug zwischen P. und Bestattungsanlage aufgegeben.

III. Unter den zugehörigen Kulteinrichtungen nimmt der vielgliedrige Totentempel (→Tempel) die wichtigste Stelle ein. In der Regel liegt er unmittelbar an der P. im Osten, mit ihr durch eine Umfassungsmauer zusammengeschlossen (bei Userkaf aus topographischen Gründen im Süden), stellt also die Verbindung zwischen dem Totenmal und dem Land der Lebenden dar, während sich im Norden mehrfach (Ụnas, Tẹti) eine kleine einfache Kapelle hat nachweisen lassen. Der Tempel, der erst im Lauf der 4./5. Dyn. seine dann in den Grundzügen feste Gestalt bekommt, mußte außer den zum Totenkult notwendigen Räumen und Magazinen die Möglichkeiten zur Mumifikation, Reinigung usw. enthalten[1]. Nach seiner vielseitigen Bedeutung gliedert er sich in drei Teile: Den Taltempel, an der Grenze des Fruchtlandes gelegen, den überdeckten Aufweg und den eigentlichen P.-Tempel. Ganz für sich steht die Anlage Djọsers. Außer dem nördlich an der P. liegenden Totentempel ist im östlichen Teil des Komplexes um Höfe gruppiert eine Reihe unterschiedlicher, z. T. nur durch Fassaden angedeuteter Bauten aufgeführt, in denen Ricke[2] eine steinerne Nachbildung der im Rohr- und Zeltbau errichteten Residenz des Königs erblickt (→Architektur).

IV. Ferner gehört (so schon bei der Meidum-P.) zur Anlage die sog. Nebenp., eine kleinere, wohl mit Gang und Kammer versehene P., aber ohne Sarkophag und Kultbauten, die in der Regel südlich des Tempels innerhalb der Umfassungsmauer gelegen ist. Ihre Bedeutung ist noch nicht restlos geklärt. Ob sie mit dem →Jubiläumsfest[3] zusammenhängt, als Opferbau (gleichsam Bewahrerin der in ihr niedergelegten Opfer) anzusprechen ist[4] oder dem →Ka des Königs diente[5], ist nicht mit Sicherheit auszumachen. Fraglich ist es auch, ob wir mit ihr eine zweite Grabanlage im Djọserbezirk verbinden dürfen. Dort findet sich nämlich an der Südseite des Komplexes ein zweites Grab, das allerdings nicht die Form einer (Stufen-)P. hatte, sondern eine Mạstaba (→Grab) mit gewölbtem Dach darstellte. Mit Sicherheit kann aber gesagt werden, daß weder das Südgrab im Djọserbezirk noch die späteren Nebenp. als Grabstätten für Königinnen dienten.

V. Die sog. →Sonnenschiffe, die sich (bis zu fünf

Stück) an mehreren P. (Chẹops, Chẹphren, Ụnas) finden, bestehen aus länglichen gemauerten Gruben (bei Cheops 52 m lang), in die die hölzernen Schiffe hineingesetzt wurden. In der Regel ist von dem Holz nichts erhalten geblieben. Die Bedeutung der neuerdings (1954) gefundenen Schiffe südlich der Chẹopsp. liegt in ihrem Erhaltungszustand.

VI. Die technischen Probleme des P.-Baues sind Gegenstand zahlreicher Untersuchungen. Auch wenn sie nicht im einzelnen eindeutig gelöst sind, so stellen sie kein Rätsel mehr dar: Die Möglichkeiten, derartige Bauwerke aufzuführen, sind untersucht; welche Möglichkeit im einzelnen gewählt worden ist, ist umstritten. Zur Bearbeitung des Materials dienten Werkzeuge aus Stein (Hämmer aus Diorit, Bolzen aus Kiesel, Poliersteine aus Quarzit) und Kupfer (Handbeile, Sägen). Die Frage, ob Hebevorrichtungen (nach Herodọt II 125 wurden sie beim Bau der P. verwendet) benutzt wurden (das Prinzip der Hebelwirkung war in Ä. mindestens seit dem NR bekannt) und der sog. Kippschlitten Verwendung fand (ebenfalls seit dem NR nachweisbar), wird neuerdings von Lauer verneint. Zur Bewegung von großen Lasten dienten hölzerne Zieh→schlitten. Dabei wurde die letzte Bearbeitung der Blöcke, wie die vielen Kalksteinsplitter zeigen, an Ort und Stelle vorgenommen. Die Anlage von Rampen als Hilfskonstruktion ist an der Meidump. nachgewiesen (Borchardt). Unter Berücksichtigung aller Faktoren und unter Voraussetzung, daß nur eine Rampe verwendet wurde, errechnet Lauer für den Bau der Meidump. einen Zeitraum von 11 Jahren.

Lit.: I. E. S. Edwards, The Pyramids of Egypt, 1947; J. P. Lauer, Les problèmes des Pyramides d'Égypte, 1952; J. Vandier, Manuel d'archéologie Égyptienne, 1952 ff.; L. Borchardt, Die Entstehung der Pyramide, 1926.

---

[1] Entwicklung der Tempel: Ricke, Beiträge 5,1. — [2] Beiträge 4. — [3] ASAE 29, 67. — [4] Jéquier, Neit et Apouit, S. 10. — [5] ÄZ 73, 110.

Namen der Pyramiden im AR:

Snọfru: *Ḫ*ꜥ*-Snfrw:* die beiden Pyramiden „Es erscheint Snofru"; auch als die „vordere" und die „südliche" unterschieden.

Chẹops: *ꜣḫ.tj-Ḫwfw* „Horizontisch ist Cheops".
Radjẹdef: *Sḥdw-Rꜥ-ḏd.f* „Firmament des Radjẹdef"[1].
Chẹphren: *Wr-Rꜥ-ḫꜥ.f* „Groß ist Chephren".
Mykerịnos: *Nṯrj-Mn-kꜣw-Rꜥ* „Göttlich ist Mykerinos".
Schepseskạef: *Ḳbḥ-Špśś-kꜣ.f* „Kühl (d. h. ruhig) ist Schepseskaef".
Userkạf: *Wꜥb-ìśw.t-Wśr-kꜣ.f.* „Rein sind die Stätten des Userkaf".
Sahurẹ: *Ḫꜥ-bꜣ-Śꜣḥw-Rꜥ* „Es erscheint die Seele des Sahure".
Neferirkarẹ: *Bꜣ-Nfr-ìr-kꜣ-Rꜥ* „Neferirkare ist Seele".
Schepseskarẹ: noch unbekannt.
Neferefrẹ: *Nṯrj-bꜣw-Nfr.f-Rꜥ* „Göttlich sind die Erscheinungsformen des Neferefre".
Neuserrẹ: *Mn-ìśw.t-Nj-wśr-Rꜥ* „Es bestehen die Stätten des Neuserre".
Menkauhọr: *Nṯrj-ìśw.t-Mn-kꜣw-Ḥr* „Es sind die Stätten des Menkauhor göttlich".
Djedkarẹ (Asọsi) *Nfr-Ḏd-kꜣ-Rꜥ* „Djedkare ist vollendet (o. ä.)".
Unas: *Nfr-ìśw.t-Wnjś* „Die Stätten des Unas sind vollendet".
Tẹti: *Ḏd-ìśw.t-Ttj* „Die Stätten des Teti sind beständig".
Phịops I.: *Mn-nfr-Mrj-Rꜥ* „Es besteht die Vollendung des Merire".
Merenrẹ: *Ḫꜥ-nfr-Mrj-n-Rꜥ* „Es erscheint die Vollendung des Merenre".
Phịops II.: *Mn-ꜥnḫ-Nfr-kꜣ-Rꜥ* „Es besteht das Leben des Neferkare".
Neferkarẹ II.: *Ḏd-ꜥnḫ-Nfr-kꜣ-Rꜥ* „Es ist das Leben des Neferkare beständig"[2].

---

[1] Vgl. Kêmi 8, 216. — [2] Jéquier, Pyramides des reines Neit et Apouit p. 54.

Namen der Pyramiden im MR:

Die Grabanlagen der Könige des MR bestehen aus drei Teilen: der eigentlichen Pyramide, dem Totentempel mit der Siedlung der ständigen Priester und der Pyramidenstadt mit den Arbeitern, die Stundendienst bzw. Monatsdienst leisten: Jeder dieser Teile hat einen eigenen Namen:

König	Lage	Pyramide
Amenemhet I.	Lischt	*i͗św.t-ḫʿw*
Sesọstris I.	Lischt	*ptr-tꜣ.wj*
Amenemhet II.	Dahschur	?
Sesọstris II.	Illạhun	?
Sesọstris III.	Dahschur	?
Amenemhet III.	Hawạra	?

König	Totentempel	Pyramidenstadt
Amenemhet I.	*Ḳꜣ-nfr* *ꜣḫ-i͗ś.t-ib*	?
Sesọstris I.	*ẖnm-i͗św.t*	*Ḥʿ*-Sesọstris
Amenemhet II.	*b̄ꜣ*-Amenemhet	*ḫrp-ʾImnw*
Sesọstris II.	*ḫrp*-Sesọstris	*ḥtp*-Sesọstris
Sesọstris III.	*ḳbḥ*-Sesọstris	?
Amenemhet III.	*ʿnḫ*-Amenemhet	*ḫrp*-Amenemhet

Pyramidentexte. Unter P. versteht man diejenigen religiösen Texte, die in den →Pyramiden (Sargkammer und Gänge) folgender Könige des AR aufgezeichnet sind: Ụnas, Teti, →Phịops I., Merenrẹ, →Phịops II., Ibi und der Königinnen Ịput, Neith, Ụdjebten, der Gemahlinnen Phịops' II. Es handelt sich dabei nicht um ein Corpus heiliger Schriften in neunfacher Wiedergabe, vielmehr um untereinander stark abweichende Sammlungen religiöser Sprüche; besonders die älteste Sammlung (Ụnas) beinhaltet eine große Zahl von Sprüchen, die in den späteren Sammlungen nicht mehr vertreten sind, wie andererseits die jüngste (Ịbi) sich schon in mancher Beziehung mit den →Sargtexten berührt. Das große Thema der P. ist die jenseitige Existenz des toten Königs; u. zw. wird diese nicht in Form einer Lehre oder Schilderung des Jenseits abgehandelt, sondern die Sprüche begleiten Ritualhandlungen im Zusammenhang mit der Beisetzung, die zur jenseitigen Existenz verhelfen sollen[1]. Allerdings ist eine ins einzelne gehende Analyse und Interpretation der P. in diesem Sinne noch nicht durchgeführt, wohl auch nicht bis zum letzten durchführbar, da uns unmittelbare Kenntnis der Ritualhandlungen weitgehend fehlt. Ein weiteres Erschwernis zum Verständnis der P. stellt die Tatsache dar, daß die mit ihrer Hilfe zu erreichende jenseitige Existenz keineswegs einer einheitlichen →Jenseitsvorstellung entspricht. Vielmehr lassen sich mehr oder weniger deutlich verschiedene Vorstellungskreise trennen, von denen als bekannteste der Himmelsaufstieg des Königs zum Sonnengott, die Versetzung unter die Sterne, aber auch die Verklärung als →Osiris zu nennen sind. Selbstverständlich gehören auch Texte dazu, die Reinigungen und Räucherungen, Weihung der königlichen Insignien, Grabbauten und Statuen, Opfergaben und Verklärung zum Gegenstand haben. Mit der offensichtlichen Uneinheitlichkeit der in ihnen vertretenen Anschauungen hängt die Frage nach der Datierung und Herkunft der P. zusammen. Die früher (besonders von Sethe) vertretene Anschauung, daß wir es zum größten Teil mit Spruchgut aus vorgeschichtlicher Zeit zu tun haben, läßt sich wohl nicht mehr halten; auch die sprachlichen Kriterien, die eine solche Auffassung stützen könnten, sind nicht stichhaltig. Von einigen, vielleicht lange mündlich überlieferten Zaubertexten (Schlangenzauber) abgesehen, wird man nicht über das AR mit der Datierung hinaufgehen können. Die Übernahme nicht königlichen Sprachgutes in die P. ist nachgewiesen. Manche Sprüche der P. sind auch in die →Sargtexte und das →Totenbuch übernommen worden, andere treffen wir im Tempelritual sehr viel späterer Zeit wieder an, wobei unter Umständen starke Überarbeitungen nachzuweisen sind. Möglichst archaische Kopien einzelner Sprüche findet man in Gräbern und auf Särgen der Spätzeit wieder. Dabei ist es nicht unwichtig zu erwähnen, daß darunter auch Sprüche vorkommen, die uns aus den P. nicht bekannt sind, aber offensichtlich einer gleichartigen Quelle entstammen. Das deutet neben anderen Anzeichen darauf hin, daß die uns überlieferten P. (also die in den Gräbern der genannten Könige aufgezeichneten Texte) Auswahlen und Redaktionen aus Textgut darstellen, dessen Sammlungen in Tempelarchiven uns nicht erhalten sind.

Lit.: Textveröffentlichungen: Sethe, Pyramidentexte, Leipzig 1908/22; ders. Kommentar und Übersetzung, 4 Bde. Glückstadt a. J.; Jéquier, Pyr. des reines Neit et Apouit, Kairo 1933;

Mon. fun. de Pepi II., Kairo 1938; Pyr. d'Aba, Kairo 1935. — Übersetzungen (außer Sethe): Speleers, Traduction, index et vocabulaires des Textes des Pyramides, Bruxelles 1934; Mercer, The Pyramid texts, New York 1952. — Inhaltsübersicht: Kees, Handbuch S. 30 ff.

[1] Ricke-Schott, Beiträge 5.

✶ ✶

Querflöte. Das Querflötenspiel ist in Ä. für die Ptolemäerzeit belegt. Man hat zunächst angenommen, daß es etruskischen Ursprunges sei (2. vorchristl. Jhdt.), und Spuren haben sich in Kleinasien gefunden (2. nachchristl. Jhdt.). Die ersten ä. Querflöten besitzen seitlich aufgesetzte Mundstücke und drehbare Stimmringe vom Bombyxtyp. (H)

Lit.: C. Sachs, The History of Musical Instruments, New York 1940; H. Hickmann, Acta musicologica XXIV, III—IV, Kopenhagen 1952; BIE 36, 602 ff.

✶ ✶

Ra-djędef. König der 4. Dyn., Sohn des →Cheops und einer unbekannten Königin. Regierungszeit nach →Turiner Papyrus 8 Jahre (ca. 2530—2521 v. Chr.). Er erbaute sich bei →Abu Roạsch nördl. Kairo eine →Pyramide, die aber nicht vollendet wurde. Gemahlin hieß Chentetenkạ; seine Söhne folgten ihm nicht auf den Thron, sondern sein Bruder →Chęphren.

Ramessẹum. Totentempel →Rạmses II. auf dem Westufer von →Thẹben. Wie alle Totentempel des NR ist er dem Gott →Amun geweiht. Südlich am 1. Hof lag der →Palast des Königs. Von den Darstellungen sind besonders die der Schlacht von →Kadẹsch (auch eine Abschrift des Kadeschgedichtes) und der Hethiterkriege erwähnenswert. Diodor I 47/49 schildert das R. unter dem Namen „Grab des Osymandyas“ (<*Wśr-mꜣꜥ.t-Rꜥ*, den Namen des Königs).

„Ramesseumspapyrus, Dramatischer“. Ein in einem Grab des MR beim →Ramesseum in →Theben zusammen mit anderen Papyri gefundener Text, der das Ritual für die Handlungen am Vorabend des Jubiläums enthält[1], wobei jede Szene einen Kommentar erhalten hat, der die betreffende Handlung aus der Osirismythe erklärt. Der Papyrus ist für →Sesostris I. hergestellt worden; der Kommentar selbst ist allerdings älter (eine genaue Datierung kann nicht gegeben werden), während die Fixierung des Rituals selbst in die ersten Dynastien zurückgehen wird.

Lit.: Text: Sethe, Dramatische Texte (Untersuchungen 10) S. 83 ff.

[1] Orientalia 1954, 383 ff.

Ramses. Name einer größeren Anzahl von Königen der 19. und 20. Dyn.

R. I. Vorname *Mn-pḥ.tj-Rꜥ*. Erster König der 19. Dyn. Er war vorher Festungskommandant von →Sile gewesen und von →Haremheb zum Stellvertreter und Nachfolger eingesetzt worden. Beim Tod des Haremheb bestieg er, der vorher *Pꜣ-Rꜥ-mś-św* hieß, als R. (I.) den Thron, starb aber bereits in seinem 2. Regierungsjahr, anzusetzen etwa 1306—5 v. Chr. Vor seinem Tod setzte er seinen Sohn →Sethos als Mitregenten ein.

Von Bauten sind zu erwähnen die Fortsetzung des Aufbaus des 2. →Pylons und der hypostylen Halle in →Karnak, sowie ein kleiner Totentempel in →Abydos mit feinen Reliefs (j. z. T. im Metropolitan Museum, unveröffentl.).

R. II. Vorname *Wśr-mꜣꜥ.t-Rꜥ-śtp-n-Rꜥ*, Sohn →Sethos', 1. König der 19. Dyn., regierte 66 Jahre und 2 Mon. (nach →Manetho), Thronbesteigungstag am 27. 11. Anzusetzen etwa 1290—1223 v. Chr.

Unter ihm erreichte das ä. Reich zum letzten Male einen Höhepunkt. Er setzte außenpolitisch die von seinem Vater Sethos I. unternommene Eroberung Palästinas fort, konnte aber nicht die wichtige syrische Ebene Ä. rückgliedern, da er am 9. XI. seines 5. Jahres bei →Kadesch am Orontes geschlagen wurde.

R. hat eine ausgedehnte Bautätigkeit im ganzen Land entfaltet. So errichtete er sich im NO-Delta eine eigene Residenz („Ramses-Stadt“, bei →Tạnis bzw. Qantịr?); noch gut erhalten sind seine Totentempel in →Abỵdos und der in Theben-West (→Ramessẹum). In →Kạrnak vollendete er den hypostylen Saal und erbaute einen Vorhof vor dem →Luxortempel. In →Nubien errichtete er u. a. die bekannten Felsentempel von →Abu Sịmbel. Dazu finden sich aber Baureste seiner Zeit an fast jedem Ort Ä. (→Pithọm, Kantịr, Nebesheh, →Bubạstis, Abukịr, Athrịbis, →Heliọpolis (Obelịsk), →Mẹmphis (zwei Kolossalstatuen, von denen eine noch am Ort, die andere jetzt vor dem Hauptbahnhof in Kairo), Ehnạs, →Hermụpolis, Antaiupolis, Lepidotọnpolis, →Abỵdos, →Kọptos, →Elkạb, →Ẹdfu; in Nubien Bet el Wạli, Gerf Hussẹin, Wadi es Sạbua, Derr, Abu Sịmbel (2 Tempel), Farrạs, Sẹrre, Nạpata.

R. III. *Wśr-mꜣꜥ.t-Rꜥ-mrj-ʾImn* König der 20. Dyn., Sohn des Gründers der Dyn. Sẹthnacht, der in seinem 2. Jahr starb[1]. Mutter ist wohl *Tjj-mrj-ʾIś.t.* Regierte wenig über 31 Jahre, etwa von 1183—1152 v. Chr. Er kopierte weitgehend seinen großen Vorgänger R. II., indem er Darstellungen aus dẹssen Totentempel in seinen übernahm. Auch seine Söhne nannte er nach denen Rạmses' II. Unter ihm erreichte die Welle der →Seevölker von Norden her Ä. Er hielt die ä. Herrschaft noch bis Nordpalästina aufrecht, da von ihm Denkmäler in der Festung Betsheạn belegt sind.

R. III. fiel einer Harimsverschwörung während eines Aufenthaltes in Theben zum Opfer, am 16. XI. des 32. Jahres, die einen Prinzen *Pn-tꜣ-wr.t* auf den Thron bringen sollte. Jedoch erlangte ein anderer Sohn, R. IV., die Herrschaft und ließ die Verschwörer im Namen seines ermordeten Vaters verurteilen[2]. Außerdem sanktionierte R. IV. die Stiftungen seines Vaters an die Tempel, die in einer großen Aufstellung[3] niedergeschrieben sind.

Thronbesteigungstag 26. IX.; Gattin: Isis.

An Bauten sind wichtig die Anlage von Tell el Jahudije, ein Tempel in Kọptos, ein Tempel vor dem 2. Pylon in Kạrnak sowie ein kleiner Tempel im Bezirk der →Mut bei Kạrnak, in Elkạb. R. III. legte sich zwar ein Grab im Königsgräbertal an, gab es aber auf und benutzte das seines Vaters Sẹthnacht.

[1] Ancient Egypt 1914 S. 106. — [2] Pap. judicaire Turin, Pap. Lee, Pap. Rollin. — [3] Pap. Harris I.

R. IV. Vorname *Ḥḳꜣ-mꜣꜥ.t-Rꜥ-śtp-n-ꜣImn.* Nachfolger R. III., regierte 6 Jahre, etwa von 1152 bis 1146 v. Chr., bestieg den Thron, nachdem er eine Harimsverschwörung niedergeschlagen hatte. Thronbesteigungstag 15. XI.; Gattin *Tjn.t-ip.t.*

R. V. Vorname *Wśr-mꜣꜥ.t-Rꜥ-śḫpr-n-Rꜥ*, eigentlicher Prinzenname *ꜣImn-ḥr-ḫpš.f.* Wahrscheinlich ein Sohn R.' IV., höchstes Regierungsdatum 4 Jahre[1], etwa um 1145—1140 v. Chr. Denkmäler auf dem Sinai[2], Grab im Königsgräbertal, das sein Nachfolger R. VI. annektierte.

[1] Pleyte-Rossi, Pap. Turin 51—60. — [2] Petrie, Researches 149.

R. VI., Vorname *Nb-mꜣꜥ.t-Rꜥ-mrj-ꜣImn*, eigentlicher Prinzenname *ꜣImn-ḥr-ḫpš.f*, einer Nebenlinie des Königshauses entstammend. Mutter Isis, Vater ein nicht zur Herrschaft gekommener Sohn R.' III. Gattin *Nwb-ḫsdb.* Regierungszahlen sind nicht belegt. Bauten auf dem Sinai, Statuen aus Bubastis, Memphis, Karnak. Anzusetzen etwa 1139—1133 v. Chr.

R. VII., Vorname *Wśr-mꜣꜥ.t-Rꜥ ꜣḫ-n-ꜣImn*, Prinzenname *Śtḫ-ḥr-ḫpš.f.* Wahrscheinlich Sohn R.' VI., kann nur wenige Monate regiert haben[1]; etwa um 1133 v. Chr.

[1] v. Beckerath, Tanis und Theben 87.

R. VIII., Vorname *Wśr-mꜣꜥ.t-Rꜥ-mrj-ꜣImn-śtp-n-Rꜥ*, Prinzenname: *ꜣImn-it.f.* Nachfolger R.' VII. 7 Regierungsjahre belegt, etwa 1132—1125 v. Chr.[1].

[1] JEA 11, 72 ff.; 14, 60 ff.

R. IX., Vorname *Nfr-kꜣ-Rꜥ-śtp-n-Rꜥ*, Prinzenname: *Ḫꜥ-m-wꜣś.t.* Nachfolger R.' VIII., regierte 19 Jahre, etwa 1125—1105 v. Chr. Aus seiner Zeit besitzen wir eine Anzahl →Grabräuberpapyri, sowie einen Teil des Nekropolentagebuchs[1] aus dem 13. und 17. Jahr.

R. X., Vorname *Ḫpr-mꜣꜥ.t-Rꜥ-śtp-n-Rꜥ.* Regierte wohl nur 3 Jahre, etwa 1105—1096 v. Chr. Aus seiner Zeit stammt ein Teil des Nekropolentagebuchs[1].

[1] Botti-Peet, Giornale.

R. XI., Vorname *Mn-mꜣꜥ.t.Rꜥ-stp-n-Ptḥ*, Prinzenname *Ḫꜥ-m-wꜣs.t*. Regierte mindestens 27 Jahre[1], vielleicht 29. Vor seinem 12. Jahr kam es zu einem Bürgerkrieg in →Theben, in dem der Hohepriester Amenhotep durch den Vizekönig von Nubien Panehsi vertrieben wurde. Er regierte etwa von 1095—1069 v. Chr.

[1] Mariette, Cat. Abydos Nr. 1173.

Rassel. R. sind durch Schüttelbewegungen zum Klingen gebrachte Schlagidiophone. Stiellose Gefäßrasseln aus Ton sind in Ä. seit der Vorgeschichte nachweisbar (→Merimde, Mahasna und Sahel al-Bagliah). Die kontinuierliche Entwicklung dieses Klanggerätes von der frühdynastischen Zeit (ꜥEzbet el-Walda) über das M und NR (Theben und Tell el Amarna) bis zur Spätzeit und zum griechisch-römischen Ä. ist gegenständlich durch eine ganze Reihe schön erhaltener Instrumente belegbar. Auch Gefäßrasseln (zumeist Stielrasseln) aus Flechtwerk, Metall oder Holz hat es zu allen Zeiten der ä. Geschichte gegeben. →Sistrum. (H)

Lit.: H. Hickmann, ÄZ 79,2.

Rasseltrommel. Musikszenen der 18. Dyn., besonders aber aus der Spätzeit stellen das Trommelspiel in der Art und Weise dar, daß der Musiker sein Instrument (vom Tamburintyp) zu schütteln, nicht aber zu schlagen scheint. Es handelt sich in diesen Fällen wahrscheinlich um R., d. h. allseitig geschlossene, zweifellige Handtrommeln mit Rasselfüllung (Körner, Kiesel, Muscheln). Die R. ist von der Klappertrommel zu unterscheiden. Letztere ist mit einem Handgriff versehen und wird in drehende Bewegung versetzt, so daß zwei außen angebrachte Körner rhythmisch auf die Trommelfelle aufprallen[1]. (H)

[1] H. Hickmann, Journal of the Royal Asiatic Society 1950, 1/2.

Re. Name des Sonnengottes, der wohl anfänglich das Gestirn selbst bezeichnete. So sehr auch die Sonne in den meisten theologischen Systemen eine beherrschende Rolle spielt, scheint Re als Gott verhältnismäßig spät (Beginn des AR) und allmählich in seine späterhin universale Rolle als Götterkönig hineinzuwachsen (→Gott). In theophoren →Königsnamen begegnet er zuerst in der 2. Dyn. (Nebrẹ „[mein] Herr ist Re") und erst in der 4. Dyn. (Chẹphren) treffen wir zum ersten Male den Königstitel „Sohn des Re". Selbst in →Heliọpolis gehört Re nicht zum ältesten Kultbestand. Erst in der 5. Dyn. hat er die unumschränkte Herrschaft als Königs- und Weltgott erreicht: Ihre Könige stammten nach einer Legende von ihm ab (→Papyrus Westcar) und ehrten ihn durch die Erbauung von →Sonnenheiligtümern. Mancherlei mythische Züge und Bilder schlingen sich um die Gestalt des Sonnengottes: Er überfährt den Himmel von Osten kommend in der Morgen- und Abendbarke[1]. In der Sonnenbarke thront der Gott, umgeben von seinem Gefolge und den Herrschaftssymbolen wie der König. Der Gott →Seth kämpft für ihn gegen den am Horizont lauernden →Apophis. Die Himmelsgöttin gebiert den Sonnenball am Morgen und verschluckt ihn am Abend[2]. Nach anderer Auffassung durchfährt der Gott nachts die Unterwelt und ihn hierbei zu begleiten, gehört zu den Wünschen des Toten (→Jenseitsvorstellungen). Mit Re und seinem Namen vereinigen sich zahlreiche Götter des Landes. Aber die durch Namensverbindung ausgedrückte Angleichung (Month-Rẹ, Sụchos-Rẹ, Chnum-Rẹ) bedeutet in der Sprache der ä. Theologie, daß alle diese Götter unbeschadet der ihnen eigentümlichen Gestalt und Geltung auch als Erscheinungen des allmächtigen Sonnengottes zu gelten Anspruch erheben. Wenige Götter besaßen Eigenständigkeit genug, um der Anziehungskraft des Re zu entgehen; so vor allem →Osiris, der sich stets in offenem oder verborgenem Gegensatz zu Re befand, und der memphitische Hauptgott →Ptah. Am mächtigsten zog die gesamte religiöse und theologische Wertigkeit des Re der spätere Reichsgott →Amun auf sich (seit MR). Wie stark sich dabei Re von seiner naturhaften Mächtigkeit entfernt hatte, zeigt die religiöse Neuformung →Amenophis' IV. Zwar knüpft seine Lehre (und auch manche kultische Einrichtung) an die alte Sonnenstadt Heliopolis und den ursprünglichen Sonnengott an; aber doch sieht er sich genötigt, seiner religiösen Konzeption einen neuen Namen, →Aton, zu geben.

[1] Abb. Bonnet, Bilderatlas Abb. 15. — [2] Bonnet, a. a. O. Abb. 20.

Recht. Die Quelle des R. ist der König in dem Sinne, daß er die →Maat verwirklicht. Diese Verwirklichung findet ihren Niederschlag in verschiedenen gesetzesähnlichen Anordnungen. Sammlungen von „Gesetzen" (*hp.w*) muß es schon im AR gegeben haben; indirekt wird das bewiesen durch die Schilderung am Ende des AR, daß die Gesetze auf die Straße geworfen und vom Pöbel zerrissen werden[1]. Am Ende des MR findet sich der Inhalt eines Gesetzes zitiert, „gegen den, der absichtlich 6 Monate seine Arbeit verläßt"[2]. Wörtliche Zitate finden sich zweimal im späteren NR: „Pharao sagt ja: Gib die Mitgift einer Frau ihr wieder zurück"[3] und „...entsprechend dem Wort des Großen Gottes (= König): Laß jedermann über seinen Besitz Verfügung haben[4]". Wie lange derartige Gesetze Geltung behielten, wissen wir nicht; doch scheint es, daß ein bestehendes (und bei der Thronbesteigung anerkanntes?) Gesetz auch den König band[5]. Gesetzesähnlichen Charakter haben →Dekrete (*wḏ.t* „Befehl"), die Institutionen betreffen oder, wie das Dekret des →Haremheb, eingerissene Mißstände im Lande beseitigen wollen. Die Anordnungen liegen im Büro des →Vezirs gesammelt vor[6]; denn dieser übt im Auftrag des Königs die →Rechtsprechung aus. Daß wir über manche Rechtsverhältnisse wenig Bescheid wissen (z. B. Strafrecht), liegt an der Lückenhaftigkeit des Materials: Überlieferte Fälle verteilen sich über einen langen Zeitraum und sind nicht immer eindeutig zu interpretieren. Man gewinnt den Eindruck, als habe Verwaltungs-, Sachen- und Zivilrecht eine ungleich wichtigere Rolle gespielt als Strafrecht. →Adoption, Ehe, Eid, Familie, Folter, Frau, Grabräuber, Landbesitz, Sklaverei, Soziale Schichtung, Strafen, Streik, Tempelbesitz, Testament, Totenstiftung.

Lit.: Spiegelberg, Studien zum Rechtswesen, Hannover 1892; Seidl, Einführung in die ä. Rechtsgeschichte², Glückstadt 1951; ders., Ä. Rechtsgeschichte der Saiten- und Perserzeit, 1956.

[1] Adm. 6, 10/11. — [2] Hayes, Pap. of the Late Middle Kingdom, 1955. — [3] JEA 13, pl. 14. — [4] Kairo 42208 c 14. — [5] Pap. Turin 17, 9 ff. — [6] Urk. IV 1108/09.

Rechtsprechung. Im Staatsaufbau des AR war der →Vezir der oberste Richter, der an Stelle des Königs entschied; er trug deshalb den Titel *ṯꜣtj* „der vom Torweg", wo in damals gebräuchlicher Weise Recht gesprochen wurde. Gleichzeitig stand er den „6 großen Häusern" vor, die Gerichtshöfe waren, jeder unter seinem Vorsteher, mit „Leitern der Eingabenschreiber" und „Assessoren" (*sꜣb ỉrj Nḫn*). Hier wurden aber sicher nur die wichtigsten Fälle verhandelt, während sonst bereits im AR ein lokales Beamtenkollegium als Gericht fungierte[1], das *ḏꜣḏꜣ.t* genannt wird.

Im MR scheint die R. stark zentralisiert gewesen zu sein, da nach verschiedenen Urkunden zu urteilen, die Verhandlungen vor dem „Sprecher" der betreffenden Stadt geführt, Entscheidungen aber vom Vezirbüro gefällt wurden, für deren Durchführung dann der Bürgermeister verantwortlich war.

Die Urkunden des NR hingegen machen das Bestehen zweier „großer *ḳnb.t*" unter Leitung der beiden Vezire deutlich, vor denen Hauptanliegen verhandelt werden konnten, während daneben die Beamtengerichte einer Stadt, eines Tempels oder auch eines Dorfes (Deir el Medineh) die gewöhnlichen Fälle behandelten.

Daneben finden sich auch Sondergerichte, die für bestimmte Fälle eingesetzt wurden, so das Einmanngericht bei der Verurteilung der Königin von →Phiops I. durch Uni, das Gericht der Truchsesse zur Aburteilung der Verschwörer gegen →Ramses III. oder der sich aus den höchsten thebanischen Würdenträgern und kgl. Emissären zusammensetzende Gerichtshof gegen die →Grabräuber unter →Ramses IX.

Vor den genannten Gerichten und Gerichtshöfen wurden nicht nur Strafprozesse durchgeführt, sondern auch notarielle Feststellungen getroffen. Als wichtiges Hilfsmittel kam der →Eid und die →Folter zur Anwendung. Lokaltermine und Durchführung der Entscheidung wurden ebenso wie das Suchen von Aktenmaterial von einem bestimmten Angehörigen des Gerichtshofs durchgeführt[2]. Die Entscheidungen selbst wurden im NR in den Akten der einzelnen Gerichtshöfe niedergelegt, wobei bei einer Entscheidung des obersten Landesteilgerichts (*ḳnb.t* ꜥ*ꜣ.t* unter dem Vezir) anscheinend die Entscheidung auch im Protokoll des für den Fall zuständigen Lokalgerichts niedergeschrieben wurde[3].

[1] Urk. I 157. — [2] Inscr. of Mes: *śr n ḳnb.t.* — [3] JEA 13 pl. 13 ff. im Protokoll der großen *ḳnb.t* von →Theben und im Protokoll des Tempels von → Medinet Hạbu.

Regen. Während es im Delta jeden Winter regnet, ist R. in O.ä. selten und tritt nur strichweise, meist als Gewitter, am häufigsten noch in den Gebirgen der Ostwüste auf. Daher galt R. in diesen Gebieten als besonderes Omen. So berichtet ein Vezir Amenemhet unter dem letzten König der 11. Dyn., daß bei seinem Zug ins →Wadi Hammamạt ein „Wunder geschah, es regnete und es erschienen die Gestalten des Gottes (Min), die Wüste war ein See"; dadurch füllten sich die Brunnen, so daß die Steinbruchexpedition erfolgreich durchgeführt werden konnte[1]. Nach der Dienstvorschrift des →Vezirs (13. Dyn.) mußte Regenfall dem Vezir gemeldet werden[2]. Einen gefährlichen Gewittersturm unter →Ahmose erwähnt eine Stele dieses Königs[3]. Als →Rạmses II. eine hethitische Prinzessin heiratete, reiste diese im Winter nach Ä.; die Heiratsstele[4] schildert, daß der König →Seth als Herrn der Unwetter bat, in dieser Zeit keinen Regen und Schnee in Syrien fallen zu lassen. An dieser Stelle wird bisher zum einzigen Mal Schnee mit einem semitischen Fremdwort erwähnt (*śrḳw*: hebr. *šeleg*). Das ist insofern auffallend, als Schneefall in Ä. ab und zu vorkommt.

[1] Couyat-Montet, Inscriptions du Ouadi Hammamat Nr. 191. — [2] Urk. IV 1116, 5. — [3] Vandersleyen, RdE 19, 123 ff.en — dE [4] ASAE 25, 181.

Reichseinigung. Der Begriff der R. geht auf die ä. Vorstellung zurück, das historische Reich beruhe auf einer Vereinigung „der beiden Länder", d. h. O. und U.ä., ein Akt, der in der Zeremonie des

„Vereinigens der beiden Länder" bei der →Krönung eine Rolle spielt und auf vielerlei Monumenten durch symbolische Gruppen (→Papyrus und →Lotos als Wappenpflanzen der beiden Landeshälften um das Schriftzeichen „vereinigen" geschlungen) ausgedrückt ist. Als historische Epoche bezeichnet man mit R. jenen Zeitraum des Übergangs von der Vorgeschichte zur Geschichte (Beginn der 1. Dyn.), die mit den Königsnamen Skorpion, →Narmer, →Horus-Aha umschrieben wird[1]. Die Auffassung, daß damals tatsächlich zwei einander feindliche Reiche gewaltsam von O.ä. aus geeinigt worden seien, ist weitgehend mit Hilfe religiöser Überlieferungen am konsequentesten von K. Sethe[2] ausgebaut worden und liegt den meisten geschichtlichen Darstellungen zugrunde. Neuerdings neigt man mehr dazu, die R. in einem staatsbildenden Verschmelzungsprozeß zu sehen, in dem die die ä. Kultur bildenden Komponenten (bäuerliche und nomadische Bestandteile, semitische und afrikanische Gruppen) zu einer fruchtbaren Einheit zusammengezwungen werden.

[1] Vgl. Otto, Ä. S. 34 ff. — [2] Urgeschichte, 1930; vgl. auch Breasted, BIFAO 30, 709 ff. beide mit dem Ziel, die staatliche Vorgeschichte der beiden Reiche zu erhellen.

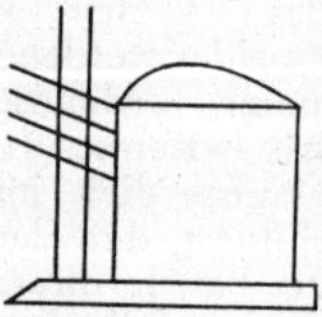

Abb. 35

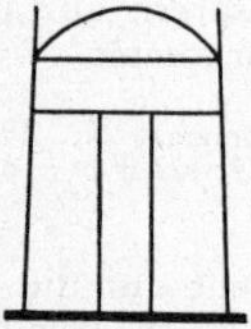

Abb. 36

Reichsheiligtum. Der Ä. kennt zwei Gebäude, die er als „die beiden Kapellen" bezeichnet und als Repräsentanten von O. und U.ä. auffaßte. Sie kommen sowohl als Schriftzeichen wie als Zeremonialbauten bei Königs- und Götterfesten vor. Ursprünglich dürfte es sich um vorgeschichtliche Königs-, bzw. Häuptlingswohnungen handeln, deren Bautypen in jene alte Zeit zurückgehen. Der Name des o.ä. Gebäudes lautet „großes Haus"; es stellt ein Zelt aus Stützen und Matten dar mit dem Eingang auf der Stirnseite (Abb. 35). Die ältesten Darstellungen auf Rollsiegeln lassen vermuten, daß dieses Häuptlingszelt die Gestalt eines Tieres nachahmt, vielleicht eines Nashorns. Es ist vorn mit Hörnern bewehrt, hat eine wellenförmige Rückenlinie und einen herabhängenden Schwanz. Die Grundform des u.ä. Palastes wird verschieden gedeutet. Jedenfalls hatte es an den Ecken hohe Pfosten und ein gewölbtes Dach. Man kann dabei an einen Holz- und Rohrbau, aber auch an einen Ziegelbau denken (Abb. 36).

Lit.: Ricke, Beiträge 4, S. 27 ff.

Reiten. Nach Abbildungen und Texten reiten nur Pferdeburschen[1] oder Personen in höchster Gefahr und Eile, wie der Truchseß in der Kadeschschlacht, der die Truppen herbeiholen soll[2]. Allerdings gibt es Anzeichen, daß auch der Ägypter häufiger ritt, als die offiziellen Urkunden zugeben. So zeigen Ostraka ä. Beamte zu Pferd[3] und auf der Klinge eines Prunkbeils ist ein Reiter abgebildet[4]. Auch hat →Senenmut mit seinem →Pferd dessen Sattel mit begraben lassen (einziges erhaltenes Original), der aus einer bestickten Leinendecke mit Lederüberzug besteht und mit zwei Bändern um Hals und Leib des Pferdes befestigt wurde[5].

Reitend wurde dagegen die syrische Göttin als Herrin der Pferde dargestellt[6] (→Astarte). Innerhalb des äthiopischen Kulturkreises wurde häufig auf Pferden geritten[7].

---

[1] JEA 7, 6; BMM 11, 85. — [2] Wreszinski, Atlas II 169. — [3] Vandier-d'Abbadie, Ostraca Nr. 2159; auch ASAE 6, 97. — [4] Petrie, Tools and Weapons pl. 2,21. — [5] BMM Jan. 1937 S. 14 Abb. 14. — [6] Ostr. Berlin 21826; LD III 138 o. — [7] AAA 9 pl. 24; 32.

Relief. R. begegnet seit vorgeschichtlicher Zeit, zuerst auf Schiefer→paletten und →Stelen, wobei man die gelegentlich auf Tongefäßen angebrachten halbplastischen Figuren kaum als Vorläufer und Bestandteil der R.-Kunst betrachten darf (→Keramik). Von früh an zeichnet sich das (ältere) Hochrelief durch geringe Oberflächenerhebung aus, weshalb Schäfer[1] die treffende Bezeichnung „gehobenes Flachbild" prägt. Nicht fertig gestellte Arbeiten lassen das Werkverfahren erkennen. Auf der Fläche wird die Figur mit Rot vorgezeichnet, dann mit Schwarz nachgezogen. Der Umriß wird mit dem Meißel nachgearbeitet, u. zw. so, daß steile Figurenränder entstehen. Dann wird der Grund von der Figur weg gleichmäßig abgearbeitet. Die Ränder der Figur werden gerundet und ihre Oberfläche modelliert. Jünger (seit 4. Dyn.) ist das versenkte R. Bei ihm wird die Figur vom Umriß her in die Fläche versenkt, ihre Oberfläche ebenfalls modelliert. Ihr erhabenster Punkt kann in gleicher Ebene mit dem ursprünglichen Grund liegen; meist liegt er tiefer. Man scheint im AR versenkte R. vor allem dort verwendet zu haben, wo es im Tageslicht lag. In späterer Zeit (Ramessiden) kann das versenkte Relief eine bemerkenswerte Tiefe (mehrere Zentimeter) erreichen, wodurch eine „malerische" Wirkung entsteht. Beide Reliefarten gelten auch für monumentale Schrift. Ursprünglich waren alle R. bemalt. Eine seltsame Technik hat man in der 3./4. Dyn. vorübergehend versucht: Das Pastenrelief. Bei ihm waren die Figuren versenkt, der Hohlraum aber mit farbigen Pasten ausgelegt, die mit der Steinoberfläche bündig verstrichen waren. So entstand der Eindruck einer Malerei. Zur besseren Haltbarkeit war der Untergrund durch Trennungsstege in eine Art Fächer eingeteilt, die die Pasten aufnahmen. Trotzdem sind die Farben meist herausgefallen.

[1] Von ä. Kunst S. 76 ff.

Religion. Die ä. R. zeichnet sich dadurch aus, daß in ihr die religiösen Erfahrungen von einem allgemeinen Animismus der Vorzeit bis zur persönlichen Frömmigkeit und Gotteserfahrung einerseits und formalistischen Erstarrung andererseits in der Spätzeit aufsummiert werden. Ferner wird sie gekennzeichnet durch das Fehlen einer scholastischen Bändigung und Klärung. Daraus folgt die unbegrenzte Möglichkeit, religiöse Gestaltungen und Formulierungen immer wieder mit neuem Inhalt zu füllen; der natürlichen Scheu, religiöse Formen zu ändern, kann hier weitgehend nachgegeben werden, da ihre Inhalte keiner dogmatischen Fixierung unterliegen. Neues gießt sich unmerklich in alte Formen oder neue Formen werden ohne eigentliche Auseinandersetzung den alten hinzugefügt, ohne sie zu verdrängen. Toleranz in jeder Beziehung kennzeichnet das religiöse Leben. Als Erbe der Zeit eines allbeseelenden Animismus steht die Vielheit der Gottesgestalten und göttlichen Mächte (→Gott), unter denen sich ebenso älteste anonyme Mächte wie persönlichkeitsnahe Götter finden. Auch hier hat nie eine herrschende theologische Schule vereinheitlichend eingewirkt. Gewiß kann eine bestimmte Lehre (→Achtheit, →Neunheit, →Weltschöpfungslehren) eine allgemeine Geltung gewinnen; aber ihre Anerkennung ist gleichsam freiwillig und hängt von der Traditionsgebundenheit des Denkens und der Anziehungskraft ihres Inhaltes ab. Auch die →Mythe ist beständigem Wechsel unterworfen und kann noch zu erstaunlich später Zeit Ausdruck neuer Erlebnisse werden. Der religiöse Gehalt des Königtums übt zweifellos eine formende Kraft auf die ä. R. aus: Die Konzeption eines Götterkönigs wie →Re, →Amun, die Ausdeutung der Mythe des →Osiris, die zentrale Geltung der Kulte von Residenzstädten wie →Mẹmphis und →Thẹben u. a. m. Andererseits darf aus der religiösen Geltung einer Lehre oder eines Systems nicht auf eine politische Rolle seines Ursprungsortes geschlossen werden (etwa bei →Heliọpolis oder →Hermụpolis).

Aus der Gebundenheit an das freie, ausdrucksreiche religiöse Leben ist das ä. Denken nie völlig herausgetreten; seine Art die Welt anzuschauen, blieb stets religiös bestimmt. Trotzdem ist die Variabilität des Denkens erstaunlich. Die Welt als Kampfplatz von Mächten, unter denen der Mensch magisch wirkend sich zu behaupten sucht, die Welt als Schöpfung großer Götter, in deren Ordnung Mensch, Gesellschaft und Staat bestimmte Funktionen ausüben, die Welt, in der der Mensch als unmittelbares Geschöpf Gottes sich ethisch handelnd bewähren muß, — das sind einige Möglichkeiten religiöser Welterfassung, die in Ä. verwirklicht wurden, ohne daß auch in dieser Beziehung ein klares Nacheinander oder gar ein Gegeneinander zu erkennen wäre; die soziologische Vielgliedrigkeit der ä. Kultur hat zweifellos das zeitliche Nebeneinander der typologisch nacheinander zu setzenden Stufen gefördert.

Wie es kein Denken über die Welt ohne religiösen Untergrund gegeben hat, so hat sich auch kein Lebensgebiet aus der religiösen Einbettung emanzipiert. Religiöses Brauchtum, oft zu abergläubischen Handlungen herabgesunken, lebt in allen Handlungen, besonders natürlich bei krisenhaften Gelegenheiten wie Geburt, →Tod (→Totenkult, →Begräbnis, →Jenseitsvorstellungen) oder in exponierten Gestalten (→Königskult, →Krönung). Zur Durchdringung des Lebens mit religiösen Vorstellungen gehört es, daß der →Kult, unmittelbar oder mittelbar (→Tempelbesitz) weite Kreise der Bevölkerung und beachtliche Teile des öffentlichen Lebens bestimmt.

In gleicher Weise vielfältig und weit um sich greifend ist das religiöse Schrifttum, das so wenig wie die R. selbst eine kanonische Festlegung erfahren hat. Einen großen Raum nehmen Ritualtexte (Sprüche, die zu Ritualhandlungen zu rezitieren sind) ein; reich ist die Zauberliteratur. Die großen Textsammlungen (→Pyramidentexte, →Sargtexte, →Totenbuch) sind aus Zusammenstellungen von Sprüchen entstanden. Selten sind religiöse Texte dogmatisch-lehrhaften Inhalts (→Denkmal memphitischer Theologie). Den Kern der religiösen Literatur bildet das gesprochene oder gesungene Wort. Neben Sprüchen finden sich gleichmäßig früh Hymnen, Anrufungen, Verklärungen. Individuelle Gebete als Ausdruck persönlicher Frömmigkeit sind aus älterer Zeit selten bekannt (z. B. in der Erzählung des →Sinụhe), seit dem NR häufiger[1]. Schriftoffenbarung im strengen Sinne kennt der Ägypter nicht, auch wenn einzelne Schriftwerke auf den Gott →Thot selbst zurückgeführt werden[2].

Lit.: Erman, Die Religion der Ä., Berlin 1934; Kees, Der Götterglaube im Alten Ä.[2], Berlin 1956; Frankfort, Ancient Egyptian Religion, an interpretation, New York 1948; Bonnet, Reallexikon der ägypt. Religionsgeschichte, Berlin 1952.

[1] Z. B. Erman, Sb. Pr. A. W. 1911, 1086 ff. — [2] Vgl. Leipoldt-Morenz, Heilige Schriften, Lpz. 1954, pass.

„Renaissance". Häufig benutzte Bezeichnung einer Epoche am Ende der Ramessidenzeit, die als „Wiederholung der Geburten" (*wḥm mśw.t*) erscheint. Sie begann im 19. Jahr →Rạmses' XI. und dürfte damit zusammenzubringen sein, daß damals in →Thẹben die Herrschaft des Vizekönigs von →Nubien Panẹhsi beendet wurde, der die Gewalt des →Hohenpriesters des Amun Amenḥotep gebrochen hatte und im Namen des Königs amtierte. Seine Herrschaft war in Theben verhaßt, so daß sein Nachfolger als Vizekönig, Herihor, der vielleicht sein Offizier gewesen war, offiziell die Herrschaft des Hohenpriesters über die Thebais wiederherstellen mußte, indem er selbst dieses Amt übernahm unter Zustimmung des Königs, der damals Theben besuchte. Diese Wiederherstellung der alten, richtigen, von →Amun sanktionierten Ordnung wurde durch Einführung der Datierung nach der „Wiederherstellung des richtigen Zustandes", der „Neugeburt" der Welt, bekräftigt. Die höchste bekannte Datierung ist Jahr 7 (= 25. Jahr Ramses' XI.)[1]; nach dem bald darnach erfolgten Tod Ramses XI. verschwindet die Datierung nach der *wḥm mśwt*-Periode wieder.

[1] JNES 7, 157 ff.

Renenutet. „Nährschlange", Gottheit der Landwirtschaft in Schlangengestalt, die oft den jugendlichen Neper (das „Korn") säugend dargestellt ist. Man opferte ihr am 1. IX. als Erntebeginn, sowie am 1. VIII., wonach dieser →Monat „Fest der Renenutet" (Pharmouthi) heißt[1]. Ein weiteres Fest[2] der Renenutet war das „Mehlwiegen" am 27. VIII.

Lit.: Leibovitch, JNES 12, 73 ff.

[1] Schott, Festdaten 103. — [2] Schott, a. a. O. 102.

Rescheph. Kanaanäischer Gott, der in der Mitte der 18. Dyn. in Ä. Eingang fand, zunächst als Kriegsgott; →Amenophis II. überschreitet den Orontes dahinstürmend wie R.[1]; →Astarte und R. freuen sich über seine Kunst der Pferdepflege[2]; die Streitwagen →Ramses' II. „sind mächtig wie lauter Reschephs"[3]. Meist findet sich R. verbunden mit der Göttin →Kedesch.

Er wird mit o.ä. Krone mit langen Bändern, Schild und Speer dargestellt (oder mit Keule), sowie einem eigenartigen ruderartigen Instrument, dessen Deutung noch aussteht[4].

Lit.: R. Stadelmann, Syrisch-palästinensische Gottheiten in Ägypten, Leiden 1967, S. 47 ff.

[1] Urk. IV 1302; ZDPV 69,127 — ältester Beleg. — [2] Urk. IV 1282, 15. — [3] Edgerton-Wilson, Hist. Rec. 24. — [4] Leibovitch ASAE 39, 145 ff.; 40, 489 ff.

Rind. Das Rind (wie auch das europäische Hausrind vom Bos primigenus Bojanus abstammend) gehört zu den ältesten →Haustieren auf ä. Boden[1]. Während der geschichtlichen Zeit ist es als Zugtier (→Pflug, →Schlitten), als Schlachttier und wegen seiner Milch gebraucht worden. Im allgemeinen wurden R. auf Weiden gehalten, vorzüglich im Delta, wohin auch Herden aus O.ä. getrieben wurden, Masttiere auch in Ställen. Ob die Unterscheidung von langhornigen und mittellanghornigen R. auf Darstellungen zwei verschiedene Rassen andeutet, ist nicht sicher. Kurzhornrinder sind wohl als eigene Rasse anzusprechen. Künstliche Deformierung der Hörner begegnet seit vorgeschichtlicher Zeit[2]. Seit dem NR begegnen auch die aus Syrien importierten Buckelrinder (Zebu)[3].
Das im Wirtschaftsleben so wichtige Tier spielte auch im religiösen Leben eine entsprechende Rolle. Der Himmel konnte als der Bauch einer über der Welt stehenden Kuh gedacht werden (daher Himmelsgöttin →Hathor auch in Kuhgestalt). Allgemein galt die Kuh als mütterliches Tier (so hieß eine Kuhgöttin direkt „die des Horus[kindes] gedenkt"; das Zeichen des 12. u.ä. →Gaues stellt eine Kuh mit Kalb dar, sein Name lautete das „göttliche Kalb" = griech. Sebennytos). Im 22. o.ä. Gau wurde eine heilige weiße Kuh als „erste der Kühe" verehrt. Der Stier hingegen galt einmal als kämpferisches Königstier und der Wildstier als gefährliches Jagdtier; in den historischen Stierkulten (→Stiere, heilige) wurde vor allem das zeugungskräftige Tier verehrt.

Lit.: Boeßneck, Haustiere S. 12 ff. Kêmi 13, S. 43 ff.

[1] Seit dem Neolithicum, Massoulard, Préhistoire, S. 43, 48. — [2] Parallelen bei den heutigen Niloten s. Seligmann, Studies Griffith, S. 457 ff. — [3] JEA 33, pl. 8.

Rondo. Nach den bildlichen Darstellungen und Liedtexten zu urteilen, hat die Vokal- und Instrumentalmusik der alten Ägypter häufig Rondoform gehabt: der Vorsänger trug wahrscheinlich die Strophen der Lieder melodisch variierend vor, während der →Chor bzw. die Instrumentalmusikgruppe den Refrain stereotyp wiedergab. →Dôr. (H)

Rosette, Stein von. 1798 wurde von dem französischen Artillerieoffizier Boussard bei Schanzarbeiten beim Fort St. Julian bei Rosette (arab. ar-Raschịd in der Nähe der Mündung des westlichen Nilarms) eine schwarze Basaltplatte gefunden, auf der ein →Dekret der Priester zu Ehren Ptolemäus' V. Epiphanes vom Jahre 196 v. Chr. aufgezeichnet war. Die Inschrift ist in Hieroglyphisch, Demotisch (→Schrift) und Griechisch abgefaßt. Der Stein wurde eines der wichtigsten Denkmäler zur Entzifferung der Hieroglyphen durch →Champollion (→Ägyptologie). Nach der Kapitulation von Alexandrien (1801) kam der Stein in den Besitz der britischen Regierung und steht heute im British Museum.

Rundstab. Unter R. versteht man die an Mauerkanten senkrecht verlaufenden, dann auch Gebäudemauern waagerecht begrenzenden rundholzförmigen Verdickungen. Wie manche Elemente der →Architektur stammt auch der R. nicht aus dem Steinbau, sondern aus dem mehr gefährdeten Lehmziegelbau. Hier dürften R. ursprünglich aus zusammengebundenen (daher im Stein mit schrägen oder waagerechten Bandmustern ornamentiert) Rohrbündeln zum Schutz der Mauerkanten angebracht worden sein. In der Steinarchitektur begegnen R. zuerst beim Grabdenkmal des Königs →Djoser in Saqqạra (Tempel „T"). Seit der 4. Dyn. wird das Ornament auf verschiedene steinerne Architekturformen übertragen, →Stelen, Naoi, Särge, →Pylone usw.

Lit.: Jéquier, Manuel S. 74 ff.; Vandier, Manuel II, S. 402; Ricke, Bemerkungen I, S. 90.

Sachmet. Der bedeutendste Kultort der löwenköpfigen Göttin S. lag in →Memphis, wo sie zusammen mit →Ptah und →Nefertem die →Triade von Memphis bildete. Ihr Kult in der Residenz mag Anlaß gewesen sein, daß sie im AR als „Mutter" des Königs genannt wird[1]. In ihrem Wesen blieb sie trotzdem immer die gefährliche, vernichtende Macht (ihr Name bedeutet die „Mächtige"), deren Wüten Krankheit und Pestilenz schickt (daher gibt es „Boten" der S. als Bringer von Krankheit), die als Kriegsgöttin die Macht des Pharao darstellt und der deshalb auch im Mythus von der →Weltvernichtung die Zerstörung des Menschengeschlechtes anbefohlen wird. Aus ihrem Wesen erklären sich die Beziehungen zur ebenso gefährlichen →Uräusschlange, zum fernen →Auge des Himmelsgottes, zum →Zauber und damit auch zur →Medizin[2]. In der jüngeren Residenz →Theben wird S. mit der dortigen weiblichen Hauptgottheit →Mut gleichgesetzt; im Tempelbezirk dieser Göttin haben sich zahlreiche löwenköpfige Statuen der Mut-S. gefunden.

[1] Pyr. 262. — [2] S.-Priester neben Arzt genannt, ÄZ 63, S. 65.

Sais. J. Sa el-Hagar, Ort am kanopischen Nilarm, Hauptstadt des klassischen 5. u.ä. →Gaues, wird bereits auf den ältesten Denkmälern mit seinem Heiligtum der Göttin →Neith genannt[1]. Auch im →butischen Begräbnis-Ritual spielt S. eine Rolle. Geschichtlich ist S. nur in der Spätzeit von Bedeutung gewesen, als im ausgehenden 8. Jhdt. Tefnachte von S. und →Behbet gegen den Äthiopen →Pianchi kämpfte. Tefnachtes Sohn Bokchoris (einziger Vertreter der 24. Dyn.) versuchte erneut, Ä. von S. aus zu einen, wurde aber von Schabako geschlagen und (nach →Manetho) lebendig verbrannt.
Unter den Herrschern der 26. Dyn. (= Saitenzeit) war S. die Hauptstadt und dürfte den ganzen Handel mit dem Norden über das Meer an sich gezogen haben. Hier wurden auch die Könige beigesetzt[2]; das Grab des →Amasis soll dort von Kambyses zerstört worden sein[3]. Daß aber dieser Perserkönig die Tempelanlagen von S. von dort wohnenden „Fremden" säuberte und außerdem für die Wie-

dererrichtung des dortigen →„Lebenshauses" Sorge trug, ergibt sich aus der Inschrift eines Udjahorresnet[4]. Herodot[5] gibt eine Schilderung der Stadt. Zahlreiche Statuen von Beamten der Spätzeit und Bauteile befinden sich in verschiedenen Museen, jedoch ist S. selbst noch nicht ausgegraben.

[1] RT II pl. X 2. — [2] Herodot II 169. — [3] Herodot III 16. — [4] Posener, Première Domination Perse S. 1. — [5] II 62, 170/1, 165

Saiteninstrumente →**Harfe**, →**Leier**, →**Laute**.

Salbkegel. Auf Darstellungen des NR tragen Männer und Frauen auf ihrem Kopf einen abgerundeten Kegel. Es handelt sich um Myrrhen, die „auf den Scheitel" (Perücke oder rasierten Kopf) gelegt werden[1], indem sie mit Fett vermischt sind.

[1] Davies, Rekhmire pl. 69.

Salz. S. kam hauptsächlich aus dem Wadi Natrụn; ob es wie in griechischer Zeit auch in den Lagunen am Mittelmeer gewonnen wurde, ist durch Zeugnisse nicht belegt. →Fische wurden gern gesalzen. Es wurde anscheinend in „Ziegeln" gehandelt.
Lit.: Lucas, Materials[3] S. 304/5.

Saqqạra. Ort westl. des alten →Mẹmphis, nach dem der mittlere Teil der Nekropole benannt ist zwischen →Abusịr und →Dahschụr; der Name selbst weist auf den Totengott →Sọkar hin. Hier finden sich die ältesten Gräber der geschichtlichen Zeit, der sog. „archaische Friedhof", auf dem die höchsten Beamten der frühgeschichtlichen Zeit begraben sind[1]. Westlich dieser am Wüstenrand liegenden Nekropole errichtete dann →Djoser die sog. „Stufenpyramide", die er mit einem aus Stein gebauten Modell seines Palastes umgab (→Pyramide). Während die Könige der 4. Dyn. ihre Pyramịden erst südlich (bei Dahschụr) und dann nördlich (bei →Gịza und →Abu Roạsch) anlegten, kehrte erst der letzte König der 4. Dyn. Schepseskạf nach S. zurück, indem er etwa 5 km südlich der Stufenpyramide sein Grab in der Form einer großen Mạstaba anlegte (sog. „Mastabat el Faraụn")[2].

Sein offizieller Nachfolger Userkaf, der Gründer der 5. Dyn., errichtete seine Pyramide an der NO-Ecke des Bezirks des Djoser[3].
Während die folgenden Könige der 5. Dyn. ihre Pyramiden weiter im Norden bei Abusir anlegten, haben die letzten Könige dieser Dyn., und zwar die, die keine →Sonnenheiligtümer mehr errichteten, ihre Pyramiden wieder nach S. verlegt: Asosi legte sein Grabmal in dem Raum zwischen der Stufenpyramide und der Mastaba des Schepseskaf an. In der Nähe der Stufenpyramide finden sich die Pyramiden des Unas (5. Dyn.) und Teti (6. Dyn.), während → Phiops I. und II. (mit den Pyramiden seiner Königinnen) weiter im Süden bei der Mastaba des Schepseskaf ihre Gräber erbauten. Dort haben auch der letzte König des AR, Ibi und 2 Könige der 13. Dyn. (Chendjer, der andere unbekannt) ihre Pyramiden errichtet.
Da auch die Beamten ihre Gräber um die Pyramiden der Könige anlegten, ist die Wüste zwischen ihnen mit Mastaben angefüllt, die jedoch zum größten Teil noch oder wieder versandet sind. Die großen Anlagen der 1. Dyn. wurden bereits erwähnt. Gräber von Beamten der 3. Dyn. liegen nördlich der Stufenpyramide. Die Beamten der 4. Dyn. waren in Giza beigesetzt und fehlen daher hier; dafür aber ziehen sich die Gräber der 5. Dyn. von Abusir nach Süden bis in die Gebiete nördlich, NW und westlich der Stufenpyramide. Die anderen Mastabengruppen kristallisierten sich um die Pyramiden der Könige, unter denen die betreffenden Beamten mit einem Grabplatz beliehen wurden.
Auch in späterer Zeit benutzte man die Wüste von S. als Begräbnisplatz; so finden sich Gräber der 11. Dyn. und des MR in der Nähe der Pyramide Phiops' I., solche des NR südlich der Stufenpyramide. Zahlreiche Teile der Gräber sind dann in koptischer Zeit in das Kloster des hl. Jeremias verbaut worden, das nach der Eroberung durch die Araber zerstört worden ist.
1200 m W der Pyramide des Teti wurde in der 18. Dyn. das sog. „Serapeum“ angelegt als Grabstätte der heiligen Apisstiere (→Stiere) von Memphis. Zunächst begann →Amenophis III. damit, für

die verstorbenen hl. Tiere isolierte Gräber anzulegen, eine Sitte, die seine Nachfolger bis →Ramses II. weiterführen, so daß 9 Apisstiere in dieser Weise begraben wurden. Ramses II. ließ dann durch seinen Sohn, den Hohenpriester von Memphis Chaemweset, eine kleine Galerie errichten, in der nun die Apisstiere bis zu dem im 21. Jahr →Psametichs I. gestorbenen beigesetzt wurden, alles in allem 28 Stiere. Diese Stiere lagen in Holzsärgen. Psametich I. ließ dann eine neue große Galerie anlegen, die bis in die Zeit der Ptolemäer benutzt wurde, aber vom Ausgräber →Mariette geplündert aufgefunden wurde. Seit →Amasis setzte man die Stiere in Steinsarkophagen bei. Die Oberbauten des Serapeums sind weitgehend zerstört; zahlreiche Papyrifunde lassen aber erkennen, daß der Apiskult auch von den Griechen ausgeübt wurde (→Serapis). Nördlich davon sind durch Emery jetzt die Grabstätten der Mütter der Apis-Stiere gefunden worden.

[1] Emery, Tomb of Hemaka; Tomb of Hor Aha; Great Tombs of the First Dynasty I/II. Die Annahme des Ausgräbers, es handele sich um →Königsgräber, ist umstritten. — [2] Jéquier, Le Mastabat Faraoun, Kairo, 1928. — [3] ASAE 29, 65 ff.

Sargtexte. Die auf Holzsärgen der 11.—17. Dyn. aufgezeichneten Texte nennt man um dieses äußerlichen Kennzeichens willen S. Hierzu kommen drei Papyri[1], die nur eine geringe Auswahl von Sprüchen enthalten und wie die Zweckbestimmung des Berliner Pap. besagt, als „Festritual“ dienten. Gegenüber den →Pyramidentexten haben die S. einen geographisch größeren Verbreitungsraum (Ober- und Unterägypten) und umfassen auch inhaltlich einen größeren Themenkreis. Die in ihnen ausgedrückten Bedürfnisse des Toten sind konkreter und menschlicher als in jenen (Vorsorge vor Hunger und Durst, Vermeiden, in der Unterwelt auf dem Kopf stehend gehen zu müssen; Vereinigung mit der Familie; Machthaben über Feinde und Widersacher, Götter und Dämonen). Die mythischen Präzedenzfälle, auf die sie anspielen, sind reichhaltig und variabel. Außer oft stark überarbeiteten Texten, die auch die Pyramiden enthalten, und anderen, die wohl aus nicht erhaltener Totenliteratur des AR stammen, finden wir zahlreiche Texte, die sich mit eschatologischen Fragen der zeitgeschichtlichen →Jenseitsvorstellung beschäftigen und sich deshalb auch mit der gleichzeitigen Literatur berühren. Hierher gehören Sprüche, in denen Vorstellungen vom Fortleben der Seele neu geformt werden[2], ferner die Lehre vom Luft- und Lebensgott →Schu[3], der Glaube an die Wiederauferstehung im Korn. An mythologisch wichtigen Texten sind zu nennen eine in Gesprächsform gehaltene Erzählung von der Geburt und dem Triumph des →Horus[5], sowie der an mythologischen Einzelheiten und kommentierenden Glossen reiche Spr. 335, der später als Kap. 17 ins →Totenbuch übernommen ist. Zur Form der Texte ist zu bemerken, daß sie in der Regel mit Zwecktiteln ausgestattet sind („Spruch zum Eintreten in den schönen Westen"; „Verwandlung in ein Krokodil"; „Verwandlung in jegliche Gestalt" usw.), sowie daß sie bisweilen eine Anweisung für den Gebrauch als magische Sprüche zum Nutzen auch Lebender nachgestellt bekommen. Niedergeschrieben sind die S. in sog. Kursivhieroglyphen (→ Schrift) wie auch das Totenbuch. Einzelne Sprüche haben auch Illustrationen[6], wie es bei den sog. →Jenseitsführern und im Totenbuch in größerem Umfang üblich ist.

Lit.: Veröffentlichung der S.: De Buck, The Egyptian Coffin Texts I—VII, Chicago 1935—61. — Übers.: Speleers, Textes des cercueils du Moyen Empire Egyptien, Bruxelles 1946. — Überblick: Kees, Handbuch, S. 39 ff.

---

[1] Pap. Berlin 10482; Pap. Gardiner II, jetzt BM; Pap. Gardiner III, jetzt Oriental Institute Museum Chicago. — [2] Spr. 99—104; vgl. Misc. Greg. 151 ff. — [3] Spr. 75—85. — [4] Spr. 330. — [5] Spr. 148. — [6] Z. B. Spr. 466: Zeichnung des Opfergefildes; Spr. 398 ff.: Zeichnung der Jenseitsfähre.

Sạtis. Göttin in →Elephantịne, Gattin des →Chnum, Herrn des Kataraktes, neben →Anụkis, Göttin der Insel Sehel. Dargestellt als Frau mit hoher Krone, an der zwei Antilopenhörner sitzen. Häufigste Bezeichnung „Herrin von Elephantine". Sie wird auch in →Thẹben von Arbeitern angerufen, die aus Elephantịne stammten. Da mythisch bei Elephantine die Nilquellen lagen, galt sie als Bringerin des reinigenden Wassers.

Säule. Das Wesen der ä. S. ist grundsätzlich von dem der griechischen verschieden. In ihrer Form drückt sich in keiner Weise das Gefühl des Tragens aus wie bei jenen; sie „sind eben gar nicht Glieder eines tätigen a n i m a l i s c h e n Organismus, sondern Teile eines in sich ruhenden, im unorganischen Boden wurzelnden v e g e t a t i v e n Organismus, in dem nirgends Platz für unser Körpergefühl ist“[1]. — Die einfachste Form ist die z y l i n d r i s c h e S. mit runder Basis und rechteckigem Abakus. Unter den k a n n e l i e r t e n S. sind zwei Arten zu unterscheiden: Eine schlanke, sich nach oben stark verjüngende, die steinerne Nachbildung einer aus einem geschälten Baumstamm bestehenden Stütze[2] und die stämmigeren, sich nicht verjüngenden S. mit 8, 16 und mehr Kanneluren verschiedener Ausführung, für die bisweilen der unzutreffende Ausdruck „protodorische S.“ verwendet wird. Die sog. Z e l t s t a n g e n s ä u l e geht zurück auf den Zeltbau (z. B. noch in den Darstellungen des königlichen Thronpavillons); in Stein übersetzt hat sie einen runden, glatten Schaft und ein knaufähnliches Kapitell (z. B. im Festtempel →Thutmosis' III. in →Karnak. Abb. 37). Eine Nachahmung des →Sistrums als Kultgerät der →Hathor bildet die Sistrum- oder H a t h o r s ä u l e (seit MR): Auf einem Pfeiler oder einer S. sitzt als Kapitell der Kopf, genauer das Gesicht der Göttin (Abb. 38). Ein typisches Element der ä. Architektur sind die P f l a n z e n s ä u l e n, d. h. S., die Schaft und Blüte einer bestimmten Pflanze wiedergeben und bei denen die Abwesenheit des Begriffs des Tragens besonders sinnfällig wird. Die Hauptformen sind folgende:

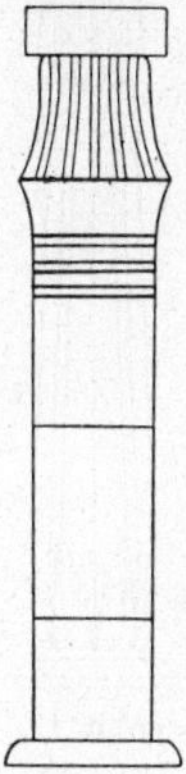

Abb. 37

Abb. 38

P a l m s t a m m s ä u l e: Runder, glatter Stamm (bis-

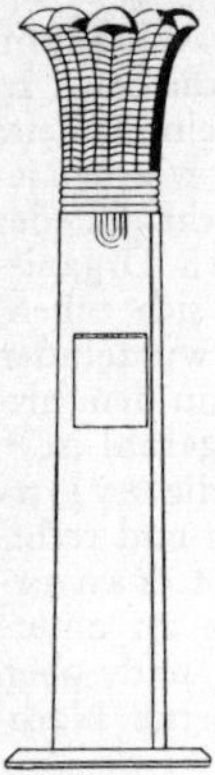

Abb. 39

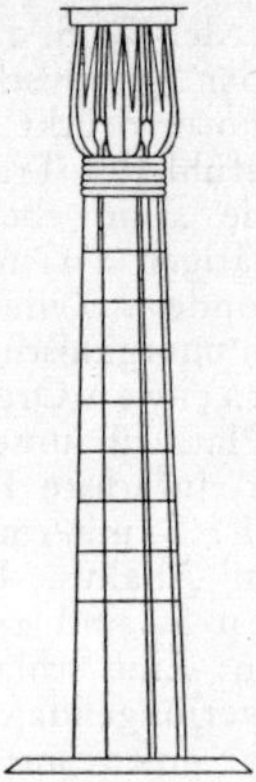

Abb. 40

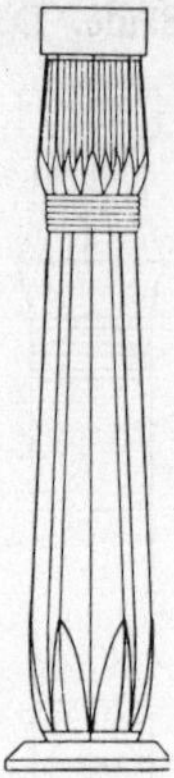

Abb. 41

weilen mit Inschriftzeile); das Kapitell von aufrechtstehenden Palmwedeln gebildet (Abb. 39).

Lotosbündelsäule: Darstellung eines Bündels von Lotosstengeln mit offenen oder geschlossenen Blüten (Abb. 40).

Papyrussäule: Darstellung eines Papyrusbündels, wobei die dreikantigen Stengel sich in den scharfkantigen konvexen Kanneluren des Säulenschaftes ausdrücken. Seit NR auch Papyrussäule mit glockenförmigem Kapitell, eine offene Papyrusblüte darstellend, oder geschlossenem Blütenkapitell (Abb. 41).

Kompositsäulen kommen seit der Ramessidenzeit vor; sie vereinigen verschiedene Pflanzenformen zu einem Bündel und bilden, besonders in der Spätzeit, überreiche schwere Kapitelle (Abb. 42), auch die Verbindung mit der Sịstrumsäule ist möglich.

Diese verschiedenen S.-Formen repräsentieren in erster Linie nicht Stilelemente. Gewiß drückt sich auch das Stilempfinden einer Epoche in ihnen aus, insbesondere was ihre Größe und ihre Proportionen anlangt. Für das AR sind dabei einfache Formen und monolithe S. (und Pfeiler) charakteristisch, während die bis über 20 m hohen massigen S. der Ramessiden- und Ptolemäerzeit aufgemauert sind. Außerdem aber sind die S.-Typen stets sinngebende Elemente für bestimmte Tempeltypen und die sie bewohnenden Gottheiten geblieben. Wenn Thutmosis III. bei seinem Festtempel in Karnak Zeltstangens. verwendet, dann stempelt die Verwendung dieses S.-Typs den Tempel zum Königszelt, auch wenn

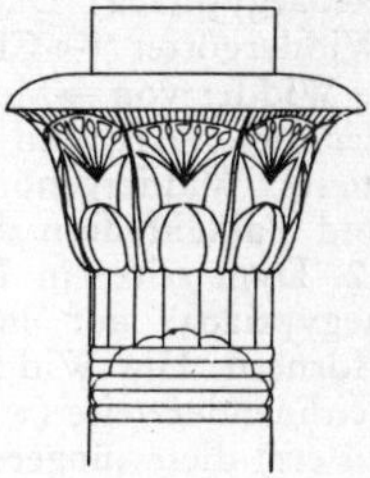

Abb. 42

seine Proportionen die Erinnerungen an einen derartigen Bau kaum wachrufen. Die Vorhalle des Hathortempels von →Dendera ist um der hier verehrten Göttin willen mit 24 Hathors. geschmückt. Die „Geburtshäuser" genannten Nebentempel der Spätzeit (→Tempel) haben einen Umgang mit aus pflanzlichen Elementen bestehenden Komposits., bisweilen verziert mit Figuren des Gottes →Bes, da sie offensichtlich auf Pavillons zurückgehen, aus leichtem Material errichtet, in denen Geburt und Wochenpflege sich abspielte[3]. Gerade die letzten Beispiele sind wertvoll für die rechte Einschätzung der ä. →Architektur, die bis in Einzelelemente hinein ihre Sinngebung von ihrem Zweck erhält.

Lit.: Jéquier, Manuel S. 167 ff.

[1] Ricke, Beiträge 4 S. 9. — [2] Djoserbauten, Ricke, a. a. O. S. 77. [3] Borchardt, Tempel mit Umgang; Brunner-Traut, MIO III, 11 ff.

Schaduf (arab.). Schöpfgefäß an Hebelarm zum Heben von Wasser aus dem Nil bzw. Kanal in höhergelegene Bewässerungskanäle. S. sind in ä. Darstellungen auffallend selten abgebildet, nicht vor der Amarnazeit[1].

[1] Davies, Amarna I pl. 32; in der Ramessidenzeit: Davies, Two Ramesside Tombs pl. 28/9; Tomb of Nefer-hotep I pl. 46/7 und S. 71 Abb. 9, Grab des Ndm-gr.

Schaf. In der älteren Zeit züchtete man in Ä. ein S. mit langen, horizontal gestreckten und gedrehten

Hörnern und hängenden Ohren (ovis longipes palaeoaegyptiaca). Daher zeigen auch die meisten alten Widdergötter (→Chnum von →Elephantine, *Ḫrtj*, →Widder von →Mendes) die charakteristischen Hörner dieser Art, und die Könige tragen seit →Snofru dieses Widdergehörn zusammen mit Stierhörnern und Falkenfedern als besondere →Krone. Seit der 12. Dyn. tritt ein Fettschwanzschaf (Ovis platyura aegyptiaca) auf mit nach rückwärts eingerollten Hörnern. Die Widdergestalt des →Amun zeigt bezeichnenderweise (weil erst zu Beginn des MR kanonisiert) diese jüngere Schafrasse. Letztere ist im NR allein noch vorhanden.

Lit.: ASAE 38, 297 ff.

Schaufelförmige Harfe. Älteste ä. Form der →Bogenharfe, bereits seit der 4. Dyn. nachweisbar, aber vielleicht noch älter. Sie besteht aus einem Holzschaft, der auch als Saitenträger dient, gleichzeitig aber auch, in seinem unteren Teile, als Mittelstück des Resonators. Die beiden schaufel- oder spatenblattähnlichen Ansätze, die den Schallkörper ausmachen, haben dem Instrument seinen Namen gegeben. Es hat in mehreren Ausführungen bestanden: ein leicht transportierbares Kleinmodell, ein mittelgroßes, wie das erstere von Frauen, aber auch gelegentlich von Männern bedient, und endlich eine lediglich von Männern gespielte Großharfe. Sie stirbt mit dem Beginn des MR aus und formt sich langsam zur Sängerharfe des NR (kellenförmige Harfe) bzw. zur bogenförmigen „Stand“- oder „Schulter“harfe um. →Bogenharfe. (H)

Scheintür. Unter S. versteht man eine türähnliche Nische als Kultstätte in Gräbern und Totentempeln (→Grab), deren ideeller Zweck die Verbindung zwischen Lebenden und Toten ist; die dem Toten notwendigen →Opfer und Gebete werden hier dargebracht. Zur Dekoration der S. gehört vor allen Dingen die Speiseliste und ein Bild des vor dem Opfertisch sitzenden Toten, zu dem andere Darstellungen des Toten (selten auch rundplastisch) treten können. Die Ausgestaltung im einzelnen kann sehr verschiedenartig sein. Die Nische kann verdoppelt oder verdreifacht werden. Ihren oberen Abschluß bildet gewöhnlich ein zylindrischer Stein, die steinerne Nachbildung des einen Vorhang tragenden Rundholzes oder des gerollten Vorhangs selbst. Das Bild des Toten vor dem Opfertisch pflegt darüber in einer fensterartigen Vertiefung angebracht zu sein. Der gesamte Aufbau kann oben durch eine →Hohlkehle abgeschlossen werden. Bilder des Toten können auch auf den Türpfosten angebracht sein; schließlich können diese Bilder rundplastisch frontal aus der Wand heraustreten (z. B. Grab des Nefer-seschem-Ptạh u. a.). In der 11. Dyn. kommt zuerst statt dieser Türform die einer zweiflügeligen Holztür vor. In den thebanischen Felsgräbern des NR sind S. häufig nur gemalt, nicht plastisch.

Lit.: Vandier, Manuel II, S. 389 ff.; Hermann, Stelen S. 30 ff.

Schepseskạf. Letzter offiziell geführter König der 4. Dyn., 2470—2465 v. Chr., Regierungsdauer nach →Turiner Pap. wahrscheinlich 4 Jahre. Er gab den Bau der →Pyramiden als Grabmal auf und errichtete sich bei →Saqqạra ein Grab in der Form eines überdimensionalen Sarges (Mạstabat-el-Faraụn). Er war Sohn des →Mykerịnos und der Chamarernẹbti II., sein Nachfolger war ein nicht offiziell anerkannter König, der wahrscheinlich Djedef-Ptạh hieß und 2 Jahre regierte.

Scheschonq. (*Ḥḏ-ḫpr-Rˁ-śtp-n-Rˁ*). Erster König der 22. Dynastie, der Psusennes II. ablöste, regierte etwa 945—924 v. Chr. 1. Kg. 14, 25 erwähnt seinen Vorstoß gegen Palästina, als das Reich Salomos zerfiel. Ein Siegesrelief darüber findet sich in Karnak am sog. Bubastidenportal.

Lit.: Caminos, JEA 38, 46 ff.

Schiff. Bereits auf den vorgeschichtlichen Felszeichnungen und Schnitzereien kommen zwei Typen von S. vor[1]: halbmondförmig gebogene Boote und solche, deren Steven steil nach oben ragen; in beiden Typen befinden sich Kajütenbauten. Auch die →Keramik der Negạde II — Periode ist manchmal mit Schiffsdarstellungen geschmückt, die dem 1. Typ an-

gehören. Beide Typen waren im sog. „bemalten Grab" von →Hierakonpolis dargestellt[2]. In allen Epochen hat man Götterbilder in S. transportiert, wenn sie zu einer Prozession auszogen. Dabei hielten sich Formen urtümlicher Schiffstypen, wie z. B. das S. des →Sọkar, dessen Vordersteven in einen Gazellenkopf ausläuft und daneben einen Stierkopf trägt. In den →Pyramidentexten wiederum hält sich die Erinnerung an die alten Boote aus zusammengebundenen Papyrusbündeln, die auch späterhin noch von Fischern und zur →Jagd benutzt werden. Die Stevenverzierungen selbst großer S., wie der neugefundenen S. des →Chẹops, lassen mit ihren Blumendarstellungen die Herkunft von solchen Papyrusbooten noch erkennen.
Der Bau größerer Holzschiffe stieß auf Schwierigkeiten, da brauchbares Bauholz fehlte. Man benutzte daher zunächst kurze Bretter, die man mit Dübeln zu Kielen und Bordwänden zusammenfügte. Nur eingeführtes Nadelholz aus dem Libanon konnte im ganzen als Kiel oder Bordplanken benutzt werden (→Handel). Seeschiffe erhielten eine Tauverspannung vom Bug zum Heck[3]. Gerudert wurde entweder mit Paddelrudern oder mit festgelegten Rudern. Die großen Segel hingen im AR an einer horizontal angebrachten Rahe und waren unten an der Bordwand angebunden; erst später spannte man das Segel zwischen zwei Rahen. Die Lenkruder waren am Heck seitlich angebracht; zunächst bis zu 5, beschränkte man sie später auf 2, die seit dem Ende des AR fest angebracht waren.
Für den Bau der S. gab es eigene Werften (*wḫr.t*), die wir bereits im AR abgebildet finden[4]. Im NR scheint die Hauptwerft bei →Memphis gelegen zu haben, von der wir Abrechnungen besitzen[5].
Über die Größe der S. finden sich wenig Angaben: ein Königsschiff des AR ist 100 Ellen (d. h. 52,3 m) lang[6]; während ein Lastschiff[7] 60 Ellen (31,38 m) lang, 30 Ellen (15,69 m) breit war; in diesem Fall wird die Bauzeit mit 17 Tagen angegeben. Zum Transport der →Obelisken →Thutmọsis I. war ein S. von 120 Ellen (62,76 m) Länge und 40 Ellen (20,92 m) Breite nötig.

Lit.: Assmann bei Borchardt, Sahure II p. 133 ff; Säve-Söderbergh, Navy of the 18th Eg. Dynasty, Uppsala 1946.

[1] Vgl. Messergriff vom Gebel el-Arak Mon. Piot 22, 1 ff. — [2] Quibell, Hierakonpolis II pl. 75. — [3] Borchardt, Sahure II Taf. 12. — [4] Klebs, A. R. S. 100 ff. — [5] Spiegelberg, Rechnungen Setis I.; ÄZ 66, 105 ff.; 68, 7 ff. — [6] Pal. Vs. 6,2. — [7] Urk. I 108, 5.

Schlange. Das geheimnisvolle und gefährliche Wesen der S. hat in manchen religiösen Vorstellungskreisen seinen Niederschlag gefunden. Ihre vernichtende Macht fand Ausdruck sowohl in der Gestalt des Feindes des Sonnengottes, →Apophis, wie des kgl. →Uräus. Als chthonischem Wesen wohnt ihr der Begriff des Urzeitlichen inne (die männlichen Wesen der →Achtheit gelten als schlangenköpfig; →Weltschöpfung); ein alter Erdgott Akeru kann S.-Gestalt annehmen und ebenso →Atum als Urschöpfer. Man kennt eine „Erdschöpfer" genannte S., die als Erscheinungsform des →Amun galt. Auch das Geschenk der Erde, das Korn, und weiterhin aller Segen kann unter dem Schutz von S.-Dämonen stehen, von denen manche wie →Renenutet geformten Kult erhielten. Eine seit alters bekannte S.-Göttin ist auch Uadjet von →Buto.

Schlangenstein. Vor den Tempeln stellte man zwei hohe Steine (oben breiter als unten) auf, auf denen sich eine →Schlange hochringelt. Sie galten als Schutzzeichen.

Lit.: ÄZ 57, 120 ff.

Schlitten. Zur Fortbewegung von Lasten (Steine, Statuen, Särge) zu Lande dienten S. (erst spät →Wagen), die von Menschen oder Tieren (→Rindern) gezogen wurden. Zwei parallele, vorn gleichmäßig hochgebogene Kufen, deren vordere Enden bisweilen mit Tierköpfen verziert waren, sind durch Querhölzer verbunden. Darauf lagen Bretter oder ein Kasten zur Aufnahme der Last[1]. Vor dem S. wurde oft Wasser auf den Boden gegossen, wodurch ein sehr viel leichteres Gleiten bewirkt wurde.

[1] Modell: Reisner, Models of ships S. 88 f. CG. Darstellung eines Statuentransportes auf Sch.: Davies, El Bersheh I, Taf. 12 f., eines Steinblocks, ASAE 11, S. 263.

Schmuck. Seit der Vorgeschichte sind zahlreiche S.-Gegenstände gefunden worden: Ringe; Perlen aus Knochen, →Metall, →Fayence; Armbänder; Fußringe; Fingerringe; Diademe; Pektorale weisen auf ein von früh an blühendes Kunstgewerbe, das zeitweilig (besonders 12. und 18. Dyn.) sowohl hinsichtlich der verarbeiteten Materialien wie der Techniken (→Metalle) von der Ägäis her (→Kreta) bereichert worden ist. Halsketten mit figürlichen Anhängern lassen den Zusammenhang zwischen S. und →Amulett erkennen.

Lit.: Wolf, Kunstgewerbe, in: Geschichte des Kunstgewerbes, hg. von Th. Bossert, Berlin 1930; v. Bissing, Ein thebanischer Grabfund, Berlin 1900; Vernier, Bijoux et Orfevreries, CG. Kairo 1927.

Schreibgerät. Das S. besteht aus dem Farbstoff, der Schreibbinse, der Palette und dem Wassernäpfchen. Die Farbe (vor allem schwarz — Kohle — und rot — roter Ocker) wird in kleinen Täfelchen aufbewahrt. Die Binse (Juncus maritimus) ist an einem Ende angespitzt, am anderen abgeflacht. Beim Schreiben taucht man sie in Wasser und benutzt die Farbtäfelchen wie heute Wasserfarben. Die Palette, von rechteckiger Form und mit runden, bisweilen rechteckigen Vertiefungen für die Farben, kann aus Holz, Elfenbein oder Stein (Alabaster, Sandstein, Schiefer, Serpentin) hergestellt sein.

Lit.: Lucas, Materials[3], S. 412 ff.; Abb. Petrie, Objects of daily use, pl. 57.

Schreibmaterial. Als S. diente je nach Art des aufzuzeichnenden Textes vielerlei Material. Für Denkmalinschriften kam natürlich hauptsächlich Stein in Frage. Akten, literarische Texte wurden vor allem auf →Papyrus, aber auch auf Leder aufgeschrieben. Für kurze Texte (Notizen, Rechnungen, Schreibübungen) kommt fast alles flache, beschreibbare Material in Frage: Knochen, Tontafeln, Steinsplitter, Elfenbeintäfelchen, Holztafeln. Selbstverständlich können Inschriften auch in Metallgegenstände (Waffen, Werkzeuge, Schmuck) eingegraben sein.

Schrift. (Siehe Tafel Seite 326). Das Ä. wird in drei Schriftarten geschrieben, zu denen später noch die koptische Schrift tritt.

a) Hieroglyphen. Die Zeichen, aus denen sich die Hieroglyphenschrift zusammensetzt, sind Bilder; in den meisten Fällen ist der im Schriftzeichen dargestellte Gegenstand deutlich erkennbar. Der Lautwert der Zeichen ist freilich schon zu Beginn der Schrift mit dem Bildwert nicht identisch. Vielmehr kann man die H. in vier Bedeutungsgruppen gliedern: 1. Einkonsonantenzeichen, die den Wert eines konsonantischen Buchstabens haben. 2. Mehrkonsonantenzeichen; das Zeichen gibt eine Folge von 2 oder 3 Konsonanten (ohne Rücksicht auf dazwischenliegende Vokale) wieder. 3. Wortzeichen; ein Zeichen kann ein bestimmtes Wort ohne Rücksicht auf seinen Lautwert wiedergeben. 4. Determinative; Zeichen ohne Lautwert, die am Ende eines Wortes geschrieben werden, um dessen Bedeutungskategorie anzudeuten (etwa: Zwei Beine für Wörter des Gehens). Alle diese verschiedenwertigen Zeichen werden nebeneinander zur Schreibung eines Wortes und seiner grammatischen Endung verwendet. In der Regel werden nur Konsonanten wiedergegeben, nicht die Vokale. Doch kommt in bestimmten Fällen Vokalandeutung mit Hilfe der sog. schwachen Konsonanten w und j vor. Soweit wir heute die Entstehung der Schrift übersehen, nötigt uns der historische Tatbestand zu der Annahme, daß dieses einigermaßen schwerfällige Schriftsystem nicht Ergebnis einer langen Entwicklung ist, in dem frühere Entwicklungsstufen (reine Bildschrift) in Resten noch weiterleben. Sondern man möchte eher von einer Entdeckung der Schreibmöglichkeit sprechen, die mit der Zeit der →Reichseinigung zusammenfällt. Von diesem Zeitpunkt an ist das System ohne grundlegende Änderung (etwa Ausmerzung aller Wort- und Mehrkonsonantenzeichen zugunsten der Einkonsonantenzeichen) bis zum Ende der ä. Kultur in Gebrauch geblieben (letzte fest datierte hierogl. Inschriften aus dem 12. Jahr des Kaisers Diocletian, 296 n. Chr., Mond, Bucheum, Inscr. 19 und aus dem Jahr 310 unter Maximinus Daja, (CdÉ 29, 119ff.). Feste orthographische Regeln über die Schreibung eines Wortes hat es nicht gegeben. Es

Schrift

a.

b.

a. Hieroglyphen der 18. Dynastie.

b. Hieroglyphische Buchschrift der 18. Dynastie. (Totenbuch)

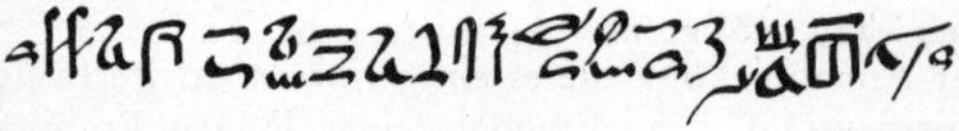

c. Hieratisch der frühen 18. Dynastie.

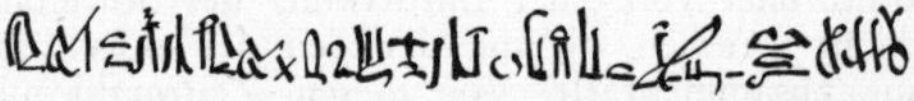

d. Hieratisch der 20. Dynastie.

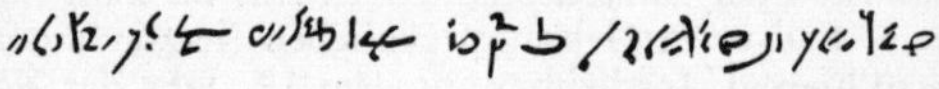

e. Demotisch des 3. Jh. v. Chr.

bleibt dem Schreiber überlassen, durch welche Zeichen er den Lautwert eines Wortes und seiner grammatischen Form wiedergeben will; doch bilden sich natürlich gewisse, zeitlich unterschiedliche Konventionen in der Schreibung heraus. Als Abart der H. sind zu nennen die sog. Kursivhieroglyphen, d. h. eine kursivere Schreibung der Zeichen mit Pinsel auf Holz oder →Papyrus. In dieser Art sind die →Sargtexte und →Totenbücher geschrieben. Zur Schreibung von Fremdwörtern und fremden Namen (Eigennamen, geographische Namen) bedient man sich der sog. syllabischen Schrift[1]. Dabei werden Gruppen von 2 oder 3 Hieroglyphenzeichen für die Wiedergabe eines Konsonanten des fremden Wortes benutzt. Eine weitere Abart stellt die sogenannte änigmatische Schrift dar[2]. Im Grunde handelt es sich hier um eine spielerische Ausnützung der im hierogl. System liegenden Möglichkeiten, bei der u. a. ein Prinzip, wie es unseren Rebus-Rätseln zugrunde liegt, angewendet wird. Änigmatische Schreibungen finden sich vor allem in den Tempeln der Ptolemäerzeit[3].

b) H i e r a t i s c h. Beim Schreiben der Hieroglyphen mit der Binse auf →Papyrus, Holztafeln, →Ostraka usw. nehmen sie eine kursive, flüchtige Form an, die man hieratisch nennt. Es liegt also das gleiche Zeichensystem vor, nur hat sich die Form der Zeichen in einer Art gewandelt, die ihre ursprüngliche Bildhaftigkeit nicht mehr erkennen läßt. Entsprechend diesem seinem Charakter läßt uns das Hieratische einzelne Handschriften unterscheiden[4] und verändert sich auch in seiner zeitlichen Erstreckung (Alt-, Mittel- und Späthieratisch). Gegenüber den Hieroglyphen als Denkmalschrift kann man das Hieratische als Buchschrift bezeichnen und tatsächlich findet sich Hieratisch auch nur ausnahmsweise im späten NR gelegentlich auf Steindenkmälern. Der Gebrauch des Hieratischen erstreckt sich von der Frühzeit bis ins 7. Jhdt. v. Chr. Doch bleibt es darüber hinaus für religiöse Texte auf Papyrus gebräuchlich, weswegen es von den Griechen den Namen „heilige Schrift" erhielt.

c) D e m o t i s c h. Demotisch (die „Volksschrift") ist die jüngste Schriftform des Ä. (seit Ende des 8. Jhdt.

v. Chr.). Wie das Hieratische schafft es kein neues Schriftsystem, sondern stellt wiederum eine graphische Verflüssigung des alten Zeichensystems mit zahlreichen Kürzungen und festen Ligaturen dar. Es ist die Schrift der Urkunden und Literatur (vorzüglich auf Papyrus und Ostraka, seltener auf Stein); doch sind die mehrsprachigen →Dekrete der Ptolemäerzeit auch d. auf Stein eingegraben (z. B. Stein von →Rosette) bis in die römische Zeit.

d) Koptisch. Einen endgültigen Bruch mit dem alten Schriftsystem bedeutet die Übernahme des griechischen Alphabets für die schriftliche Fixierung der gesprochenen Sprache. Versuche der Schriftübernahme (Altkoptisch) begegnen seit dem 2./3. Jhdt. v. Chr.[5]. Das wirkliche Koptisch, in dem die gnostische und christliche Literatur der nachchristlichen Zeit geschrieben ist, hat dem griech. Alphabet sieben aus dem Demotischen entwickelte Schriftzeichen beigefügt, vor allem für Laute, die nicht mit griechischen Buchstaben bezeichnet werden konnten. Als Schrift der koptischen Kirchensprache ist es heute noch in Gebrauch.

Lit.: Sethe, Vom Bilde zum Buchstaben, Leipzig 1939; Schott, Hieroglyphen, AMAW 1950, 24; J. Friedrich, Entzifferung verschollener Schriften. In: Verständliche Wissenschaft. Geisteswissenschaftl. Abt. Bd. 51.

---

[1] Albright, The Vocalisation of the Eg. Syllabic Orthography, New Haven 1934. — [2] Seit 12. Dyn., Beni Hasan I, S. 85. — [3] Junker, Schriftsystem von Dendera, Berlin 1903; Drioton, Rev. d'eg. 1 und zahlreiche Abhandlungen. — [4] Z. B. Kanzleischriften, Schülerschriften, vgl. Erman, Ä. Schülerhandschriften, Abh. Pr. Ak. W. 1925, 2. — [5] Vergote, Bibl. Or. XI, 1954, S. 103 zu Steindorff, Lehrbuch der koptischen Grammatik, S. 2.

Schu. Der Luftgott S. (der Name bedeutete „Leere") bildet mit seiner Schwester und Gattin →Tẹfnut das erste geschlechtlich getrennte Götterpaar in der →Weltschöpfungslehre von →Heliọpolis. Seine kosmische Funktion besteht darin, daß er Himmel (→Nut) und Erde (→Geb) trennt und somit eine wesentliche Rolle in dem natürlichen Weltbild spielt. Mit Tefnut zusammen wird er einem in Leontọpolis bei Heliọpolis verehrten Löwenpärchen gleichgesetzt und daher auch (selten) mit Löwenkopf dargestellt. Es scheint, daß man sich besonders in der →Herakleopoḷitenzeit mit seinem spirituellen Wesen beschäftigt hat. Mehrere →Sargtexte (CT Sp. 75 bis 85) deuten sein Wesen, wobei ihr Anliegen als Totensprüche das ist, dem Toten die Verwandlung in die „Seele des S." als des Luft-, Wind- und Lebensgottes zu ermöglichen. Sie stellen fest, daß er und seine Schwester die Begriffe „Leben" und „Weltordnung" (→Maat) seien.

Schule. Eine S. und Schulausbildung in unserem Sinn hat es in Ä. nicht gegeben. Das Lehren von Schreiben und Lesen war eine Berufsausbildung parallel zu der für jeden anderen „Beruf"; nur wer „Schreiber" wurde, lernte diese Fähigkeiten. Im AR lehren die Väter in den Büros der kgl. Verwaltung ihre Söhne und führen sie dann in den Bürobetrieb ein, so daß sie als „Stab des Alters" dem Vater helfen und ihm später nachfolgen können. Diese Art der Ausbildung bleibt grundsätzlich bis ans Ende der ä. Kultur bestehen[1]. So ist die Ausbildung der Kinder zunächst rein auf die Erlernung der Praxis ausgerichtet, wozu die Kenntnis von Verhaltungsmaßregeln gehört, die im Laufe der geistigen Entwicklung zu ethischen Forderungen werden (→Weisheitslehren).
Als besondere Ehre galt es, am Hof mit den Königskindern erzogen zu werden; die betreffenden Beamten galten als „Zöglinge des Königs", da theoretisch der König auch als Erzieher seiner Kinder angesehen wurde. Der Abschluß der Ausbildung tritt erst ziemlich spät ein durch Erhebung in den Rang eines „Höflings". Ähnliches läßt sich auch aus den Biographien der Beamten erkennen[2]: Das „Umbinden der Kopfbinde" (als Zeichen der Mannbarkeit) unterbricht die Ausbildung in keiner Weise. Auch im NR bezeichnet →Thutmosis III. seinen Sohn Amenophis II. als 18jährigen noch als ein „unwissendes" Kind. Trotzdem können sie bereits untergeordnete Ämter innehaben; so ist[3] ein „Schreiber des Aktenbüros" als nacktes Kind dargestellt, also noch im Kindesalter.
Am Hof des AR bildet sich dadurch eine Art S., daß der König nicht selbst seine Kinder ausbildet, wie sonst die Beamten ihre Söhne, sondern „Lehrer" (*śbꜣj*) damit beauftragt. Diese sind jedoch nicht etwa hohe Beamte, sondern tragen fast nie einen anderen Titel außer dem eines „Lehrers des Königs"[4] oder

„Lehrers der Königskinder“[5]. Als besondere Aufgabe findet sich die Bezeichnung „kgl. Gesangslehrer“[6].
Diese S. hat die Bezeichnung „Lehrbüro für das Schreiben“; zu ihr bringen die Beamten auch im MR ihre Söhne, „um sie in die Schule zu geben unter die Söhne der Beamten“ (Lehre des Cheti). Im NR haben sich aus den Tempelbüros eigene „Schulen“ entwickelt, an denen „Lehrer“ tätig sind[7]. Die Schüler heißen die „Untergebenen“ (*ẖrj-ˁ*), was darauf hinweist, daß sie wie früher in der Verwaltung mitarbeiten[8]. Seit der Ramessidenzeit sehen wir daneben die S. in den „Ställen“ des Königs, in denen die Kinder neben dem Schreiben auch eine militärische Ausbildung erhalten[9]. So befand sich der spätere Hohepriester des Amun Bekenchons vom 5. bis 16. Jahr im „Stall des Aufziehens“. Die Kinder wohnten teilweise in der S. und wurden täglich von zu Haus verpflegt (Lehre des Ani), in anderen Fällen scheinen sie nur vormittags Unterricht gehabt zu haben. Täglich erhalten sie ihre Aufgabe[10], die sie abzuschreiben haben. Daher tragen die Ostraka, auf denen sie ihre Arbeiten zu schreiben haben, Tagesdaten, die von wenigen Zeilen[11] bis zu 3 Seiten Pensum angeben[12]; das hing vom Fortschritt des Schülers ab, der später auch auf →Papyrus besonderen Schulformats (niedrige Seiten) schreiben durfte. Der Lehrer verbesserte die schlecht geschriebenen Zeichen am oberen Rand. Als Abschlußarbeiten verlangte man die Beherrschung der verschiedenen Schriftdukten, die im Bürobetrieb vorkamen[13]. Für das laute Lesen („lies mit deinem Munde“ An. V 23,4) setzte der Schüler rote Punkte über den Text, um den Sinn abzuteilen.
Auch das Rechnen wurde bereits frühzeitig geübt und zwar anscheinend als Kopfrechnen[14].
Ob in der Ausbildung noch andere „Fächer“ enthalten waren, ist unsicher. Vielleicht können wir das Auftreten von Lehrern in Besucherinschriften an berühmten Bauten der Vergangenheit als Anzeichen von „Schulexkursionen“ nehmen[15]. Aus dem „satirischen Papyrus“ Anastasi I ist ferner zu entnehmen, daß man sich um die Geographie Syriens kümmerte. Hierzu ist auch eine Holztafel zu stellen, auf dem *Kftjw*-Namen gebildet werden[16], woraus das Be-

streben, fremde Sprachen zu lernen, erschlossen werden darf. Dafür sprechen auch die Keilschrifttafeln aus Amarna, die Glossare (babylonisch-ä.) und Babylonische Literatur enthielten, die die gleichen roten Lesepunkte zeigen wie ä. Lesetexte und damit erkennen lassen, daß sie als Schulbücher benutzt wurden. Aber auch hier werden wir anzunehmen haben, daß fremde Sprachen nur im „Büro der Schriften Pharaos" (dem kgl. Sekretariat) gelehrt wurden, solange eine praktische Notwendigkeit dafür bestand. Ebenso werden Übersetzungen von mittelä. Texten ins Neuä.[17] oder die Zusammenstellung einer altä. „Grammatik", wie sie die in gutem Altä. abgefaßten saitischen →Dekrete voraussetzen, nur im →„Lebenshaus" gelehrt worden sein, in dem diese Texte abgefaßt wurden.

[1] Vgl. Diodor I 81. — [2] Urk. I. 51; 98; 142; 194; 253; 250; Sethe, Lesestücke 70. — [3] LD II 23. — [4] MM S. 442; Kairo 76; S. Hassan, Giza 1930/1 S. 32; Junker, Gîza VI 234. — [5] Ein Prinz und Expeditionsleiter Urk. I 180. — [6] S. Hassan, Giza 1929, S. 66. — [7] „Lehrer der Schule am Tempel der →Neunheit" Graff. in Stufenpyramide; vgl. Anast. V 17, 3 ff. — [8] Vgl. die Briefe des Schatzhausschreibers *'Innj* an seinen Lehrer *Kgbj* oder An. I „Lehrer der ‚Untergebenen' im Büro der Schriften"; JEA 24, 159. — [9] Chester Beatty II 5, 1 ff. — [10] An. V 23,1. — [11] Posener, Ostr. hiér. litt. pl. 34. — [12] Erman-Ranke, Ä, S. 379. — [13] Erman, Schülerhandschriften 23. — [14] An. V 23, 3/4. — [15] ZDMG 102, 39. — [16] MVG V 7 ff. — [17] ÄZ 32, 127.

Schwein. Hauss. sind seit dem Neolithikum auf u.ä. Fundplätzen nachgewiesen[1]. Wohl während der gesamten geschichtlichen Zeit haben S. als Nahrungsmittel gedient. Herden sind bisweilen nachweisbar[2]. Trotzdem galt das S. religiös als unrein[3] und es bestand vielleicht für Priester ein →Speiseverbot. Ob eine so strenge Ausschließung der S.-Hirten bestand, wie Herodot II 47, 164 schildert, wissen wir nicht. S.-Opfer sind selten, kommen aber vor[4].

[1] Knochenfunde in →Merimde-Benisalame, Maadi; Massoulard, Préhistoire, S. 39, 267; offenbar nicht auf oä. Fundplätzen. — [2] Sethe, Lesestücke, S. 79; Nauri-Dekret →Sethos' I.: Schweineherden des Abydostempels. Darstellungen: Klebs, MR, S. 86; NR, S. 62, 65. — [3] Ätiologische Legende: CT II Spr. 157, übers. Kees, Lesebuch S. 33. — [4] Kees, Götterglaube, S. 70 ff.

Schweinfurth, Georg August. * 29. 12. 1836 in Riga, † 19. 9. 1925. Als Botaniker und Paläontologe unternahm er Forschungsreisen nach den Ländern des östlichen Mittelmeeres, Ä. und Afrika. 1873/74 durchquerte er mit Rohlfs die libysche Wüste. 1875 gründete er in Kairo die geographische Gesellschaft. Seine Forschungen in Ä. erstrecken sich auf die Flora, aber auch die Vor- und Urgeschichte des Landes. 1889 kehrte er nach Berlin zurück.

Sedfest →**Jubiläumsfest.**

Seele. Ein dem deutschen Wort „Seele" (Gegensatz: Körper, Geist) entsprechendes Wort kennt das Ä. nicht. Dagegen haben wir mehrere Seelenbegriffe, die freilich alle auch sichtbare Gestalt annehmen können und deren gegenseitiges Verhältnis schwer abzugrenzen ist. Als wichtigste sind drei Seelenbegriffe zu nennen: Ka, Ba und Ach.
Der zentralste Begriff ist der →Ka.
Die Ba-Seele erscheint in Vogelgestalt (Storchenart), auch mit Menschenkopf. Für die Entwicklung des Begriffs ist es wichtig, daß im alten Sprachgebrauch Götter bestimmter Orte oder die Sterne als Ba's bezeichnet werden, als wäre das Wort eine Gottesbezeichnung. Deshalb spielt er auch in der Theologie eine Rolle, um das Verhältnis zwischen verschieden gestalteten Gottheiten (→Religion) festzustellen: Ein Gott kann der Ba (=Erscheinungsform) eines anderen Gottes sein.
Größte Bedeutung erlangt der Begriff im Totenglauben, offenbar seit der 1. Zwischenzeit. Die Ba-Seele wird jetzt zum bevorzugten Träger der unvergänglichen Kräfte; sie soll sich vom Leichnam entfernen[1], ihr Herz soll des Leichnams gedenken[2]. Grabbilder des NR malen das Leben der Ba-Vögel am Grab unter Bäumen. Der Ba entspricht am meisten der griech. Psyche.
Dem Ach schließlich eignet ebenfalls Vogelgestalt (Schopfibis?) und auch dieser Begriff begegnet sowohl als Bezeichnung für (niedere) Götter wie im Totenglauben. Weniger als der Ba bindet er sich an ein bestimmtes Erscheinungsbild, sondern neigt dazu, die geisterhaften Kräfte (auch von Göttern) zu bezeichnen. Das bei den christlichen Kopten erhaltene Wort bedeutet „Dämon, Gespenst", während der

christliche Begriff „Seele" mit einem griechischen Fremdwort wiedergegeben wird.

[1] CT II 67. — [2] CT I 182.

Seelenwanderung. Die Lehre, daß die Seele nach dem Tode den Körper verlasse und in einem Kreislauf durch vielerlei Gestalten nach einer 3000jährigen Frist wieder in einen menschlichen Körper zurückkehre[1], ist unä. Anlaß hierzu gab wohl der ä. Glaube, daß der mächtige Tote sich in alle gewünschten Gestalten verwandeln könne. Diese Verwandlungen dienen aber ausschließlich der Machtsteigerung und zielen nicht auf einen Kreislauf, eine Entwicklung oder eine Läuterung hin.

Lit.: ÄZ 79, S. 52 ff.

[1] Herodot II 123.

Seevölker. Ä.: „Völker des Meeres" oder „die nördlichen Fremdvölker, die auf ihren Inseln sind". Darunter faßt man eine Gruppe verschiedener Völker zusammen, die seit der Mitte des 14. Jhdt. v. Chr. in den Gesichtskreis der Ägypter treten, früh schon als Söldner hier Dienst tun, dann aber auch im Dienst der Hethiter stehen. Unter →Merneptah und →Ramses III. bedrängen sie von Nordosten (zu Lande; Züge mit Frauen und Kindern; Ochsenkarren von Buckelrindern gezogen) und von Norden her (zur See) Ä. Ramses III. hat sie in einer entscheidenden Schlacht (kombinierte See- und Landschlacht in den Nilmündungen; Darstellungen in →Medinet Habu; Ausrüstung der S.: Rundschilde, Schwert, Lanzen, keine Bogen, Hörnerhelme [Schardana], Schilfhelme [Peleset]) geschlagen. Ein Teil der Völker begegnet zu gleicher Zeit als Bundesgenossen der Libyer. Ihre Stammesnamen sind z. T. auch aus hethitischen Quellen bekannt[1] und haben Anlaß gegeben, sie mit Stammesnamen und geographischen Bezeichnungen der frühgriechischen Geschichte gleichzusetzen; doch ist die Art dieser Zusammenhänge meist problematisch. Im einzelnen: Danuna („Danaer", seit 1350 bekannt); Schardana („Sardinier", seit 1350 bekannt; hat sicher nichts mit Sardes zu tun[2]); Pẹleset (seit →Ramses II.; Gleichsetzung mit „Philister", „Palästina" sicher[3]); Tụrscha („Tyrsẹner", hethit.: Tạrscha) Schekelesch („Sikuler", „Sizilien"); Zạkkar (später an der phönikischen Küste seßhaft); Lụka („Lykier", hethit. Lụkka; seit 1350 bekannt); Aqaịwascha („Achäer", hethit. Aḫḫiyawa). Soviel Detailfragen hier noch einer Lösung harren, läßt sich doch sicher sagen, daß wir es mit den Ausläufern einer großräumigen Wanderung indo-europäischer Stämme zu tun haben, deren Ausgangspunkt wohl in Mitteleuropa (Donauraum) gelegen hat, von wo sie nach SO (Balkan, Kleinasien), S, W und N ausstrahlt (sog. „Große Wanderung" der europäischen Bronzezeit) und auf ihren Wanderungen sicher manches nicht zugehörige Volk mit sich gerissen hat. Während Ä. sich ihr gegenüber behaupten kann, fällt ihr das Hethiterreich zum Opfer; in diesen Zusammenhang gehört die Zerstörung Trojas (Schicht VIIa), Vernichtung der Mischkultur von Ras Schamra.

Lit.: Weber, Staatenwelt des Mittelmeers, Stuttgart 1925; Hall, Klio 22, 1929, S. 335 ff.

[1] JEA 25, S. 148 ff. — [2] WZKM 34, S. 320 ff. — [3] Über ihr Verhältnis zu den Dorern: Herbig, Arch. Jahrb. 55.

Sẹlkis. Göttin in Gestalt eines Skorpions, mit vollem Namen *Śrḳ.t-ḥtj.* „die die Kehlen atmen läßt", also als Schutzmacht gedacht. Zusammen mit →Neith, →Isis und →Nẹphthys schützt sie die Leiche des →Osiris und seit dem MR die →Kanọpen mit den Eingeweiden des Toten, im NR die Särge. Sie schützt mit Neith die Geburt des Königs und ist bereits sehr alt als Schutzzeichen beim Auftreten des Königs dabei. Sie besitzt Zaubermacht, weshalb die Zauberer (und Ärzte) den Titel eines „Leiters der S." tragen.

Sem-Priester. Bezeichnung des Priesters, der im Königsritual den Thronfolger spielte. Ursprünglich war er der Königssohn selbst, der anscheinend als der „Verehrungswürdige" bezeichnet wurde; die von ihm in ältester Zeit durchzuführenden Handlungen wurden im Lauf der Geschichte zu einem Ritual und dadurch seine Person zu einer „Rolle", die von Priestern gespielt wurde. Als Abzeichen trug er seit ältester Zeit ein Pantherfell.

Seit der „Demokratisierung" des Königsrituals am Ende des AR galt auch der nichtköniglichen Toten opfernde Priester als Sem. Daneben führte er auch den Titel eines „Pfeilers seiner Mutter" (*'Iwnw-mwt.f*), einer anderen, sehr alten Bezeichnung des Königssohnes.

[1] Pyr. 1375 c N.

Senmut. Bauleiter am Totentempel der →Hatschepsut in →Deir el Bahri. Er war Vermögensverwalter der Königin und Erzieher der Kronprinzessin Nefru-Re, wurde aber nach der Thronbesteigung der Hatschepsut im 7. Jahr ihrer Regentschaft zum Vermögensverwalter des Amuntempels eingesetzt, in welcher Eigenschaft er den genannten Tempelbau leitete. Er legte sich neben einem Grab im Gräberhügel von Sheich abd-el Gurnah in Westtheben (Nr. 71) ein geheimes Grab unter dem Tempel seiner Königin an, das durch seine mit Sternbildern geschmückte Decke bekannt ist. Diese Anlage ist nicht vollendet, da S. noch vor dem Tod seiner Königin gestürzt wurde: sein Bild und Name ist überall zerstört.

Serapis. Der Name des Gottes ist die gräzisierte Form des ä. Namens Osiris-Apis, des Namens der vergöttlichten heiligen →Stiere von →Memphis. Vom Wesen dieses Gottes ist allerdings in S. wenig erhalten. Vielmehr bediente sich →Ptolemaios I. Soter dieses Namens, um in Alexandria einen Kult zu schaffen, der von Ägyptern und Makedonen gleichermaßen anerkannt werden sollte. Zeus und Pluto bestimmen das Wesen des S. stärker als der ä. Tiergott. Sein Kultbild soll der König, durch einen Traum bestimmt, aus Sinope am Schwarzen Meer haben holen lassen[1]. In Alexandria wurde neben ihm auch →Isis und Apis (als selbständiger Gott) verehrt. Von hier verbreitete sich der Kult dieses hellenistischen Mischgottes nach der hellenistischen Welt[2], auch nach Ä. hinein, so daß auch die Begräbnisstätte der Stiere bei →Saqqara zugleich hellenistischer Kultort wurde.

[1] Tacitus, hist. IV 83/4. — [2] Rusch, De Serapide et Iside in Graecia cultis.

Serdạb. Arab.: „unterirdisches Gewölbe"; Bezeichnung des meist unzugänglichen Statuenraumes in →Grab und →Tempel. Vielleicht schon in einem frühgeschichtlichen Grab in Hẹluan (Grab 559 H 2), dann bei den Mastaben des AR (→Grab) findet sich ein, manchmal auch mehrere, zugemauerte Räume, in denen die Statue des Grabinhabers aufgestellt war. Eine Verbindung mit der Außenwelt ermöglichen in Augenhöhe angebrachte Schlitze (zum Eintreten des Weihrauchs, der Gebete). Auch die kgl. Totentempel des AR besaßen einen S. Im Nordtempel des →Djọserbezirks ist die jetzt in Kairo befindliche Sitzstatue des Königs in situ im S. gefunden worden. Bei der späteren Form der Totentempel wird der S. durch den Statuensaal mit 5 Statuennischen ersetzt; doch hat sich bei →Phịops II.[1] hinter diesen ein unzugänglicher breiter Raum gefunden, der vielleicht als S. diente. In den unterirdischen Anlagen der →Pyramiden entspricht wohl der nach Osten gerichtete Raum mit drei Nischen dem S.[2]. Die Öffnung des S. (wie in kgl. Tempeln) tritt auch bei Privatgräbern seit der 5. Dyn. ein, besonders bei Felsgräbern (→Grab). Es entstehen Statuennischen, deren Statuen bisweilen aus dem Felsen gearbeitet sind.

[1] Jéquier, Pépi II., S. 25. — [2] Ricke, Beiträge 5, 123.

Seschat. Der Name der Göttin ist ebensowenig erklärbar wie der Gegenstand, den sie als Abzeichen auf dem Kopf trägt und der nach alten Darstellungen (→Sonnenheiligtum des Neuserrẹ) ursprünglich die Gottheit selbst gewesen ist: Eine Art siebenzackiger Stern oder Blüte unter einem mondsichelförmigen Dach mit zwei senkrechten Spitzen. Sie gilt als Göttin der Wissenschaft und des Schreibens, zeichnet im Totentempel des Sahure die Beute auf, schreibt mit →Thot die Regierungsjahre der Könige auf die Blätter des Ịschedbaumes. Sie wird auch „Herrin der Baumeister" genannt, da sie mit dem König zusammen den Bauplatz bei den →Gründungszeremonien absteckt.

Sesọstris. Ä. *S-n-Wśr.t* „Mann der Starken (einer Göttin)", häufiger Personenname, den 3 Könige der 12. Dyn. tragen.

S. I. Vorname *Ḫpr-kꜣ-Rꜥ* 1971—1927. Unternahm einen Feldzug nach →Nubien[1]. Seine →Pyramide liegt bei →Lischt. An wichtigen Baudenkmälern sind erhalten: sein Barkenheiligtum in →Kạrnak (unveröffentl.), der →Obelisk in →Heliọpolis und Bauteile bzw. Statuen an zahlreichen Orten Ä., die seine rege Bautätigkeit bezeugen.
Höchstdatum Jahr 44[2], regierte nach →Turiner Königspap. und →Manetho 45 Jahre und einige Monate, hatte aber zu Beginn seines 43. Jahres seinen Sohn →Amenemhet II. zum Mitregenten angenommen, wie er selbst 10 Jahre Mitregent seines Vaters →Amenemhet I. gewesen ist[3].
S. II., Vorname *Ḫꜥ-ḫpr-Rꜥ*, 1897—1878. Höchstdatum 19. Jahr, setzte zu Beginn seines 20. Jahres seinen Sohn S. III. zum Mitregenten ein, verstarb aber bereits am 14. des 8. Monats dieses Jahres[4]. →Pyramide bei Illahun.
S. III., Vorname *Ḫꜥ-kꜣw-Rꜥ*. Höchstdatum 31. Jahr[5], regierte vielleicht 38 Jahre, davon einige Monate zusammen mit seinem Nachfolger →Amenemhet III. als Mitregent[6], also vielleicht von 1878—1840 v. Chr. Er unternahm einen Kriegszug nach Südpalästina und sicherte in mehreren Feldzügen Nubien, so im 8. Jahr[7], wobei er die Grenze nach Sẹmneh verlegte[8], im 10. Jahr[9], im 16. Jahr[10].

[1] Beni Hasan I pl. 8. — [2] Stele Leiden V 4. — [3] Kairo 20516. — [4] JEA 31,22. — [5] Parker, Calendars 63. — [6] Kairo 20691. — [7] Sethe, Lesestücke 85. — [8] Sethe a. a. O. 84. — [9] LD II 136c. — [10] Sethe a. a. O. 83; JNES 12, 51 ff.

Seth. Der Gott S. begegnet zuerst im Kreis der Königsmächte als Partner und Gegner des Königsgottes →Horus. Beide zusammen bilden einen unlösbaren Paarbegriff, in dem der König sich verkörpert. Der Gott hat eine tierische Erscheinungsform, deren zoologische Zuordnung nicht sicher ist[1]. Möglicherweise verbindet ihn dieses Tier mit chronologisch freilich schwer festlegbaren Gestaltungen Nordafrikas[2]. Auf jeden Fall scheint das Tier ein Wüstentier zu sein (bzw. Steppentier) und so gilt der Gott vor allem auch als Herr der Wüste und der →Oasen, ferner daher des Auslandes überhaupt und erscheint schon von hier aus als prädestinierter Gegner des typischen Kulturgottes →Osiris. Kultorte besaß er vor allem in O.ä. in Ombos (daher der Name „der von Ombos“ = Nebuti), Hypselis, zweifelhaft, ob auch in alter Zeit schon im Nordwestdelta verehrt[3]. In der Mythologie trägt der Gott vor allem die Rolle des Mörders des →Osiris. Das führt in der Spätzeit dazu, daß seine Kultorte in Ä. als verfemt galten, und sein Charakter als Herr des Auslands und der Wüsten wird mythen-aetiologisch so erklärt, daß er um seiner Gegnerschaft zu Osiris und Horus willen aus Ä. verbannt sei. Dieser seiner Eigenschaft verdankt er aber die Identifikation mit dem Gott der →Hyksos, den diese in Auaris verehrten, und um dieses Kultzentrums willen wurde er in der 19./20. Dyn. der Schutzgott der Ramessiden, die anscheinend aus dieser Gegend stammten. Als Gott des Kampfes und der Stärke („der kraftreiche“, „der wütet“ u. a. Beiworte) übernimmt er in der Vorstellung vom Sonnengott eine bezeichnende Funktion: Am Bug der Sonnenbarke stehend kämpft er gegen →Apophis[4]. Eine wirkliche Verfemung des Gottes läßt sich erst in der Spätzeit erkennen. Trotzdem kann man den Gott nicht aus der historisch gewordenen Mythe und Kultbeständen ganz entfernen. Im Tempel von Hịbis (el Chạrge) wird er noch als Kämpfer gegen Apọphis abgebildet, hat aber die Gestalt eines Falken angenommen[5].

Lit.: H. Te Velde, Seth, God of confusion, Leiden 1967.

[1] U. a. vorgeschlagen: Okapi, Giraffe, Erdferkel, Wildesel, hundeartiges Tier, vgl. Kees, Götterglaube S. 22. — [2] Scharff, Paideuma II, 172. — [3] So Junker, ÄZ 75, 77. — [4] BIFAO 28, 33 ff. Spiegel, Horus und Seth. — [5] Davies, The Temple of Hibis III, MMA, Eg. Exp. Publ. XVII, 1953, pl. 42.

Sethe, Kurt Heinrich. * 30. 6. 1869 in Berlin, † 6. 7. 1934 in Berlin. Professor für Ägyptologie in Göttingen und als Nachfolger von →Erman in Berlin. In zahlreichen philologischen Arbeiten fundierte er die Kenntnis der ä. Sprache (*„Das ägyptische Verbum“*, 3 Bde. 1899—1902), erschloß die →Pyramidentexte durch vorbildliche Textedition und Kommentierung und gab andere Textgruppen in zuverlässigen, meist auf eigener Kollationierung beruhender Form heraus (*„Urkunden des AR“*, *„Urkunden der 18. Dyn.“*, *„Urkunden der griechisch-römischen Zeit“*). Geschichtliche und religionsgeschichtliche Einzelprobleme sind von ihm in Abhandlungen und Monographien behandelt worden.

Sethos. Name zweier Könige der 19. Dyn., jedoch auch häufiger Personenname in dieser Zeit.
S. I., Sohn →Ramses' I. König am Anfang der 19. Dyn., regierte wahrscheinlich 15 Jahre, höchstes erhaltenes Datum Jahr 11[1], etwa von 1305—1290 v. Chr., Thronbesteigungsdatum 24. 11. Er war zunächst unter König →Haremheb als Nachfolger seines zum Stellvertreter des Königs und →Vezir beförderten Vaters Festungskommandant von →Sile und wohl dann in der kurzen Regierung seines Vaters Vezir und bald Mitregent[2]. Mit ihm begannen die Wiedereroberungsversuche in Vorderasien. Die Darstellungen an der nördlichen Außenwand des hypostylen Saales in →Karnak lassen uns weitere Feldzüge S. erkennen, die zu Zusammenstößen mit den Hethitern selbst führten. Dabei ging es um das Orontestal mit der Festung Kadesch, dem Einfallstor nach der wichtigen syrischen Hochebene; jedoch gelang S. nicht der Einbruch in dieses wichtige Gebiet.
An Bauten sind hervorzuheben die Weiterführung und der Beginn der Ausschmückung des hypostylen Saals in Karnak. Von Bedeutung ist auch sein Totentempel in Abydos mit dahinterliegendem →Kenotaph, das in der Form des Grabes des →Osiris gebaut ist. Sein thebanischer Totentempel ist dagegen viel kleiner[3]. Reste von Bauten seiner Zeit finden sich in →Heliopolis und am →Speos Artemidos. — Seine Mumie ist erhalten (→Königsmumien).
S. II., König am Ende der 19. Dyn., Vorname *Wśr-ḫprw-Rˁ-mrj-'Imn,* Sohn des →Mernephtah, kam jedoch nicht sofort nach diesem auf den Thron; dazwischen liegt die 5jährige Herrschaft des Königs Amenmose. Er selbst regierte fast 6 Jahre. Seine Bautätigkeit, besonders in →Theben, war nicht unbeträchtlich, wovon zahlreiche Statuen und Stelen zeugen. An äußeren Ereignissen ist aus seiner Zeit wenig überliefert. Da →Manetho nur seine Gattin Tawosret und nicht ihn aufführt, wird er wohl seinen Thron dieser zu verdanken haben, als Erbprinzessin (des Mernephtah?). Sein Nachfolger war →Siptah,

der ebenfalls nur durch Verbindung mit der Tạwosret legitimiert war. Seine Leiche ist erhalten (→Königsmumien). Zeitliche Ansetzung etwa 1199—1193 v. Chr.

---

[1] ÄZ 69, 73. — [2] Vgl. „400-Jahr-Stele“, Kêmi 4, 191 ff. — [3] Name: *ꜣḫ-S.-m-pr-ʾImn* „herrlich ist S., im Amuntempel“; der Name des abydenischen Totentempels *ỉb-Mn-ḫpr-Rꜥ-ḥrw* „Das Herz S.' I. ist zufrieden“; ein Dekret für diesen Tempel in Nauri in Nubien, JEA 13 pl. 40/3.

Siegel. Seit frühgeschichtlicher Zeit benutzt man Rollsiegel (*ḏbꜥ.t* von *ḏbꜥ* „Finger“), um Tonverschlüsse auf Gefäßen und Verknotungen durch Siegeln zu sichern. Auch die Beamten erhielten ein Siegel, das aber im AR neben dem Königsnamen nur die Ämter, aber nicht den Beamtennamen enthielt. Erst nach dem AR kommen die käferförmigen Stempelsiegel (sog. →„Skarabäen“) auf mit Titel und Namen des Beamten, aber auch Königsnamen. Der Übergang vom Siegel zum Amulett ist immer gleitend gewesen; schon in thinitischer Zeit sind Rollsiegel mit der Darstellung des Totenmahls von magischer Bedeutung als Vorläufer der Opfermahlszene.

Silber. Obwohl ein erheblicher Prozentsatz von S. sich in dem in Ä. gefundenen →Gold befindet und man Gold mit hohem S.gehalt mit dem besonderen Namen „Elektron“ belegte, hatten die Ägypter keine technische Möglichkeit, das im Gold enthaltene S. herauszuziehen. Da auch sonst kein S.erz in Ä. vorhanden war, ist alles in Ä. gefundene S. eingeführt worden. Daher war bis in die Zeit nach dem MR S. kostbarer als Gold. Als Einfuhrländer kommen die vorderasiatischen Gebiete in Frage; noch in der 19. Dyn. gelten Assur, Naharain, Hethitien und Syrien als wichtigste Handelsländer für S. (→Handel).

S. wurde auch zum Anlöten von Kupferteilen und zum Versilbern gebraucht, wobei man anscheinend das S. als dünnes Blech um den Kupfergegenstand gab, beides erhitzte und durch Reiben mit einem Stein die Verbindung herstellte (nach Lucas).

Sịle. J. Tell abu Seịf, im NR Hauptfestung in der Verteidigungslinie am Ostrand des Deltas, von wo die Könige der 18. Dyn. (→Thutmọsis III.) und 19. Dyn (→Sẹthos I.)[1] ihre Syrienzüge begannen. Der ä. Name war *Ṯ*ꜣ*l.* Am Ende der 18. Dyn. war die Stellung eines Festungskommandanten von S. von großer Wichtigkeit: Während der spätere König →Haremheb vielleicht der Sohn eines solchen war[2], ernannte er zu seinem Nachfolger den Festungskommandanten *P*ꜣ*-R*ꜥ*-mś-św,* der dann als →Rạmses I. die 19. Dyn. gründete.
S. galt als Hauptstadt des 14. u.ä. →Gaues, sein Lokalgott war ein Falke (d. h. der König in Falkengestalt als Ausdruck seiner kämpferischen Macht), der als „der des Harpunierplatzes" (*mśn*) bezeichnet wurde.

[1] LD III 128 a/b. — [2] *Nbj,* Sinai Inscr. Nr. 58; Leiden V 43.

Sinai. Bereits in ältester Zeit als Fundort von Kupfer und Türkis (*mfk.t*) von den Ägyptern besucht, die zahlreiche Felsinschriften und Stelen hinterlassen haben. Hauptplätze sind im Wadi Maghara, Serạbit el Hạdim (mit einem Tempel der „Hạthor, Herrin des Türkislandes") und Rod el-Aịr. Bei Maghạra befinden sich bereits Inschriften aus dem AR beginnend mit solchen der Könige Sechem-chet und Sanacht der 3. Dyn. Die Inschriften brechen mit → Phịops II. ab, um dann sowohl in Maghạra wie in Serabit el Hạdim mit →Amenemhẹt I. wieder zu beginnen. Die meisten und längsten Texte stammen aus dem MR an allen drei Fundstellen. Sie enden mit →Amenemhẹt IV. und beginnen in Serabit el Hạdim erst wieder mit Ahmọse; der letzte belegte Königsname ist →Rạmses VI. In Maghạra fanden sich nur ganz wenige Inschriften des NR.
Die Texte nennen uns häufig die Leiter und Teilnehmer der Expeditionen, selten auch besondere Ereignisse oder die Opfer, die man der Ortsgöttin darbrachte. Sie wurde in einer zum Tempel ausgebauten Höhle verehrt, zusammen mit dem Gott der östlichen Wüsten →Sopdu. Als Lokalgott erscheint auch der vergöttlichte König →Snọfru, im AR auch der ibisköpfige →Thot.

Lit.: Gardiner-Peet-Černy, Inscriptions of Sinai².

Sinụhe. Geschichte des Haremsbeamten Sinụhe (*Sꜣ-nḥt*), der bei der Ermordung →Amenemhẹts I. aus Furcht, als Mitwisser zur Rechenschaft gezogen zu werden, nach Syrien flieht, es dort zum Stammesfürsten bringt, am Ende seines Lebens aber von →Sesostris I. in Gnaden nach Ä. zurückgerufen wird. Die Erzählung ist in der Art der Grabinschriften als Autobiographie gegeben. Die ältesten Handschriften (2 Papyri, früher in Berlin) stammen aus dem Ende des MR, außerdem gibt es zahlreiche →Ọstraka, die Teile des Textes enthalten[1], darunter eins im Ashmolean Museum, Oxford, das fast den ganzen Text gibt[2]. Der Zweck der Erzählung selbst ist noch umstritten; auch wissen wir nicht, ob es sich hierbei um die Schilderung einer tatsächlichen Lebensgeschichte handelt[3].

Lit.: Übers.: Erman, Literatur 14 ff.; Pritchard ANET 18.

[1] Gardiner, Notes on the Story of Sinuhe. — [2] Barns, Ashmolean Ostracon of Sinuhe; zusätzlich zu Gardiner vgl. ÄZ 46, 14; JEA 20, 47; 25, 16; Hayes, Ostraca pl. 28; Posener, Ostraca . . . litteraires I Nr. 1011, 1045 recto. — [3] Zur Deutung vgl. E. Otto, ÄZ 93, 100 ff.

Sịptah. Letzter König der 19. Dyn. Vorname in den ersten beiden Jahren *Sḫꜥ-n-Rꜥ śtp-n-Rꜥ* (*Rꜥ-mś-św-sꜣ-Ptḥ*), danach *ꜣḫ-n-Rꜥ śtp-n-Rꜥ* (*Mr-n-Ptḥ-sꜣ-Ptḥ*), Regierungsdauer mindestens 5 Jahre, etwa 1193 bis 1189 v. Chr. Seine Thronbesteigung wurde durch seine Adoption durch Tawọsret, die Gemahlin seines Vorgängers →Sethos I., ermöglicht[1]. Galt sie unter Sethos II. als Königin[2], so nahm sie unter Sịptah eine Königstitulatur an (*Tꜣ-wśr.t-śtp-n-RꜥWśr-mꜣꜥ.t-Rꜥ-śtp-n-Rꜥ*), man datierte nach ihr[3], sie errichtete sich einen kgl. Totentempel, und auch in den wenigen zeitgenössischen Urkunden erscheint sie als „große (Fürstin o. ä.) des ganzen Landes“[4] Siptahs Leiche ist erhalten (→Königsmumien), sein Andenken ist jedoch (von →Rạmses III.?) verfolgt und sein Name ab und zu durch den Sẹthos' II. ersetzt worden[5].

[1] v. Beckerath, JEA 48, 70 ff. — [2] Vgl. ihren Schmuck, Davis, Tomb of Siptah. — [3] Kairo 25293. — [4] Bilgaistele, ÄZ 50, 49 ff. — [5] Petrie, Memphis VI pl. 57 Nr. 23; v. Beckerath, Tanis und Theben 70 ff.; ZDMG 105, 44 ff.

Sistrum. Die heilige Hạthorrassel geht auf einen kultischen Gebrauch zurück, der darin bestand, zu

Ehren der Göttin ein Bündel Papyrusdolden zu pflükken und rituell zu schütteln (*sšš*). Die Handgriffe der Spätzeitsistren (griech. σεῖστρον) sind in der Tat immer noch mit Darstellungen von Papyrusstengeln dekoriert. Es gibt Bogen- und Naossistren. Erstere bestehen aus einem Handgriff und einem hufeisenförmig herumgebogenen Oberteil. Besteht letzterer aus der Nachbildung einer Kapelle (Naos), spricht man von einem Naossistrum. In beiden Fällen befindet sich zwischen Oberteil und Griff das Doppelgesicht der →Hathor, wozu noch andere Dekorationen und Symbole treten (→Bes, →Sphinx, →Isis, →Uräus). Zumeist drei, später vier oft in Schlangenform angefertigte Rasselstäbe sind quer durch den Oberteil eingeschoben und erzeugen beim Schütteln des Instrumentes durch Anschlag an die Außenseiten des Sistrums einen klirrenden und rasselnden Klang. Bei anderen Instrumenten sind die Stäbe fest angebracht. Dafür befinden sich aber auf ihnen leicht gleitende, kreisrunde Rasselkörper aus Metall. Das S. (Kalebassensistrum) ist afrikanischer Herkunft und dient im allgemeinen zu Wasser- und Fruchtbarkeitsriten, auch bei Initiationsfeiern. Es ist dann in Ä. zum Symbol der rituellen Musik geworden. Es wurde aus Bronze, Fayence, selten aus Holz, ferner aus Gold und Silber hergestellt. (H)

Lit.: H. Hickmann, Instruments de musique, CG, T. XLIV-LXX.

Sịwa →Oasen.

Skarabäus. Lat. Bezeichnung des Käfers Ateuchus sacer. Der Ägypter verbindet mit dem Tiere die Vorstellung der Urentstehung („der von selbst Entstandene"), da er annahm, der Käfer entstünde aus der zum Schutz der Eier gedrehten Mistkugel. Der Gott →Chẹpre wird mit dem Bild des Tieres geschrieben und Tier wie Gott galten vom Zeitpunkt des dominierenden Sonnenglaubens als Bild und Name des Sonnengottes. Um dieser Bedeutungen willen kommen S. oft als →Amulette vor, als →Schmuck getragen, aber auch als Beigabe zur Mumie. Seit der 1. Zwischenzeit begegnen auf der Unterseite dekorierte S. (Schrift und Bild), wobei sie zum guten

Teil die Funktion von Knopfsiegeln übernehmen, aber auch Segenswünsche und -symbole tragen. Besonders in der 18. Dyn. pflegen Könige Gedenk-S. auszugeben, d.h.S., auf denen ein Ereignis zur Erinnerung aufgezeichnet ist (→Thutmọsis III. und IV., →Amenọphis III. anläßlich seiner Hochzeit mit Giluchẹpa, bei Jagderfolgen u. a. m.).

Lit.: Pieper, Skarabäus, RE.

Sklaverei. Die strenge Ausrichtung des ä. →Staates zu Beginn des AR auf den König läßt zunächst eine klare Abgrenzung von „Sklaven" nicht zu: alles diente dem König und konnte nach seinem Willen eingesetzt werden. Erst als man Beamten zur Erleichterung ihrer Versorgung Felder mit Leuten zuwies und damit den Umweg über die Staatsspeicher sparte, konnte sich ein „Besitz" an Feldern und Leuten entwickeln. Das läßt sich bereits in der Meten-Inschrift vom Anfang der 4. Dyn. nachweisen[1]. Vom Verkauf dieser Leute sprechen bereits Totenpriesterkontrakte dieser Zeit[2]. In der 1. Zwischenzeit sprechen die Großen des Landes gern von ihrem Besitz an Feldern, Vieh und Leuten. Wenn in dieser Zeit aber ein Gaufürst sagt, daß er „Unfreie" eines anderen Gaus in seinem Gau als „Beamte" (*śr*) einsetzte, so erkennen wir, daß wir hier nicht von S. sprechen können, sondern eher von „Hörigen". Doch war hier die Grenze fließend. Zuteilung von Gefangenen an Offiziere, die im NR häufig genannt wird[3], ist auch aus dem MR belegt[4]. Es sind das die „Leute, die mein Arm erwarb", denen man gern die aus dem Besitz des Vaters und der Mutter „als im Haus Geborene" gegenüberstellt[5]. In den Kahunpapyri sehen wir, wie 4 asiatische Sklavinnen zuerst vererbt und dann weiterverkauft wurden[6]. Verhandlungen über den Besitz an einer Sklavin „aus den Stadtsklaven von →Elephantịne" enthält der Papyrus JEA 34, 31 ff. Neben asiatischen Sklavinnen[7] findet sich auch eine „Sklavin aus →Punt"[8].

Die Feldzüge der Könige der 18. Dyn. brachten große Mengen ausländischer Gefangener nach Ä., die entweder an Offiziere und Beamte verteilt oder in geschlossenen Siedlungen als Soldaten, Tempel- oder kgl. Arbeiter angesiedelt wurden[9]. Zahlreiche Schardana- bzw. „Fremden"-Siedlungen erscheinen in den ramessịdischen Verwaltungsurkunden und auch im →Pap. Harris, in dem ihre →Stempelung mit einem Brandstempel erwähnt wird[10].

Einzelverkauf durch Händler ist belegt[11], ebenso Sklavenhandel aus dem Ausland[12]. Als Preise sind belegt 2 *dbn* (→Maße) Silber[13] für einen Sklaven, 4 *dbn* für eine Sklavin[14] und 4 *dbn*, 2 *kịte* Silber für eine junge syrische Sklavin[15]. Freilassung konnte durch einfachen Willensakt des Besitzers durchgeführt werden; so ließ[16] eine Frau die Kinder ihrer Sklavin frei, die ihr Gatte hatte; ein kgl. Barbier verheiratete seinen selbst erbeuteten Sklaven mit seiner Nichte und setzte seine Rechtstellung fest[17]. Tageweise Ausleihung von Sklavinnen ist durch mehrere Papyri der 18. Dyn. belegt[18]. Selbstverkauf ist erst aus der Spätzeit bekannt[19]. Eine besondere Sklaventracht scheint es nicht gegeben zu haben.

Lit.: Bakir, Slavery in Pharaonic Egypt, Kairo 1952.

[1] Urk. I 2, 14; 3, 2. — [2] Urk. I 12, 10 ff. — [3] Urk. IV 11. — [4] El Arabah pl. 5. — [5] BM 1628, 14. — [6] Griffith, Kahun Pap. 12, 10; 13, 9 ff. — [7] Kairo 20227, 20549. — [8] BIFAO 30, 111. — [9] Vgl. Stelen, Six Temples at Thebes I 7/8; Bruyère, Mert Seger 35 Z. 2/6; „Hethiterfeld" bei Memphis, Rec. Trav. 16, 123. — [10] 77,5; vgl. Med. Habu I pl. 28 Z. 40. — [11] JEA 21, 140; Pap. BM 10052, 10, 14 ff. — [12] Syrischer Sklave aus Arwad, Pap. Bologna 1086, 9 ff. = ÄZ 65, 92. — [13] BM 10052. — [14] Mayer A 8, 12. — [15] JEA 21, 140. — [16] JEA 26, 23 ff. — [17] BIFAO 38, 217. — [18] ÄZ 43, 27 ff. — [19] Cat. Rylands Pap. S. 19 No. 15; S. 21 No 19/23; JEA 26, 68.

Smendes (*Nsj-bꜣ-nb-ḏd*). Erster König der 21. Dynastie, residierte in Tanis, regierte etwa um 1069—1043 v. Chr. Die Gattin hieß Mutnedjmet.

Snọfru. Erster König der 4. Dyn., 2578—2553 v. Chr. Ihm werden drei →Pyramiden zugeschrieben, die „rote" und die Knickpyramide von →Dahschur mit Sicherheit, sowie die Pyramide von →Meidum, die er vielleicht von seinem Vorgänger Hui zunächst übernommen hatte. Regierungszeit nach →Turiner Pap. 24 Jahre, nach →Manetho vielleicht 29 Jahre. Reste seiner →Annalen sind auf dem →Palermostein erhalten. Mutter Meriesạnch I., Gattin

Hetepḥeres I. Ihm folgte sein Sohn →Cheops auf den Thron.

Sokar. Gottheit bei →Memphis am Rand der Wüste (nach ihm der Name des j. →Saqqạra), den man sich anscheinend in der Erde wohnend vorstellte. Man zog ihn zu Beginn der Feldarbeit in Gestalt eines Steines oder Erdbrockens, der in einer in besonderer Weise geschmückten, in ihrer Form sehr alten Barke (*ḥnw*) stand, „um die Mauern" von Mẹmphis; dabei war die Barke mittels eines Gestells (*mfḫ*) auf einem →Schlitten befestigt. Das Volk folgte mit Zwiebelkränzen um den Hals.
Da die Kultstätte des S. dort lag, wo man seit 1. Dyn. die Toten begrub, wurde er erklärlicherweise zum Herrn des Friedhofs und Totengott. Außerdem verehrten ihn die in der Nekropole arbeitenden Handwerker als ihren Schutzgott. Damit wird er mit →Ptah auf eine Stufe gestellt. Schon im AR tritt uns Ptah-Sokar als sein Name entgegen. Ebenso bringt sein Wesen als Herr der Nekropole bereits in den →Pyr.-Texten eine Annäherung an →Osiris[1], so daß wir im MR dann Ptah-S.-Osiris als Name finden, wobei er gegebenenfalls auch als →Djed-Pfeiler dargestellt werden kann[2].

[1] Pyr. 620. — [2] ASAE 42 pl. 39.

Sọleb (*Ḫ*ʿ*-m-m*ꜣʿ*.t*). Festung nördlich des 3. Katarakts in →Nubien aus der 18. Dyn. Hier stiftete →Amenophis III. einen Kult für „sein eigenes Abbild auf Erden". Im Tempel war die Feier des →Jubiläumsfestes des Königs dargestellt[1].

Lit.: Schiff Giorgini, Soleb I, Florenz 1965.

[1] LD III 85 ff.

Solo(-gesang, -instrumentalspiel). Einzelsänger sind nur selten dargestellt worden, wie auch das Spiel eines einzelnen Instrumentes. Es scheint sich also im alten Ä. wie heute zumeist um gruppenweises Musizieren zu handeln. Die gleichen Beobachtungen gelten für liturgisches Singen sowie für die Ausführung der Kunst- und der volkstümlichen Musik. (H)

Lit.: G. Maspero, ASAE 8, 282.

Sonnenheiligtum. Die Könige der 5. Dyn. (außer den beiden letzten, Asọsi und Ụnas) haben dem Sonnengott →Re sog. S. errichtet, die, soweit ihre Lage bekannt ist, auf dem Westufer des Nils in der Nähe der kgl. Nekropole lagen. Am besten bekannt ist das S. des Neuserre bei →Abusịr, genannt Abu Gurọb. Den Kultmittelpunkt bildet ein hoher gemauerter →Obelisk, davor lag (nach O) ein →Altar unter freiem Himmel. Im Hof fanden sich Schlachtstätten für Opfertiere, ferner Räume mit Darstellungen des kgl. →Jubiläumsfestes, sowie Darstellungen aus dem Leben der Natur. Das seit 1955 ausgegrabene S. des →Userkaf (zwischen Abusir und Abu Gurob) enthielt ebenfalls einen gemauerten Obelisken. Das bisher nicht aufgefundene S. des Neferirkare erscheint als bedeutende Wirtschaftsanlage in den Abusir-Papyri aus dem Totentempel dieses Königs.

Namen der S.:

Userkạf: *nḫn-Rˁ*	„Festung des Re"
Sahurẹ: *śḫt-Rˁ*	„Feld des Re"
Neferirkarẹ: *ỉśt-ỉb-Rˁ*	„Freude des Re"
Neferef-rẹ: *ḥtp-Rˁ*	„Opfer des Re"
Neuserrẹ: *šsp-ỉb-Rˁ*	„Freude des Re"
Menkauhọr: *ꜣḫt-Rˁ*	„Horizont des Re"

Lit.: v. Bissing-Kees, Re-Heiligtum des Königs Ne-woser-re, Berlin 1905. ÄZ 80, 140 ff.; Ricke, Sonnenheiligtum des Userkaf, Kairo 1965; Posener-Krièger und de Cenival, Papyri of Abu Sir, London 1968.

Sonnenschiffe. Bereits neben den Gräbern der 1. Dyn. in →Hẹluan[1] finden sich die Reste mitgegebener Schiffe. Bekannt wurde das kürzlich gefundene Schiff an der Cheopspyramide, das ihm sein Sohn →Ra-djẹdef in einem in den Felsen gehauenen Spalt mitgegeben hatte; es ist eins von 5, die die Pyramide in Osten und Süden umgaben. Weil auch an dem späteren →Sonnenheiligtum des →Neuserrẹ ein → Schiff aufgemauert war und in den →Pyr.-Texten der König den Sonnengott auf seiner Fahrt begleiten will, hat man diese Schiffe als „Sonnenschiffe" bezeichnet, die dem König diese Fahrt ermöglichen sollten. Wenn diese Deutung auch für das Ende des

AR zutreffen wird (etwa bei den Schiffen am Aufweg zur Pyramide des Ụnas), so ist das nicht ihr ursprünglicher Zweck. Sie sollten den Toten befähigen, sich außerhalb seines Grabes zu bewegen; daher gab man auch in der 1. Zwischenzeit Schiffsmodelle mit. Das Ziel dieser Reisen des Toten waren die großen Götterfeste des Landes, an denen er teilzunehmen wünschte, so besonders später im AR die des →Osiris in Abydos und →Busịris. Bei →Chẹops werden die Schiffe ihn zur Fahrt durchs Land, einer uralten feierlichen Handlung, befähigen sollen.

[1] Z. Saad, Exc. at Helwan 1945—47 pl. 59/60.

Sọpdu. Gott des Ostdeltarandes beim Wadi Tumilạt, seines Namens wegen vielleicht ursprünglich ein „scharfzähniges“ Tier, aber schon früh dem Königsfalken →„Horus“ angeglichen, in dessen Form (als hockendes Falkenidol) er gern dargestellt wird[1]. Wenn anthropomorph dargestellt, ist er als „Beduine“ gekennzeichnet mit echtem Bart, hohen Falkenfedern, Schurz aus schmalen Lederstreifen[2].

[1] LD III 90. — [2] Vgl. Darstellung Borchardt, Sahure II Taf. 5.

Sọthis (Sirius). Hundsstern, mit dessen Wiedererscheinen am Himmel (= heliakischer Frühaufgang) man zu Beginn der Geschichte den Anfang der Überschwemmung verband. Da jedoch das ä. Jahr von 365 Tagen um 1/4 Tag gegenüber dem astronomischen Jahr zu kurz ist, erschien die S. alle 4 Jahre einen Tag früher vor Sonnenaufgang wieder am Morgenhimmel. Im Verlauf von 1460 Jahren durchwanderte so der Sothisaufgang den ganzen Jahreskalender (Sothisperiode →Kalender). Obwohl sich aus der Verbindung von Frühaufgang der S. und Überschwemmungsbeginn, der gleichzeitig den Anfang des Jahres bezeichnet, mit Sicherheit ergibt, daß bei Einführung des Kalenders alle drei Ereignisse zusammenfielen, so führt die erwähnte Diskrepanz zwischen „bürgerlichem“ und astronomischem Jahr sofort zu einer Verselbständigung des Kalenders, der nicht mehr auf die Jahreszeiten und den Überschwemmungsbeginn Rücksicht nimmt. Der Ägypter selbst hat anscheinend nie die Sothisperiode berücksichtigt.

Das „Hervorgehen der S.“, d. h. ihr Frühaufgang, wurde als großes →Fest gefeiert.

Soziale Schichtung. Für das Einsammeln der Abgaben und für das Organisieren der Fronden für den Weltgottkönig entstand eine Bürokratie und Landesverwaltung, deren Träger Inhaber königlicher Teilmacht waren. Damit ergab sich eine s. S. in Beamte und Volk. Besonders in der Zeit bis zur 4. Dyn. wurde die Folgerung, daß jeder für den König zu leben habe, bis zur letzten Konsequenz geführt. Während zunächst die Ägypter zum großen Teil in ihren Dorfgemeinschaften gewohnt hatten, wurden diese jetzt dadurch zerstört, daß jeder auf königlichen Befehl versetzt werden konnte, um zusammen mit anderen Ausgehobenen neue Gutsanlagen („Arbeitshäuser“) zu bilden. Eigenbesitz an Boden wurde dadurch unmöglich, und wir hören davon, daß die Nachfahren der freien Bauern (*nswtjw*) ihre Felder an Beamte verkaufen mußten. So bestand das Ideal des Staates der 4. Dyn. darin, das Volk als „Hörige“ (*mr.t*) genau registriert und jederzeit für die Arbeiten greifbar zu haben, die für den „Staat“ nützlich waren. Felderzuweisungen an Beamte, Höflinge oder Angehörige der kgl. Familie waren zunächst nur eine Abkürzung des Versorgungsweges. Es ist als gegebene Entwicklung anzusehen, daß sich daraus ein Besitzanspruch der Beamten an den ihnen überwiesenen Feldern entwickelte, wodurch die auf ihnen arbeitenden Hörigen ebenfalls ihr Besitz wurden.
Hinzu kommt, daß die Hörigen, die den Pyramidenstädten der verstorbenen Könige zur Durchführung der Totenopfer zugewiesen waren, nicht mehr dem lebenden König (dem „Staat“) unterstanden. Das war die eine Keimzelle für die Entstehung einer „freien“ Schicht. Die andere ging von den Provinztempeln aus. Zunächst waren die →„Priester“ nichts anderes als Hörige, die Felder bebauten, die der betreffenden Gottheit für ihren Unterhalt zugewiesen waren; sie konnten wie alle anderen Hörigen ausgehoben und versetzt werden und verloren damit natürlich ihre Priesterstelle. Erst während der 4. Dyn. begann man, Diener von Gottheiten durch kgl. →Dekrete dem Zugriff der Büros des Königs zu entziehen,

wie auch damals die Felder der Götter und die, die den Priestern als Bezahlung für ihren Dienst zugewiesen wurden, exemt wurden.
Am Ende des AR finden wir dadurch „freie" (d. h. dem staatlichen Zugriff entzogene) Grundbesitzer an den großen Provinztempeln, in den Pyramidenstädten sowie im ganzen Land verstreut als Nachkommen von Beamten. Gleichzeitig entwickelte sich eine Schicht von Landesherren dadurch, daß einmal Provinzbeamte ihr Verwaltungsgebiet als persönlichen Besitz ansahen und weitervererbten, andererseits aber auch die Verwalter von Tempeln und deren Besitz der Befehlsgewalt staatlicher Stellen entzogen waren. Damit hatten sich sowohl die wirtschaftlichen wie die geistigen Grundlagen des Staates aufgelöst und die Folge war die Beseitigung der bisherigen Ordnung und die Erhebung der Hörigen gegen ihre Herren. Aus dieser Epoche am Ende des AR, die nicht mit Unrecht als soziale Revolution bezeichnet worden ist, blieben als Zentrum einer neuen Ordnung die Tempel mit ihrer Verwaltung weiter bestehen, sowie Stadtherren, die mit Hilfe von Soldatenhaufen die Gebiete um ihre Burg beherrschten[1]. Sie standen in Auseinandersetzung mit den Bewohnern des Landes, die aus den *mr.t* entstanden, jetzt als Bauern auf ihrem Land saßen. Gerade die 11. Dyn. zeichnete sich dadurch aus, daß die Leute mit besonderem Stolz von ihrem Besitz an Feldern, Häusern, Schiffen und Vieh sprachen. Im Norden, im Gebiet der Herakleopoliten bestanden die Pyramidenstädte weiter, deren Bewohner jetzt ausdrücklich als „Freie" (*wcb*) bezeichnet wurden. Seit dieser Zeit bestand eine breite Schicht von Leuten, die Land besaßen, wohl Abgaben zahlten, aber nicht mehr versetzbar waren (*nḏś*). Diese Entwicklung wird im MR bewußt wieder rückgängig gemacht.
Im NR läßt sich die Schichtung der Bevölkerung klar erkennen: In der 18. Dyn. bildeten die Beamten die oberste Schicht; ihr Führungsanspruch wurde immer mehr von den Offizieren des an Zahl und Einfluß wachsenden →Heeres bestritten, besonders von den Angehörigen der Wagenkämpfertruppe. Zwischen Priestern und Beamten bestand weder herkunfts- noch ausbildungsmäßig ein Unterschied.

Einen eigenen Bauernstand hat es aber in dieser Zeit nicht gegeben. Entweder wurden die Felder als Domänen durch Ackersklaven meist ausländischer Provenienz bearbeitet, oder sie waren bestimmten Bevölkerungsklassen zum Unterhalt zugewiesen, die daneben einen bestimmten Beruf ausübten: hier ist Felderbesitz wieder eine Entlastung der kgl. Verwaltung, die sonst für den Unterhalt aufkommen mußte. Das war der Fall etwa bei Soldaten, Hirten, Pferdeverwaltern, Priestern, Imkern. Dabei blieb das Feld nur solange in der betreffenden Familie, als ihre Angehörigen den Beruf beibehielten.
Allerdings finden sich bereits bei →Ramses II. Bemerkungen, die zeigen, daß die Beibehaltung des Berufs nicht mehr in allen Fällen als Voraussetzung für den Besitz der Felder galt. Dadurch entwickelte sich wieder ein unbeschränkter Eigenbesitz am Boden, der sich immer weiter ausbreitete, je schwächer die Königsgewalt wurde. So wurde es auch möglich, daß die angesiedelten libyschen Söldner die Macht in Ä. in die Hand bekamen. Es wurde seit der Ramessidenzeit üblich, den Ausdruck „Mann des Landes (Pharaos)" (*rmṯ n pꜣ tꜣ*), der zunächst den Besitzer eines solchen zugewiesenen Feldes bezeichnete, als Terminus für den „Freien" zu benutzen[2]. Sie konnten also auch ihre Felder verkaufen. →Landbesitz, Sklaverei.

[1] Vgl. Vandier, Moalla, 1952. — [2] Thompson, JEA 26, 74; Bakir, Slavery 48 ff.

Speiseliste. In den →Gräbern findet sich seit dem AR (zunächst in räumlicher Nähe der Opferstelle) die Sp., eine listenartige Zusammenstellung der Speisen, aber auch Getränke und Textilien, die zum Leben des Bestatteten gewünscht wurden. Sie enthält (besonders in ihrer jüngeren Form als „große Sp.") sehr viel mehr Dinge, als tatsächlich zum →Opfer beigebracht worden sein können. Ihre Wirksamkeit für den Toten erhält sie dadurch, daß der →Vorlesepriester sie rezitiert.

Lit.: Junker, Gîza II, 69 ff.; Barta, Die altägyptische Opferliste, Berlin 1963.

Speiseverbote. Hinweise auf Verbote bestimmter Speisen finden sich mehrfach. So zeigt bereits ein

Sargtext[1], daß man das →Schwein nicht mehr wie einstmals dem Horus opferte, woraus gefolgert werden darf, daß bereits eine gewisse Verfemung eingesetzt hatte, die dann in der Spätzeit dazu führte, daß man Schweinefleisch überhaupt als unrein ansah. So mag auch die Verfemung der →Fische zu erklären sein, die sich ebenfalls erst in der Spätzeit durchsetzte, obwohl man bereits früh das Wort „Ekel" mit dem Fisch determiniert. Aber nicht nur →Pianchi empfing die Deltakönige nicht, weil sie ihm als Fischesser unrein galten, sondern bereits →Ramses IV. spricht auf seiner →Stele aus →Abydos davon, daß er „nicht gegessen habe, was ‚Ekel' ist". In der Spätzeit wurde es dann Sitte, alle Exemplare der Tiergattung in einem Gebiet nicht zu essen, die dort heilig gehalten wurde (bestimmte Fische im →Fayum usw.).

[1] CT II Sp 157.

Speos Artemidos. Felstempel in einem Felstal südlich der Gräber von Beni Hasan, arabisch Stabl Antar genannt, der Löwengöttin Pachet geweiht. Die Anlage wurde von →Hatschepsut errichtet und später von →Sethos I. restauriert. Die Göttin selbst, deren Name „die Reißende" bedeutet, wurde von den Griechen mit Artemis gleichgesetzt, wohl weil Pachet zusammen mit dem Falkengott von Hebenu (der auf dem Ostufer des 16. →Gaus verehrt wurde) mit →Tefnut und →Schu gleichgesetzt wurde, die den Griechen als Artemis und Apollon erschienen. Keine abschließende Veröffentlichung; Text der großen Weihinschrift der Hatschepsut: Gardiner, JEA 32, 43.

Sphinx. Griechische Bezeichnung für die ä. Königsbilder, in denen die Herrschermacht durch Verbindung des Löwenkörpers mit dem Menschengesicht Ausdruck gefunden hat; die griechischen Besucher dachten dabei an ihre weiblichen S., die als Todesdämonen galten, ihrer Form nach allerdings aus dem Orient stammten. Darstellung der Feinde zertretenden Königssphinx wurde im AR am Tempeleingang angebracht[1]. Am bekanntesten die S. bei →Giza, von →Chephren (→Cheops?) aus einem

stehenden Fels herausgemeißelt, der im Steinbruch für den Pyramidenbau lag, 57 m lang, 20 m hoch; jedoch ragt nur der Kopf über den Rand des Steinbruchs empor. Ursprünglich das Bild des Königs, galt die Sphịnx von Giza später als Bild des „horizontischen →Horus“, im NR als das des asiatischen Gottes Hauron. Damals lag in der Nähe sowohl eine Siedlung von ausländischen Handwerkern, die die S. verehrten, wie auch ein Rasthaus der kgl. Prinzen, die als Generäle in der Nähe Pferde einfuhren und mit dem Bogen schossen. Stelen →Thutmọsis’ IV. und →Amenọphis’ II. erwähnen →Träume, die diese als Prinzen zu Füßen der S. hatten und in denen die S. um Freilegung von Sandmassen bat und gleichzeitig die Königsherrschaft versprach. Der Typ der S. ist in Ä. für Königsdarstellungen immer beliebt geblieben, besonders bekannt die sog. „Tanis-S.“ aus dem MR, bei denen der Übergang von Menschenkopf und Löwenkörper nicht durch das Königskopftuch verdeckt wird, sondern das Gesicht in die es umgebende Löwenmähne eingefügt wurde.
Die Königin →Hatschẹpsut ließ sich auch als weibliche S. darstellen.

[1] Borchardt, Sahure II pl. 8; Ne-user-re pl. 8/12; Jéquier, Mon. fun. Phiops II, Vol. III pl. 15; S. Hassan, The great Sphinx, Kairo 1953.

Spiegel. S. bestanden aus einer auf einer Seite polierten Kupferscheibe mit Handgriff, der gern die Gestalt von Mädchen hatte, die die Scheibe tragen. Sie wurden in Lederfutteralen oder Kästchen aufbewahrt[1].

[1] Scharff, Ä. Handspiegel, Amtl. Ber. preuß. Kunstsamml. 42, 127 ff.; Ältester Beleg aus Frühzeit Bonnet, Frühgesch. Gräberfeld Abusir pl. 32.

Sport. Von S. und körperlicher Ertüchtigung hören wir nur fallweise. Zur Ausbildung der Vornehmen gehörte offenbar Schwimmen[1]; besonderer Leistungen im Rudern und Bogenschießen rühmt sich →Amenọphis II.[2] Daß →Jagd und →Fischfang auch als Vergnügungen und Kunstfertigkeiten betrieben wurden, lehren die dabei angewandten sportlichen Methoden (Fischfang mit Speer und Angel neben dem Fang mit Netzen; Vogeljagd mit Wurfholz; Erwähnungen von Jagderfolgen in den Inschriften der Könige der 18. Dyn.). Dagegen scheinen die Darstellungen von Ringkämpfen[3], ganz abgesehen von Zweikämpfen und Kampfspielen unter ausländischen Söldnern[4] und akrobatischen→Tänzen, Berufsringer und -tänzer(innen) zu zeigen.

---

[1] Siut V 22. — [2] ASAE 37, 129 ff. — [3] Wilsdorf, Ringkampf im Alten Ä., Würzburg 1939. — [4] Z. B. Naville, Deir el Bahri IV Taf. 90.

Sprache. Das Ä. gehört mit den semitischen und hamitischen S. zusammen einem S.stamm an, den man am besten in vier gleichwertige Unterabteilungen teilt: Semitische Gruppe, libysch-berberische Gruppe, kuschitische Gruppe und Ägyptisch[1]. Darüber hinaus sind im Ä. in historischer Zeit Einflüsse und Entleihungen vor allem aus libysch-berberischen und semitischen S. zu beobachten, von denen besonders ein etwa zu Beginn der geschichtlichen Zeit anzusetzendes, die Eigenart des Ä. bestimmendes semitisches Element festzustellen ist.

Das Ä. gehört zu den flektierenden S. Es besitzt zwei Konjugationsarten: a) das sog. Pseudopartizip zum Ausdruck eines Zustandes, seltener einer perfektischen Handlung. b) die sog. Suffixkonjugation (an unterschiedliche Basen wird das nominale oder pronominale Subjekt angehängt) zum Ausdruck verschiedener Handlungsarten, aber ursprünglich keiner Tempora. Eigentümlich sind dem Ä. die „Relativformen", flektierte Verbalformen, die einen relativischen Bezug auf ein übergeordnetes Substantiv enthalten. Dazu kommen drei infinitivähnliche Formen, Imperativ, Partizipien. Auffällig reich ist der Bestand an Personalpronomina (drei Pronominalreihen), deren syntaktische Funktion streng geschieden ist. Gegen Ende des AR entwickelt sich der Gebrauch einer großen Zahl von Hilfsverben, die zum Ausdruck von uns nicht immer faßbaren Nuancierungen dienen, späterhin die Konjugation fast allein übernehmen, während die Verba bis auf zwei Grundformen (Infinitiv und 3. Pers. sing. des Pseudopartizips) unveränderlich werden. Man unterscheidet Masculinum und Femininum (beim Nomen und beim Verbum, hier auch in der 2. Person), Singular, Dual (der früh ausstirbt) und Plural. Eine Kasusdeklination läßt sich nicht feststellen. Der Wortreichtum ist sehr groß und hat im Verlauf der langen S.entwicklung mancherlei Veränderung (im Bestand und bezüglich der Bedeutungsentwicklung) erfahren. Für den frühen Charakter der S. spricht die Fülle an Einzelausdrücken (etwa bei Verben der Bewegung), die Bildung von Abstrakta durch bildhafte Umschreibungen, der spezialisierte Ausdrucksreichtum auf bestimmten Lebensgebieten (etwa Bezeichnungen für Vieh, Bodenarten), aber Mangel an Gattungsbezeichnungen und Ordnungsbegriffen („Tiere“ im Gegensatz zum Menschen; „Religion“, aber einzelne religiöse Übungen und Vorstellungen; „Handwerker“, aber Einzelbezeichnungen).

Die Erforschung genauer Wortbedeutungen und der Wortbildungsmöglichkeiten ist erst in den Anfängen. Innerhalb der langen uns überblickbaren Entwicklung von rund 3000 v. Chr. bis 1000 n. Chr. sind gewisse S.perioden zu unterscheiden, deren Verhältnis zueinander freilich nicht allein durch ein chronologisches Nacheinander charakterisiert ist. In jedem Fall kennen wir nur die schriftlich fixierte S.form; ihr jeweiliges Verhältnis zur gleichzeitigen Volkssprache, der bestimmende Anteil einzelner Dialekte, die es wahrscheinlich schon seit früh gegeben hat, sind schwankend und noch keineswegs befriedigend geklärt[2]. Das eigentliche Altägyptisch entspricht etwa dem geschichtlichen Abschnitt des AR (3. Jhtsd.). Zahlreiche Grab- und Steleninschriften, vor allem die →Pyramidentexte sind in dieser S. geschrieben. Sie zeichnet sich durch Kürze des Ausdrucks, Formenreichtum, Sparsamkeit an Partikeln und an Hilfsverben aus. Das Mittelägyptische gilt als die klassische S. und in ihm sind die später in den →Schulen behandelten Literaturwerke verfaßt (→Literatur). Es ist reichhaltiger und beweglicher im Ausdruck. Auch noch im NR und in der Spätzeit sind manche Texte (vor allem religiösen Inhalts) in dieser S. geschrieben. Bereits gegen Ende des MR lassen sich Anzeichen des typischen Neuägyptischen nachweisen (Entwicklung eines Artikels aus den Demonstrativa, Akzentverschiebung, Umschreibung schwieriger Verbalformen). Doch wird es erst um 1370 v. Chr. in der Amarnazeit zur Schriftsprache erhoben. Es bleibt die herrschende S. (Literatur, Briefe, Denkmäler, Urkunden) bis etwa 700 v. Chr. Um diese Zeit tauchen die ersten demotischen Texte auf (→Papyri, →Ọstraka, seltener Inschriften auf Stein). Der Terminus bezeichnet an sich eine →Schrift; doch wird er auch auf die in dieser Schrift geschriebene S. angewendet, eine Akten- und Literatursprache. Es bleibt bis etwa 300 n. Chr. in Gebrauch. Die Weiterentwicklung des Neuägyptischen liegt im Koptischen vor, das aber nicht wie das Demotische eine Schrifts. darstellt; sondern wir haben in ihm die lebendig weiterentwickelte Umgangss. Zu ihrer Schreibung bedient man sich des griechischen Alphabets (→Schrift). Man unterscheidet mehrere Dialekte: in O.ä. Sa'ịdisch (urspr. wahrscheinlich in der Gegend von →Hermụpolis), Achmimisch (Gegend von Achmịm), Subachmịmisch (Gegend von Asiụt), Fayumisch (im →Fayum); in U.ä. Bohẹirisch (Dialekt von Alexandrien) und Buschmụrisch (Ostdelta, keine Denkmäler erhalten). Das Bohẹirische wurde die Kirchensprache Alexandriens und U.ä. und verdrängte, als im 11. Jhdt. n. Chr. das Patriarchat von Alexandrien nach Kairo verlegt wurde, die o.ä. Dialekte. Als Kirchens. dient es noch der heutigen koptischen Kirche in Ä.[3]. Im Koptischen ist die im Neuägyptischen begonnene Vorherrschaft der Hilfsverben durchgeführt, die nun eine Fülle von Handlungsnuancen (darunter auch Tempora) ausdrücken können. Die Nebensilben sind weitgehend enttont und ganze syntaktisch zusammengehörige Wortgruppen können zu einer Akzenteinheit zusammengefaßt werden. Es zeichnet sich ferner gegenüber den älteren S.perioden durch Armut des Wortschatzes aus. Als Schrifts. in der Übersetzungstätigkeit von gnostischen und christlichen Texten geformt, hat es eine Fülle griechischer Fremdwörter aufgenommen[4].

---

[1] Lefèbvre, Grammaire de l'Egyptien Classique, Kairo 1940, § 1 ff. — [2] Grapow, SbPAW 1938; ders. Ägyptisch, Lebenslauf. — [3] Steindorff, Lehrbuch § 4 ff. — [4] Zur kopt. Literatur siehe Morenz in: Handbuch, S. 207 ff.

Staat. Unter dem Dogma eines absolut göttlichen Königtums hat der ä. S. recht verschiedene Verwirklichungen erfahren. Aus der patriarchalischen Beauftragung kgl. Prinzen mit Regierungsfunktionen entwickelte sich im AR ein zentralistischer Beamtens. (→Verwaltung) unter der Leitung eines →Vezirs. Natürliche Spannungen zwischen dem unmittelbar vom Königtum abgeleiteten Zentralismus und historisch notwendig entstehenden divergierenden Kräften des Feudalismus am Ende des AR, des privaten Grundbesitzes, auch der selbständig werdenden Bürokratie (am Ende des MR) führten im Verlaufe der geschichtlichen Entwicklung zu verschiedenen Verwirklichungen der theoretisch sich gleichbleibenden S.-Form und zu echten Krisen. Stets aber orientierte sich ein Neuaufbau an dem Dogma vom Königtum als der einzigen legitimen Quelle staatlicher Autorität. Der Grundsatz der „Beauftragung" wirkte auch später noch fallweise nach (→soziale Schichtung); er konnte zeitweise ganze Klassen von „Beauftragten" (im AR „Boten", später „Sprecher", „Kommissare") entstehen lassen, die als fallweise oder ständig Beauftragte Funktionen der Zentralregierung übernahmen. Aus der Beauftragung entwickelte sich zum guten Teil auch der Status der →Priester. Quelle des →Rechts wie der S.autorität war ebenfalls der König.

Standarten. S. nennt man tragbare, auf hölzernen Schäften befestigte Embleme, die in vier Verwendungsgruppen vorkommen:

1. Schiffss. Die in der sog. 2. →Negade-Kultur häufig auf →Keramik und Felsbildern dargestellten Schiffe tragen vielfach auf S. gesteckte Zeichen[1]. Die Bedeutung dieser Embleme ist noch umstritten. Einige (sog. ‚Bergzeichen', ‚Pfeile', ‚Harpune') scheinen zu historischen Göttern Beziehungen zu haben. Zum Unterschied zu den späteren S. sind die Zeichen hier ohne Standfläche auf die Schäfte gesteckt.

2. Kults. Auf S. gestellte Götterbilder und -zeichen wurden im Königs- und Götterkult bei Prozessionen mitgetragen. Besonders in den Spätzeittempeln treten lange Prozessionen von Kults. auf, die wir z. T. hier erst kennenlernen. Hier wie auch bei den Gaus.

ist auf dem Schaft ein waagerechtes Brett befestigt, auf dem das Emblem steht.

3. Gaus. Die Zeichen der →Gaue wurden ebenfalls auf S. gestellt. In Gauprozessionen werden sie entweder in Händen oder auf dem Kopf von Personifikationen getragen.

4. Militärs. Im →Heer des NR hatten die einzelnen Abteilungen S. und einen „S.-Träger". Auch bei ihnen dienten Götter als Machtzeichen[2].

---

[1] Zusammenstellung, Petrie, Prehistoric Egypt, Taf. XXIII. — [2] JEA 27, 12 ff.

Statue. So verschieden Bestimmung, Typ und Aufstellungsort einer S. sein mag, so wird man als allen Gemeinsames feststellen können, daß jede S. etwas in vollem Sinne Lebendiges war, das als Daseinsform unabhängig von seiner Umgebung lebte. Durch die →Mundöffnung belebt, existierte die S. unabhängig davon, ob sie angeschaut wurde oder nicht; und sie nahm daher auch in ihrer Formengebung grundsätzlich keine Rücksicht auf einen Betrachter. Sie ist der Dargestellte und bedeutet für ihn eine gleichermaßen beseelte Lebensform wie sein irdischer Körper. Daraus folgt, daß im Grunde keine S. Schmuck oder Zutat zu etwas anderem (etwa einer Architekturform) sein konnte und daß sie stets Abbild eines bestimmten Menschen, Königs oder Gottes war. In diesem Sinne war auch jede S. ein Porträt, sofern man darunter die Wiedergabe eines einmalig existierenden Individuums versteht. Zweifel an der Porträtähnlichkeit können nur in dem Sinne entstehen, als für den Ägypter das Wesen eines bestimmten Menschen weniger durch zufällige, vielleicht vorübergehende Züge charakterisiert wurde (obwohl z. B. Alterszüge offenbar in diesem Sinne wesenhaft waren). Das Problem der Porträtähnlichkeit ist also nicht nur und vielleicht nicht in erster Linie ein künstlerisches Problem, sondern eigentlich eine Teilfrage aus dem Fragenkreis um die Auffassung vom Menschen und den Grad seiner Individuation. Daß diese zu verschiedenen Zeiten und in verschiedenen sozialen Schichten unterschiedlich gewesen ist, zeigt ein Blick etwa auf die Königsplastik oder die grundsätzlichen Unterschiede zwischen Monumentalplastik und →Dienerfiguren. Hierzu gehört auch die Erscheinung der nicht seltenen Usurpierung von S. in jüngeren Zeiten. Sie bedeutet wohl kaum (jedenfalls nicht in erster Linie) ein materielles oder künstlerisches Unvermögen als ein Wiedererkennen-Wollen des eigenen Wesens im Wesensbild einer vergangenen Zeit.

Wo die Anfänge der großen Plastik in historischer Zeit zu suchen sind, ob bei der →Tempels. oder der Grabs., läßt sich nicht mit Sicherheit sagen. In den →Königsgräbern der →Thinitenzeit sind keinerlei Spuren von S. gefunden worden. Nachweisbar hat es Götters. in →Tempeln gegeben (z. B. →Min in →Koptos), und zumindest seit der 2. Dyn. Königss. in Göttertempeln (Chasechem in →Hierakonpolis). Die Herkunft der Privats. dieser Zeit ist unbekannt. Es fanden sich jedoch schon Holzs. Privater in einer Grabkapelle der 1. Dyn. in →Saqqara. Der größte Teil der Privatplastik des AR stammt jedenfalls aus Gräbern. Die Funktion der S. im Grab zu definieren ist nicht einfach. Wohl früh schon ist mit einer Mehrheit von Zwecken (entsprechend den verschiedenen Aufstellungsorten) zu rechnen. Gekennzeichnet wird die Funktion z. B. in den Fällen, wo die S. in den →Serdab eingeschlossen ist, also ein ganz auf sich gestelltes Leben führt, vergleichbar dem der Mumie in der Sargkammer (häufig in älterer Zeit, aber auch noch am Ende des AR; unterbrochen wird die Aufstellung der Grabs. in der ersten Hälfte der 4. Dyn. in →Giza, wo — offenbar als ihr Ersatz — die sog. →Ersatzköpfe auftreten). Daneben (und offenbar auf eine andere kultische Bedeutung der S. hinweisend) finden sich S. auch in den Kulträumen des Grabes, in einer Nische, frei aufgestellt, oder (am Ende des AR) auch als Halbplastik aus der →Scheintür gemeißelt. Vervielfältigung der S. eines Grabinhabers tritt schon früh auf, wobei sich die S.en durch Haltung, Tracht und Größe unterscheiden können. Auch das Zusammenfügen mehrerer S.en (entweder des gleichen Mannes, oder von Mann und Frau, später auch mit Einschluß der Kinder) zu Gruppen findet sich schon früh. Allerdings beschränkt sich im AR die Gruppenbildung noch auf ein mehr äußerliches Zusammensetzen von Einzels., bei dem

die innere Zusammengehörigkeit sehr zurückhaltend im Zusammenlegen der Hände ausgedrückt wird oder dadurch, daß die Frau ihren Arm um die Schulter des Mannes legt. Eine originelle Form der Gruppenbildung findet sich bei dem →Zwerg Seneb mit Frau und zwei Kindern: Er sitzt neben der Frau auf einem Hocker, dadurch die gleiche Größe wie sie erreichend; anstelle der erwarteten herabhängenden Beine stehen die beiden Kinder. Gerade in der Gruppenbildung vermehrt und belebt sich mit fortschreitender Zeit der Typenschatz beträchtlich: Isis mit Horusknaben auf dem Schoß; König mit Gott (oft sehr eindrucksvolle Zusammenfügung einer überlebensgroßen, bisweilen tierförmigen Götterfigur mit dem davor stehenden König) u. a. m.
Die in der Plastik wiedergegebene Haltung der Dargestellten ist entsprechend der religiös bestimmten Wirklichkeit der S. beschränkt, anders bei der Kleinplastik und den →Dienerfiguren, bei denen die Thematik ungleich vielfältiger ist. Die in der S. festgehaltene Lebensform mußte auf Zufälligkeiten und transitorische Bewegungen ebenso verzichten wie die gewünschte Porträtähnlichkeit auf Züge, die in den Augen des Ägypters das „Wesen" nicht ausmachten (eine Ausnahme in jeder Beziehung, wenn auch sich aus erkennbaren Ansätzen entwickelnd, bilden Plastik und Relief in Amarna). Trotzdem verfügt schon die Plastik des frühen AR über eine Reihe sehr lebendiger und in Einzelheiten variabler Grundformen: Die stehende Figur, einen Fuß leicht vorgesetzt; bei Frauen stehen die Füße in der Regel in gleicher Linie; in der Hand Stab oder Szepter; Sitzender auf Hocker oder Sitz mit Rücklehne; Kniender, ein Knie hochgezogen oder beide Knie auf dem Boden, in der gleichen Haltung auch König als Opfernder (→Phiops I., Boston, Aldred, Old Kingdom Art Abb. 60/61). Typologisch ist hier wohl der kriechende König (NR) anzuschließen, ebenfalls als Opfernder; Schreibender und Lesender, auf untergeschlagenen Beinen am Boden hockend, über den Knien die aufgerollte Papyrusrolle.
Ins MR gehen die ersten Beispiele der sog. Würfelhocker zurück (Aldred, MK art, Abb. 37): Ein mit hochgezogenen Knien am Boden Hockender, würfel-

artig in ein langes Gewand gehüllt. Der Typ erlebte mannigfaltige Abwandlungen, besonders des bald mehr kubisch, bald mehr naturalistisch aufgefaßten Verhältnisses zwischen Gliedern und Gewand. Besonders in der Spätzeit erfreute sich der Typ großer Beliebtheit, da das flächige Gewand reiche Möglichkeiten zur Beschriftung bot. Seit der 18. Dyn. begann ein Typ sich zu entwickeln, der als Naophor, Stelophor u. a. m. bezeichnet wird: Ein Kniender, dann auch Stehender hält einen Naos mit einem Götterbild, auch Götterbild ohne Naos, eine Stele oder eine Opfertafel vor sich. Der Bedeutung nach gehört der Typ zu den Darstellungen Weihender oder Opfernder.

Die Veränderlichkeit der einzelnen Typen war natürlich groß. Die mit der Zeit gegebenen Wandlungen der Tracht (Perücke, Gewänder) dienten als Anlaß, künstlerische Modifikationen wiederzugeben. Alle Gebundenheit an bestimmte Darstellungstypen konnten den künstlerischen Willen zum Ausdruck des Stiles und die schöpferischen Einfälle der Abwandlungen im einzelnen nicht einengen.

Steinbearbeitung. Während man zunächst in der Vorgeschichte zur Herstellung von Steingefäßen nur schon vorhandene Steintrümmer nehmen konnte, wurde ein Steinbruchbetrieb erst mit der Benutzung von Metallwerkzeugen möglich. Aber auch späterhin noch suchte man für die Herstellung von Statuen, Särgen und Blöcken aus Hartstein geeignete Felsbrocken[1]. Weichere Steinsorten wurden dadurch gebrochen, daß man mit Stein- oder Kupfer- (späterhin Bronze-)Meißeln schmale Gräben um den gewünschten Block hackte und dann ihn dadurch von unten lossprengte, daß man in dafür angelegte Löcher hölzerne Keile trieb und diese anfeuchtete; durch ihr Aufquellen sprengten sie den Block von seinem Untergrund los. Die harten Steine wie Granit oder Quarzit wurden erst seit dem MR in Steinbrüchen gewonnen und zwar dadurch, daß man die Trennungsgräben um die Blöcke mit Hartsteinkugeln aushämmerte und ebenfalls Keile verwendete[2].

Der gebrochene Block wurde dann weiter bearbeitet, indem er mit Steinen behämmert[3], mit flachen Steinen poliert wurde[4]; außerdem scheint auch eine Kupfersäge benutzt worden zu sein, wobei Schmirgel mitbenutzt wurde. Gebohrt wurde mit einem Bohrer, der ursprünglich eine Feuersteinspitze besaß; charakteristisch ist für ihn ein exzentrischer Griff und zwei schwere Gewichte, die oben befestigt sind (Hieroglyphe *ḥm*). Außerdem benutzte man eine hohle Kupferröhre, die mit Hilfe eines Bogens gedreht werden konnte. Daneben gab es auch einen mit einem Bogen gedrehten Bohrer mit Kupferspitze[5]. Der Schmirgel, der erst Bohren bzw. Sägen harter Gesteine mit Hilfe der viel weicheren Kupferwerkzeuge möglich machte, hat wahrscheinlich aus nassem Quarzsand bestanden. Weder für die Benutzung von Eisenwerkzeugen noch von Werkzeugen, deren Schneiden mit Halbedelsteinen besetzt waren, gibt es für die ältere Zeit Hinweise.

[1] Couyat-Montet, Inscr. Ouadi Hammamat Nr. 110, 113, 192; Auffinden des Steins durch den König selbst: ASAE 38, 217 ff. — [2] Engelbach, Problem of Obelisks; Clarke, Ancient Egypt 1916, 110 ff. — [3] Steindorff, Grab der Ti pl. 134. — [4] Davies, Rekhmire pl. 60, 62. — [5] Zusammenstellung von Bearbeitungsspuren an Denkmälern bei Lucas, Materials[3] S. 85/6.

Steinbruch. Die Ränder des Niltals von Kairo stromaufwärts boten mannigfaltige Gesteinsarten, die sehr früh, teils zur Herstellung von Steingefäßen, teils als Bausteine Verwendung fanden. Vom Sammeln und Bearbeiten einzelner Gesteinsbrocken ging man früh zum Abbau bestimmter Gesteinsarten über, wobei die Organisation des Einheitsreiches den Transport der gebrochenen Steine (zu →Schiff, Landstrecken mit →Schlitten) ermöglichte. Als einheimisches Gebiet ist auch das Wadi Hammamạt zu betrachten, aus dem Granit, Schiefer u. a. geholt wurde. Der bis in die Ramessidenzeit beliebteste Baustein war Kalkstein, dessen beste Arten in den Brüchen bei →Tura gebrochen wurden. Sog. Alabaster (kristallinischer Kalkstein) kommt aus Mittelä. (→Ḥatnub), Sandstein verschiedener Färbung vom →Gebel Sịlsile, Granit (rot und schwarz) von →Asuạn. In der Regel wurden Bausteine und Statuen soweit wie möglich im S. fertig gemacht (→Steinbearbeitung), so daß man heute noch in den alten Brüchen halbfertige Stücke treffen kann.

Steindorff, Georg. * 12. 11. 1861 in Dessau, † 28. 8. 1951 in Hollywood. 1885 Assistent am Berliner Museum, 1893 Professor für Ägyptologie an der Universität Leipzig. Mehrere Reisen führten ihn nach Ä., Siwa (→Libyen) und →Nubien, wo er 1912/14 und 1930/31 die Ausgrabungen in Aniba leitete. Seine 1894 in der 1. Auflage erschienene „*Koptische Grammatik*" erlebte mehrere Auflagen, bis sie in veränderter Gestalt 1951 posthum nochmals erschien. 1936 emigrierte er nach den USA.

Stele. Die ältesten S. bezeichneten zugleich die Stelle des Grabes und — mit Namen und Titel beschriftet — seinen Besitzer. So bildeten sie durch alle Zeiten einen wesentlichen Bestandteil der Grabausrüstung. Ihre Dekoration vermehrte sich mit fortschreitender Zeit. Biographische Aufzeichnungen, Opfergebet und Darstellung des Toten konnten hinzutreten. Ursprünglich frei stehend[1], kamen später auch in die Wand eingelassene S. vor. Die Grabs. haben den Charakter eines selbständigen Males lange bewahrt: Im MR vertraten vielfach S. ein →Kenotaph an der Osiriskultstätte in Abydos. Auch die thebanischen Felsgräber des NR verzichteten nicht auf dieses wesentliche Zubehör des Grabes[2]. Ihrem Wesen als Male entsprach es, daß sie auch in anderem Zusammenhang Träger von der Verewigung würdigen Bekundungen wurden: Erinnerungen an Tempelbauten, Feldzüge u. a. m. konnten auf S. aufgezeichnet werden. Auch die den Rechtsstatus eines Tempels betreffenden →Dekrete wurden in diesem Tempel auf einer S. aufgezeichnet und diese in die Tempelmauer eingelassen oder frei stehend aufgestellt. Ferner bezeichneten S. auch Grenzen wie die bekannten Grenzstelen von Tell el Amarna.

[1] Ricke, Beiträge 5, S. 14. — [2] Hermann, Stelen thebanischer Felsgräber, Glückstadt 1940.

Stempel. Durch Einbrennen von S. wurde bei Tieren und Menschen der Eigentumsanspruch festgelegt. Besonders bei Rindern finden wir S. häufig erwähnt und dargestellt[1]. Nach dem Haremhebdekret mußten die Felle verstorbener Leihrinder an den durch den S. erkennbaren Besitzer („Pharao") abgeliefert werden. Die Änderung eines S., wahrscheinlich in betrügerischer Absicht, ist RAD 59, 16ff. erwähnt. Auch Kriegsgefangenen wurde — wenigstens im NR — der Name der besitzenden Institution eingebrannt[2]. Wenn Statuen und Reliefs von Privatleuten den Namen des Königs, und in der Amarnazeit auch solche des Königs und seiner Familie den des →Aton, auf dem Oberarm und auf der Brust tragen, dürfte das zwar keine wirkliche Stempelung wiedergeben, aber auf die gleiche Vorstellung zurückgehen: die Betreffenden bezeichnen sich als „Besitz" des Königs bzw. des Gottes.

---

[1] Davies, Two Officials pl. 38; Rinders. mit Name der besitzenden Institution und Nummer, Berlin Inschr. I 5. — [2] Pap. Anast. V 7, 6; Pap. Harris I 77,5 ff.; abgebildet Nelson, Medinet Habu I pl. 42.

Steuer. Steuer in unserem Sinn konnte es in Äg. erst geben, seit es eine Art persönlichen Besitz gab; also eigentlich erst seit dem NR. Sie entwickeln sich aus dem Abgabesoll, das seit alters auf Domänen, Viehherden usw. liegt; allein der Überschuß blieb den Bauern, Hirten usw. So ist *šmw* zunächst das Getreideablieferungssoll; als man bes. Soldaten, aber auch Handwerker usw. auf Feldern ansiedelte, um ihren Unterhalt zu garantieren, blieb ein (geringeres) Ablieferungssoll als „St." bestehen. Daneben gab es Sonderauflagen (*šcjj.t*), etwa von Beamten, aber auch von Institutionen, an Tempelopfer oder zur Versorgung eines besonders geehrten Mannes. Diese Beamtenabgabe wird nicht selten erwähnt (Pap. An. III 6, 12; Tur. Königspap. Vs. VII 1; V 25); sie hießen wahrscheinlich „Abgaben von Kopf und Hand" (MIO 4, 164 ff.).

Stiere, heilige. Da die Rinderzucht (→Haustiere) seit alter Zeit in Ä. weit verbreitet war, Wildrinder auch als beliebte →Jagdtiere galten, nimmt es nicht Wunder, unter den heiligen Tieren (→Tierkulte) auch zahlreiche S. und Kühe zu finden[1]. Zahlreich sind die S., denen wir als Lokalkulte oder in religiösen Vorstellungen begegnen[2]. Am Himmel wurden verschiedene S. (S. des Himmels; Doppels.) gedacht; der Mond wurde spät als „brünstiger S." bezeichnet.

Könige führten im NR häufig das Beiwort „starker S.". Besonders um der Eigenschaften der Stärke und Fruchtbarkeit willen dürfte der S. als göttliches Wesen gegolten haben. Der Begriff „S. seiner Mutter" für den zeugungskräftigen Fruchtbarkeitsgott wurde an manche Götter herangetragen und hielt zugleich eine bestimmte Vorstellung von der Generationenfolge im Königsdogma fest. Diese allgemeinen Vorstellungen haben an manchen Orten sich zur Verehrung eines einzelnen Tieres (gekennzeichnet durch besondere Färbung) verdichtet, denen z. T. schon früh (z. B. bei Apis schon im AR) eine heilige Familie (Kühe, Kälber) zugesellt wurde. Mancherlei wissen wir über einen heiligen S. des Gottes →Month in →Theben, der in der Spätzeit den Namen B u̧ c h i s führte. Seine Begräbnisstätte (Bucheum) ist bei Armant gefunden worden und enthält die Begräbnisse der heiligen Stiere von →Nektanebos II. bis Diocletian (284—313 n. Chr.). Zu Lebzeiten wurde das Tier im Tempel zu Armant gehalten, besuchte benachbarte Orte und gab, wie andere heilige Tiere auch, →Orakel. Bekannter sind die Kulte des M n ę v i s in →Heliopolis und des A p i s in → Męmphis, die beide mit Sicherheit in die →Thinitenzeit zurückgehen. Beide galten als „Mittler" größerer Götter (Mnęvis als der des →Atum, Apis als der des →Ptah) und gaben wohl auch Orakel. Sie hatten einen Lebenslauf mit Geburtstag, Inthronisation als heilige Tiere, Festen und Todesdatum, wie er auf bei den Gräbern aufgestellten →Stelen aufgezeichnet ist. Nach dem Tod wurden sie einbalsamiert und bestattet. Vom Bestattungsritual der Apisstiere ist ein Bruchstück auf einem Papyrus erhalten[3]. Die Bestattung des Apis fand in →Saqqara statt; die von →Psametich I. um 650 v. Chr. begonnene Anlage (unterirdische Grabkammern, die von einem Zentralgang aus zugänglich sind) westlich des →Djoser-bezirkes wurde 1851 von →Mariette gefunden und wird als Serapeum bezeichnet (→Serapis).

---

[1] Rinderbegräbnisse schon in der →Badari-Kultur, Brunton, Badari Civilisation, S. 12, 38, Taf. 10. — [2] Otto, Stierkulte. — [3] ÄZ 56, 1 ff.

Stimme und Stimmfarbe. Besonders deutliche Musikszenen gestatten es, die Klangfarbe der menschlichen Stimme zu definieren. Der Sänger ist in solchen Fällen so dargestellt, daß man bei einigen anatomischen Kenntnissen aus den Mund- und Gesichtsmuskelkontraktionen bindende Schlüsse auf die Stimmfarbe zu ziehen vermag. Die „Maske" (Wort, das wir hier im Sinne der modernen Gesangspädagogik benutzen), in die der Sänger hineinsingt und die sich in gewissen Falten in der Nasen- und Mundgegend sowie im Runzeln gewisser Stirnmuskeln offenbart, kann nur einer näselnden, dem modernen orientalischen Singen verwandten Tongebung entsprechen. (H)

Lit.: H. Hickmann, Miscellanea musicologica III, Kairo 1949.

Strafen. Obwohl uns eingehende Gesetzestexte aus Ä. nicht erhalten sind, lassen sich aus →Dekreten und Prozeßakten eine Anzahl S. erkennen. Dabei ist es allerdings nicht deutlich, ob das jus talionis, das Diodor auch für Ä. schildert, wirklich galt. Bereits im AR wurde ein Beamter, der sich gegen einen privilegierten Tempel verging, mit Verlust des Amtes und Versetzung in das „Arbeitshaus" der betreffenden Anlage bestraft[1]. Aus dem Anfang des MR erfahren wir vom Versetzen von Aufrührern oder von Schuldnern ins „Arbeitshaus". Am häufigsten waren Prügel, meist 100 Hiebe[2], auch zusätzlich mit 5 blutenden Wunden[3], manchmal wurde auch ausdrücklich angeordnet, daß die Prügel auf die Fußsohlen gegeben werden sollen[4]. Hinzu trat noch die Konfiskation von unrechtmäßigem Gut; dabei konnte auch zweifacher[5] oder zehnfacher Ersatz[6] unrechtmäßig erworbenen Gutes angeordnet werden. Mit dem Verlust eines Amtes, aber auch mit der Todesstrafe konnte die Konfiskation des Vermögens gehen[7], wobei im Nauridekret die Überweisung von Frau und Kindern als Hörige an den Tempel hinzutrat, gegen den sich ein Beamter vergangen hatte. Aus dem NR ist uns die Absetzung zweier Vezire belegt: einmal wegen Eingriffe in die Verwaltung des Tempels[8], das andere Mal wegen einer Fehlentscheidung[9].

Als schwerere Strafe galt das Abschneiden von Nase und Ohren[10], oft verbunden mit einer Versetzung zu den Arbeitertrupps in →Nubien[11] oder nach →Sile[12].

Im NR scheint die Todesstrafe gewöhnlich durch Pfählen durchgeführt worden zu sein[13]; so wurden nach Pap. Mayer A 13, B 1 allein 6 Grabräuber auf einmal gepfählt. Im Harimverschwörungsprozeß beim Tod →Ramses' III. erlaubte man allerdings hochgestellten Verurteilten, Selbstmord zu begehen. Verbrennung wird im MR einmal in einer Erzählung für eine Ehebrecherin erwähnt[14], scheint aber in der Spätzeit häufiger zu werden[15], weil damit die religiöse Vorstellung der Vernichtung des Bösen durch die Flamme verbunden wurde. Daher verbrannte auch Schabạko seinen Gegner Bọkchoris. Wenn man Erzählungen glauben darf, hat man Verbrecher auch den Krokodilen[16] oder ihre Leichen den Hunden[17] vorgeworfen.

---

1 Urk. I 171, 15; das galt auch noch im NR: Nauridekret 119 als Feldarbeiter. — 2 ÄZ 63, 105; JEA 21, 140. — 3 Haremhebdekret, Nauridekret 82. — 4 Pap. Leiden V 350 verso I 9. — 5 JEA 23, 186. — 6 Nauridekret. — 7 Petrie, Koptos pl. 8. — 8 Pap. Harris I 59, 11. — 9 Pap. Salt 124. — 10 Pap. jud. Turin für bestechliche Richter; Darstellungen: ÄZ 79, 140. — 11 Wohl Goldwäscher, aber auch Holzfäller, BM 10052 pass., vgl. Peet, Tomb Robberies pl. 26 ff. — 12 Haremhebdekret, Abschneiden der Zunge im Eid, Mélanges Maspéro I 233 ff. — 13 Grabräuberpapyri, Nauridekret. — 14 Pap. Westcar. — 15 Inschr. des Hohenpriesters Osorkon. — 16 Wahrheit und Lüge; Pap. Westcar. — 17 Pap. Westcar.

Strauß. S. waren in geschichtlicher Zeit noch in den Wüsten beiderseits des Niltals vorhanden; selbst →Tutenchạmun jagte sie noch in der östl. Wüste von →Heliọpolis[1]. Eine Jagd von S. durch einen als S. verkleideten Jäger zeigt die vorgeschichtliche Palette in Manchester[2]. Ihre Schwanzfedern waren als Wedel begehrt und sind bereits in der Badạrikultur festgestellt. Später wurden sie aus →Nubien eingeführt[3]. Im libyschen Gebiet waren sie Häuptlingszeichen; bereits in ältester Zeit wurden sie in Ä. als Zeichen der Heiligkeit verwandt. Straußeneier wurden im MR als Gefäße umgearbeitet, in 18. Dyn. nach →Kreta verhandelt[4].

---

1 Carter, Tutenchamun pl. 62 A. — 2 JEA 5 pl. 7. — 3 Säve-Söderbergh, Ägypten und Nubien 220 ff. — 4 Evans, Palace of Minos II 222.

Streik. Aus den →Papyri und →Ostraka der Ramessidenzeit wissen wir, daß die Arbeiter in der the-

banischen Nekropole streikten, wenn ihnen die Lebensmittel nicht geliefert wurden oder wenn sie unzufrieden waren. Damit zwangen sie die vorgesetzten Beamten, Abhilfe zu schaffen. Bei ungerechtfertigten Streiks scheint allerdings eine Klage vor Gericht und eine Bestrafung der Schuldigen gefolgt zu sein.
Lit.: JNES 10, 137 ff.

Stunde. Der Tag wurde in 24 Stunden eingeteilt (je 12 Tag- und 12 Nachtstunden). Ihre Länge wurde nach der Stellung der →Dekane beobachtet. Zur Messung der S. dienten →Uhren; nach Tabellen wurden die S.längen für Tag und Nacht über das Jahr hin berechnet[1].

[1] ASAE 43, S. 173 ff.; Kêmi 10, S. 9 ff.

Sụchos. S. (ä. Sobk) ist der Name verschiedener Krokodilgötter, so besonders im →Fayụm, dann in →Kom Ọmbo, Krokodilọpolis (bei Gebelẹn), →Dendẹra u. a. m. Die Kultorte liegen meist an Stellen, wo der Mensch eine Begegnung mit dem gefährlichen und mächtigen Wassertier am ehesten fürchten mußte (Inseln, Stromschnellen usw.). Denn die Macht dieses Gottes ist stets gefährlich gewesen (→Krokodil); zugleich verkörpert er aber auch die Fruchtbarkeit des Nilwassers. Mythologisch galt S. als Sohn der →Neith[1]. Daß man lebendige Krokodile tatsächlich in einem Gehege hielt, zeigt vielleicht[2] die Darstellung eines solchen im AR, sicher die Schilderung Strabos (17, 31). Krokodilmumien sind mehrfach gefunden worden, im Fayụm, in Ma'âbde in Mittelä. u. ö.[3].

[1] Pyr. 510. — [2] S. aber E. Edel, NAWG 1963, 144. — [3] Gaillard-Daressy, Faune momifiée, S. 66 ff. 84 u. ö.

Suezkanal. Während antike Schriftsteller (Aristoteles, Plinius, Strabo) bereits einem König ‚Sesọstris' die Anlage eines Kanals zwischen dem Roten Meer und dem Nil unter Benutzung des Wadi Tumilạt zuschreiben und Andeutungen aus dem NR das Vorhandensein dieses Wasserweges für diese Zeit möglich erscheinen lassen (Landung einer Roten-Meer-Flotte der →Hatschẹpsut in →Theben; Darstellung von Kanälen, die den Nil mit den Bitterseen verbinden bei →Sethos I. auf Reliefs in →Karnak), ist die erste sichere Nachricht von Herodot (II 158), der den Beginn des Kanalbaus unter →Nẹcho II. (590 bis 573 v. Chr.) erwähnt. Reste von Stelen in Ä., Persisch, Medisch und Akkadisch am Ufer des Kanals bezeugen die Neuanlage des Kanals durch Darius I. Am Ende der Ptolemäerzeit wieder unbenutzbar geworden, wurde er wahrscheinlich durch Trajan erneuert. Er verfiel wieder in byzantinischer Zeit und soll durch Amr ibn el-As, den Eroberer Ä., noch einmal wiederhergestellt worden sein, um danach schnell endgültig zu verfallen.

Lit.: Posener, CdÉ 13, 258 ff.

Sumer →Asien, Beziehungen zu.

Syrien →Asien, Beziehungen zu; Handel.

⁂ ⁂

Taharqa. Nachfolger des Äthiopen Schubitku, stammte jedoch aus einem Nebenzweig der kgl. Familie, regierte von 690—664 v. Chr. Er wehrte im 7. Regierungsjahr den Angriff Assarhaddons an der Ostgrenze ab, wurde aber im 20. Jahr (671) von diesem nach der Thebais verdrängt. 669 konnte T. Memphis wieder nehmen, jedoch vertrieb ihn ein assyrisches Heer 667 (z. Z. Assurbanipals). Sein Nachfolger war Taltamanu.

Tamburịn. Es sind zwei Formen bekannt: rechteckig und rund; älteste Belege stammen aus dem AR[1]. Die runde Form besteht aus einem Holzreifen und zwei Fellen und hat keine Schellen. Beide Arten wurden vorwiegend von Frauen gespielt.

Lit.: H. Hickmann, MDIK 14, 76 ff.

[1] Kees, Provinzialkunst pl. 4; Reheiligtum III Nr. 118.

Tạnis. (*D̲cn.t*), j. San el Hạgar, Ortschaft im östlichsten Teil des Deltas, Hauptstadt des 14. u.ä. →Gaues. Ausgrabungen (Montet) haben neben den

Resten eines großen Tempels und eines außerhalb der Tempelumwallung liegenden Heiligtums der Anta die Gräber von Königen der 21./22. Dyn. ans Licht gebracht, deren Beigaben jetzt im Museum von Kairo liegen. Es handelt sich um die Könige Psusẹnnes I. und Amenemọpet der 21. Dyn., Osọrkon II. und Schẹschonk III. der 22. Dyn., sowie eines Königs *Ḥḳ3-ḫpr-Rʿ* Schẹschonk, der bisher noch unbekannt war. Zahlreiche Denkmäler und Bauteile, deren älteste aus der 4. Dyn. stammen, sind bereits durch die Ausgrabungen →Mariettes um 1860 aufgedeckt worden. Unter ihnen sind bedeutsam besonders die Denkmäler eines besonderen Stils des MR, von denen sich die Hauptmenge in T. gefunden hat und die man deswegen zunächst als besondere „Kunstschule" dieser Stadt ansah, bis besonders Kees[1] mit Nachdruck darauf hinwies, daß es sich hier um Denkmäler handẹlt, die →Ramses II. zur Ausschmückung seiner Bauten aus dem ganzen Lande zusammengeholt hat. Ebenso erklärt sich nach ihm dadurch das Auftreten von Bauteilen des AR, die als Baumaterial aus abgebrochenen Tempeln zusammengeholt wurden.

T. ist ferner mit zwei historisch wichtigen Städten gleichgesetzt worden, die uns bisher nur inschriftlich bekannt sind: Auaris und der „Ramses-Stadt". Auaris war nach →Mạnetho und der ä. Überlieferung die Hauptstadt der →Hyksos, von der aus sie Ä. beherrschten und mit deren Eroberung durch Ahmọse die Fremdherrschaft beendet wurde. Die „Ramses-Stadt" (*Pr-Rʿ-mś-św-mrj-ʾImn*) war die von →Ramses II. gegründete Residenz, die auch in der folgenden Zeit noch, wenigstens zeitweise, Hauptsitz der Könige war. Beide Gleichsetzungen sind noch stark umstritten, wobei das Material widersprechend ist und auch durch archäologische Untersuchungen noch kein sicherer Anhaltspunkt gefunden werden konnte.

Lit.: Petrie, Tanis I/II, London 1885/8; Montet, Les nouvelles Fouilles de Tanis, Paris 1933; Montet, Tanis, Paris 1942; v. Beckerath, Tanis und Theben, Glückstadt 1951; Montet, La Necropole Royale de Tanis, I/II, 1947—51.

[1] NAWG phil.-hist. Kl. 1944, 145 ff.

Tanz. Die verschiedenen, philologisch und ägyptologisch ergreifbaren Tanzarten sind von E. Brunner-Traut erfaßt worden, während C. Sachs eine allgemeine Gliederung der choreographischen Formen vorgenommen hat. Um dem rhythmischen Problem der musikalischen Tanzbegleitungen näherzukommen, wurden neuerdings einige Rekonstitutionen pharaonischer Tänze unternommen (Hickmann).
Die frühere Gliederung in ruhige, gemäßigte Tänze des AR und orgiastisch-bewegte, gelockerte und weniger traditionsgebundene des NR kann nicht mehr aufrechterhalten werden, da neuerdings verschiedene choreographische Szenen entdeckt worden sind, die diese voreilige Folgerung in Frage stellen. →Musik. (H)

Lit.: E. Brunner-Traut, Der Tanz im alten Ä., Glückstadt-Hamburg 1938; C. Sachs, Eine Weltgeschichte des Tanzes, Berlin 1933; H. Gauthier, Le personnel du dieu Min, Kairo 1931, 92 bis 95; E. Drioton, La Revue du Caire V, 44 Kairo 1942; H. Hickmann, Cahiers d'Histoire égyptienne, Kairo 1953; BIE 37.

Tạsa. Kleines Dorf in O.ä. gegenüber Abutịg, auf dem Ostufer, bekannt dadurch, daß hier die ältesten Reste des Neolithikums in O.ä. gefunden wurden. Charakteristisch „Tulpenbecher" (→Keramik), Friedhofbestattung, Schminktafeln als Grabbeigaben; die in Felle oder Matten eingehüllten Leichen liegen auf der linken Seite und blicken nach Westen. Ackerbau war bereits vorhanden.

Lit.: Brunton, Mostagedda and the Tasian Culture, London 1937.

Tätowierung. Figuren von Tänzerinnen zeigen häufig auf ihrem Körper Ornamente, die als T. angesprochen worden sind, besonders da die Leiche eines Harimsmädchens vom Hof der 11. Dyn. noch T. erkennen läßt[1]. Libyer trugen manchmal das Zeichen der Göttin Neith eintätowiert[2], aber auch andere Linien[3]. Ä. Männer waren nicht tätowiert.

Lit.: Keimer, Remarques sur le tatouage, Kairo 1948.

[1] BMM Dec. 1923 pt. II S. 28 Abb. 20. — [2] Hölscher, Libyer S. 32. — [3] A. a. O. S. 38.

Technik. Eine Reihe technischer Verfahren mußte notwendig beim Übergang zur →Architektur in

Stein, sowie bei der →Steinbearbeitung zu Gefäßen usw. entwickelt werden. Auch der Bau der →Pyramiden erforderte technische Mittel, wenn diese sich auch auf nur wenige grundlegende Erfahrungstatsachen stützten. Feinere T. werden in der Herstellung von →Glas und →Fayence und der Verarbeitung der →Metalle gewonnen. Eine Bewässerungstechnik besteht vor allem im Auffangen des Überschwemmungswassers des →Nils in Kanälen und den Versuchen, das Wasser auch auf höher gelegenes Land zu heben (→Schadụf).

Tẹfnut. In der →Weltschöpfungslehre von →Heliọpolis gilt T. als Schwester und Gattin des →Schu und Tochter des →Atum, die er ausgespien[1] haben soll, und sie repräsentiert in diesem System das Feuchte, bleibt aber sonst eine etwas farblose Gestalt. Mit Schu zusammen erhält sie eine tierische Erscheinungsform in einem in Leontopolis bei Heliopolis verehrten Löwenpärchen. Bedeutender ist die Rolle, die sie in den →Augensagen spielt. Sie gilt je nach dem, welcher Aspekt an ihr hervortritt, sowohl als linkes Auge (= Mond), wie als rechtes (= Sonne); zudem erscheint sie auch in der Rolle des „fernen Auges", das als Löwin besänftigt und heimgeholt wird.

[1] Pyr. 1652.

Tẹkenu. Eine beim →butischen Begräbnis mitgeführte Gestalt, die, in ein Fell eingewickelt, auf einem →Schlitten gezogen wird. Es handelt sich dabei um das als Zeremonialgegenstand mitgeführte Abbild der Leiche in urtümlicher Bestattungsweise (Hocker, Fellumwicklung). Später scheint man ihn als Erscheinungsform des Toten gedeutet zu haben, durch die er zu bestimmten Örtlichkeiten des Jenseits gelangen konnte („Stadt der Tierhaut", „See des Käfers").

Tell el Amạrna. (Benannt nach dem früher dort wohnenden Stamm der Beni ʿAmran), ä. *ʾḫ.t-ʾItn* („Horizont des →Aton") b. jetz. Dorf Hag Quantil. Ruinen der Hauptstadt →Amenophis' IV. (Ẹchnaton) auf dem Ostufer südl. →Hermụpolis, 312 km stromauf von Kairo. Im 5. Jahr des Königs gegründet, als er nach seinem Bruch mit dem →Amun-Glauben →Theben verließ und auf bisher unbebautem Platz sich und seinem Gott Aton eine neue Hauptstadt gründete. Mehrere Grenzstelen stecken das Gebiet ab und nennen die Gründe der Neuanlage und die vorgesehenen Gebäude. Die Stadt wurde aber unter →Tutenchạmun bereits wieder verlassen und dann durch →Haremḥẹb gründlich zerstört, die Steine an anderen Stellen (z. B. Hermụpolis) als Fundament- und Füllmaterial neu verwendet. Vermauerungen der Privathäuser zeigen, daß man zunächst an Rückkehr dachte. Da das Gebiet nie wieder bebaut wurde, haben die Ausgrabungen ein gutes Bild des damaligen Lebens gegeben. Außerdem fanden sich zahlreiche, unterdessen berühmt gewordene Kunstwerke (Büste der →Nofretẹte in Berlin; Kopf Amenọphis' IV. im Louvre usw.).

Die Stadt lag am Rand des Fruchtlandes auf Wüstenboden, innerhalb eines Halbrunds der Wüstenberge und bestand aus drei Teilen. Der Hauptteil lag in der Mitte und enthielt den großen Ạtontempel (Länge 1500 m) „Haus des Aton in *ɔḫ.t-ʾItn*“ mit später davor errichteten Anlagen „Haus des Jubels des Ạton“ und „Ạton ist gefunden“ (*Pr-ḥʿj-pɔ-ʾItn, Gm-pɔ-ʾItn*). Daneben lag der Staats→palast (ebenfalls genannt „Es jubelt der Ạton“, mit Unterteilen „Es leuchtet der Ạton des Ẹchnaton“, „Breite Halle des Aton“, „Sonnenschatten der Prinzessin Merit-Ạton“, Harimanlagen), dem unter Semenchkarẹ noch ein besonderer Palast beigefügt wurde. Ostwärts davon lag, durch eine →Brücke verbunden, der Privatpalast, umgeben von Magazinen, Büros (darunter das „→Lebenshaus“ und das kgl. Sekretariat, in dem die →Amạrna-Tafeln gefunden wurden) und einem kleineren Ạtontempel (*Ḥw.t-ʾItn*).

Im Südteil lag die Anlage *Mrw-ʾItn*, eine Parkanlage mit See, Wasserspielen und Kiosken, die zuletzt der Gattin des Semenchkarẹ gehörte[1]. Im Norden lag ein weiterer Palast und ein Palast der Nofretẹte. Die Privathäuser fanden sich besonders im Mittleren Teil, wo sie z. T. ausgegraben sind.

Das →Königsgrab selbst lag in einem Wadi östlich des Mittelteils.

Lit.: Erste Ausgrabungen: Petrie, Tell el Amarna, London 1894. — Ausgrabungen der Deutschen Orientgesellschaft nur Vorberichte in: Mitteilungen der Deutschen Orientgesellschaft 1907 bis 1914; Ricke, Grundriß des Amarna-Wohnhauses; Borchardt, Porträts der Königin Nofret-ete. — Ausgrabungen der Egypt Exploration Society: Frankfort-Pendlebury, City of Akhenaten I—III, London 1923 ff.; Frankfort, Mural Paintings of El Amarneh, London 1929. — Gräber: Davies, Rock Tombs of El-Amarna, London 1903/8. — Königsgrab: Bouriant-Legrain-Jéquier, Les Tombes de Khouitatonou (Mém. Inst. Fr. Arch. Or. 8,1).

[1] City of Akhetaton I pl. 29 ff.

Tempel. Bereits auf Denkmälern der 1. Dyn. finden wir Darstellungen von Behausungen göttlicher Mächte; dabei sind diese Mächte noch nicht anthropomorphisiert (die →Neith als Pfeile „vor" d. h. „in" ihrer Hütte auf Täfelchen des →Horus Aha[1]; ein Bock[2]). Der „Tempel" ist in den genannten Fällen eine Rundhütte mit 4 Eckpfosten und Kuppeldach, auf dem bei letztgenanntem Beispiel ein „schreckender" Stierschädel angebracht ist. Davor ist ein heiliger Platz eingefaßt, an dessen Eingang zwei mit Lappen behängte Stangen stehen. Letzteres sind Warnzeichen auf „heiligem" Land (*tꜣ ḏsr*) und bilden späterhin die Hieroglyphe für „Gott".

Von dem Aussehen der T. des AR können wir uns kein Bild machen, da sie aus Ziegeln bestanden haben werden und somit nicht erhalten sind. Nur die Totentempel der Könige und die →Sonnenheiligtümer der 5. Dyn. waren z. T. aus Stein und sind besser erhalten.

Die Pyramidentempel der Könige sind uns weitgehend bekannt; sie haben sich in Form und Ausdehnung im Laufe des AR sehr verändert. In ältester Zeit bestand der „Totentempel" eines Königs aus einer Opferstelle am Grab und einem „Modell" des Königspalastes in einiger Entfernung vom Grab; in diesem Palastmodell lebte der „Geist" des Königs weiter, wobei er in einer →Statue Platz nahm. Reste dieser Palastmodelle haben sich in →Abydos gefunden, teilweise wie die Gräber selbst umgeben von den Beisetzungen beim Tode mitgegebener Diener, Frauen und Haustiere. Während König →Djoser in →Saqqara Grab mit Opferstelle und Palastmodell in einem großen Komplex zusammenlegte, zeigen die Anlagen an der Knickpyramide von

→Dahschur unter →Snofru erneut deutlich die alte Ordnung: vor der Pyramide befindet sich eine kleine Opferstelle, während — mit dem Pyramidenbezirk durch einen Gang verbunden — in einiger Entfernung davon ein Scheinpalast liegt, der allerdings nun bereits die äußere Form des Palastes aufgegeben hat und nur das Entscheidende beibehält, nämlich die Nischen für die Statuen des Königs, in denen er weiterleben sollte. Eine entscheidende Änderung trat unter →Cheops ein, der die Statuenkammern mit der oberen Opferstelle vereinigte. Der untere T. („Taltempel") scheint zum Schauplatz von Begräbnisriten zu werden. Abgesehen von der Anlage des →Schepseskaf setzte sich in der Folgezeit die neue Form mit gemeinsamer Opferstelle und Statuenschreinen im oberen T. durch. Dabei wurde noch ein offener Hof mit einem Altar davorgelegt, in dem der →Sonnengott →Re Verehrung erhielt. Grundrisse eines Göttertempels dieser Zeit fanden sich in →Abydos für →Chontamenti, die ihn deutlich als „Haus" des Gottes erkennen lassen.
Von den Bauten des MR haben sich nur Reste erhalten, da die meisten T. dann im NR erneuert und vergrößert worden sind. Aus letzteren läßt sich erkennen, daß der Mittelpunkt eines Göttertempels eine Kammer war — oft aus einem einzigen Block gearbeitet — in der das Götterbild stand. Diese Kammer hatte oftmals die Form einer urtümlichen Hütte („Naos"). Um sie herum gruppierten sich die Kapellen von Göttern, die im betreffenden T. „zu Gast" waren, sowie Magazinräume. Vor den eigentlichen T. legte man Säulenhallen und offene Höfe, in denen sich das Volk versammelte. Den Abschluß nach außen bildeten im MR die →Pylone. In den Reichstempeln in →Theben legten die einzelnen Könige immer neue Höfe und Hallen vor die älteren Bauten und errichteten →Obelisken. Für die Auszüge der Götterstatuen wurden Prozessionswege angelegt, die von →Sphingen flankiert waren und kleine Prozessionsstationen besaßen: sie standen auf einem Sockel und besaßen eine Zella zum Absetzen des in einer Barke getragenen Götterbildes; die Zella selbst war mit einem Pfeilerumgang umgeben (sog. Peripteraltempel). Abweichend waren die Son-

nentempel der Amarnazeit, die aus offenen Höfen bestanden, in denen die Opferaltäre standen.
In der Spätzeit baute man die T. nach einem kanonischen Plan (Tempel in →Edfu), wobei neu das sog. „Geburtshaus" („Mamisi") am Außenhof quer zur Tempelachse hinzutritt (ebenfalls „Peripteraltempel").
Die Totentempel der Könige des NR, die im Gegensatz zu den älteren Anlagen vom Grab getrennt sind, ähneln in der Grundform weitgehend den Göttertempeln, wobei sie allerdings neben dem Kult des Königs auch den anderer Götter, so der wichtigeren Lokalgötter oder der Totengötter, enthalten. Nur der T. der →Hatschepsut fällt aus dem Rahmen heraus: er steigt in Terrassen an, auf deren dritter und letzter sich ein offener Säulenhof befindet, von dem aus der eigentliche Kultraum in den Felsen hineingearbeitet ist. Neben und auf der 3. Terrasse finden sich wieder Kapellen für verschiedene Gottheiten.

---

[1] RT II pl. X 2. — [2] RT II pl. VII 8/9.

Tempelbesitz. Bereits in der →Thinitenzeit lassen Topfaufschriften aus den →Königsgräbern erkennen, daß die Gottheiten Besitz hatten, aus dem sie für die Grabbeigaben stifteten[1]. In der Zeit des →Mykerinos[2] wird die Überweisung von Feldern (2 Aruren) an die →Hathor von Tehneh genannt und zwar an deren →Priester, „damit sie dadurch Priesterdienste machen können". Aus der 5. Dyn. überliefert dann der Palermostein zahlreiche Stiftungen von Feldern und Lebensmittellieferungen an Tempel. Gründung von Gütern für eine Gottheit durch den König wurde in der 5./6. Dyn. immer häufiger und ist in den Güterlisten daran zu erkennen, daß die Güter Namen tragen, die den Namen des betreffenden Gottes enthalten[3]. Diese Felder wie die Priester unterstanden zunächst weiterhin der Gewalt der kgl. Beamten, die sowohl die Priester versetzen, wie die Felder zu Abgaben heranziehen konnten. Es war daher das Bestreben der Tempel, ein kgl. Befreiungsdekret zu erhalten, wodurch Priester wie Felder allein für den Dienst am Gott bestimmt wurden, so wie die Priester und Felder der kgl. Totentempel immer nur für den toten König arbeiteten. Solche →Dekrete sind mehrere erhalten. Besonders im NR wuchsen die Überweisungen von Feldern, Herden, Bergwerken usw. an die Tempel stark an, so daß die Tempel bald autarke Wirtschaftsgebilde wurden, die wieder durch Dekrete[4] vor staatlichen Eingriffen geschützt wurden. Aus der Ramessidenzeit läßt uns der Pap. Wilbour erkennen, daß der größte Teil des Landes sich in den Händen der Tempel befand[5]. Die großen Feldzüge der 18./19. Dyn. brachten Massen von Gefangenen nach Ä., die ebenfalls in großer Zahl den Tempeln überwiesen wurden und als Landarbeiter, die Frauen als Weberinnen, eingesetzt waren. Auch am Außenhandel nahmen die Tempel teil (Naụridekret); Zolleinnahmen wurden den Tempeln überwiesen (Hungersnotstele: für Tempel in →Elephantịne die Zölle aus →Nubien; später die Einnahmen von →Naụkratis an Neithtempel von →Sạis).

[1] →Min: Abydos I pl. 3, 48; →Chontamenti: Abydos II pl. 12, 278. — [2] Urk. I 24 ff. — [3] Junker, Gîza II, 154; III 209; LD II, 31; Zeit des →Chęops. — [4] Z. B. Nauridekret JEA 13, 193 ff. — [5] Vgl. Schaedel, Listen des Großen Papyrus Harris.

Tempelstatue. Seit dem späten AR konnten hervorragende Privatpersonen in Göttertempeln durch Gunst des Königs →Statuen aufstellen lassen[1], die dem Dargestellten die Teilnahme am örtlichen Kult sicherten. Daß das bis in die Spätzeit eine besondere Vergünstigung seitens des Königs darstellte, zeigt der bisweilen auf T. angebrachte Vermerk: „Gegeben aus der Gnade des Königs". Die Bedeutung der T. für den Dargestellten beruhte zunächst darin, daß er damit eine weitere denkmalhafte Form der Unsterblichkeit (neben dem Totenkult) gefunden hatte, zudem an hervorragender Stätte. Die seit dem NR immer stärker anwachsende Beschriftung der T. mit biographischen Texten diente dazu, das Gedächtnis an den Dargestellten bei den späteren Besuchern des Tempels lebendig zu erhalten. Im NR gewann die T. eine besondere Bedeutung. In einigen Fällen empfahlen sich die in ihr Dargestellten als „Mittler" zwischen den Besuchern des Tempels und der in ihm wohnenden Gottheit. Ja, man ging bei den Naophoroi (→Statue) noch einen Schritt weiter: Der Dargestellte hält, meist in einen Naos eingeschlossen, ein Götterbild vor sich, über das er Schutz auszuüben verspricht.

Lit.: Kayser, Die Tempelstatue ä. Privatleute im MR und NR, Heidelberg 1936; E. Otto, Orientalia 17, S. 448 ff.

[1] Urk. I 302.

Testament. Bereits zu Beginn des AR finden sich Hinweise darauf, daß der Ägypter seinen Besitz durch ein T. an Frau und Kinder vererben konnte; das galt auch für →Landbesitz[1]. Die schriftliche Fixierung der Wünsche des Vererbenden war deshalb wichtig, weil mit der Vererbung gleichzeitig die Anordnungen für Begräbnis und Totenkult verbunden waren. Galt es doch andererseits als Gesetz, daß umgekehrt derjenige, der einen Toten begrub, ihn auch beerbte. Diese Testamente erhielten aber erst durch königliche Zustimmung ihre Gültigkeit[2]; daher wurden sie dem →Vezir vorgelegt, der für den König handelte[3]. Im Vezirbüro wurde auch nachgesehen, wenn bei Prozessen die rechtmäßige Erbschaft belegt werden mußte[4]. Die gleiche Quelle läßt auch erkennen, daß T. jährlich erneuert werden mußten. Bei der Verteilung konnte der Erblasser nach Belieben vorgehen: er konnte auch vom Erbgang ausschließen, wie im T. der Nutnechti[5]: „Wer mir half, dem gebe ich etwas, wer es nicht tat, dem gebe ich nichts". Andererseits pflegte der älteste Sohn einen größeren Anteil zu erhalten, schon weil er meist der Leiter des Totenkultes war. Töchter erbten wie Söhne[6], Teilung des Besitzes war das Übliche. Auch Ämter konnten in bestimmten Zeiten vererbt werden[7]; auf der „Stèle juridique" (s. o.) ist das „notariell" festgelegte Versprechen der Vererbung eines Amtes die Bezahlung einer Geldschuld.
Die Bezeichnung für „Testament" war *im.t-pr*, wobei allerdings kein Unterschied zwischen Besitzübertragung nach dem Tode („Testament") und zu Lebzeiten („Schenkung") gemacht wurde; in letzterem Fall mußte aber die augenblickliche Übergabe ausdrücklich vermerkt werden; Annullierung von T. kam vor (Pap. Kahun pl. 11).

[1] Urk. I 2; Mutter vererbt Felder an den Sohn. — [2] Urk. I 2.

[3] Urk. IV 1065 ff.; Dienstvorschrift für den Vezir Urk. IV 1111,6. — [4] Lacau, Stèle juridique. — [5] JEA 31, 29 ff. — [6] Urk. I 17. — [7] Kahun Pap. 11 — Vererbung des Amtes eines Tempelphylenvorstehers.

Thẹben. Griech. Θηβαι, ist die gräzisierte Form eines ä. Ortsnamens[1]. Anfänglich bezeichnet der Name den 4. o.ä. →Gau, der beiderseits des Nils das Gebiet von Gebelẹn im Süden bis etwa Khizạm im Norden umschloß. Seine Hauptstadt war →Armạnt. Von hier aus wurde in der 11. Dyn. durch die Könige →Mentuhọtep Ä. neu geeinigt und damit das erste Mal die Landeshauptstadt nach Süden verlegt, und es entstand im Gebiet des heutigen →Karnak und →Luxor eine Stadt, die den gleichen Namen wie der Gau, eben T., trägt. In diese Zeit fällt die erste Erwähnung des Tempels des Gottes →Amun. Die Nekropole lag auf dem westlichen Ufer um →Deir el Bạhri. Obwohl in der 12. Dyn. die Residenz wieder nach Norden verlegt wird, haben auch die späteren Könige den Amuntempel weiter vergrößert. Ihre Bautätigkeit läßt sich auch an anderen Orten des Gaues nachweisen (→Medamụd, →Tôd, →Armạnt). Von T. aus wird der Befreiungskrieg gegen die →Hyksos begonnen und die Stadt bleibt dann während der 18. Dyn. Hauptstadt des Weltreichs. Zwar wird unter den Ramessịden die Residenz wieder nach Norden (→Tạnis) verlegt; aber T. behält bis in die Spätzeit seine beherrschende Stellung. Auf dem Ostufer wachsen die gewaltigen Tempelanlagen von Kạrnak und Lụxor. Auf dem Westufer dehnt sich die Nekropole mit den kgl. Totentempeln (→Deir el Bạhri, →Ramessẹum, →Medinet Hạbu) und die Schluchten der libyschen Wüste bergen die →Königsgräber der 18./20. Dyn. Das Anwachsen der Nekropole führt in der Ramessidenzeit zu einer verwaltungsmäßigen Teilung der Stadt in die eigentliche „Stadt" (Theben-Ost) und den „Westen der Stadt". Während der 22./23. Dyn. ist T. Sitz halbsouveräner regierender Hoherpriester des Amun (→Gottesstaat). Nachdem die Stadt um 725 v. Chr. von dem Äthiopenkönig →Piạnchi und um 668 v.Chr. von den Assyrern eingenommen worden war und mit der 26. Dyn. das politische Schwergewicht endgültig nach Unterägypten rückte, sinkt die Stadt zur Provinzstadt herab; doch ist die Bautätigkeit an den großen Tempeln bis in die Ptolemäerzeit fortgesetzt worden.

Lit.: Blackman, Das hunderttorige Theben, Leipzig 1926; Otto. Topographie des theban. Gaues, Leipzig 1952.

[1] Djeme oder T-apet, vgl. Gardiner, Onomastica II, S. 25*.

Thinitenzeit. Bezeichnung der Zeit der 1. und 2. →Dyn. Nach →Manetho sollen die Könige dieser Dyn. aus This stammen (Hauptstadt des 8. o.ä. →Gaues). Ob sie hier residiert haben, wissen wir nicht genau. Jedenfalls finden sich die Gräber der Könige der 1. und der 2. Hälfte der 2. Dyn. bei →Abydos in diesem Gau.

Thot. Der Gott galt als Herr des Wissens und Berechnens. Er wurde zum Schutzpatron der Beamten und heilige Schriften wurden gern auf ihn zurückgeführt, natürlich besonders auch Zauberbücher; dieser Gott galt in der Antike als ä. Form des Hermes trismegistos. Vielleicht war er ursprünglich ein Mondgott; das würde seine Eigenschaft als Gott des Berechnens und Wissens erklären. Mit dem Mond verbanden ihn manche Mythen: Das verletzte Mondauge soll er gezählt und gefüllt haben[1]. Da die Zerstückelung des Gottes →Osiris ja mit der Verletzung des Mondauges verglichen wurde, ging T. als Heiler des Auges auch in den Personenkreis der Osirismythe ein. Doch spielte er hier eine zwielichtige Rolle. Es gibt Anspielungen, daß er zusammen mit →Seth am Tod des Gottes schuldig sei[2]. Er soll aus dem Knie des Seth hervorgegangen sein, den →Horus schwängerte. Als seine heiligen Tiere galten Pavian und Ibis; doch sind die Ursprünge dieser Beziehungen völlig dunkel. In →Hermupolis galt T. als Gaugott; doch hat er weder mit der dort lokalisierten →Achtheit, noch mit dem Gauzeichen (Häsin) etwas zu tun. Sein →Hoherpriester führte den alten Vezirtitel „Größter der Fünf". Aus der Spätzeit kennen wir dort eine ausgedehnte Nekropole mit Ibis-, seltener Affenmumien. Außerdem wurde T. im 15. u.ä. →Gau verehrt, der nun allerdings den Ibis als Gauzeichen hat, so daß die Verbindung zwischen dem Gott und diesem Tier vielleicht hier geschaffen wurde.

Lit.: Boylan, Thoth, London 1922.

[1] ÄZ 60, S. 1 ff. — [2] Z. B. Pyr. 163 u. ö.

Thutmọsis. Name mehrerer Könige der 18. Dyn.; ä. *Ḏḥwtj-mśw* „→Thot ist geboren". Auch als Privateigenname häufig benutzt.

T. I., Vorname *ꜥ-ḫpr-kꜣ-Rꜥ*. Wahrscheinlich Sohn des Vorgängers →Amenọphis I. mit einer Nebenfrau *Śnj-śnb*, Thronbesteigungstag am 21. VII.[1], regierte nach →Manetho 12 Jahre 9 Mon.; höchstes Datum 8./9. Jahr[2]. Gattin seine Halbschwester Ahmose. Anzusetzen etwa 1507—1494 v. Chr.

Sein ältester Sohn Amenmọse[3] starb vor ihm, so daß er einen Sohn T. einer Nebenfrau Mut-nọfret mit der Erbtochter →Hatschepsut verheiratete und ihn damit zum Thronfolger machte. T. I. baute in →Kạrnak (Säulensaal, →Obelịsken, von denen einer noch steht, vgl. Urk. IV 92). Bei einem Zug bis zum Euphrat[4] ließ er dort sein Bild in einen Felsen hauen. In →Nubien schob er die Grenze bis Tombos (3. Katarakt) durch einen Feldzug in seinem 2. Jahr vor und schloß die Reorganisation der Verwaltung der nubischen Provinz ab.

[1] Urk. IV 81, 4. — [2] Mariette, Karnak 32 f. — [3] Urk. IV 91. — [4] Urk., IV 36, 10.

T. II. Vorname *ꜥ-ḫpr-n-Rꜥ*, Sohn des vorigen, erhielt das Königtum durch Heirat mit seiner Halbschwester Hatschẹpsut. Wahrscheinliche Regierungsdauer 3 Jahre, wenn auch nur sein 1. Jahr ausdrücklich belegt ist[1], in dem er einen Feldzug nach Nubien unternahm. Anzusetzen etwa von 1494—1490 v. Chr. Von ihm ist auch ein Feldzug nach Asien belegt[2].

[1] Urk. IV 138. — [2] Urk. IV 36, 12 ff.

T. III., Vorname *Mn-ḫpr-Rꜥ*, Sohn T. II. und einer Nebenfrau Isis. Nach dem Tod seines Vaters wurde er zum König proklamiert, nachdem er mit der Erbtochter Nefru-Re, Tochter der Königin Hatschẹpsut und T. II., verheiratet worden war. Als Regentin fungierte unterdessen Hatschẹpsut, die jedoch anscheinend im 2. Jahr sich zum König proklamierte. Nach dem Tod der Hatschepsut in ihrem 22. Jahr beseitigte T. III. alle Erinnerungen an sie und begann sofort mit großen Kriegszügen gegen Syrien, wo sich eine Abfallsbewegung mit Mittelpunkt Megiddo gebildet hatte. Reste der Kriegsberichte sind in den sog. „Annalen" erhalten[1], die bis ins Jahr 42 reichen[2]. Im 50. Jahr ist ein Feldzug in Nubien bekannt[3], aber bereits im 47. Jahr ist die Grenze bis zum 4. Katarakt (Gebel Bạrkal) vorgeschoben worden[4].

T. III. starb am 30. VIII. seines 54. Jahres[5], nachdem er vorher — anscheinend am 1. IV. seines 53. Jahres[6] — seinen Sohn →Amenọphis II. zum Mitregenten eingesetzt hatte. Der Thronbesteigungstag T. III. war der 4. IX. Seine Regierung ist etwa anzusetzen in die Jahre 1490—1436 v. Chr. Beginn der Alleinherrschaft am 10. VI. des 22. Jahres.

T. III. hat in →Kạrnak verschiedene Bauten angelegt, so Einbauten vor dem Heiligtum („Annalensaal"), sowie die Umbauten um die Obelisken der Hatschẹpsut, um sie dem Blick zu entziehen. Ferner stammen von ihm der 6. Pylon (vor dem Sanktuar) und der 7. Pylon (auf der Straße zum Muttempel), sowie als größte Anlage der sog. Festtempel im Osten (*ꜣḫ-mnw*). Auf dem Westufer baute er den kleinen Tempel von →Medịnet Hạbu sowie einen Totentempel[7], der zerstört ist. Andere Tempel von ihm sind in Gurọb, →Spẹos Artẹmidos, →Abỵdos, →Kọptos, →Armạnt, →Elkạb, →Elephantịne, in Sẹmneh in Nubien sowie in Gebel Bạrkal.

[1] Urk. IV 626 ff. — [2] Vgl. Grapow, Studien zu den Annalen. — [3] Urk. IV 814. — [4] ÄZ 69, 24 ff.; Urk. IV 1227 ff. — [5] Urk. IV 895. — [6] Helck, Manetho — [7] Ricke, Tempel Thutmosis III.

T. IV., Vorname *Mn-ḫprw-Rꜥ*. Sohn →Amenọphis' II. und der *Tj-ꜥꜣ*, regierte (nach Manetho) 9 Jahre und 8 Monate, höchstes bekanntes Datum 8. Jahr[1], anzusetzen etwa 1412—1403 v. Chr.; die Mutter seines Nachfolgers Amenọphis' III. war anscheinend eine Nebenkönigin namens Mutemwịja. Im 8. Jahr hatte er einen Aufstand in Nubien niederzuschlagen. T. IV. erbaute das Sanktuar in Karnak neu (Opferliste dazu vielleicht am südl. Umbau des Hatschẹpsutobelisken); sein Totentempel in Westtheben ist zerstört.

[1] de Morgan, Cat. Mon. I 66.

Tierkult. Von Juvenals (XV 1) Spott über die in Ä. verehrten Tierungeheuer bis zu Plutarchs (de Is. 77) Überlegung, daß jedenfalls das Beseelte dem Unbeseelten in der Verehrung vorzuziehen sei, hat das Urteil über diese markante Seite der ä. Religion immer geschwankt. Tatsache ist, daß eine Haltung religiöser Scheu vor dem Andersartigen und doch wieder Verwandten, dem Mächtigen und Gefährlichen im Tier seit der Vorzeit in Ä. lebendig geblieben ist. Freilich kann diese Haltung in historischer Zeit verschiedene Formen annehmen. Sie kann sich als Verfemung (→Fische) darstellen. Sie kann sich in andeutender Erinnerung (z. B. →Hathor als Wildkuh) verflüchtigen oder auf tierförmige Götterbilder stützen. Bei manchen Göttern ist die ursprüngliche Tiergestalt noch deutlich erkennbar (z. B. →Chẹpre, →Seth). Die handgreiflichsten Zeugnisse sind natürlich die Kulte, deren Objekt ein lebendes Tier ist (z. B. →Stiere, →Krokodil). Freilich können wir nicht in jedem Falle sagen, ob der Kult eines Tieres an einem bestimmten Ort wirklich alt ist. Vielmehr scheint diese Kultform in der Spätzeit eine starke Ausdehnung erfahren und sich manchmal bis zur Heilighaltung ganzer Tierklassen ausgedehnt zu haben[1]. Eine charakteristische Äußerung eines Priesters der Spätzeit besagt, er habe für die Bedürfnisse der lebenden Ibisse, Falken, Katzen und Schakale gesorgt[2]. Die Formen der Verehrung kennen wir bei einzelnen Tieren (z. B. →Stiere). Sehr verschiedenartig ist die religiöse Potenz der heiligen Tiere gewesen. Zweifellos hat es zu allen Zeiten den Glauben an die unmittelbare Göttlichkeit der jeweiligen Tiere gegeben; Gebete und Anrufungen aus meist niederen Volkskreisen legen davon Zeugnis ab. Andererseits erfahren wir, daß manche als „Mittler" („Sprecher") größerer Götter galten, was wohl speziell, aber nicht ausschließlich auf die Tätigkeit des →Orakel-Gebens Bezug hat. Die Theologie benutzt die Tierformen, um sie als Erscheinungsformen (→Seele) höherer Götter zu erklären (Widder als „herrliche Seele" des →Amon-Rẹ; Widder von Mendes als Seele des →Rẹ; Ạpis (→Stiere) als Seele des →Ptah u. a. m.).

[1] Herodot II 66: Allgemeine Trauer um den Tod von →Katzen

und →Hunden; Herodot II 67: Tierbegräbnisse verschiedener Gattungen in bestimmten Orten; Plutarch de Is. 72: Krieg zwischen den Bewohnern des →Gaues von Oxyrhynchos und Kynopolis, weil diese den Oxyrhynchos-Fisch aßen, jene Hunde schlachteten. — [2] Wien Stele I 150.

Tôd. Ortschaft auf dem Ostufer des Nils, etwa 20 km südlich →Luxor. Der hier befindliche Tempel des Gottes →Month geht in die 5. Dyn. (Userkaf) zurück. Der Naos stammt von →Sesostris I. Von den Anlagen der 12. Dyn. wurde 1936 ein Grundsteindepositum von →Amenemhet II. gefunden (jetzt Kairo): 4 Bronzekästen mit Gold, Silber, Bleigegenständen, Zylindern, Amuletten mit Keilschrift. Die Herkunft der Gegenstände nach Material und Ausführung ist in der Ägäis, Phönikien, Asien zu suchen.
Lit.: Bisson de la Rocque, FIFAO 17; ders. Tresor de Tôd, CG.

Tod. Der T. ist nicht eigentlich das Ende des Lebens, sondern eine gefährliche Krise und Wandlung, nach der der Ägypter weiterzuleben hofft, möglichst unter den gleichen Bedingungen wie hier, nach der er aber auch „noch einmal sterben" kann. Die Wandlung „*Tod*" wird, obwohl eine einheitliche Vorstellung hierüber nicht besteht, wohl immer als eine gewaltsame, von außen herantretende Macht vorgestellt. Es gibt Boten des T., die den Menschen abberufen[1]. Nach dem med. →Pap. Ebers tritt der „Hauch des T." ins linke Ohr ein[2]. Eine Aufzählung von Todesursachen findet sich mehrfach auf Papyri[3]. Auch die Medizin kennt anscheinend nur von außen herangetragene T.-Ursachen[4]. In einem religiösen Text wird einmal als T.-Ursache angegeben, daß der Feind „die Luft aus seiner Nase genommen" habe[5]. Auf die mit dem T. verbundene Wandlung weist die Redewendung „zu seinem →Ka gehen" (parallel auch: zu seinen Vätern gehen[6]), oder daß der Ka mit dem Ba zur Ruhe geht[7]. Während diese Redewendungen das Sterben als Handlung, die zur Ermächtigung führt, ausdrücken, läßt sich daneben aus zahlreichen Stellen und im Einklang mit den Riten des →Begräbnisses und des →Totenkultes die Vorstellung ablesen, daß der Tote zu einem mächtigen Wesen (Totengeist, Ach) gemacht werden muß, also nicht selbsttätig die höhere Existenz des mächtigen Toten erlangt. Dann freilich ist er ein „wirksamer

Geist", der auf mannigfache Art Schaden oder Nutzen stiften kann.

Lit.: Gardiner, The attitude of the ancient Egyptians to death and the dead, Cambridge 1935; Sander-Hansen, Der Begriff des Todes bei den Ä., Kopenhagen 1942.

---

[1] Pyr. 136. 660. Anii IV 17 u. ö. — [2] Ebers 100,3/4. — [3] Petrie, Gizeh and Rifeh, Taf. 22; Pleyte-Rossi, Pap. de Turin 120, 8—121, 11; vgl. Gardiner, Attitude, S. 19. — [4] Breasted, Pap. Edw. Smith, S. 213. — [5] CT II 58. — [6] Urk. I 189/190. — [7] CT I 193.

Toẹris. *Tꜣ-wr.t* „die Große", Schutzgottheit in Gestalt eines Nilpferds mit Krokodilkopf, Löwenfüßen und menschlichen Armen, die besonders als guter Dämon des Kinderzimmers und Schützerin bei der Geburt gilt. Daher hält sie auch das Zeichen „Schutz" vor sich. Es scheint sich um eine sehr alte, vorgeschichtliche Gottheit des Niltals zu handeln, die in geschichtlicher Zeit zu einem Dämon abgesunken ist.

Töpferei. Ä. Gefäße bestehen aus zwei verschiedenen Arten Ton: von braun-grauer Farbe mit relativ viel organischen Beimischungen und Eisen- sowie Sandbeimengungen (braun-rot, wenn gebrannt), und von grauer Farbe fast ohne organische Beimischungen, jedoch hohem Prozentsatz von Kalziumkarbonat (grau, wenn gebrannt). Während ersterer überall im Niltal und Delta vorkommt, findet sich letzterer nur in der Gegend von Keneh und Ballas (O. ä.), die bis in die Gegenwart als Töpferstädte bekannt sind.
Zunächst wurde der Ton mit den Füßen durchgeknetet[1], bei zu fettem Ton wird auch Stroh beigemischt, um die Knetfähigkeit zu erhöhen. Der danach noch mit der Hand geknetete (und wohl nach Steinen usw. ausgesuchte) Ton wurde dann in Klumpen „faulen" gelassen. Aus dem Klumpen wurde in geschichtlicher Zeit auf der mit der Hand getriebenen →Töpferscheibe das Gefäß geformt und dann zum Trocknen aufgestellt. Dabei konnte ein feiner Überzug („slip") von mit Wasser vermischtem Ton aufgetragen werden, der das Gefäß wasserundurchlässig machte. Ehe das Gefäß ganz durchgetrocknet war, konnte es mit einem Stein poliert werden.
Das Brennen der Gefäße fand in schmalen hohen Öfen statt, die von oben mit Gefäßen gefüllt und

von unten geheizt wurden[2].

Die Schwarzfärbung von Gefäßen wurde wahrscheinlich dadurch hervorgerufen, daß noch glühende gebrannte Gefäße in Strohschnitzel eingegraben wurden, die dadurch unter dichter Rauchentwicklung verkohlten und die Außenseite des Gefäßes schwärzten.

Die vor dem Brennen aufgemalten Ornamente und Darstellungen wurden mit weißem Ton (Negạde I) oder Eisenoxyd (Negạde II) hergestellt. Die klassischen Gefäße wurden nach dem Brennen bemalt mit Ocker, Holzkohle und pulverisierter →Fayence. → Keramik.

Lit.: Lucas, Materials[3] 420 ff.

---

[1] Beni Hasan I pl. 11. — [2] Dargestellt: Steindorff, Ti Taf. 84; Newberry, Beni Hasan I pl. 11; Davies, Kenamun pl. 59.

Töpferscheibe. Die T. zur Herstellung von Gefäßen war im vorgeschichtlichen Ä. noch nicht bekannt, doch scheint sie in drehbaren Unterlagen (runde Matte u. a.) Vorläufer gehabt zu haben[1]. Die Herstellung mit ihrer Hilfe wurde im AR abgebildet[2]. In der religiösen Vorstellungswelt bildete →Chnum den Menschen auf einer T. Die Darstellungen lassen erkennen, daß die Scheibe mit der linken Hand gedreht wurde. Die ältesten archäologisch nachweisbaren mit der Scheibe hergestellten Gefäße scheinen die großen Weinkrüge aus den Gräbern der 1. Dyn. zu sein.

---

[1] Mond-Myers Cem. of. Armant, I, S. 167. — [2] Steindorff, Ti Taf. 84.

Totenbriefe. Von der 6. Dyn. bis zur Spätzeit finden sich meist auf Tongefäße, seltener auf →Papyrus geschriebene Briefe, die an Tote gerichtet sind. Offenbar wurde aus den Gefäßen zu bestimmten Gelegenheiten geopfert oder sie wurden ins Grab gegeben, damit der Tote sie erhielt. Sie wendeten sich an einen Verstorbenen der Familie, von dem man entweder sich bedroht fühlte oder von dem man ein Eingreifen in einer Notlage erbat; auch Kindersegen konnte man von Toten erbitten.

Lit.: Gardiner-Sethe, Letters to the dead, London 1928; JEA 16, S. 19 ff.; JEA 16, S. 23; JEA 20, S. 157 ff.

Totenbuch. Als T. bezeichnet man die auf →Papyrus geschriebenen Spruchsammlungen, die seit der 18. Dyn. dem Toten mit ins Grab gegeben werden, sei es, indem sie auf den Sarg gelegt oder mit in die Mumie eingewickelt werden. Wie bei den →Pyramidentexten und →Sargtexten liegt nicht eine fest abgeschlossene Sammlung, also eigentlich ein „Buch" vor, sondern die einzelnen Handschriften schwanken im einzelnen in Länge und Zusammensetzung. Allerdings bilden sich gewisse Traditionen über Zusammengehörigkeit bestimmter Sprüche heraus und seit der 26. Dyn. treten wesentliche Veränderungen nicht mehr auf. Die in der Wissenschaft übliche Zählung nach durchnumerierten Kapiteln geht auf einen Ordnungsversuch von →Lepsius (1842) zurück. Die einzelnen Kapitel sind oft durch redaktionelle Arbeit stark verändert, ja entstellt, was sich besonders an denjenigen Sprüchen zeigt, die schon in den Sargtexten vorhanden sind. Doch enthält auch das T. neues Textmaterial, in dem neuen Anschauungen Ausdruck gegeben wird. So ist besonders das berühmte Kapitel 125, das →Totengericht mit der Aufzählung aller nicht begangenen Vergehen (sog. negatives Sündenbekenntnis), ein neuer Text, auch wenn die Vorstellung vom Totengericht älter ist[1]. Im Kap. 15 sind mehrere Sonnenhymnen vereinigt, die spezifische Anschauungen und Ausdrucksformen des NR enthalten[2]. Als Kap. 6 wird ein Spruch gezählt, der die Wirksamkeit der →Uschebti beschreibt, während Kap. 30 das Herz des Toten beschwört, nicht als Zeuge gegen ihn aufzustehen. Geschrieben ist das T. in der Regel in sog. Kursivhieroglyphen (→Schrift), in der 21. Dyn. bisweilen auch hieratisch. Die Hss. sind z. T. mit sehr sorgfältig ausgeführten Vignetten (z. B. Darstellungen des Totengerichts) versehen. Eine Gesamtausgabe der Texte fehlt.

Lit.: Ein frühes Totenbuch (Zeit: Amenophis' II.): Schiaparelli, Tomba intatta dell' architetto Cha, Turin 1927. — Größte Textsammlung: Naville, Das ä. Todtenbuch der XVIII—XXX. Dyn. Berlin 1886. — Überblick über den Inhalt: Roeder, Urkunden, S. 224 ff. Kees, Handbuch S. 39 ff.

---

[1] Maystre, Déclarations. — [2] Übers. bei Scharff, Sonnenlieder, S. 30 ff.

Totengericht. Die Idee von einem Gericht über die Toten geht auf eine im AR nachweisbare Vorstellung zurück, daß es dem Toten auch im Jenseits möglich sei, seine Rechte vor einem ordentlichen Gericht unter dem Schutz des Götterkönigs zu wahren. Meist ist mit dem Gerichtsherrn wohl der Sonnengott →Re gemeint, wenn nicht (vielleicht noch älter) der tote König. Erst gegen Ende des AR und in der Zeit zwischen AR und MR formt sich die klassische Vorstellung: Herr des T. wird der Totengott →Osiris; vor dem Gericht wird jeder Tote auf seinen rechtmäßigen Anspruch auf Verklärtheit geprüft. Bildliche Darstellungen finden sich erst in den →Totenbüchern des NR: Vor dem thronenden Osiris und den 42 Mitrichtern (manchmal auch der →Neunheit oder anderen Göttergesellschaften) wird das Herz des Toten gegen das Symbol der →Maat gewogen. →Thot fungiert als Schreiber; →Anubis bedient die Waage. Ein krokodilköpfiges Ungeheuer droht, den Nichtanerkannten zu verschlingen. Die auf das T. bezüglichen Texte lassen das Verhältnis einer ethischen zu einer magischen Auffassung schwer unterscheiden. Der in den Totenbüchern als Kap. 125 gezählte Abschnitt enthält eine Aufzählung aller Dinge, die der Tote nicht getan haben will, Vergehen im juristischen Sinn, Verletzen von Anstandsregeln, Übertreten kultischer Vorschriften (sog. negatives Sündenbekenntnis). Zweifellos bedeutet der Besitz dieses Kapitels im Grab einen magischen Schutz vor der Gefährdung durch das T. Andererseits weisen Formulierungen in den →Sargtexten, in der →Weisheitsliteratur und den →Biographien auch eindeutig darauf hin, daß fallweise eine ethische Auffassung Platz griff. Berühmt ist die Stelle in der Lehre für König Merikarę (→Weisheitslit.): „Der Mann bleibt nach dem Sterben übrig und seine Taten werden haufenweise neben ihn gelegt." Äußerungen in dieser Richtung sind besonders in der →Herakleopolitenzeit und in der Spätzeit häufig.

Lit.: Spiegel, Idee vom Totengericht, Glückstadt 1936; de Maystre, Déclarations d'innocence. Kairo 1937.

Totenkult. Neben den emotionalen Kräften der Furcht vor den Toten und des Gefühls der Verbundenheit mit ihnen wurde der T. von der Vorstellung bedingt, daß die Toten für ihre Existenz der gleichen Mittel bedurften wie die Lebenden, also in erster Linie Speise und Trank, aber auch frischer Luft, Licht und in weitestem Umfang aller Gerätschaften und Gegenstände des täglichen Lebens. Ihnen das zukommen zu lassen, dazu gibt es verschiedene Möglichkeiten. Beigabe der Gegenstände selbst oder ihrer Modelle dienten ebenso dafür wie das Aussprechen des Gewünschten im →Opfergebet oder das Aufzeichnen der →Speiseliste. Der Vollzieher des T. war naturgemäß der Sohn, dann die weitere Familie; berufliche Totenpriester tauchten anscheinend erst nach und nach im T. der Familie auf. Zur Sicherung seines T. erließ ein Lebender ein →Testament, in dem er Besitz zur Nutznießung für Frau oder Kinder hinterließ mit der Auflage, ihm daraus T. darzubringen. Dadurch gewinnt namentlich in der älteren Zeit der T. eine starke wirtschaftsrechtliche Bedeutung. Seit alters wurden bestimmte Tage als Opfertage für den T. genannt, Jahres-, Jahreszeiten- und Monatsbeginn, Thotfest, Wagfest, gern auch lokale Götterfeste (→Feste), nicht eigentlich offenbar Totenfeste, sondern Festtage, an denen auch die Toten teilnehmen sollten. Sehr deutlich wird dieser Zusammenhang in den Kontrakten, die der Gaufürst von →Asiut, Djefai-Ḥap (12. Dyn.) mit der Priesterschaft des →Upuaut über die Teilnahme seiner Statuen an Götterfesten und über Ausdehnungen der Prozession zu seinen Kultstätten abschloß[1]. In der 18. Dyn. fand anläßlich des Talfestes von →Deir el Baḥri ein Besuch der Gräber in Theben-West statt[2]. →Grabbeigaben, Jenseitsvorstellungen, Dienerfiguren.

[1] Breasted, Development of religion and thought, S. 268 ff. — [2] Schott, AMAW 1952, 11.

Totenstiftung. Seit Snofru sehen wir in den Totentempeln der Könige lange Züge von personifizierten Gutsanlagen dargestellt, die dem König in seinen Statuen Lebensmittel bringen. Bald treten ähnliche Züge auch in den Gräbern von Privatleuten auf. Jedoch sind die dargestellten Güter nicht alle als T. anzusehen, sondern sie stellen den gesamten Besitz des Grabinhabers dar, den er in seinem Grab für das

Leben im Jenseits verewigt und magisch lebendig erhält. In Wirklichkeit ging der Großteil der Güter an die Erben. Ausgenommen davon waren die Anlagen, die ausdrücklich als T. bezeichnet sind. Es waren das bei Königen wie bei Privatpersonen die Anlagen, die als „Ka-Gut" o. ä. bezeichnet wurden (bei Snọfru „für den Ka des Snọfru" benannt). Meist war es nur e i n Gut, das so zum Totenopfer bestimmt war[1]; es finden sich aber auch mehrere nebeneinander genannt[2].

Die Güter wurden von den Angehörigen und Hausangehörigen bewirtschaftet, die der Grabbesitzer als seine „Totenpriester" eingesetzt hatte; ihnen kamen dann die Opfer nach Vorlegen vor die Statue des Toten zum Verzehr zu. Jedoch heißt es ausdrücklich, daß sie kein Verfügungsrecht hatten „über die Felder, die ich ihnen zugewiesen habe, um mir das Totenopfer daraus zu vollziehen"[3]. Teile der Opfergaben konnten auch anderen Toten im →Umlauf zukommen; auch Opfer vor Götter- und Königsstatuen konnten dafür bestimmt werden[4].

---

[1] Mar. Mast. D 11; D 47; Junker, Gîza III Abb. 27 S. 209; LD II 56, 50; ASAE 3, 199 usw. — [2] Mar. Mast. D 52. — [3] Urk. I 11, 14 ff. — [4] Urk. I 37; ASAE 42, 39.

Traum. T. spielten in der ä. Vorstellungswelt eine bedeutsame Rolle. Götter erschienen den Königen im T. und verkündeten die Zukunft; ebenso bedeuteten die T. der Menschen zukünftige Geschehnisse. Der Deutung der T. diente ein Traumbuch, in dem die Menschen nach „Horus"- und „Seth"-Menschen eingeteilt waren, und danach wurden ihre T. verschieden gedeutet[1]. In den →Ächtungstexten des MR wurden auch „alle schlechten Träume" verflucht, deren gefährliche Auswirkungen man gefürchtet zu haben scheint. Bekannt sind die T. der Kronprinzen an der →Sphinx von →Gịza, in denen diese die Königsherrschaft dem späteren →Thutmọsis IV. und →Amenọphis II. verhieß. Die Verkündigung des Sieges durch →Amun im T. fand sich in der Inschrift Amenọphis' II. aus →Mẹmphis[2], ebenso in späteren Dyn.[3] Der tote König →Amenemhẹt I. spricht im T. seinem Sohn und Nachfolger →Sesọstris I. die bekannte Lehre als „Botschaft der Wahrheit"[4].

Gegenüber dieser Bedeutung, die man den T. zuschrieb, stand auch in Ä. die Vorstellung, daß der T. etwas Flüchtiges und Wertloses sei: So spricht ein Text davon, daß „die auf Erden verbrachte Zeit ein Traum" war[5].

[1] Pap. Chester Beatty III, Hierat. Pap. in the BM, S. 9; ein ähnliches Tr.-buch auch in demotischer Schrift aus der Spätzeit, 200 n. Chr., bekannt, Volten, Demotische Traumdeutung, Kopenhagen 1942. — [2] Urk. IV 1306. — [3] Urk. III 61; Mariette, Karnak 53, 28. — [4] Vgl. JEA 27, 2. — [5] Erman, Literatur, S. 317; vgl. Pap. Prisse 286.

Triade. Als die Ägypter begannen, die zahlreichen lokalen Gottheiten und gedanklich geschaffenen Götter zu Systemen zusammenzufassen, war eines der naheliegendsten, eine Götterfamilie zusammenzustellen, die meist aus dem Hauptgott mit Gattin und Sohn bestand. Diese Zusammenfügung wird Triade „Dreiheit" genannt. Beispiele etwa: in →Theben: →Amun →Mut →Chons, in →Memphis: →Ptah →Sẹchmet →Nefertẹm. →Gott.

Trommel. Die T. ist ein membranophones Instrument, dessen Tonerreger eine Membran ist. Ist letztere über einen Rahmen (viereckige oder runde Rahmentrommel) oder über einen andersartigen Resonanzkörper gespannt, spricht man von „Pauken" (Handpauken). Sind zwei parallel gespannte Membrane vorhanden, so handelt es sich um „Trommeln". Das alte Ä. kennt beide Gattungen. Gefäß- und Kesselt. hat es scheinbar zu allen Zeiten gegeben, gehörten aber der Schicht der niederen Volksmusik an. Die Gefäßt. aus Ton lebt in der modernen → Darabụkkah fort.

Die Röhren- oder Faßt. (*ḳmḳm*) tritt in Ä. seit dem MR auf und ist sicher afrikanisches Importgut. Die Darstellungen des T.spiels lassen deutlich Technik und Spielart erkennen. Die Faßt. wird beidseitig geschlagen, ohne Verwendung von T.stöcken.

Seit dem AR treten auch die Rahment. auf, deren Spiel meistens Musikantinnen und Tänzerinnen reserviert bleibt. (H)

Lit.: C. Sachs, Die Musikinstrumente des alten Ä., Berlin 1921; H. Hickmann, Instruments de musique, CG (tambours); BIE 36; Miscellanea musicologica X, Kairo 1951.

Trompete. Die nahezu zylindrische T. der Ägypter (*scheneb*) ist die älteste ihrer Art. Sie erscheint bereits in bildlichen Darstellungen des AR und spielt eine große Rolle zur Amarnazeit sowie unter → Ramses II. Es war möglich, Klang und Form dieses Instrumentes wissenschaftlich auf das genaueste an Hand der gut erhaltenen, aus Gold und Silber angefertigten T. des →Tutenchạmun-Schatzes zu studieren (χνούη >cornu). (H)

Lit.: H. Hickmann, WO 1950; La trompette dans l'Egypte ancienne, Kairo 1946; Instruments de musique, CG („trompette").

Tụra. Bei dem südl. Kairo gelegenen T. und dem benachbarten Ma'sạra befanden sich große, seit dem AR abgebaute Kalksteinbrüche, aus denen ein besonders guter weißer Kalkstein (z. B. Bekleidung der Pyramiden) gewonnen wurde. Der Stein steht in Schichten verschiedener Dicke und Qualität an. Zum Abbau suchte man sich eine besonders gute Schicht aus, in die man waagerechte Stollen trieb. Bei T. befindet sich außerdem ein ausgedehnter Friedhof der →Thinịtenzeit[1].

[1] Junker, Denkschr. Wien. Ak. 56, 1912.

Turiner Königspapyrus. Stark fragmentarischer → Papyrus aus der 19. Dyn., seit 1823 im Museum von Turin, der Namen, Regierungsjahre und, allerdings nur für die ersten 2 Dynastien, die Lebensdauer der ä. Könige aufzählt, eingeleitet durch Götterdynastien, an deren Spitze der Gott →Ptah steht. Dadurch ist es sicher, daß der Papyrus in →Memphis geschrieben wurde. Die Wichtigkeit dieses Textes für die Rekonstruktion der ä. Geschichte wird leider durch den Zerstörungszustand beeinträchtigt. Die Legende, daß er unbeschädigt gefunden, dann aber vom Käufer Drovetti zu Pferde mitgenommen und dabei zerfallen sei, findet sich bereits 1848, bleibt aber unbestätigt.

Lit.: Farina, Il Papiro dei Re, Rom 1938; Gardiner, The royal Canon of Turin, Oxford 1959.

Tutenchạmun. König am Ende der 18. Dyn., berühmt durch sein am 4. 11. 1922 durch →Carter entdecktes, fast unberührtes Grab. Vorname: *Nb-ḫprw-Rꜥ*; Gattin: Anchesenpaạton (später genannt Anchesenạmun), 3. Tochter →Amenọphis' IV. Seine eigene

Herkunft ist unbekannt, doch dürfte er auch blutsmäßig mit der Dynastie zusammenhängen, da er Familienandenken (Locke der Tẹje, Goldstatuette →Amenọphis' III.) in seinem Grab feierlich beigesetzt mithatte. Er regierte 10 Jahre, etwa von seinem 9.—18. Lebensjahr (ungefähr 1345—1335 v. Chr.), als Nachfolger des Semenchkare, den →Amenọphis IV. noch als Mitregenten auf den Thron gehoben hatte und der im 6. Jahr seiner Regierung gestorben war. Er führte die bereits begonnene Rehabilitierung der Götter →Amun und →Mut weiter, weshalb er sich auch von ursprünglichem Tutenchạton („lebendes Bild des Aton") in T. und seine Gattin von Anchesenpaạton („Ihr Leben gehört dem Aton") zu Anchesenạmun umnannte und in einer großen Inschrift die Wiederherstellung der entweihten Heiligtümer proklamierte[1]. Nach seinem Tod bestieg der „Gottesvater" Ẹje, der Gatte der Erzieherin der Nofretẹte, den Thron, indem er aus seinem Titel „Gottesvater" und der genannten Beziehung zur Dynastie den Anspruch auf den Thron ableitete, nachdem mit T. der letzte blutsmäßige Nachkomme der 18. Dyn. gestorben war. Seine Todesursache ist unbekannt.

Lit.: Zur Familie, Seele JNES 14, 168 ff.; zum Grab: Carter-Mace, Tutenchạmun (Deutsche Ausg. 3 Bde); Penelope Fox, Tutenchạmun's Treasure.

[1] Kairo 34183.

⁎ ⁎

Uhr. Die Ägypter benutzten Sonnenuhren[1] und Wasseruhren. Bei letzteren floß Wasser durch Löcher aus einem Gefäß, wobei der fallende Wasserspiegel die Zeit angeben sollte; sie wurden besonders für die Nacht verwendet. Da der Ägypter Tag wie Nacht in je 12 gleichlange →Stunden teilte, mußte er die Skalen der Wasseruhren je nach Monat veränderlich machen. Der Erfinder dieses Systems, ein Amenemhet unter →Amenọphis I., ist durch sein Grab in Theben-West (Nr. gg, jetzt verloren) bekannt.

Lit.: Borchardt, Ä. Zeitmessung; Sloley JEA 17, 166 ff.

[1] Älteste Erwähnung in den Prophezeiungen des Nfr-tj Z. 52. M.R.

Umlauf. Bezeichnung für ein →Opfer, das nach Darbringung vor einer Götter- oder Totenstatue einer weiteren Statue zukam. Da sich Götter wie Tote nur am „Wesen" der Opfer befriedigten, konnten diese mehreren Empfängern zukommen, bis sie vom → Priester des letzten Empfängers verzehrt wurden. (Urk. I 37, z. Z. des Sahure: ein Opfer für →Ptah von →Mẹmphis kommt dann zur Grabstatue der Königsmutter Neferhetepes und von da zum Grab eines Palastangestellten Persen. U. von Opfern für →Min von →Kọptos an die Tempelstatue →Phịops' II., Urk. I 294,8 ff., vom Tempel des →Chontamẹnti in →Abydos für den Onkel des Königs Phịops II., den Vezir Djau: Urk. I 119,6 ff.)
Das Erscheinen von Gütern, deren Namen mit Götternamen gebildet sind, in den Gräbern von Beamten dürfte auch auf solche „Umläufe" hinweisen. Diese Art der Opferversorgung findet sich auch im NR.

Unas. (Onnos). König am Übergang von der 5. zur 6. Dynastie, etwa 2355—2322 v. Chr., errichtete seine →Pyramide südl. der Stufenpyramide von Saqqara; er ist der erste König, der die Grabkammer mit den sog. →Pyramidentexten beschreibt. Der Aufweg war mit Reliefs geschmückt, von denen der Block der verhungernden Nomaden bekanntgeworden ist[1].

[1] S. Hassan, ÄZ 80, 136 ff.; Schott, RdE 17, 7 ff.

Upuạut. Der Name des Gottes (griech. Ophọis) bedeutet „Weg-Öffner". Er gehörte zu den hundeartigen Gottheiten (die Griechen bezeichnen ihn als Wolf) und stammte wohl aus dem Kreis der Königsmächte. Er (bzw. seine →Standarte) zog vor dem König einher und bahnte ihm den Weg. Seine Attribute waren Keule und Bogen. Gemäß der dualistischen Auffassung des Königtums, wurde er auch verdoppelt. Sein Hauptkultort war →Asiụt (griech. Lykonpolis). Gewisse Verbindungen hatte U. zu artgleichen Göttern, →Anubis und →Chontamenti, ohne allerdings ein eigentlicher Toten- oder Friedhofsgott zu werden. Dazu scheint sein kriegerisch-königlicher Charakter zu ausgeprägt gewesen zu sein.

Auch die Rolle, die er seit dem MR nachweisbar in →Abydos bei den dortigen →Festen des →Osiris spielte, leitete sich von seiner Stellung im Königsdienst her: Er repräsentierte das junge Königtum des →Horus als des „Erben" der älteren Generation[1].

[1] Sethe, Dramatische Texte S. 30; CT I 194: „Ich bin U., der Erbe der beiden Brüder, der Sohn des Osiris".

Uräus. Griech. Form eines ä. Wortes „die sich Aufbäumende"[1], das die vom König getragene Stirnschlange (Kobra) bezeichnet. Im AR ein selbständiger Kopfschmuck, an einem Diadem oder einem Kopftuch getragen[2], wurde sie seit dem MR auch mit den →Kronen zusammengefügt[3]. Ihr Ursprung ist unsicher. Entweder deutet man sie als Abzeichen eines vorgeschichtlichen Königtums von →Bu̥to, der Heimat einer Schlangengöttin Ua̦djet[4]. Oder man sieht die auffällige Gemeinsamkeit mit der von libyschen Stämmen getragenen Stirnlocke[5] als entscheidend an und kann dann an eine Umgestaltung des ursprünglich libyschen Haarschmuckes in eine tierische Form denken[6]. Der Ägypter sah in dem U. ein Symbol der Königsherrschaft, das auch Königsgötter (→Re, →Horus) trugen und das er entsprechend seiner dualistischen Auffassung verdoppelte (textlich schon Pyr. 1287; in Darstellungen nur 18. Dyn.). Der U. gehörte zu den gefährlichen Machtzeichen des Königs, denen geräuchert wurde, um sie zu besänftigen, und die dem unrechtmäßigen Träger verderblich waren[7]. Die Theologie setzte den U. schon früh (Pyr.) mit den →Augen gleich und damit gerät er in die Augensagen und wurde mit den dort vertretenen Göttinnen gleichgesetzt.

[1] ÄZ 46, 102. — [2] ÄZ 41, 62. — [3] Evers, Staat aus dem Stein II, S. 21 ff. — [4] Vgl. Bonnet, Reallexikon s. v. — [5] Hölscher, Ä. und Libyer, S. 16. — [6] Helck, Anthropos 49, S. 966. — [7] ÄZ 65, S. 68.

Urhügel. Zu den Vorstellungen der →Weltschöpfung gehörte auch die der Weltentstehung durch den U. Das Bild entstammte klärlich dem jährlichen Erlebnis des aus dem Überschwemmungswasser (= Urflut) scheinbar auftauchenden Landes. Dieses erste Stück Land war der Boden für das erstentstehende

Leben, sei es als Ei, als Vogel, als Götterkind, als Sonne. An verschiedenen Orten läßt sich die Vorstellung nachweisen, und sie hat jeweils unterschiedliche Behandlung erfahren. In →Heliopolis konnte der Urgott →Atum selbst als Hügel erscheinen, →Memphis kannte eine Personifikation „das erhobene Land" oder „der an der Spitze des Erhobenen (Landes)". In →Hermụpolis war die Vorstellung vom U. mit der Lehre der →Achtheit verquickt. Der Name des →Gaues von →Abydos, „das große (d. i. älteste) Land" erinnerte vielleicht ebenfalls an eine Urhügelvorstellung.

Lit.: de Buck, de egyptische voorstellingen betr. den oerheuvel.

Uschẹbti. Der „Antwortende", Bezeichnung von kleinen Figürchen, die dem Toten mitgegeben wurden, damit sie, wenn er im Jenseits zur Arbeit aufgerufen werden sollte, für ihn „antworteten" und die Arbeit täten. Sie sind daher oft mit Hacken ausgerüstet. Teilweise wurden 365 solcher Figürchen mitgegeben, für jeden Tag eines. Sie wurden späterhin auch als „Diener ihres Herrn" bezeichnet und vermischten sich so mit den mit ins Grab gegebenen →Dienerfiguren. →Grabbeigaben, Jenseitsvorstellungen.

Userkaf. 1. König der 5. Dynastie, etwa 2463—2455 v. Chr., errichtete seine →Pyramide *Wˁb-iśw.t* in Saqqara neben Djosers Stufenpyramide und erbaute das erste →Sonnenheiligtum bei Abusir.

Verfluchung. Im AR fand sich in Grabschutzformeln: Wer etwas Schlechtes gegen dieses Grab tut, „mit dem werde ich mich richten lassen durch den Großen Gott, den Herrn des Richtens"[1], eine Bedrohung, die deutlich auf die Rechtsprechung durch das →Totengericht hinwies. Eine direkte Bedrohung erfolgte durch den Toten: „Ich werde seinen Nackenwirbel packen wie einen Vogel"[2] mit der Begründung: „denn ich bin ein wirksamer, (mit Zauber) ausgestatteter Totengeist"[3]. Als Segen für die das Grab

Achtenden trat dann meist eine Versicherung hinzu des Inhalts, daß ihnen der Tote seinen Beistand und seine Fürsorge wird angedeihen lassen. Oder man drohte mit der Nachstellung durch Götter: „... dessen Gott soll nicht sein (Opfer)brot annehmen und er soll nicht begraben werden im Westen“[4]. Später (im NR) wurde der Übertreter und seine Familie der Verfolgung durch verschiedene Götter ausgesetzt: „... hinter dem soll →Osiris her sein, während →Isis hinter seiner Frau her ist und →Horus hinter seinen Kindern. Alle Herren der Nekropole aber gehen mit ihnen ins Gericht“[5]. Erst später überliefert, aber sicher älter, sind obszöne V.: „... den soll der Esel schänden und dessen Frau soll der Esel schänden und seine Frau soll seine Kinder schänden“[6]. Ein Ritual der V. haben wir im „Zerbrechen der roten Töpfe“[7]. Die V., auch gegen politische Gegner (→Ächtungstexte), wurde auf eine Tonscherbe geschrieben und diese symbolisch zerbrochen. Zur Bekräftigung der Wahrheit konnte auch in einem Rechtsverfahren die V. angewendet werden; die „Macht“ Gottes sollte gegen den Gegner sein[8].

Lit.: Sottas, Préservation de la propriété funéraire, Paris 1913; Möller, SPAW 1910, S. 940 ff.

[1] Urk. I 71, 72, 83, 87 u. ö. — [2] ib. 116. — [3] ib. 143. — [4] Siut III 63/4. — [5] Redesije Z. 19. — [6] Rev. trav. 25, 190 ff. — [7] Seit Pyr. ÄZ 63, 101; Sethe, SPAW 1926, Nr. 5. — [8] Sethe, ÄZ 61,67.

Verkehr. Seit spätvorgeschichtlicher Zeit diente das →Schiff als wesentliches V.-Mittel im Lande, bzw. die →Fähre zum Übersetzen. Von gebauten Straßen ist nichts, von →Brücken wenig bekannt, da →Pferd und →Wagen erst später eingeführt wurden und für den V. im Lande kaum eine bedeutende Rolle gespielt haben.

Verwaltung. Die ä. Staatsv. entwickelte sich deutlich in den ersten Dyn. aus dem Hofstaat des Königs. Zuerst bildeten sich Ämter mit bestimmten und begrenzten Aufgabenbereichen für den Dienst am König heraus, wobei das Ansehen der beauftragten Person um so größer war, je näher sie bei der Ausübung ihrer Aufgabe der machtgeladenen Gestalt des Königs

kam. Für Aufgaben außerhalb des Hofes gab es zunächst keine Ämter, sondern hier übertrug der König von Fall zu Fall an Angehörige des Königshauses einen Teil seiner „Mächtigkeit“, um sie zur Ausführung des Auftrags zu befähigen. Dabei scheinen den Betreffenden alte Häuptlingstitel beigelegt worden zu sein: der Prinz, der mit kgl. Macht begabt, Feldzüge ausführte, hieß *ḥꜣtj-ꜥ*, eine anscheinend später noch bei den Libyern bekannte Häuptlingsbezeichnung[1]; der Stellvertreter des Königs wiederum wurde als *rpꜥ.t* bezeichnet, was wahrscheinlich als *ỉrj-pꜥ.t* „der Leiter der *pꜥ.t*“, d. h. der Angehörigen des herrschenden Stammes[2], zu erklären ist. Erfahrung und Gewohnheit ließ dann bald immer wieder denselben Prinzen mit der gleichen Aufgabe betrauen, so daß sich langsam Ämter entwickelten.
Eins der ältesten V.ämter scheint das des „Sieglers des Königs (*bjtj*)“ zu sein; sein Träger hatte die V. der Wirtschaftsanlagen des Königs unter sich und leitete die Anlieferungen an den Palast und die Ausstattung der Gräber der Könige, aus denen wir ihre Namen kennen. Sie waren es auch, die sich als erste große Grabanlagen (archaischer Friedhof von Saqqạra) anlegen konnten. In die Zeit der 1. Dyn. dürfte auch die Durchdringung des Landes mit kgl. Gütern zu setzen sein. Entscheidend dürfte der Umstand gewesen sein, daß in der 2. Dyn. die alte patriarchalische „Horusfahrt“ des Königs durch das Land, bei dem ihm die Unterhäuptlinge die Abgaben überreichten, abgelöst wurde durch „Zählungen“, d. h. Steuererhebungen durch Beamte, eben die Gutsverwalter. Noch am Ende der 3. Dyn. läßt sich, etwa bei Meten[3], die enge Verbindung zwischen Gutsverwaltung und Gauverwaltung erkennen.
Die Entwicklung vom patriarchalischen zum bürokratischen Staat erreichte ihren ersten Abschluß in der 3. Dyn., als das Amt des →Vezirs geschaffen wurde, in dem alle bisherigen Aufgabenbereiche des *ḥꜣtj-ꜥ*, „Sieglers des Königs“, *rpꜥ.t* aufgingen und der nun die alleinige, nur dem König verantwortliche Spitze der V. darstellte. Er war zunächst in der 4. Dyn. noch ein Prinz.
Der zweite große Einschnitt lag beim Beginn der 5. Dyn. Die Prinzen traten ganz in den Hintergrund

— kein Vezir war mehr Prinz — und spielten nur noch Rollen am Hof oder bei Ritualhandlungen, in denen naturgemäß alte Vorstellungen noch erstarrt beibehalten wurden. Die 5. Dyn. ist charakterisiert durch einen weitverzweigten Aufbau einer Landesv., in der die Zahl der Beamten stark zugenommen haben dürfte. Das Veziratsbüro enthielt 6 Gerichtshöfe, die anscheinend die höchsten Instanzen darstellten (→Rechtsprechung). 5 Aktenbüros, von denen eins das kgl. Sekretariat war, fertigten die →Dekrete aus und verwalteten die Akten. Im Schatzhaus sammelten sich die Abgaben des Landes. Dagegen scheint eine straffe V. des Getreides, wie wir sie dann im NR finden, im AR nicht bestanden zu haben. Ein besonderes Ressort bildete das der Transportleiter, deren V. die verschiedenen Beamten der Miliz und der Arbeiterabteilungen unterstanden (→Heer).

Dieser während der 5. Dyn. straff organisierte Beamtenstaat wurde am Ende der 5. Dyn., und dann in immer steigendem Maße während der 6. Dyn. wieder aufgelöst dadurch, daß die Vorstellung der individuellen Persönlichkeit durchbrach. Es ist bezeichnend für die ausgehende 5. Dyn., daß man damals plötzlich in allen Schichten des Beamtenstaates begann, alte Prinzentitel oder sogar nur Titel der Frühzeit aufzugreifen, um damit die eigene Mächtigkeit zu erhöhen und dem Gefühl nach individueller Persönlichkeit Halt und auch Deutung zu geben. Bald griff man auch nach den Titeln der eigenen Vorgesetzten und verband damit den Anspruch, ihrer Befehlsgewalt durch diese Titelannexion entzogen zu sein. Als auf diesem Wege Gaubeamten zu Veziren wurden, war das Auseinanderbrechen des Landes besiegelt. Denn nach dem Tode des Königs →Phiops II. griff man damals in diesen Kreisen nach dem Königtum selbst, eine folgerichtige Entwicklung des Strebens nach völliger individueller Freiheit: plötzlich gab es mehrere Könige in Ä. (sog. 8. Dyn., bzw. „Abydosdynastie“). Zwar gelang es, das Reich auf kurze Zeit wieder zu einen, aber es brach dann erneut auseinander in das nördliche Herrschaftsgebiet der Herakleopoliten und das südliche der Thebaner.

Beide unterschieden sich nicht nur in ihrer geistigen Haltung, sondern auch in der V. Während das Herakleopolitenreich aus einzelnen Fürstentümern bestand, war der thebanische Staat wieder wie ein großer Haushalt organisiert. Diese Organisation wurde nach erneuter Einigung des Landes in der 11. Dyn. auf das ganze Land übertragen. Damit fanden neue Ämter wie das des Schatzmeisters, des Sprechers des Königs oder der *mr ʿḫnwtj* als Büroleiter Eingang in die Landesv.

Auch das MR war ein straffer Beamtenstaat: Die Spitze bildete wieder der Vezir, dem für jede Landeshälfte ein *mr ʿḫnwtj* (Vorsteher des Nordlandes, Vorsteher des Bezirks vom Kopf von O.ä.) unterstand. Daneben fand sich das Schatzhaus und eine nur in dieser Zeit belegte V. des *ddw n rmṯ*, die anscheinend mit der Organisation und dem Einsatz der Bevölkerung zu tun hatte. An die Stelle der Gaufürsten traten Bürgermeister der größeren Städte, erwachsen aus Militärkommandanten; die Landgebiete der Städte unterstanden eigenen „Honoratiorenkollegien“ (*ḳnb.t n w*), während die juristischen Aufgaben in diesen Städten, immer in enger Verbindung mit dem Vezirbüro, durch „Sprecher“ wahrgenommen wurden. Wir kennen sowohl in den einzelnen Büros wie am Palast selbst eine Unzahl von Beamten, die alle streng hierarchisch geordnet waren und genau umrissene Aufgabenbereiche verwalteten. Dieser Staatsaufbau bestand in der Zeit nach der 12. Dyn. weiter, mit dem Unterschied, daß anscheinend bald die beiden Landesteilverwaltungen je einem Vezir unterstellt wurden, wodurch die Ämter der beiden *mr ʿḫnwtj* der Landesteile wegfallen. Selbst nach der Machtergreifung der →Hyksos bestanden in dem thebanischen Vasallenstaat die alte Art der V. und die alten Titel fort. Das änderte sich anscheinend erst in dem Augenblick, als das Reich wieder neu geeint und die 18. Dyn. Herrscherin über ganz Ä. war. Damals wurde eine große Anzahl von Ämtern in den einzelnen V. beseitigt und Umbenennungen wurden vorgenommen; alles in allem scheint sich eine größere Vereinheitlichung durchzusetzen. Das doppelte Vezirat wurde dabei wieder durchgeführt. Daneben wurde eine zentrale

V.stelle für die Getreideernten eingerichtet, vielleicht bedingt durch die großen Anforderungen, die das →Heer stellte.
Aus den langen Titulaturen der 18. Dyn. läßt sich ablesen, wie die einzelnen Beamten über die Ausbildung im Tempel oder in staatlichen V. langsam in die höchsten Stellen stiegen, wobei allerdings häufig königliche Gunst erkennbar ist. Neben diesen Beamten mit voller Ausbildung stehen jene, die am Hofe bereits als Kinder aufgezogen wurden, manchmal ausländischer Herkunft, und die dann in der Hofv. und im Heer Verwendung fanden. Hier entstand ein Spannungsfeld zwischen den Beamtenfamilien mit persönlichen Bindungen an die Tempel und den Zöglingen des Hofes, die die Schicht der Militärs stellten. Letztere müssen, oft schon ihrer Herkunft nach, fortschrittlich gesinnt gewesen sein und in größerer materieller wie geistiger Abhängigkeit vom König, während jene traditionsgebunden und konservativ waren. Eje und →Haremheb versuchten, den Staat mit Hilfe neuer, aus dem Militär stammender Männer wieder aufzubauen. Gerade bei den hohen Beamten der beginnenden Ramessidenzeit können wir häufig fesstellen, daß die Familie aus dem Militär kam und dabei oft sogar fremden Ursprungs war. Am inneren Aufbau des Staates änderte sich kaum etwas, selbst Veränderungen in den bestehenden Titeln finden sich wenig (der Zusatz „Pharaos" ist typisch für die Ramessidenzeit). Dagegen läßt sich im Wesen der Beamten immer mehr feststellen, daß sich keine neue Beamtenschicht bilden konnte. Einmal zog das Militär eine große Anzahl der jungen Leute an sich — ersetzte doch der „Stall" jetzt fast die Tempel als Ausbildungsstätte — (die meisten Söhne hoher Beamter trugen in dieser Zeit militärische Titel!), auf der anderen Seite wuchs der Einfluß der Truchsesse am Hofe immer mehr, die sich in den meisten Fällen aus Palastsklaven ausländischer Herkunft rekrutierten. Am Ende der 20. Dyn. läßt sich deutlich erkennen, wie diese Truchsesse immer wieder hohe Staatsämter kommissarisch übertragen bekamen, weil anscheinend die V. in den Händen der eigentlichen Beamten nicht mehr richtig arbeitete. Auf der anderen Seite waren es die hohen

Tempelbeamten, die im Laufe der ramessidischen Zeit die V. ganzer Landstriche, wie etwa die Priester des →Amun ganz O.ä., in die Hände bekamen. Die Folge war die Entstehung des o.ä. →Gottesstaates: O.ä. bis →Hermupolis, die sog. Thebais, wurde als Besitz des Amun verwaltet.
Diese schleichende Zersetzung des Staates von innen her macht es verständlich, daß sich wieder Gaufürstentümer bildeten, jetzt durch die libyschen Söldnerführer, die das Gebiet, in denen ihre Krieger angesiedelt waren, wie eigenes Gebiet verwalteten. Diese Zustände machen die Stele des →Pianchi und die Annalen des Assarhaddon und Assurbanipal deutlich, die nur noch Kleinfürstentümer und keine Spur einer Landesv. mehr erkennen lassen.
Danach war es die große Aufgabe der 26. (saitischen) Dyn., wieder eine arbeitsfähige V. aufzubauen. Leider ist die Überlieferung darüber nicht ausreichend, um ein volles Bild der damaligen V. geben zu können. Immerhin zeigt sich, daß jetzt wieder versucht wurde, beamtete Bürgermeister in den Städten einzusetzen, um die alten Fürstentümer mit ihren Eigenansprüchen abzulösen. Auch wurde versucht, O.ä. dadurch wieder fest mit dem Reich zu verketten, daß die Landeseinteilung des AR eingeführt wurde und der „Schiffsmeister" von →Herakleopolis zum Vorsteher des o.ä. Landesteils vom „südlichen Grenzturm von Memphis bis Asuan" eingesetzt wurde. Der hiermit angestrebte Versuch, das Sonderleben der Thebais zu beseitigen, mißglückte jedoch und die Thebais hat späterhin immer auch offiziell ein eigenes Leben geführt. Über die Zentralv. läßt sich nur sagen, daß sie nach ihren Titeln der des NR nachgebildet gewesen zu sein scheint.
Mit der Eroberung durch die Perser endete die Geschichte einer selbständigen ä. V.

---

[1] Hölscher, Libyer S. 17. — [2] Vgl. Gardiner, Onomastica I S. 14*. — [3] Urk. I 1 ff.

Vezir. Übersetzung des ä. Titels *Ṯ3.tj*, der den höchsten Beamten im →Staat bezeichnete, der neben der Oberaufsicht über alle Verwaltungsstellen im Lande auch die höchste richterliche Macht innehatte (→Recht). Das Amt des V. ist seit Beginn der 3. Dyn. belegt.

Aus der 13. Dyn. stammen Texte, die eine Dienstvorschrift, eine Abgabenliste und Aufzeichnungen der bei der Einsetzung durch den König gehaltenen ermahnenden Reden enthalten[1]; sie finden sich in mehreren Vezirgräbern der 18. Dyn. Als besondere Tracht trägt der V. einen bis unter die Arme reichenden Rock, als Abzeichen ein Figürchen der Göttin →Maat an einer Kette um den Hals. →Verwaltung.

[1] Letzte Textausgabe und Übersetzung bei Davies, Tomb of Rekhmire; JEA 41, 18 ff.

Vorlesepriester (*ḫrj-ḥb.t*). Eig. „der mit der Festrolle", war der →Priester, der das Ritual kannte und verlas. Er ist immer dargestellt, wie er bei rituellen Handlungen aus einer →Papyrusrolle die heiligen Sprüche vorliest; sein Abzeichen war eine quer über die Brust gehende Binde. Er verlas auch im Opferritual die →Speiseliste und „speiste" damit den Toten so, wie er auch durch sein Vorlesen die heiligen Handlungen in Bewegung setzte. Daher galt er immer als der Zauberer, der kraft seiner Kenntnis heiliger Geheimnisse die Weltkräfte beherrschte und bewegen konnte. So handelt der →Pap. Westcar von den Zauberkunststücken von V. Auch galt er als zauberkundiger Arzt[1].

[1] Anthes, Hatnub Graff. 12a.

⋇ ⋇

Wadi Hammamat. Wüstental, das sich von →Koptos bis zum Roten Meer (Koseir, Leukos Limen) erstreckt und das seit ältester Zeit als Straße für den →Handel benutzt wurde. Von Koptos gingen durch das W.H. die Expeditionen, die dann in Koseir Schiffe bauten und nach →Punt fuhren. Aus dem W. H. holte man auch seit dem AR Bausteine, besonders Granit, Grauwacke, Schiefer. Die beiden letzteren wurden nur hier gefunden und als *bḫn*-Stein bezeichnet, wobei allerdings dem Ägypter auch insofern Fehlbestimmungen unterliefen, als er ähnlich aussehendes Gestein, wie feinkörnigen, graugesprenkelten Granit, mit dem gleichen Namen belegte[1]. Zahlreiche Felsinschriften von der 1. Dyn.[2] bis in persische Zeit sind Quellen für eine Untersuchung der Expeditionen in dieses Gebiet[3].

[1] Lucas, Materials[3] S. 478/9. — [2] König, „Schlange", ASAE 38, 85. — [3] Couyat-Montet, Inscriptions du Ouadi Hammamat, Kairo 1912/13; Goyon, Nouvelles Inscriptions rupestres du Wadi Hammamat, Paris 1957.

Wadjet (Uto). U. ä. Schlangengöttin, deren Heimat im 6. u. ä. →Gau lag. Der Name bedeutet „die Papyrusfarbene". Als Repräsentantin der nördlichen Landeshälfte bildet sie zusammen mit der o. ä. →Nechbet das Paar „die beiden Herrinnen". Als Schlange verbindet sie sich mit dem →Uräus. Damit spielt sie eine bedeutende Rolle in der vielfältigen Symbolik der →Kronen; als „→Auge des →Re" wird sie in die Sonnenmythen einbezogen; daher auch löwenköpfig (Vandier, Fond. Piot 55, 7 ff.).

Waffen. Keulen sind in vorgeschichtlicher Zeit die Hauptwaffen des Kriegers. Dabei gab es zwei Haupttypen, die sog. Tellerkeule mit einem Kopf in der Form eines sich nach oben erweiternden Konus (Abb. 43), und die sog. Birnenkeule, deren Kopf Birnenform hatte (Abb. 44). Beide Keulen sind zwar in der Hieroglyphenschrift als Zeichen vorhanden, jedoch galt am Ende der Vorgeschichte nur noch die Birnenkeule als Zeremonialwaffe der Könige, während die Tellerkeule schon vorher verschwunden zu sein scheint. Knüppel in gekrümmter Form galten zunächst, wie sich wieder aus der Schrift ergibt, als Waffen von Völkern außerhalb Ä., werden aber seit MR auch in Ä. selbst verwendet.

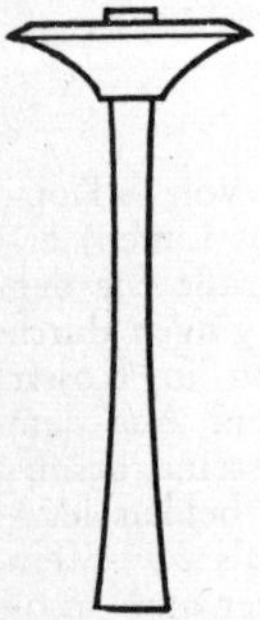

Abb. 43

Beile aus Kupfer sind seit der 1. Dyn. bekannt. Sie haben zunächst eine fast rechteckige Form, doch erhält bald die Schneide eine stärkere Rundung. Eine Art doppelschneidiges Beil aus Stein(?) ist auf der sog. „Löwenjagdpalette" abgebildet. In der Folgezeit löste sich die Beilklinge vom Griff, mit dem sie nur noch mit 3 bzw. 4 Zungen verbunden bleibt. Semitische Beile des MR haben die Zungen in Augen gegossen, durch die dann der Schaft gesteckt werden konnte, während bei den ä. Beilen die Klinge durch Löcher am Ende der Zungen an den Schaft angebunden wurde. Im MR setzte sich eine weitere Form durch, bei der das Blatt viel länger als breit war, nach vorn zu etwas geschweift, mit konvexer Schneide. Diese Blätter wurden im NR gern mit durchbrochener Arbeit oder mit Einlagen geschmückt (Abb. 45).

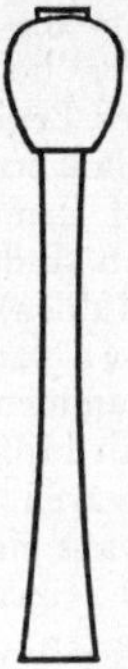
Abb. 44

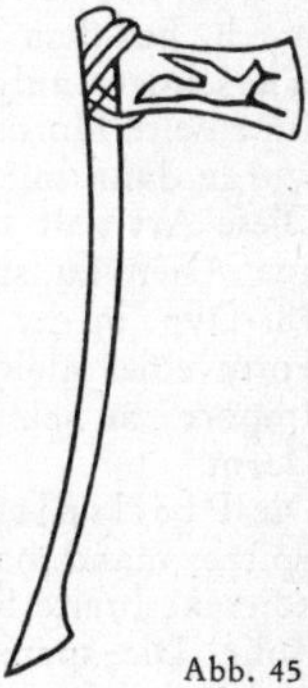
Abb. 45

D o l c h e sind bereits in der Vorgeschichte belegt, zunächst aus Feuerstein, aber bereits am Ende dieser Epoche finden sich kupferne Dolchklingen. Die Griffe bestanden aus Holz oder Nilpferdzahn und waren gern verziert. In der geschichtlichen Zeit lassen sich je nach Form des Griffes und Knaufes mehrere Typen feststellen. Während der Dolch meist im Gürtel getragen wurde, setzt sich in der 17. Dyn. vorübergehend nach nubischer Sitte das Tragen des Dolches am Oberarm durch.

In der Ramessidenzeit scheinen die Dolche von den S c h w e r t e r n verdrängt zu werden, die wir zuerst in der 18. Dyn. als Import aus dem Norden antreffen. Besonders die Langschwerter der 19. Dyn. entsprachen in der Form den bronzezeitlichen Schwertern Mitteleuropas.

Abb. 46

Die L a n z e n erhielten in der Vorgeschichte auffallende schwalbenschwanzförmige Doppelspitzen aus

Feuerstein, die dann noch in vorgeschichtlicher Zeit in Kupfer hergestellt wurden. Diese Sonderform wurde vor Beginn der geschichtlichen Zeit durch eine einfache lanzettförmige Spitze abgelöst, die mit einer Tülle auf den Schaft gesteckt wurde. Eiserne Lanzenspitzen sind bereits aus dem MR belegt (aus Buhen in Nubien).

An Bogen fanden sich in frühgeschichtlichen Gräbern zusammengesetzte, bei denen zwei Antilopenhörner mit Hilfe eines Holzzapfens miteinander verbunden waren. Darstellungen scheinen daneben auch einfache, aus einem gebogenem Holzstück bestehende Bogen zu zeigen[1]. Einfache Bogen sind auch aus dem MR erhalten; die Herstellung ist in Grabbildern dargestellt[2]. Im NR setzte sich neben dem einfachen Bogen eine neue Art zusammengesetzten Bogens durch, bei dem einem Holzkern an der Außenseite Tiersehnen aufgepreßt werden, während an der Innenseite Hornstücke aufgeklebt wurden; das ganze wurde dann mit Bast bzw. Lederstreifen umwickelt. Diese Art galt seit AR als Königswaffe und scheint aus Asien zu stammen. Endlich findet sich in der 18. Dyn. in der Hand des Königs ein Bogen in der Form eines gleichschenkligen Dreiecks, der syrischer Import zu sein scheint. Die Bogensehne war aus Darm.

Die Pfeilspitzen haben seit alters entweder eine Spitze, manchmal mit Widerhaken, oder eine leicht konvexe breite Schneide. Der Pfeilschaft bestand aus Rohr. Die späteren Pfeilspitzen waren aus Kupfer und lanzettförmig.

Köcher mit Fell überzogen, sind seit dem AR bekannt. Gelenkschützer aus Leder oder Hornringen sind aus M und NR belegt.

Der Schild im AR bestand aus einem über einem Holzrahmen aufgespannten Tierfell, dessen oberer Abschluß zunächst waagrecht war, aber dann zu einem Spitzbogen verändert wurde. Im MR war der obere Abschluß ein Rundbogen. Damals gab es bereits große Schilde für mehrere Mann, die bei Belagerungen Verwendung fanden. Im NR war der Schild gewölbt, oft mit Metallbuckel. Die Herstellung in der Lederwerkstatt findet sich in Grabbildern dar-

gestellt[3]. Prunkschilde, wie bei →Tutenchamun, trugen Darstellungen.
Als neue Waffe wurde in der 18. Dyn. das bereits seit ältester Zeit im Zweistromland bekannte Sichelschwert auch in Ä. benutzt, bei dem die Klinge entweder vom Griff an oder von der Mitte der Klinge halbmondförmig gebogen war; die Schneide saß außen (Abb. 46).
Die Schleuder wurde in Ä. nur von fremden (libyschen und semitischen) Söldnern benutzt.
Helm und Panzer traten erst im NR auf und stammten aus Asien. Die Panzer bestanden aus Leder, auf das Bronzeschuppen aufgenäht waren; oft waren bronzene Halsberge befestigt.
Seit dem Beginn des NR wurde der Streitwagen als neue Waffe auch in Ä. benutzt (→Wagen).
→Heer, Wurfholz.

---

[1] „Löwenjagdpalette"; Abbildung: Quibell, Hierakonpolis I pl. 19,1; 20,1. — [2] Klebs, M.R. II 118. — [3] Wreszinski, Atlas I 293.

Wagen. Die älteste Abbildung eines vierrädrigen W. findet sich am Ende der 13. Dyn.[1] für den Transport eines Sarges. Er hat Scheibenräder, die die Herkunft aus Walzen noch erkennen lassen. Solche Räder finden sich vorher nur noch in der 6. Dyn.[2] Auch sonst werden vierrädrige W. nur selten erwähnt, meist zum Transport von Götterbarken oder Särgen[3]. Vielleicht waren auch die als *ᶜgr.t* bezeichneten „Lastwagen" vierrädrig, so wenn sie, von Rindern gezogen (je W. 6 Paar), eine Steinbruchsexpedition begleiteten[4]. Aber auch die von Rindern gezogenen W., mit denen →Thutmosis III. Schiffe zum Euphrat brachte, können nur vierrädrig gewesen sein, selbst wenn er sie hier mit dem gewöhnlichen Namen für „Wagen" *wrr.t* bezeichnet.
Dieses Wort, dessen Herkunft hurritisch ist, bezeichnete sonst den zweirädrigen W., der, von Pferden gezogen, für den Kampf, die Jagd und Inspektionsfahrten benutzt wurde. Er ist sicherlich zusammen mit dem →Pferd eingeführt worden und ist wie dieses seit dem Beginn der 18. Dyn. bekannt. Originale sind erhalten (Florenz, Turin, Kairo). Deichsel, Achsen und Speichen bestehen aus Eiche (Florenz) oder Ulme (Tutenchamun), die Felgen aus

Esche, das Joch aus Steinbuche, Verbindungsstellen sind mit Birkenbast umwickelt. In Texten werden auch nubisches Akazienholz, Zedernholz und andere, unbekannte Holzarten genannt (v. Deines MIO I 12). Die Form des zweirädrigen W. änderte sich im Lauf der 18. Dyn. Zunächst besaß er nur Räder mit 4 Speichen und sein Schwerpunkt lag über der Achse; unter →Thutmọsis IV. baute man vorübergehend W. mit achtspeichigen Rädern, während in der Folgezeit sich dann das sechsspeichige Rad durchsetzte und außerdem die Achse ans Ende des Korbes verlegt wurde. Der Boden des Korbes war aus Leder geflochten, um federnd zu wirken; auch die Wände des Korbes bestanden aus Lederbespannung, die nach Texten mit Gold und Silber beschlagen waren; auch „bemalte" W. werden genannt.

Im Gegensatz zum hethitischen Streitwagen befanden sich auf dem ä. nur der Fahrer (*kṯn* — Fremdwort) und der Kämpfer (*snn*); der König wird fast immer ohne Fahrer dargestellt, obwohl wir die Fahrer S. M. aus Inschriften kennen. Durchweg wurden zwei Pferde vorgespannt. Die Pferde zogen an einem am Joch befestigten Brustgurt und wurden mit Knebeltrensen gelenkt, die zunächst ein starres, später ein geteiltes Mundstück hatten; die Zügel (*ḫnr*) führten nur an die Außenseite jeder Trense, so daß der Zügel ungeteilt war. Eine Bogentasche gehörte mit zur Ausrüstung des W. Der Preis eines W. wird An. III 6,2 ff. mit 3 *dbn* die Deichsel und 5 *dbn* der W. selbst angegeben, wobei wohl an Silber zu denken ist. Sie mußten von den Wagenkämpfern selbst gekauft werden.

In der Spätzeit war Ä. Ausfuhrland für Pferde und W., so bezog sie z. B. Salomon von dort[5].

Lit.: Wiesner, Fahren und Reiten in Alteuropa und im Alten Orient; Wolf, Bewaffnung des aä. Heeres S. 87/96; v. Deines MIO I 1 ff.; Schäfer SBBerl. 1931, 530 ff.

---

[1] Tylor-Clark, Tomb of Sebeknakht S. 2. — [2] Quibell-Hayter, Teti Pyramid, North Side, Frontispiece; Petrie, Deshasheh pl. IV, bei einer fahrbaren Sturmleiter. — [3] Modell aus Grab der Königin Ahhọtep: v. Bissing, Theb. Gräberfund Taf. 10; Spielzeug: City of Akhenaten II pl. 31,4; Apissarg: Mariette, Mon. div. vgl. Herodot II 63; Original: Dittmann MDIK 10, 60 ff. [4] Inscr. du Hammamạt Nr. 12. — [5] 1. Kg. 10, 29; 2. Chr. 1, 17.

Weben. Aus dem Flechten entwickelte sich bereits früh in Ä. das W., zunächst an waagerechten Webstühlen, wobei die Kette zwischen zwei am Boden befestigten Webebäumen ausgespannt war und das Fach durch zwischen die Fäden der Kette geschobene Stäbe gebildet wurde. Der Schußfaden wurde mit einem Stab festgedrückt. Seit dem NR finden sich senkrechte Webstühle[1]. Mit dem senkrechten Webstuhl kam der Webekamm zum Festschlagen des Schußfadens auf.

[1] Waagerechter Webstuhl: Newberry, Beni Hasan I pl. 11, 29; II pl. 4, 13; IV pl. 15; El Bersheh I pl. 26. Ein Modell eines Webstuhls: BMM 1920 pt. II 22; senkrechte: Davies, Five Theban Thombs pl. 37; Tomb of Neferhotep pl. 60.

Wein. Bereits zu Beginn der Geschichte finden sich in den Gräbern der Könige und Beamten W.krüge und Siegel, die W.berge nennen. W. galt immer als das vornehmste Getränk. Man zog die Weinstöcke an Lauben auf flachem Gelände. Die reifen Trauben wurden eingesammelt, in gemauerten Wannen ausgetreten und die Rückstände dann erneut mit Hilfe eines Tuches ausgepreßt, indem man es mit den Rückständen füllte und zusammendrehte. Darstellungen der Weinernte sind häufig[1]. Der ausgepreßte Saft floß sofort aus der Wanne in große Gefäße, in denen die Gärung vor sich ging. Sie waren mit hohen Nilschlammstöpseln verschlossen, in die während der Gärung kleine Löcher zum Entweichen der Kohlensäure hineingebohrt wurden. Sie wurden später wieder verschlossen und versiegelt[2].

Es gab roten und weißen Wein[3]. Hauptanbaugebiete waren das Westdelta und im Ostdelta das Gebiet von Ịmet (Bụto), die bereits in der 1. Dyn. genannt werden. Später kamen die →Oasen hinzu, jedoch wurde auch sonst im Lande W. angebaut. In besonders langhalsigen Krügen wurde syrischer W. importiert, wie auch im NR gern Syrer (aber auch Nubier) als Winzer eingesetzt wurden. Jeder Weinberg unterstand einem Oberwinzer, der auf den Krügen Jahr, Herkunft und seinen Namen niederschrieb. Dadurch sind uns Bezeichnung und Lage einer Anzahl von Weinbergen bekannt. Nach Grabdarstellungen mischte man auch verschiedene Weinsorten miteinander und setzte Essenzen hinzu. Jedoch hat man nicht, wie später die Griechen, den W. bzw. die Weinkrüge geharzt.

---

[1] Klebs, AR 56 ff., MR 79 ff. — [2] Carter, Tutenchamun III 148. — [3] Meir III S. 30.

Weisheitsliteratur. Unter W. versteht man Sammlungen von Sprüchen und Lehrtexten, die zum Zwecke der allgemeinen (nicht beruflichen) Bildung verfaßt und in den →Schulen gelehrt wurden. Beispiele dieser Literaturgattung, der einzigen übrigens, für die die Ägypter selbst einen festen Gattungsbegriff, nämlich „Lehren" hatten, finden sich aus fast allen Epochen der Geschichte. Sie spiegeln dabei deutlich das sich wandelnde Erziehungs- und Menschenideal wieder und dienen (zusammen mit den →Biographien) als vorzügliche Quelle für die Entwicklung der →Ethik. Die ältesten erhaltenen Lehren, die für Kagẹmni und die des Ptahhọtep, sind in einem Pap. des MR (→Pap. Prisse), nebst vielen Varianten erhalten, doch geht ihre Entstehung sicher ins AR zurück[1]. In ihnen wird das richtige Verhalten eines sozial hochgestellten Beamten in den verschiedenen Situationen des privaten und öffentlichen Lebens an Hand von Beispielen dargelegt. Aus dem MR stammt die Lehre des Chẹti[2], deren Inhalt eine spezielle Situation voraussetzt: Ein Vater gibt seinem Sohn vor dem Eintritt in die Schule Lehren über sein Verhalten und behandelt dabei die Nachteile aller Berufe gegenüber dem des Beamten. Aus dem späteren NR haben wir zwei Lehren, die des Ạnii[3] und die des Amenemọpe[4]. Beide lassen den Charakter einer späteren Entstehungszeit deutlich werden: Die menschlichen Beziehungen werden in einem humaneren Lichte dargestellt als früher; der Gedanke an das unmittelbare Walten Gottes tritt stärker hervor. Die späteste Lehre, die wir haben, ist das demotische Weisheitsbuch[5], wohl aus der Ptolemäerzeit stammend. Die hier entwickelten Gedanken führen zwar ältere Vorstellungen fort, lassen aber darüber hinaus jene zeitbedingte Weisheit und Frömmigkeit erkennen, die den Nährboden der christlichen Ethik darstellt. Außer den genannten können wir noch eine ganze Reihe von Lehren nach-

weisen, teils durch erhaltene Bruchstücke[6], teils durch Erwähnungen in der Literatur. Für die Einschätzung dieser Literaturgattung durch den Ägypter selbst ist es ungemein bezeichnend, daß ihre Verfasser in der Regel mit Namen genannt werden.
Zwei Lehren sind für Könige verfaßt worden: Die Lehre für König Merikarẹ und die des Amenemhet[7]. Beide nehmen deutlich auf die herrschende politische Situation Bezug. In ersterer sind Anweisungen für den Regenten in einer politisch labilen Zeit neben ethischen Betrachtungen über die Stellung des Königs als eine Art politisches Testament zusammengestellt. Letztere (schlecht und nur fragmentarisch erhalten) ist nach dem Tode →Amenemhets I., der offensichtlich einem Attentat zum Opfer fiel, verfaßt und fiktiv dem Ermordeten in den Mund gelegt (vgl. die gleiche Situation im →Pap. Harris).

Lit.: Brunner in: Handbuch, S. 90 ff.

[1] Texte: Jéquier, Le Pap. Prisse et ses Variantes, Paris 1911. — Übers.: Erman, Literatur, S. 86 ff.; Gardiner, JEA 32, 71 ff.; Gunn, The Instruction of Ptahhetep, 1918. — [2] Text: Budge, Facs. of Eg. hieratic Pap. in the Brit. Mus. 2d Ser. Taf. 65 ff. — Übers.: Brunner, Die Lehre des Cheti, Glückstadt 1948. — [3] Umschrift und Übers.: Volten, Studien zum Weisheitsbuch des Anii, Kopenhagen 1937/38. — [4] Umschrift und Übers.: Lange, Das Weisheitsbuch des Amenemọpe, Kopenhagen 1925. — [5] Pap. Insinger, Umschrift und Übers.: Lexa, Pap. Insinger, 1926. — [6] Posener, Rev. d'Eg. 6—9. — [7] Volten, Zwei aä. politische Schriften, Kopenhagen 1945.

Weltschöpfung. Über die W. können wir verschiedene bildhaft-mythische Vorstellungen nachweisen, deren Verschiedenheiten z. T. in örtlichen Verschiedenheiten begründet sind, z. T. verschiedenen Stufen des Denkens und Erlebens entsprechen. Frühe kosmogonische Vorstellungen sind mit dem Namen der Stadt →Hermụpolis verbunden. Hier scheint die Lehre von der →Achtheit entwickelt worden zu sein. Zugleich ist hier ein Ort, der einen sog. „→Urhügel" besaß, d. h. ein inselartiges Stück Land, das als erstes aus dem Urozean (Nun) aufgetaucht sein soll. →Thot als →Ibis soll hier das Ur-Ei gelegt haben, aus dem der erste Gott hervorkroch, nach späterer Auffassung der Sonnengott →Re[1]. Eine ähnlich naturhafte Lehre erblickte in dem auf einem Teich schwimmenden →Lotos das erste lebendige Wesen, das Person gewinnt in einem auf dem Lotos sitzenden jugend-

lichen Gott[2]. Beiden Weltentstehungsbildern gemeinsam ist die Vorstellung von der Selbstentstehung gestalteten Lebens aus chaotischer Feuchte.
Einer anderen Erkenntnisstufe entspricht die W. von →Heliọpolis. Hier steht bereits ein nicht geschaffener Urgott, →Ạtum, →Chẹpre, „der von selbst entstand", am Anfang der Dinge, ein mannweibliches Wesen, das die Kräfte des Zeugens und Gebärens in sich eint. Er begattet sich selbst[3] (dabei entsteht die Vorstellung einer Göttin „Gotteshand") und bringt →Schu, die Leere, den Luftraum, und →Tẹfnut, die Feuchte, hervor[4]; nach einem aus ihren Namen entstandenen Wortspiel soll er sie ausgespien haben. Damit sind nicht nur die zwei Urelemente, das Trockene und das Feuchte, entstanden, sondern zugleich die Spaltung der Geschlechter in männlich (Schu) und weiblich (Tẹfnut) vollzogen. Mit diesem Schöpfungsakt ist eine andere Vorstellung verbunden worden: Die Trennung von Himmel und Erde. Die Erde (Gott →Geb) und der Himmel (Göttin →Nut) gelten als Kinder von Schu und Tefnut. Wiederum ist die entscheidende Tat eine Trennung: Nut wird über den am Boden liegenden Geb erhoben; die Kraft, die sie trennt, ist Schu als Luftgott[5].
Diese Lehren werden vorausgesetzt in der W. von →Mẹmphis. Sie ist in einem einzigartigen Dokument erhalten, dem sog. →„Denkmal memphịtischer Theologie"[6], dessen vorliegende Aufzeichnung unter König Schạbako der 25. Dyn. nach einer zerfressenen Handschrift aus dem AR erfolgt ist. Der memphịtische Hauptgott →Ptah gilt hier als Schöpfer; er vereinigt in sich das Urgötterpaar Nun und Naunet (→Achtheit) und den Lotosgott u. a. und wird Vater und Mutter des Atum genannt. Mit den schöpferischen Organen Herz und Zunge hat er alle Kreatur geschaffen, aber auch die Rechtsordnung des Landes, die Götterkulte und die Götterbilder als Leiber der Götter nach ihrem Wunsch. Sowohl die heliopolitanische wie die memphitische Lehre ziehen in den Begriff der W. auch die Existenz des aktuellen ä. Staates, des göttlichen Königtums des AR, ein. In das heliopolitanische System wird →Osiris und sein Kreis als „Kinder der Nut" (→Neunheit) hineingenommen, da der lebende Pharao →Họrus, der

Sohn des Osiris, ist, ergibt sich eine lückenlose Genealogie von Atum über Geb und Osiris zu Horus = König. Anders in Mẹmphis: Hier wird die Bedeutung der Stadt als gegenwärtige Residenz herangezogen. Hier soll Osiris begraben sein (wegen der Nachbarschaft der Königsgräber des AR?); hier soll der Streit des Horus und →Seth um das Erbe des Osiris (= Ägypten) beigelegt worden sein, indem Geb dem legitimen Osirissohn Horus die Herrschaft über das Land gab.

Erst in der →Herakleopolitenzeit tauchen Schöpfungslehren auf, die den Menschen als Ziel der Schöpfung in den Mittelpunkt stellen. Um ihretwillen hat der Schöpfergott (Ạtum oder Re-Ạtum) die Welt geschaffen, die Tiere zu ihrer Nahrung, das Königtum zu ihrem Schutz. Überliefert sind diese Schöpfungsgedanken vor allem in der →Weisheitsliteratur[7]. Gleichzeitig hiermit begegnen auch die ersten mythischen Bilder einer →Weltvernichtung. Daneben gibt es zahllose Einzelüberlieferungen über die Entstehung einzelner Tatbestände (kultische Einrichtungen, Götternamen und -bilder; Entstehung der Menschen aus den Tränen des Himmelsgottes, da die Wörter für „Mensch“ und „Träne“ fast gleichlautend waren, ÄZ 38, 26 u. a. m.), die man aber besser als ätiologische Erzählungen auffaßt (→Mythe).

[1] Kees, Rel. Gesch. Text 5/6. — [2] Schubert-Morenz, Gott auf der Blume. — [3] Pyr. 1248. — [4] Pyr. 1652. — [5] Abb. s. Bonnet, Bilderatlas 2. — [6] Junker, APAW 1939, 23; 1941, 6. — [7] Z. B. Merikare, Erman, Literatur S. 118 ff.

Weltvernichtung. Die Vorstellung von einer W. scheint nur in der Zeit zwischen AR und MR aktuell gewesen sein; hierhin läßt sich der Ursprung auch später aufgezeichneter derartiger Mythen zurückverfolgen. Sie scheint sich unmittelbar am Erlebnis des Zusammenbruchs des AR entzündet zu haben. Eine mythische Erzählung liegt vor im sog. „Buch von der Himmelskuh“[1]: Eine Empörung des Menschengeschlechtes gegen die göttliche Weltordnung veranlaßt den Sonnengott →Re, es zu vernichten. Nach der Erzählung in dem genannten Buch reut ihn sein Entschluß; er besänftigt die mit der Vernichtung beauftragte Löwengöttin →Sạchmet durch eine List, zieht sich selbst von der Weltregierung zurück und gibt eine neue Weltordnung. Die W. ist also hiernach eine in der Vergangenheit überstandene Gefahr, die als Strafe eintrat. In der Erzählung vom „Schiffbrüchigen" (→Literatur) klingt das Motiv ebenfalls als etwas Vergangenes an: Der Schlangenkönig auf der Insel erzählt von einer durch einen herabfallenden Stern verursachten Vernichtung, der er allein entkam[2]. Schließlich wird in TB 175[3] einmal auch von einer W. in der Zukunft gesprochen: →Ạtum verheißt, er werde alles, was er schuf, zerstören, die Erde in den Urozean zurückverwandeln und sich selbst in eine Urschlange. Aus allen diesen verschiedenartigen Ansätzen hat sich aber, soweit wir sehen, keine allgemeinverbindliche, das Weltbild bestimmende Lehre von einem Weltende entwickelt.

[1] Aufgezeichnet in den Gräbern →Sethos' I. und →Ramses' III., übers. Roeder, Urkunden S. 142 ff., eine Andeutung dazu auch TB 175, Kees, Rel. Gesch. Text 39. — [2] Erman, Literatur S. 60; Lanczkowski, ZDMG 103, 360 ff. — [3] Kees, Rel. Gesch. Text 40.

„Wen-Amun." Authentischer Bericht der Reise eines Beamten des thebanischen Amuntempels zu Beginn der 21. Dyn. nach Byblos, um Zedern für das Schiff des →Amun zu holen. Der Papyrus (in Moskau) gibt eine eingehende Schilderung der Verhältnisse in Palästina und Syrien und der Schwierigkeiten, denen W. begegnet. Der Text bricht ab, nachdem W. nach Erhalt des Holzes nach Cypern verschlagen wird.

Lit.: Text zuletzt Gardiner LES 61 ff. Übers.: Erman, Literatur 174 ff.; Pritchard ANET 25 ff.

Wertmesser. Die Ägypter haben gemünztes Geld erst durch Berührung mit den kleinasiatischen Völkern kennengelernt, bei denen die Münze als durch einen staatlichen Stempel garantiertes, genau abgewogenes Stück Edelmetall aufgekommen war. Allerdings gibt es insofern Vorläufer, als bereits in der Zeit der libyschen Könige bestimmte Mengen von Silber „des Schatzhauses des Gottes Harsaphes" von → Herakleọpolis als Maßstab bestimmt werden; dieses wird in der Saịtenzeit vom „Schatzhaus von →Thẹben" abgelöst[1], in der Perserzeit dann vom „Schatz-

haus des →Ptah" von →Memphis[2]. Hier dürfte also bereits eine Art offiziell garantierte „Währung" vorliegen, wobei die Silberstücke wahrscheinlich durch Stempel gekennzeichnet wurden.
Vorher wurden Preise, Strafen usw. in „Naturalwährung" bezahlt, d. h. sowohl in Lebensmitteln wie in Stoffen, Ledersachen, Möbeln usw. Jedoch wurde der Wert der zur Bezahlung gegebenen Dinge nach einem feststehenden W. berechnet. Bereits aus dem AR nennt eine Verkaufsurkunde über ein Haus[3] einen *šʿ.t* genannten W., dessen Herkunft nicht sicher ist. Dieser W. findet sich auch noch im NR[4]. In dieser Zeit gilt ein *šnʿ* gleich 12 *dbn* (→ Maße.) Es handelt sich also bei den W. zunächst um Gewichtseinheiten, die je nachdem, ob sie auf Silber, Gold oder Kupfer bezogen werden, einen bestimmten Wert ausdrücken. Dabei ist im Laufe der Zeit das Wertverhältnis der drei genannten Metalle Schwankungen unterworfen gewesen: Während im AR Silber kostbarer als Gold war, ist seit dem MR das Gold teurer. Nach dem mathematischen Pap. Rhind verhält sich am Ende der 12. Dyn. Gold : Silber : Blei wie 12 : 6 : 3. Aus dem NR liegen verschiedene Angaben über die Wertrelationen vor, die ein Hin- und Herfluktuieren erkennen lassen:

	Gold	:	Silber	:	Kupfer
Pap. Boulaq XI (Thutm. III.)	5	:	3		
Turin 1881 recto (Rams. IX.)	200	:	60	:	1
JEA 21, 140 ff. (Rams. IX.)			100	:	1
Pap. Boulaq 12			80	:	1

Der Wert einer Sache wird also im Gewicht einer bestimmten Menge der genannten Edelmetalle ausgedrückt, wobei in derselben Rechnung das der Berechnung zugrunde liegende Metall wechseln kann.
Geringere Werte werden nicht mehr in Metallwährung, sondern in Kornwährung ausgedrückt, wobei wieder die Gewichtseinheit des „Sackes" mit 4 oipe zugrunde gelegt wird. Auch hier veränderte natürlich der Getreidepreis das Verhältnis der „Kornwährung" zur „Metallwährung"; im genannten Pap. Turin 1881 recto aus der Zeit Ramses' IX. entsprechen 5 Sack Getreide 20 *dbn* Kupfer bzw. 1 *kite*

Gold. In der 19. und beginnenden 20. Dyn. entspricht jedoch 1 Sack Getreide 1 *dbn* Kupfer[5].

Lit.: Černy, in Cahiers d'Histoire Mo·diale I, 903 ff. (mit zahlreichen Beispielen von „Preisen").

[1] Hughes, Saitic Land-leases 70 r. — [2] Möller SBAW 1921, 302. — [3] Urk. I 157/8. — [4] Hier *šnc* geschrieben, vgl. Drioton, Vie chère 1953. — s. Černy, Arch. Orient. 6, 173 ff.

Widder. Neben dem →Stier galt besonders der Schafswidder als Macht der Fruchtbarkeit. An mehreren Orten wurde daher ein W., meist unter dem Namen →Chnum, verehrt. Auch →Amun konnte in der Gestalt eines W. erscheinen; doch gehört dieser nicht einer in Ä. ursprünglich heimischen Schafrasse an, sondern einer jüngeren, in historischer Zeit aus Kleinasien eingeführten (→Schaf). Der W. von Mendes wurde später durch einen Ziegenbock (→Ziege) ersetzt.

Winkelharfe. Saitenhalter und Resonanzkörper der W. (Trigonon) bilden einen rechten oder spitzen Winkel. Der horizontale Saitenhalter befindet sich meist unten, kann aber auch in Ausnahmefällen in den oberen Teil des Schallkörpers eingesteckt werden. W. mit horizontalem Korpus und senkrechtem Saitenhalter sind zwar selten, lassen sich jedoch für die ä. Spätzeit nachweisen.

Wie bei den →Bogenharfen hat es auch verschiedene Größen und Modelle von W. gegeben. Kleine Spätzeitinstrumente besitzen volutenartig ausgeschmückte Oberteile. Sie tauchen besonders häufig in den bildlichen Darstellungen des griechisch-römischen Ä. auf. Die Saiten wurden am Halse verknotet, und Haltepflöcke verhinderten ihr Abgleiten. Mehrere guterhaltene Instrumente (Berlin, Paris, Kairo) versetzen uns glücklicherweise in die Lage, Spieltechnik und Klang dieser überaus verbreiteten Instrumente des ä. Musiklebens zu überprüfen.

Die W. taucht in Ä. zum ersten Male unter der Regierung →Amenophis II. auf, wird dann mit der Zeit immer populärer und verdrängt endlich in der Spätzeit die Bogenharfe. (H)

Lit.: C. Sachs, Die Musikinstrumente des alten Ä., Berlin 1921; H. Hickmann, BIE 35; „Harfe" (Musik in Geschichte und Gegenwart).

Wirtschaft. Die Tatsache, daß in der Theorie der König Besitzer des Bodens, der Bodenschätze und alleiniger Träger des →Handels nach auswärts war, bestimmte weitgehend die W. Doch wurde diese Theorie durch die Entstehung privaten →Landbesitzes, zeitweilig stark anwachsenden →Tempelbesitz und den freien Verkauf von Besitz, Erzeugnissen (ohne Zwischenhandel) in der Wirklichkeit stark korrigiert. Ob zeitweise für bestimmte Arten von Grundbesitz (z. B. Tempelland) allgemeine Abgabenfreiheit bestand, bleibt unsicher (→Dekrete). Das alte Ä. kannte nur die Naturalw., besaß aber bestimmte →Wertmesser zur Festsetzung der Preise. Daß diese trotz des staatlichen W.-Dogmas von Angebot und Nachfrage bestimmt wurden, zeigen die zeitweise recht beträchtlichen Schwankungen. →Asien, Beziehungen zu, Soziale Schichtung, Landwirtschaft, Umlauf.

Wissenschaft. Als W. wird man in Ägypten am ehesten das zur Ausübung staatlicher, technischer, künstlerischer und religiöser Funktionen benötigte theoretische Wissen bezeichnen können, wie es im →Lebenshaus tradiert und in der →Schule gelehrt wurde. Einerseits ist die Grenze der W. das praktisch Notwendige gewesen (z. B. →Astronomie), andererseits ließen praktische Erfordernisse oft erstaunliche wissenschaftliche Erkenntnisse entstehen (z. B. →Mathematik). Das praktisch gerichtete Denken förderte W. wie die →Medizin und zog Teile der →Religion an sich in dem Sinne, daß auch ein guter Teil der religiösen Literatur (→Pyramidentexte, →Sargtexte, →Totenbuch, →Jenseitsführer) praktischen Erfordernissen diente und die Tradierung religiösen Schrifttums wissenschaftliche Bildung voraussetzte.

Würfelhocker. Seit dem MR findet sich ein Statuentyp für Privatleute, der sie in einen langen Mantel gehüllt hockend darstellt, so daß der Körper zu einem Kubus wird, auf dem sich allein der Kopf ausgearbeitet erhebt. In der Spätzeit hat man den Körperkubus mit Bildern geschmückt, während bereits in der 18. Dyn. Texte darauf geschrieben wurden.

Wurfholz. Vorgeschichtliche →Waffe, wurde in geschichtlicher Zeit nur noch bei der sportlichen →Jagd auf Vögel verwendet. Letztere ist häufig in den Gräbern der 18. Dyn. dargestellt, aber auch im A. und MR[1]. Bei der Wüstenjagd noch altertümlich benützt in der 1. Hälfte des AR[2].

[1] Klebs, AR 35 ff., MR 55 ff. — [2] Petrie, Medum, pl. 17.

⁎ ⁎

Zauber. Zauberische Praktiken zum Erreichen eines bestimmten Zweckes oder Zustandes hat es immer gegeben, und ein guter Teil der religiösen Zeremonien fällt streng genommen unter den Begriff Z. (Beigabe von →Dienerfiguren und →Uschẹbti, →Ächtungstexte, →Totenbriefe, der Dienst vor dem magisch belebten Götterbild usw.). Strenge Grenzen sind hier nicht zu ziehen. Die Kraft des Z. liegt ebenso im bannenden Wort wie in der (meist durch Analogie) zwingenden Handlung. Z.-Texte kennen wir seit den →Pyr., z. B. Schlangenz. die in einer offenbar altertümlichen und deshalb oft unverständlichen, klanglich und rhythmisch streng geformten Sprache die Tiere direkt anreden[1]. Verwendung von unverständlichen Z.-Wörtern begegnet oft[2]. In den „Zaubersprüchen für Mutter und Kind"[3] aus dem MR liegt eine Sammlung von Z.-Texten vor, die zum Schutz der Mutter und des Kindes bei Krankheit rezitiert werden sollen, wie sich ja auch in den med. Papyri Z. findet. Der Z. wird mächtig durch den mythologischen Präzedenzfall[4]. Gern verweist man dabei auf die zauberkundige →Isis, deren für das Horuskind ausgeübter Schutz auch in irdischen Verhältnissen wirksam werden soll (→Horusstelen). Überhaupt spielt die Göttin im Z. eine erhebliche Rolle. Nach einem magischen Pap. der 20. Dyn. läßt Isis den →Re von einem von ihr hergestellten Wurm stechen, um ihm zu Z.-Zwecken seinen „geheimen Namen" zu entlocken[5]. Zahllos sind die Z.-Handlungen, unter denen sich nicht wenige finden, die man ohne zeitliche und nationale Beschränkung allenthalben wiederfinden kann: Jagdzauber, bei dem der Jäger sich als Tier verkleidet[6]; Z. mit dem Bild oder der Figur eines Gegners[7]; Liebeszauber, bei dem zum zwingenden Wort der Liebestrank[8] kommt. Auch die Auflösung geschriebener Worte in Flüssigkeit, um sich ihre Kraft einzuflößen, gehört hierzu.

Lit.: Lexa, La Magie dans l'Egypte antique, Paris 1925; Kropp, Koptische Zaubertexte.

---

[1] Z. B. Pyr. 433. — [2] Z. B. Lange, Mag. Pap. Harris, Kgl. Danske Vid. Selsk. 1927, Text 2, S. 98. — [3] Erman, APAW 1901. — [4] Z. B. Pyr. 418: „Es fällt →Horus wegen seines →Auges; es strauchelt der Stier (Var.: →Seth) wegen seiner Hoden: Falle! Strauchle!" — [5] Erman, Religion S. 299. — [6] JEA 5, 57 ff. — [7] ÄZ 65, S. 35 ff. — [8] Z. B. aus Blut, Samen und Harn gemischt, Lexa II S. 139.

Zauberstäbe. Z. nennt man flache, gebogene Stäbe, meist aus Elfenbein, die sich als Beigaben in Gräbern des MR fanden. Sie sind bedeckt mit apotropäischen Figuren und (bisweilen) kurzen Beischriften. Danach sollen sie eindringende Feinde abwehren. Sie wurden als Schutz für das werdende Kind auf dem Leib der schwangeren Frau getragen.

Lit.: Legge, PSBA 27, 130, 297; 28, 159; Daressy, Textes et Dessins magiques, CG, Nr. 9433 ff.

Zạwyet el-Aryạn. Ortschaft 5 km südlich von →Gịza am Rande der Wüste. Dort befinden sich die Reste zweier →Pyramiden; die südliche, kleinere (91 m Seitenkante) war fertiggestellt worden, während die größere (180 m Seitenkante) nie fertig geworden ist. Erhalten ist die große Ausgrabung für die Grabkammer und der Sargdeckel. Sie gehörte nach Steinbruchsaufschriften auf den Blöcken einem König der 3. Dyn., dessen Name nicht sicher lesbar ist. Die kleinere Pyramide gehörte nach Topfaufschriften in danebenliegenden Gräbern von Beamten einem Horus Chaba, der vielleicht mit dem König Huni der Listen zu identifizieren ist, dem letzten König der 3. Dyn.

Lit.: Černý, MDIK 16, 25 ff.

Zeder. Da sich die ä. Holzarten schlecht zur Herstellung von Brettern und Balken eigneten, haben bereits die Ä. der ältesten Zeit Holz aus dem Ausland eingeführt, so besonders die Nadelhölzer des Libanon (→Handel). Für diese, über See durchgeführten Expeditionen war Byblos der Endpunkt, von wo aus dann auch das geschlagene Holz abtransportiert wurde. Von den Nadelhölzern war die Zeder (*cš*) das begehrteste, das besonders zur Herstellung von Särgen und Schreinen verwendet wurde; Zedernöl wurde auch für die Balsamierung verwendet. Die →Annalen melden bereits die Herstellung eines Schiffes und von Palasttüren aus Zedernholz[1] unter →Snọfru, und ein „Jahrestäfelchen" des →Horus-Ạha überliefert ebenfalls die Herstellung zweier Schiffe aus Zedern- und *mrw* (ein anderes Nadel)-Holz[2]. Zedernbalken liegen noch jetzt in der sog. Knickpyramide bei →Dạhschur. Auch die vergoldeten Schreine des →Tutenchạmungrabs bestehen aus Zedernholz.

[1] Pal. Vs. VI 3/4. — [2] Petrie, RT II, pl. X 2.

Ziege. Die ä. Z. stammen von Capra hircus L ab. Sie zeichnen sich durch kurze Körperhaare, geraden Nasenrücken, gedrehte Hörner und meist hängend dargestellte Ohren aus[1]. Sowohl als →Nahrung wie als →Opfer waren Z. beliebt. Z.häute dienten ferner zur Aufbewahrung von Flüssigkeiten[2]; in vorgesch. Zeit werden Tote auch in Z.fell gewickelt[3]. Gelegentlich wird ein Ziegenbock auch als heiliges Tier (anstelle eines Widders) abgebildet und in der Spätzeit wurde der „Widder von Mendes" durch einen Ziegenbock ersetzt[4].

[1] Boeßneck, Haustiere, S. 14 ff. — [2] Davies, Two Ramess. tombs, Taf. 34. — [3] Brunton, Mostagedda S. 27. 47. — [4] Kees, Götterglaube, S. 80 ff.

Ziegel. Seit vorgeschichtlicher Zeit wurden ungebrannte Z. benutzt, die aus Nilschlamm bestanden, dem zum besseren Zusammenhalt Sand oder Stroh beigemischt wurde[1]. Sie wurden in rechteckigen Holzformen geformt[2] und an der Sonne getrocknet. Die Größe der Z. wechselt stark. Gebrannte Z. kommen in Ä. erst in römischer Zeit häufiger vor[3].

[1] Zu letzter vgl. Exod. V 7/18. — [2] Petrie, Kahun pl. 9; Davies, Tomb of Rekhmirẹ pl. 58. — [3] Angebliches Vorkommen zur Ramessidenzeit vgl. Petrie, Nebesheh S. 18/9, 47.

Zweierntenwirtschaft. Aus einer Bemerkung der Dienstvorschrift des Vezirs, er habe „im Sommer“ den Befehl zum Ackern zu geben, ist geschlossen worden[1], man habe in Ä. bereits durch Abkürzung der Überschwemmungsdauer, indem Kanalbewässerung anstelle der Bassinbewässerung getreten sei, die Möglichkeit von zwei Ernten im Jahr erhalten. Jedoch scheint es sich eher darum zu handeln, daß des sich verschiebenden →Kalenders wegen in der Zeit der Kodifizierung der genannten Vorschrift (13. Dyn.) die Ernte tatsächlich im Sommer stattfand.

[1] Kees, Ägypten 34.

Zwerge. Man hat zwei Arten zwerghafter Menschen zu unterscheiden: Pathologisch verkrüppelte und wirklich Kleinwüchsige. Im ersten Fall wird es sich meist um Ägypter handeln. Wir begegnen ihnen in der Haushaltung (sog. Kleiderzwerge) seit der 1. Dyn.[1], wo sie zu hohen Rängen aufsteigen konnten, im inneren Dienst Verwendung fanden, Haustiere betreuten und auch als Spaßmacher wirkten[2]. Davon zu unterscheiden sind die echten Z., die aus dem Inneren Afrikas kamen und die der Ägypter „Gottestänzer“ nannte[3]. Ihre Ankunft war eine Seltenheit[4] und sie scheinen vorwiegend im Kult verwendet worden zu sein. Ein Zwerg, der mit seinem Herrn unter →Nektanebos II. bestattet ist, hat bei den Bestattungsfeierlichkeiten des Ạpis und Mnẹvis getanzt[5].

Lit.: A. Rupp, CdÉ XL, Juli 1965, 260 ff.

[1] Emery, ILN 23. 5. 1953, S. 841; Mitbestattung in einem Grab in →Saqqara. — [2] Bekanntes Beispiel der Zwerg Sẹneb im AR, vgl. Junker, Gîza V; dort S. 9 Abb. von Z. des AR. — [3] Pyr. 1188. — [4] Urk. I 128. — [5] ÄZ 64, 76. vgl. Anthropos 33.

ABKÜRZUNGEN

Ä	Ägypten
AAA	Annals of Archaeology and Anthropology, Liverpool
AMAW	Abhandlungen der Akademie der Wissenschaften und Literatur in Mainz, Geistes- und Sozialwissenschaftliche Klasse
ANET	Pritchard, Ancient Near Eastern Texts relating to the Old Testament, Princeton 1950
APAW	Abhandlungen der Preußischen Akademie der Wissenschaften, phil.-hist. Klasse
AR	Altes Reich
Arch. Or.	Archiv Orientálni, Prag
ASAE	Annales du Service des Antiquités de l'Égypte, Kairo 1900 ff.
ÄZ	Zeitschrift für Ägyptische Sprache und Altertumskunde, Leipzig 1863 ff.
BASOR	Bulletin of the American Schools of Oriental Research, New Haven
Bibl. Or.	Bibliotheca Orientalis, Leiden 1944 ff.
BIE	Bulletin de l'Institut d'Égypte, Kairo 1920 ff.

BIFAO	Bulletin de l'Institut Français d'Archéologie Orientale, Kairo 1901 ff.
BM HT	Hieroglyphic Texts from Egyptian Stelae in the British Museum, I — VIII, London 1911—39
BMM	Bulletin of the Metropolitan Museum of Art, New York
CdÉ	Chronique d'Égypte
CG	Catalogue Général du Musée du Caire
CT	Coffin Texts, → Sargtexte
Dyn.	→ Dynastie
FIFAO	Fouilles de l'Institut Français d'Archéologie Orientale, Kairo
GGA	Göttingische Gelehrten Anzeigen, Berlin
GLECS	Comptes Rendus du Groupe Linguistique d'Études Chamito-Sémitiques, Paris
Handbuch	Handbuch der Orientalistik, hg. B. Spuler, 1. Band, Ägyptologie, 2. Abschn. Literatur, Leiden 1952
JEA	Journal of Egyptian Archaeology, London 1914 ff.
JNES	Journal of Near Eastern Studies, Chicago 1942 ff.
Klebs, AR, MR, NR	Luise Klebs, Reliefs des Alten Reiches; Reliefs und Malereien des Mittleren Reiches; Reliefs und Malereien des Neuen Reiches, Abhandl. der Heidelb. Akademie der Wissenschaften, phil.-hist. Klasse, 1915, 1922, 1934
LD	Lepsius, Denkmäler aus Ägypten und Äthiopien, I — VI, Berlin 1849—59

LEM	Gardiner, Late Egyptian Miscellanies, Brüssel 1937
LES	Gardiner, Late Egyptian Stories, Brüssel 1931
MDIK	Mitteilungen des Deutschen Institutes für ägyptische Altertumskunde in Kairo, Berlin 1930 ff.
MIFAO	Mémoires publiées par les Membres de l'institut français d'archéologie orientale, Kairo
MIO	Mitteilungen des Instituts für Orientforschung, Berlin
Misc. Greg.	Miscellanea Gregoriana, Rom 1941
MR	Mittleres Reich
MVG	Mitteilungen der Vorderasiatisch-ägyptischen Gesellschaft, Berlin 1896 ff.
NAWG	Nachrichten der Akademie der Wissenschaften zu Göttingen, phil.-hist. Klasse
NR	Neues Reich
o. ä.	oberägyptisch
OIP	Oriental Institute Publications, Chicago
PN	Ranke, Die ägyptischen Personennamen I/II, Glückstadt 1935/52
PSBA	Proceedings of the Society of Biblical Archaeology, London 1879 ff.
Pyr.	→ Pyramidentexte
RAD	Gardiner, Ramesside Administrative Documents, London 1948
RE	Pauly-Wissowa, Realencyclopädie der classischen Altertumswissenschaften, Stuttgart 1894 ff. (hg. von Kroll)

Rec. trav.	Recueil de travaux relatifs à la philologie et à l'archéologie égyptiennes et assyriennes, Paris 1870 ff.
Rev. Eg.	Revue d'Égyptologie, Paris 1933 ff.
RT	Petrie, Royal tombs of the first Dynasty, I — II, London 1900—01
SBAW	Sitzungsberichte der Bayerischen Akademie der Wissenschaften, phil.-hist. Klasse
SHAW	Sitzungsberichte der Heidelberger Akademie der Wissenschaften, phil.-hist. Klasse
SPAW	Sitzungsberichte der Preußischen Akademie der Wissenschaften, phil.-hist. Klasse
TB	→ Totenbuch
u. ä.	unterägyptisch
Urk.	Urkunden des Ägyptischen Altertums: I. Urk. des AR II. Urk. der griechisch-römischen Zeit III. Urk. der älteren Äthiopenkönige IV. Urk. der 18. Dynastie VII. Urkunden des MR
WO	Die Welt des Orients, Wuppertal 1947—48, Stuttgart 1949—50, Göttingen 1952 ff.
ZDMG	Zeitschrift der Deutschen Morgenländischen Gesellschaft, Leipzig 1878—1944, Wiesbaden 1950 ff.
ZDPV	Zeitschrift des Deutschen Palästina-Vereines, Leipzig 1878—1944, Wiesbaden 1953 ff.